개정판

정책집행론

유 훈

도서출판 대영문화사

개정판 머리말

이 책의 초판이 나온지 8년의 세월이 흘렀다. 저자는 그동안 『정책변동론』을 저술하여 저자가 오랫동안 가지고 있던 정책변동에 관한 생각을 단행본으로 표현했다. 그 후 다른 일에 바빠서 『정책집행론』의 개정에 손대지 못하다가 이번에 『정책집행론』의 개정판을 내놓게 되었다.

미국이나 유럽에서는 프레스먼과 윌다브스키의 『집행론』이 발간되던 1970년대 초와 같은 정책집행에 대한 열기는 다소 식었으나 아직도 정책집행에 대한 관심과 열기가 소멸된 것은 아니다. 특히, 우리나라에서는 여러 가지 이유로 정책집행에 대한 관심이 별로 감소되지 않았다는 것이 저자의 생각이다.

이번 개정판은 다음과 같은 3개 장을 신설했다.

제2편 제2장 정책집행의 실패와 성공
제7장 위기와 정책집행
제8장 정책활동가와 정책집행

초판에서는 정책집행의 실패와 성공을 여기저기에서 산발적으로 고찰했으나 개정판에서는 이 문제를 독립된 장으로 고찰하였다.

'위기'와 '정책활동가'가 정책변동에 어떠한 영향을 미치는가를 다른 곳에서 검토하였으나 이번 『정책집행론』 개정판에서는 위기가 정책집행에 어떤 영향을 미치는가를 살펴보고, 정책활동가가 정책집행 과정에서 어떠한 역할을 하는가를 고찰하였다.

이 밖에도 각 장에 많은 수정을 가했으며 절(節)이 신설된 경우도 허다하다. 특히, "정책집행 참여자"와 "일선관료제와 정책집행" 등의 장에 많은 수정을 가했다.

이와 같은 추가와 수정이 2007년 이래 이 책에 특별한 관심과 애정을 표했던 독자 여러분에게 도움이 되기를 바라마지 않는다.

2015년 12월
용산서재에서
저자 씀

머리말

정책이 수립되고 법률이 제정되면 집행은 자동적으로 이루어진다는 생각은 1970년대 초에 무너졌으며 정책집행에 관한 연구가 본격화되었다. 사례연구에서 시작된 정책집행 연구가 분석틀의 정립과 적용을 거쳐 이론 정립에까지 이르게 되었다.

이러한 정책집행 연구가 나올 수밖에 없었던 미국의 실정과 한국의 현실을 비교할 때 많은 격차가 있다는 이유로 한국에서의 정책집행 연구의 필요성을 과소평가하는 경향이 없지 않다. 그러나 1990년대를 거쳐 2000년대에 이르면서 한국에서도 입법부에 대한 행정부 영향력의 약화, 사법부의 정책집행에 대한 빈번한 관여, 행정조직 내에서의 계층제의 약화, 본궤도에 올라선 지방자치 등으로 한국에서도 정책집행 연구의 필요성이 절실해졌다고 하겠다.

저자가 정책학에 대해서 관심을 가지기 시작한 것은 1960년대 후반의 일이나 정책집행론에 대해서 흥미를 느끼기 시작한 것은 1980년대의 일이다. 1982년에 서울대학교 행정대학원에 개설된 석사 과정의 정책집행론과 박사과정의 정책관리론을 담당하게 되었으며, 1982년에 발간되고 1986년에 개정된 6인 공저의 『정책학: 과정과 분석』에 정책집행과 관련된 글 3개 장을 기고했다.

그 후 1980년대와 1990년대 초에 이르기까지 서울대학교 행정대학원의 『행정논총』에 정책집행과 관련된 글을 기고했으며, 1986년에 나온 『정책학원론』에서는 제2편 정책과정에서 정책집행에 많은 지면을 할애했다. 이번에 이러한 것들을 종합하여 『정책집행론』을 단행본으로 발간하게 되었다.

이 책은 크게 3개 편으로 나뉜다. 제1편에서는 정책학 전반과 관련된 문제를 다루었으며, “정책집행 연구의 전개와 접근 방법”이라는 글로 제1편을 매듭지었다. 제2편에서는 정책집행 과정과 관련된 문제를 고찰했으며, 재량, 일선관료제, 불응 등이 정책집행에 미치는 영향도 다루었다. 제3편에서는 정책형성, 정책평가 및 정책변동이 정책집행과 어떤 관련이 있는가를 고찰했다.

끝으로 어려운 여건 속에서 이 책의 출판을 흔쾌히 맡아 주신 대영문화사 임춘환 사장님께 감사를 드린다.

2007년 5월
반포서재에서
저자 씀

차 례

제 1 편

서 론

제 1 장 정책의 의의와 유형

제 1 절 정책의 의의와 구성 요소

I 정책의 의의

1. 정책의 개념

모든 사람이 합의할 수 있는 정책의 정의를 내린다는 것은 불가능한 것 같다. 라스웰(Harold D. Lasswell)은 정책을 "문제 해결 및 변화 유도를 위한 활동"[1]이라고 보는가 하면, 볼딩(Kenneth Boulding)은 "특정 목적을 지닌 활동을 지배하는 모든 원리"라고 정의하고 있으며,[2] 드로어(Yehezkel Dror)는 "정부기관에 의해 결정된 미래의 활동지침"이라고 정의하고 있다.[3]

1) Harold D. Lasswell, "Research in Policy Analysis: The Intelligence and Appraisal Function," in Fred I. Greenstein & Nelson W. Polsby(eds.), *Handbook of Political Science*, Vol. 6(Montrey: Addison-Wesley, 1975).

2) Kenneth Boulding, *Principles of Economic Policy*(Englewood Cliffs: Prentice Hall, 1958), p. 1.

3) Yehezkel Dror, *Public Policymaking Reexamined*(San Francisco: Chandler Publishing Co., 1968), p. 12.

국내 저자들의 정의를 살펴본다면 김신복 교수는 “공공기관의 어떤 목표를 달성하기 위해 의도적으로 선택한 행동의 주요 지침”이라고 규정하고 있으며,[4] 정정길 교수는 “바람직한 사회 상태를 이룩하려는 정책목표와 이를 달성하기 위해 필요한 정책수단에 대해 권위 있는 정부기관이 공식적으로 결정한 기본 방침”이라고 정의하고 있다.[5]

우리는 이 책에서 정책을 “각종의 정치적 · 행정적 과정을 통해 권위 있게 결정된 공적 목표와 이를 달성하기 위한 수단과 관련된 기본 방침”이라고 정의하고자 한다. 이것을 좀 더 자세히 설명하면 다음과 같다.

(1) 정치적 · 행정적 과정

정책은 선거나 국회와 같은 정치적 과정을 통해서 결정될 뿐만 아니라 각종의 행정적 과정을 통해서 결정된다. 공정거래정책의 경우를 예로 든다면, 국회를 통과한 ‘독점규제 및 공정거래에 관한 법률’도 중요하지만 시행령이나 공정거래위원회가 제정한 규칙이나 결정 등이 합쳐서 공정거래정책을 형성하는 것이다.

(2) 권위 있는 결정

권위 있는 결정이란 첫째로 국회나 국무회의 등과 같이 권위가 부여된 기관에 의한 결정을 의미할 뿐만 아니라, 둘째로 소정의 절차에 의거한 결정이어야 함을 의미한다.

(3) 공적 목표

이와 같이 결정된 공적 목표를 우리는 정책목표라 한다. 이러한 정책목표는 정책과정 전반에 걸쳐서 중요한 기능을 수행한다.

(4) 수 단

공적 목표(정책목표)를 달성하기 위한 수단을 정책수단이라 한다. 우리는 과거에 정책에 관한 정의에서 정책수단에 관한 부분을 언급하지 않았으나, 근래에 와서 설러먼(Lester M. Salamon) 등을 비롯한 수단접근방법론자들의 주장을 빌릴 것도 없이 정책연구에서 정책수단의 중요성이 크게 부각됨에 따라 이를 추가하기로

4) 김신복, “정책목표의 설정,” 유훈 외, 정책학: 과정과 분석[개정증보판](서울: 법문사, 1993), p. 11.
5) 정정길, 정책학원론[개정판](서울: 대명출판사, 1997), p. 52.

했다.

2. 정책의 특징

위에서 내린 정책의 정의를 좀 더 구체화하기 위해 정책의 특징 또는 속성이라고 생각될 수 있는 것을 살펴보기로 한다.

(1) 결정과는 다른 개념

전술한 바와 같이 정책과 결정은 구별되어야 한다. 정책이 결정과 다른 점으로서 여러 가지를 들 수 있겠으나 우리는 다음의 두 가지를 들고자 한다.6)

첫째, 정책은 결정보다 넓은 개념이다. 일반적으로 정책은 일련의 결정을 포함한다. 이러한 일련의 결정이 때로는 합리적인 순서에 따라 이루어지겠으나 때로는 비합리적으로 이루어질 수도 있다. 어느 쪽이든 간에 정책은 서로 관련된 많은 결정 간의 상호 작용의 결과인 경우가 많다.

둘째, 여러 개의 결정 중에서 어느 한 결정이 '중요한 결정'일 수 있다. 그러나 우리가 정책을 올바로 이해하려면 '중요한 결정'에 선행하는 결정과 중요한 결정 후에 이루어지는 결정도 아울러 연구해야 한다. 예를 들면, 누구에 의해 어떻게 수개의 대안이 모색되고 제시되었으며, 이러한 대안 중에서 특정한 안이 선정되고 실천에 옮겨진 다음 집행 단계에서 발견된 예상하지 못한 문제가 정책의 중요한 수정을 가져왔는가 등을 함께 연구해야 한다는 것이다.7)

(2) 의도와 행태

정책 개발에 관한 분석의 제1단계는 정책결정자의 의도를 밝히는 일이라 하겠다. 그러나 분석이 진행됨에 따라 공포된 의도와 실제 행태 간의 격차가 있는 것을 발견하게 된다. 그 이유로서 몇 가지를 들 수 있다.

첫째, 공식적인 견해 표명이 참된 동기를 반영하는 것이 아닐 수 있다.

둘째, 시간이 흐름에 따라 당초의 좋은 의도가 망각되거나 수정될 수도 있다.

셋째, 그 후에 발생한 사건들이 대응 행태(coping behavior)의 변화를 초래할

6) Brian W. Hogwood & Lewis A. Gunn, *Policy Analysis for the Real World*(Oxford: Oxford University Press, 1984), pp. 18－20.

7) 유훈, 정책학원론[제3정증보판](서울: 법문사, 2002), 제1편 제5장 "정책환경과 정책과정" 참조.

수도 있다.[8)]

이유야 무엇이든 간에 정책에 관한 연구는 정책을 형성한 사람의 행태뿐만 아니라 집행자의 행태와 대상집단의 행태도 아울러 연구해야 한다.

(3) 작위와 부작위

정책에 관한 행태가 작위뿐만 아니라 부작위까지 포함한다는 것은 후술하는 바와 같다.[9)] 바크라크(Peter Bachrach)와 바라츠(Morton S. Baratz)는 발생한 사실뿐만 아니라 발생하지 않은 사실도 분석해야 하며 검토의 범위를 한정하기 위해 작용하는 편견의 동원도 규명해야 한다고 주장했다.[10)] 이리하여 헤클로(Hugh Heclo)는 정책을 "작위적 혹은 부작위적 행동의 진로(a course of action or inaction)"라고 정의했던 것이다.[11)] 부작위로서의 정책은 작위로서의 정책보다 파악과 분석에 어려움이 있다. 제기조차 되지 않은 이슈나 표면화되지 않은 갈등을 어떻게 조사·연구하느냐 하는 문제가 많이 제기되었다.

(4) 예기치 못했던 성과

정책이란 처음에 의도했던 성과(outcomes)만 초래하는 것이 아니라 의도하지 않았으며 예기조차 못했던 성과를 가져오기도 한다. 따라서 정책에 관한 연구는 예기치 못했던 성과에 관한 연구도 포함해야 한다. 이리하여 정책평가를 실시해 보면 공식적인 목표나 당초에 설정한 목표와 관련이 없는 결과를 많이 발견하게 된다는 이유로 목표중립평가(goal-free evaluation)나 다목적평가(multiple-goal evaluation)를 주장하는 사람도 있다.[12)]

(5) 의도적 행태의 진로

정책에 관해 정의를 내리는 대부분의 사람들이 정책이란 명시적 또는 암시적인 목표 또는 의도를 지녀야 한다고 주장한다. 앤더슨(James E. Anderson)은 정책을 "어떤 문제나 관심사를 처리할 때 행위자 또는 일군의 행위자들이 따르는 의도적

---

8) Hogwood & Gunn, *op. cit.*, p. 21.

9) 유훈, 정책학원론, 제1편 제4장, "권력과 정책과정" 참조.

10) Peter Bachrach & Morton S. Baratz, "Two Faces of Power," *American Political Science Review*, December 1962, pp. 947-952.

11) Hugh Heclo, "Policy Analysis," *British Journal of Political Science*, January 1972, p. 85.

12) 이 책 제3편 제2장 "정책평가와 정책집행" 참조.

인 행동 진로(a purposive course of action)"라고 정의하고 있다.[13)]

의도나 목표가 없는 정책이란 생각할 수 없다. 그러나 정책의 의도나 목표가 미래의 행동을 위한 합리적인 지침으로서 사전에 결정되기도 하겠으나 지나간 행동을 합리화하기 위해 정책의 의도나 목표가 사후에 고안되는 경우도 있다는 것을 유의할 필요가 있다.[14)]

(6) 장기간에 걸친 과정

정책은 장기간(長期間)에 걸친 과정의 산물이다. 우리나라의 공정거래정책(독과점규제정책)과 같이 정책에 따라서 그 생성 자체에 10여 년이 소요되는 정책이 있을 뿐만 아니라,[15)] 정책의 변동 과정을 통해 통합·분할·선형적 승계 등 각종의 변동도 일어난다.[16)]

(7) 정책의 주된 역할

정부 부문과 민간 부문의 구분이 점점 더 어려워지고 있으며, 이른바 제3섹터(sector)의 중요성이 점증하고 있다는 것은 주지의 사실이다. 외교·국방정책은 몰라도 국내 정책 중에는 정부기관만을 참여자로 하는 것은 그렇게 많지 않다. 그렇다면 공공정책(public policy)을 식별하는 기준은 무엇이냐 하는 문제가 여기에 제기된다.[17)] 한 마디로 말해서, 공공정책이란 합법화만이라도 정부기관에 의해 이루어진 것을 말한다. 정책 개발의 상당 부분이 정부 밖에서 이루어졌다고 하더라도 부분적이나마 정부의 테두리 안에서 개발되었을 때 우리는 이를 '공공정책'이라고 부르는 것이다.

3. 유사 개념

우리는 위에서 정책의 개념과 그 특징을 살펴보았는데, 여기에서는 몇 가지 유사개념을 검토해 봄으로써 정책의 개념을 좀 더 명확히 하는 데 이바지하고자 한다.

13) James E. Anderson, *Public Policy-Making*, 7th ed.(Boston: Wads Worth, 2011), p. 6.
14) Hogwood & Gunn, *op. cit.*, p. 22.
15) 유훈, 정책학원론, 제2편 제4장 "정책형성 유형" 참조.
16) 위의 책, 제3편 제1장 "정책변동의 의의와 저해 요인" 참조.
17) 우리가 이 책에서 사용하는 '정책'은 영어의 public policy의 번역이다. 여기에서만 우리의 주장을 강조하고자 '공공정책'이라는 용어를 사용했다.

(1) 정책요구(policy demands)

특정한 문제에 관해서 정부가 개입하여 조치를 취해 줄 것을 정부기관이나 정책결정자에게 요구하는 것을 말한다. 이러한 정책요구는 때로는 추상적일 수 있으나 경우에 따라서는 구체적인 행동의 요청으로 나타날 수 있다. 이러한 정책요구가 어떠한 과정을 밟아서 정책의제로 채택되며, 어떻게 정책 결정으로까지 이르느냐 하는 문제는 제2편의 고찰 대상이다.

(2) 정책에 관한 결정(policy decisions)

위에서 수차례 설명한 바와 같이 정책은 결정보다 넓은 개념이다. 일반적으로 정책은 일련의 정책에 관한 결정을 포함한다. 예를 들면, 1890년 미연방의회에 의한 '셔먼법(Sherman Act)'의 의결은 우리가 여기서 말하는 정책에 관한 결정이다. 그뿐만 아니라 이 법률이 모든 거래의 제한을 금지하는 것이 아니라 부당한 거래의 제한만 금지한다는 1911년의 대법원의 판결도 정책에 관한 결정이다. 이러한 결정들이 모여서 독과점규제정책이라는 하나의 정책을 이루게 된 것이다.

이러한 정책에 관한 결정은 일상화(日常化, routinize)된 결정과는 구별되어야 한다. 정책집행 과정에서 공무원들이 내리는 일상적인 결정은 우리가 여기서 말하는 정책에 관한 결정은 아니다. 예를 들면, 우리나라의 보훈처가 연금 대상자의 연금 지급과 관련해 매년 결정을 내리는데, 이러한 결정은 일상적인 결정이지 정책에 관한 결정(policy decision)은 아닌 것이다.

(3) 정책 스테이트먼트(policy statement)

정책에 관한 공식적인 표현 또는 표명(articulations)을 말한다. 법률, 대통령령, 총리령, 부령, 규정, 법원의 판결 등뿐만 아니라 정부의 의도나 목표와 관련된 정부관계자들에 의한 연설이나 스테이트먼트 등도 여기에 포함된다.

이러한 정책 스테이트먼트는 정책의 목표를 명확히 함으로써 정책집행이나 정책평가에 도움이 될 수 있으나 때로는 스테이트먼트가 모호한 경우가 있는가 하면 상급자와 하급자, 상급기관과 하급기관 간에 상충이 있는 경우도 있다. 이 밖에도 권력 분립이 엄격한 국가에서는 3부(府) 간에도 특정한 정책에 관한 스테이트먼트가 서로 다른 경우가 많다.[18)]

18) Anderson, *op. cit.*, p. 8.

(4) 정책산출

정책의 유형적인 효과를 말한다. 현금의 지급, 물품이나 서비스의 전달, 세금의 징수 등 정책산출이 택할 수 있는 형태에는 여러 가지가 있다. 산출은 정책의 효과 중에서 가장 계량적으로 측정하기 쉬우며 가장 단기간에 나타나는 효과이다. 교육의 경우를 예를 든다면, 산출이란 교육을 받은 인원 수와 같은 것이다.

(5) 정책성과(policy outcomes)

성과는 산출보다는 다소 계량화하기가 어려운 효과이며 좀 더 장기적인 효과라고 하겠다. 다시 교육의 예를 든다면, 성과는 아동들의 독해력, 변형된 공부하는 습관 등을 말한다.

(6) 정책 임팩트(policy impacts)

정책의 효과를 산출과 성과로만 구분해서 고찰하는 사람들이 있으나[19] 우리는 산출, 성과, 임팩트로 나누어 고찰해야 한다고 생각한다.

임팩트는 성과보다 더 오랜 후에 나타나는 효과이다. 교육의 임팩트로서 교양 있는 국민의 양성이나 일국의 생산성의 증대 등을 들 수 있겠다. 일반적으로 정책의 집행과 임팩트 간에는 많은 시차가 있을 뿐만 아니라, 양자 간의 인과 관계의 규명에도 많은 어려움이 있으므로 임팩트의 측정에는 난관이 많다고 하겠다.[20]

Ⅱ 정책의 구성 요소

정책의 구성 요소로서 여러 가지를 들 수 있겠으나, 앞에서 제시한 정책의 정의에 비추어 정책의 구성 요소로서 다음의 세 가지를 들고자 한다.

19) Hogwood & Gunn, *op. cit.*, pp. 16－18.

20) Robert T. Nakamura & Frank Smallwood, *The Politics of Policy Implementation*(New York: St. Martin's Press, 1980), p. 76.

1. 정책목표

(1) 정책목표의 개념

정책목표란 정책을 통해서 달성하고자 하는 소망스러운 상태라고 할 수 있겠다.[21] 워너(W. Keith Warner)의 표현을 빌린다면 현재는 존재하지 않으나 정책을 통해 미래에 발생하도록 하고자 하는 상태라고 할 수 있다.[22]

(2) 정책목표의 분류

이러한 정책목표는 여러 가지로 분류할 수 있다. 궁극적 목표(최상위 목표), 일반 목표(차상위 목표), 부분 목표(하위 목표), 세부 목표(차하위 목표)로 분류하는 사람도 있으나,[23] 이렇게 여러 단계로 분류할 수 없다고 하더라도 중간 목표와 최종 목표로 나눌 수 있다.

(3) 정책과정과 정책목표

정책목표는 정책과정에서 핵심적 위치를 차지한다. 정책형성 과정에서는 우선 정책목표가 수립되어야 이 목표에 부합되는 결과를 가져올 대안의 선정이 가능하다 하겠다.

정책집행 과정에서도 정책목표가 중요한 기능을 담당한다. 명확한 정책목표가 충실한 순응을 보장하는 것은 아닐지라도 명확한 정책목표는 성공적인 정책집행을 위한 전제 조건이라 할 수 있다.

정책평가 과정에서도 정책목표가 중요한 역할을 담당한다. 근래에 와서 목표중립평가를 내세우는 사람들이 있기는 하나 정책평가에서 능률성, 주민의 만족, 수혜자 대응성 등과 함께 정책목표가 정책평가의 기준으로서 핵심적인 위치를 차지한다는 것은 이론의 여지가 없다.[24]

한 마디로 말해서, 정책목표는 정책형성을 비롯해 정책집행・정책평가 등 정책과정 전반에 중요한 기능을 수행한다는 것을 알 수 있다. 따라서 적정한 정책목표의 수립이야말로 정책과정에서 제1차적인 과제라 할 수 있는데, 린드블룸(Charles

21) Amitai Etzioni, *Modern Organizations*(Englewood Cliffs: Prentice Hall, 1964), p. 6.

22) W. Keith Warner, "Problems in Measuring the Goal Attainment of Voluntary Organizations," *Journal of Adult Education*, Fall 1967, p. 5.

23) 김신복, 앞의 논문, p. 41.

24) Nakamura & Smallwood, *op. cit.*, pp. 146–151.

E. Lindblom)의 말을 빌릴 것도 없이[25] 다원적 사회에서 명확한 정책목표의 수립이나 여러 가지 목표 간의 우선순위의 결정은 지극히 어려운 문제라 하지 않을 수 없다.

2. 정책수단

(1) 정책수단의 개념

정책수단(policy instruments) 또는 정책도구(policy tools)란 정책목표를 달성하기 위해서 정부기관이 사용할 수 있는 각종의 수단이라 할 수 있다.[26]

(2) 정책수단의 분류

이러한 정책수단은 여러 가지로 분류할 수 있다. 정책수단을 i) 권한 수단, ii) 유인 수단, iii) 능력 수단, iv) 상징 수단, v) 학습 수단으로 분류하는 사람들이 있는가 하면,[27] i) 정부의 직접적 시행, ii) 보조금, iii) 지급 보증, iv) 조세 감면, v) 규제, vi) 공기업화로 분류하는 사람도 있다.[28]

(3) 선택의 기준

정책수단에 관해 고찰할 때 무엇보다 중요한 문제는 정책수단 선택의 기준이라 할 수 있다. 어떤 상황하에 어떠한 수단을 선택할 것인가를 결정하는 데 도움을 주는 것이 선택의 기준이라 하겠다.

정책수단을 가장 강압성이 낮은 i) 자율적 규제부터 시작해, ii) 설득, iii) 정부지출, iv) 규제, v) 공기업을 열거하고, 자유민주주의 국가에서 정부는 가급적이면 강압성이 낮은 정책수단을 사용하기를 원하나 저항이 심하거나 효율적인 집행이 어렵다고 생각될 때에는 강압성이 높은 정책수단으로 옮겨가게 된다고 일원적 기준을 제시하는 사람들이 있다.[29]

---

25) Charles E. Lindblom, *The Policy-Making Process*, second edition(Englewood Cliffs: Prentice Hall, 1980), p. 24.

26) 정책수단에 관해서는 이 책 제1편 제4장 "정책수단" 참조.

27) Anne Schneider & Helen Ingram, "Behavioral Assumptions of Policy Tools," *Journal of Politics*, May 1990, pp. 514-522.

28) Lester M. Salamon, "The Changing Tools of Government Action: An Overview," in Lester M. Salamon(ed.), *Beyond Privatization: The Tools of Government Action*(Washington, D.C.: Urban Institute Press, 1989), pp. 14-20.

그런가 하면 i) 조작의 복잡성, ii) 가시적인 수준, iii) 신축성, iv) 강압성, v) 고가성(高價性), vi) 시장 기능에의 의존도, vii) 실패의 위험, viii) 대상자 선정의 정확성 등 다원적인 기준을 제시하는 사람들도 있다.[30]

(4) 규범적 기준과 실제적 기준

우리가 위에서 검토한 것은 합리적 기준 또는 규범적 기준이다. 다시 말해, 특정한 상황하에서 정책목표를 달성하기 위해 어떠한 정책수단을 사용하는 것이 바람직한가를 결정하는 데 도움이 되는 기준이다. 그러나 실제로 이러한 규범적 기준보다는 정책결정자들이 지니고 있는 신념 · 태도 · 인지(認知) 등에 따라서 정책수단이 결정되는 경우가 많다는 것을 잊어서는 안되겠다.[31]

3. 정책 대상집단

(1) 정책 대상집단의 개념

정책 대상집단이란 정책에 의해 영향을 받는 조직이나 집단으로서 정책의 요구에 부응하기 위해 변화가 요구되는 사람들이다.

정책의 구성 요소 중 정책목표에 관해 검토하는 사람들이 많으나 정책수단이나 정책 대상집단에 관해 고찰하고 있는 사람들은 많지 않은 것 같다. 특히, 정책 대상집단에 관해 체계적으로 검토하고 있는 사람은 적다.

(2) 정책 대상집단의 분류

정책 대상집단도 여러 가지로 분류할 수 있겠으나 수혜집단과 피해집단으로 나누는 것이 실익 있는 분류 방법이라 하겠다. 이 밖에도 정책 대상집단은 정책에 의해 규제를 받고 변화가 요구되는 피규제집단과 비피규제집단으로 나눌 수 있다. 피규제집단은 위에서 말한 피해집단과 일치하는 경우가 많으나 알코올 중독자나 마약 중독자 등과 같이 변화가 요구되고 규제를 받기는 하나, 궁극적으로 혜택을 받

29) G. B. Doern & V. S. Wilson, "Conclusion and Observations," in G. B. Doern & V. S. Wilson(eds.), *Issues in Canadian Public Policy*(Toronto: Macmillan, 1974), p. 399.

30) Stephen H. Linder & B. Guy Peters, "Instruments of Government: Perceptions and Contexts," *Journal of Public Policy*, January–March, 1989, p. 56.

31) Michael Howlett, "Policy Instruments, Policy Styles, and Policy Implementation: National Approaches to Theories of Instrument Choice," *Policy Studies Journal*, Spring 1991, p. 8.

으므로 수혜집단이라 할 수 있는 피규제집단도 있다.

(3) 대상집단의 특징

정책과정에 영향을 미치는 정책 대상집단의 특징으로서 여러 가지를 들 수 있겠으나 다음의 몇 가지를 검토하고자 한다.

첫째, 대상집단의 규모이다. 일반적으로 대상집단의 규모가 작으며 격리되어 있는 경우에는 그 정책에 대한 정치적 지지를 얻기가 용이하며, 따라서 그 정책이 이룩하고자 하는 목표의 달성이 용이하다. 예를 들면, 1965년의 미국투표권법(Voting Right Act)의 집행이 성공을 거두게 된 데에는 여러 가지 이유가 있겠으나, 동법이 남부 7개 주의 선거권자 등록 업무 담당자들의 불법행위를 규제하는 데 목표가 있었기에 성공을 거둔 것이라 할 수 있다.[32)]

둘째, 정책 대상집단의 조직화 등을 포함하는 구조라고 하겠다. 우리나라의 공정거래법(독과점규제법)이 제정되는 데 오랜 시일이 소요되었을 뿐만 아니라, 독과점규제정책이 실효성이 낮다는 비판을 받는 것은 이 정책의 대상집단인 대기업들이 전국경제인연합회와 같은 조직을 중심으로 비교적 조직화가 잘되어 있는 데에도 그 원인이 있다고 하겠다.

셋째, 정책 대상집단의 과거 경험이다. 대상집단이 과거에 정책의 영향을 받은 경험이 있느냐 하는 문제와 그러한 정책에 대해서 대상집단이 어떠한 반응을 보였느냐 하는 문제도 중요하다. 과거에 정책에 대해서 순응했느냐, 불응했느냐, 무관심했느냐 하는 대상집단의 정책에 대한 경험이 새로운 정책의 집행에도 영향을 미친다는 것이다.[33)]

넷째, 정책 대상집단의 행태의 다양성이다. 변화시키려는 행태가 다양할수록 효율적인 집행이 어렵다는 것이다. 예를 들면, 수질환경의 개선이 어려운 것은 어느 국가를 막론하고 배출시설에서 발생되는 수질오염이 그 유형이 수없이 많을 뿐만 아니라 그 정도가 지극히 다양한 데 있다고 하겠다.[34)]

---

32) Paul Sabatier & Daniel Mazmanian, "The Implementation of Public Policy: A Framework of Analysis," in Daniel Mazmanian & Paul Sabatier(eds.), *Effective Policy Implementation*(Lexington: Heath, 1981), pp. 8－9.

33) Thomas B. Smith, "The Policy Implementation Process," *Policy Sciences*, June 1973, pp. 202－204.

34) Daniel A. Mazmanian & Paul A. Sabatier, *Implementation of Public Policy*(Glenview: Scott, Foresman and Co., 1983), p. 23.

제 2 절 정책의 유형

I 정책 유형 연구의 필요성

정책의 내용(contents)을 연구하고 이를 통해서 정책의 유형을 연구하는 이유로서 여러 가지를 들 수 있겠으나 래니(Austin Ranney)의 주장에 따라 다음과 같은 몇 가지로 나누어 고찰하기로 한다.

1. 과학적인 이유

학자들 중에는 과학적인 이유에서 정책의 내용 또는 유형을 연구해야 한다고 주장하는 사람들이 있다. 이러한 연구가 정책학이나 정책연구의 폭을 넓혀 주고 유의성과 타당성을 제고하는 데 이바지할 수 있다는 것이다. 이것은 다시 다음의 두 가지로 나눌 수 있다.

(1) 정책과정의 이해의 증진

많은 정책과정에 관한 연구가 정책의 내용을 종속변수로 취급해 왔다. 환언하면, 많은 정책과정 연구자들이 정책산출(policy outputs)의 차이를 압력단체 및 정부기관 간의 권력의 배분 관계나 정책과정 참여자들의 전술 등과 같은 독립변수를 가지고 설명하려고 했던 것이다.[35]

그러나 근래에 와서 이러한 접근 방법에 대해서 비판이 제기되고 있다. 로위(Theodore J. Lowi)나 프로먼(Lewis A. Froman, Jr.)은 정책의 내용 또는 유형을 독립변수로 다루어야 한다고 주장한다.[36] 정책의 유형이 달라짐에 따라 정책과정도 달라진다는 것이다. 따라서 정책의 유형을 알면 그러한 정책이 어떠한 과정을 거쳐

35) Austin Ranney, "The Study of Policy Content: A Framework for Choice," in Austin Ranney(ed.), *Political Science and Public Policy*(Chicago: Markham, 1968), pp. 13–14.

36) Lewis A. Froman, Jr., "The Categorization of Policy Contents," in Austin Ranney(ed.), *Political Science and Public Policy*(Chicago: Markham, 1968), pp. 41–52; Theodore J. Lowi, "Four Systems of Policy, Politics and Choice," *Public Administration Review*, July–August 1972, pp. 298–310.

서 결정될 것이라는 사실을 대체로 예측할 수 있다고 주장하는 것이다. 후술하는 바와 같이 리플리(Randall B. Ripley)와 프랭클린(Grace A. Franklin)은 정책 유형이 달라짐에 따라 정책의 형성 과정뿐만 아니라 정책집행 과정도 달라진다고 주장하고 있다.

(2) 정책성과의 이해의 증진

정책의 내용 또는 유형을 독립변수로 사용하여 정책의 성과(outcomes), 즉 정책이 가져오는 긍정적 효과와 부정적 효과를 연구해야 한다고 주장하는 사람들이 있다.

나크미아스(David Nachmias)의 말을 빌릴 것도 없이 정책영향(policy impacts)이나 정책성과(policy outcomes)는 정책산출(policy outputs)과 구별되어야 한다.[37] 정책산출이란 통과시킨 법안의 수, 특정 목적을 위해 지출한 예산액과 같은 유형적 또는 상징적인 산물을 말하며, 정책성과 또는 정책영향이란 그러한 산출이 설정된 목표를 구현한 실적을 말한다. 우리는 정책과정이 정책산출과 어떠한 관련이 있으며, 정책산출이 정책성과와 어떠한 관련이 있는가를 좀 더 깊이 연구할 필요가 있다는 것이 래니의 주장이다.[38]

2. 전문직업적인 이유

정책 내용의 연구 또는 정책 유형의 연구는 다음과 같은 두 가지 전문직업적인 과업(professional task)의 달성에 이바지할 수 있다.

(1) 현재 및 과거 정책의 평가

정책의 긍정적인 효과와 부정적인 효과를 파악하는 것이 어려운 것이 사실이나 일단 효과를 파악한 다음에는 특정한 정책의 긍정적인 효과가 거기에 부수되는 정치적 희생을 지불할 가치가 있었던 것이냐를 판단하는 문제가 제기된다.

미국 서남부 주민들에 대한 상수도 공급의 증대와 전력 공급의 증대를 위해 그랜드 캐니언(Grand Canyon)의 자연미를 손상해도 좋으냐는 문제나 일부 성인들의

37) David Nachmias, *Public Policy Evaluation: Approaches and Methods*(New York: St. Martin's Press, 1979), pp. 2-3.

38) Ranney, *op. cit.*, pp. 14-15.

수명 연장을 위한 인공신장의 공급 증대 때문에 유아 사망률의 저하를 위한 보건 사업을 희생시켜도 좋으냐는 문제 등이 대표적인 예라고 하겠다.

여기에서의 최대의 난점은 가치 판단의 문제라고 하겠으나 정책 내용의 연구가 이러한 정책의 평가에 이바지할 수 있다는 것이다.[39)]

(2) 정책결정자에 대한 조언

정책연구자들이 정책결정자들의 자문에 응하고 조언을 하기 위해서는 정책 내용을 연구할 필요가 있다.

드로어가 지적한 바와 같이 정책학은 더 나은 정책 결정을 위해 그 방법·지식·체제를 다루는 학문으로서 좀 더 효과적이며 능률적인 정책을 통해 설정된 목표를 달성하려는 데 정책학의 주안점이 있으므로,[40)] 정책결정자들의 자문에 응하는 것이 정책연구자들의 중요한 기능의 하나라 할 수 있다.

이러한 경우 문제가 되는 것은 정책연구자들이 실질 분야의 전문가들보다 나은 조언을 할 수 있느냐 하는 것이다.[41)] 예를 들면, 노동정책을 수립할 때 정책연구자가 노동 문제 전문가보다 나은 조언을 할 수 있으며, 보건정책을 수립할 때 정책학자가 보건전문가보다 우월한 조언을 할 수 있느냐 하는 문제이다. 실질적인 문제에 관해서는 그 분야의 전문가를 따라갈 수는 없겠으나 특정한 정책이 가져다 줄 긍정적 효과와 부정적 효과, 특히 정치적인 편익과 정치적 비용(cost)을 산출하는 데 이바지할 수 있는 체제를 개발한다면 실질 분야의 전문가 못지않게 정책결정자들에게 도움이 될 수 있다는 것이다.[42)]

3. 정치적 이유

정책의 내용 또는 유형을 연구하는 또 하나의 이유는 정치적인 데 있다고 한다. 다시 말하면, 학문적인 이유를 떠나서 정부가 올바른 목표를 달성하기 위한 올바른

---

39) *Ibid.*, pp. 15－16.
40) Yehezkel Dror, *Ventures in Policy Sciences*(New York: Elsevier, 1971), pp. 14－15.
41) 실질 분야에 관한 지식을 정책학에서 다룰 것이냐에 관해 학자들 간에 견해의 일치를 보지 못하고 있다. 드로어는 구체적이고 실질적인 내용(substantive contents)은 정책학과 직접적으로 관련이 없다고 보는 데 대해, 라스웰은 실질 분야에 관한 지식도 정책학에서 다루어야 한다고 보고 있다[Harold D. Lasswell, *A Pre－View of Policy Sciences*(New York: Eisevier, 1971), pp. 1－2].
42) Ranney, *op. cit.*, pp. 17－18.

정책을 채택하도록 하기 위해 정책학도들이 정책의 내용이나 유형을 연구해 그 결과를 적극적으로 발표해야 한다는 것이다.[43)]

Ⅱ 기능별 분류

가장 전통적인 정책의 분류 방법으로서 정책을 안보정책, 노동정책, 교통정책, 보건정책, 복지정책, 농업정책, 상공정책 등으로 분류하는 것이다.

이 분류 방법은 정부 기능에 관해서 우리가 지니고 있는 경험과 사고를 정리하는 상식적인 분류 방법일 뿐만 아니라 입법부나 행정부의 조직도 반영하고 있는 분류 방법이다.

국회의 상임위원회나 정부부처도 대체로 기능별로 조직되어 있을 뿐만 아니라 정책과 관련해서 정부가 수립하는 각종의 자료도 기능별로 분류, 정리되어 있으므로 정책의 기능별 분류가 편리한 경우가 많다.

그러나 기능별 분류의 문제점은 어떤 종류의 정부 기능, 예를 들면 특허나 센서스 등과 같은 것은 어떠한 기능에 포함시킬 것이냐 하는 문제가 있을 뿐만 아니라 많은 정부의 사업이 다목적적인 까닭에 정책의 기능별 분류로서는 처리하기 어려운 문제가 많다.[44)]

Ⅲ 로위의 분류

아먼드－파월(Almond－Powell)의 분류와 유사하나 의사결정론에 입각하고 있는 것으로서 로위(Lowi)의 분류가 있다. 1964년의 논문에서 그는 정책의 유형을 분배정책 · 규제정책 · 재분배정책으로 분류한 다음 정책의 유형이 달라짐에 따라 정책과정도 달라진다고 주장했다.[45)] 로위는 이 주장을 더욱 확대해서 1972년의 논문

43) *Ibid*., p. 18.

44) Larry L. Wade, *The Elements of Public Policy*(Columbus, Ohio: Charles E. Merrill Publishing Co., 1972), pp. 1－2.

45) Theodore J. Lowi, “American Business, Public Policy, Case Studies, and Political Theory,” *World*

에서 정책의 유형과 정책과정의 관계를 좀 더 깊이 있게 고찰했다.46)

1. 분배정책

이는 본래 미국의 19세기 토지정책과 관련된 것인데, 오늘날의 국유토지정책, 자원정책, 하천·항만사업, 군수품의 구매, 연구개발사업, 노동조합·기업·농민 등의 수혜집단을 위한 서비스 등과 관련된 정책이라고 하겠다.

2. 규제정책

규제정책은 사인(私人)의 활동 및 사유재산에 대해서 정부가 통제를 가하는 것과 관련된 정책이다.

3. 재분배정책

이는 협의로 해석한다면 재정수지를 통한 소득 이전과 관련이 있는 정책이다. 고소득층에 대한 누진적인 부담을 포함한 조세구조에 재원을 구하여 그 일부를 저소득층에 유리한 각종의 사회적 급부를 하는 것이 가장 직접적인 소득 분배의 방법이다.

그러나 좀 더 광의적으로 본다면 재분배정책은 과세정책이나 사회보장 지출뿐만 아니라 널리 소득 분배의 실질적 변경을 주된 목적으로 하여 실시되는 모든 정책이라고 할 수 있겠다.

4. 구성정책

전술한 바와 같이 1964년의 논문에서 로위는 정책의 유형 속에 구성정책을 포함시키지 않았는데 1972년의 논문에서 이를 추가했다.

구성정책(constituent policy)이란 정부기관의 신설, 선거구의 조정 등과 관련된 정책이다.

Politics, July 1964, pp. 677－715.

46) Lowi, "Four Systems of Policy, Politics and Choice," pp. 297－310.

5. 로위의 주장을 둘러싼 논란

정책의 유형에 따라 정책과정이 달라진다는 로위의 주장을 둘러싸고 심한 논쟁이 벌어졌다. 한쪽에서는 로위의 주장에 동조하는 많은 추종자들이 나타났다.

후술하는 바와 같이 리플리와 프랭클린은 로위의 주장에서 한 걸음 더 나가서 정책 유형이 달라짐에 따라 정책형성 과정이 달라질 뿐만 아니라 정책집행 과정도 달라진다고 주장했다.

모건(Douglas F. Morgan)은 로위의 분류와 다른 솔리스버리-하인츠(Salisbury-Hainz)의 분류를 토대로 하기는 하나 정책 유형이 달라짐에 따라 정책과정이 달라진다는 로위의 주장을 확대해서 정책의 유형에 따라 재량의 유형이 결정된다는 주장을 폈다.[47)]

그러나 다른 한편 로위의 주장에 대해서 많은 비판이 제기되었다.

① 그의 정책의 분류 자체에 대해서 많은 문제가 제기되었다. 그의 정책의 유형이 포괄적(exhaustive)인 것이 되지 못한다고 주장하는 사람이 있는가 하면 많은 정책이 두 개나 세 개의 범주에 해당된다는 사실을 들고 있는 사람도 있다. 예를 들면, 호텔이나 식당에서의 인종차별을 금지하는 정책이 규제정책에 해당될 뿐만 아니라 호텔이나 식당의 이용권이라는 혜택을 재분배한다는 의미에서 재분배정책에 해당될 수도 있다는 것이다.[48)]

② 정책의 유형과 정책형성의 관계가 로위가 주장하는 것처럼 확연하지 못하다는 비판도 있다. 동일한 정책이지만 시간의 흐름에 따라 관련 집단 간의 관계에 변화가 일어날 수도 있다는 점을 주장하는 사람도 있다. 하천이나 항만 등을 개축하는 문제와 관련된 정책은 흔히 분배정책이라 하며 큰 갈등 없이 정책결정이 이루어지는 경우가 많다. 그러나 실업률이 높은 지역에 대한 금융 지원 등을 내용으로 하는 1961년의 지역재개발법의 제정 과정에서 이익집단 간의 심한 갈등이 드러난 일이 있다. 그런가 하면 1965년의 애팔래치아(Appalachia) 지역개발법의 제정 과정에서는 큰 논란이 없었다.

③ 윌슨(James Q. Wilson)은 정책의 내용이 정책의 채택 과정에서의 집단 간의

47) Douglas F. Morgan, "Varieties of Administrative Abuse: Some Reflections on Ethics and Discretion," *Administration and Society*, November 1987, pp. 267-284.
48) James Q. Wilson, *Political Organizations*(New York: Basic Books, 1973), p. 329.

역할에 영향을 미친다는 로위의 근본적인 명제에는 찬의를 표하나 새로운 정책의 채택과 기존 정책의 수정은 구별되어야 한다고 주장한다. 기존 정책의 수정은 로위의 주장과 같을지 모르나 사회보험제도, 메디케어(Medicare), 민권법, TVA의 창설 등과 같은 새로운 정책의 채택은 공황, 전쟁, 대규모적인 스캔들과 같은 큰 사건, 비범한 정치적 리더십, 새로운 정치적 엘리트의 등장, 장기간에 걸친 대중매체의 보도 등의 결과이며, 로위의 집단 간의 역할을 가지고 설명할 수는 없다는 것이다.49)

④ 정책의 유형이 달라짐에 따라 정책형성 과정이 달라진다는 사실 자체에 대해서 의문을 제기하는 사람들도 있다. 리처드슨(Jeremy Richardson) 등은 일국의 정책형성 과정은 정책의 유형에 관계 없이 일정한 경향을 지닌다고 주장하고, 이것을 그들은 '정책 스타일(policy style)'이라고 부른다. 리처드슨 등에 의하면 i) 합의적 · 능동적 스타일, ii) 합의적 · 피동적 스타일, iii) 강요적 · 능동적 스타일, iv) 강요적 · 피동적 스타일로 분류할 수 있는데, 서구 여러 국가의 정책형성은 일반적으로 합의적 · 피동적 스타일에 속한다는 연구를 발표한 바 있다.50)

Ⅳ 아먼드와 파월의 분류

아먼드(Gabriel A. Almond)와 파월(G. Bingham Powell, Jr.)은 체제이론에 입각해 정책을 다음과 같이 네 가지 유형으로 분류하고 있다.

1. 추출정책

이는 조세, 병역, 노역 등과 같이 국내적 · 국제적 환경에서 물적 · 인적 자원을 추출하는 것과 관련된 정책이다. 추출정책에서는 우선 정부가 거두어들이는 자원의 양과 그것을 누가 부담하느냐 하는 것이 문제된다. 그뿐만 아니라 어떠한 방법으로 자원을 거두어들이느냐가 검토되어야 하며 추출과 관련된 절차와 구조도 다

49) *Ibid.*, pp. 328-330.

50) Jeremy Richardson, Gunnel Gustafson, & Grant Jordan, "The Concept of Policy Style," in Jeremy Richardson(ed.), *Policy Styles in Western Europe*(London: George Allen and Unwin, 1982), pp. 4-5.

루어져야 한다.[51)]

2. 규제정책

이는 개인이나 집단의 행동에 대해 정부가 가하는 규제와 관련된 정책이다. 규제정책을 다룰 때는 어떠한 부류의 개인이나 집단이 규제를 받으며 개인 생활의 어떤 측면이 규제를 받느냐 하는 문제뿐만 아니라 간섭의 빈도와 강도가 고찰되어야 한다.[52)]

3. 분배정책

이는 정부가 각종의 물품, 서비스, 명예, 지위, 기회 등을 사회 내의 개인이나 집단에게 배분하는 문제와 관련된 정책이다.

분배정책을 고찰할 때는 배분물의 양과 중요성이 문제되어야 할 뿐만 아니라 이와 관련된 생활 분야, 수혜자, 국민의 욕구와 이를 충족시키기 위한 정부의 분배와 관련성 등이 다루어져야 한다.[53)]

4. 상징정책

이는 정부가 사회나 국제적 환경에 유출시키는 상징과 관련된 정책이다. 상징적인 산출(outputs)이란 엘리트에 의한 가치의 확인, 국기 게양, 분열식 등의 군대의식, 왕족이나 고관의 방문, 정치지도자들에 의한 정책의 천명 등을 말한다.[54)]

V 솔리스버리의 분류

기본적으로 로위의 분류와 유사하나 다소 관점이 다른 것으로서 솔리스버리(Robert H. Salisbury)의 분류가 있다. 그는 요구 패턴(demand pattern)의 통합성

51) Gabriel A. Almond & G. Bingham Powell, Jr., *Comparative Politics: A Development Approach* (Boston: Little, Brown & Co., 1966), pp 195–196.
52) *Ibid.*, pp. 196–197.
53) *Ibid.*, pp. 198–199.
54) *Ibid.*, pp. 199–201.

(integration)과 분산성(fragmentation), 결정 체제의 통합성과 분산성의 조합에 의해 네 가지 정책의 유형을 도출했다. 솔리스버리의 정책 유형에 관한 그림을 피터스(B. Guy Peters) 등의 주장과 같이 재배열한 것이 [그림 1-1]이다. 요구 패턴이 통합적이며 결정 패턴도 통합적인 것이 재분배정책이며, 요구 패턴이 통합적이나 결정 패턴이 분산적인 것이 자율규제정책이다. 요구 패턴이 분산적이나 결정 패턴이 통합적인 것이 규제정책이며, 요구 패턴과 결정 패턴이 다 분산적인 것이 분배정책이다.

1. 분배정책

그 효과가 주로 경제적이라는 점에서 후술하는 재분배정책과 동일하나 요구를 하는 모든 개인이나 집단에게 혜택을 준다는 점에서 한쪽에서 받아서 다른 쪽에 주는 재분배정책과 다르다 하겠다. 분배정책의 대상이 되는 혜택은 지리적으로 분산되어 있거나 기능적으로 다른 여러 집단에 나누어 주는 물품이다.

그림 1-1 솔리스버리의 정책 유형

		요구 패턴	
		통합적	분산적
결정 패턴	통합적	재분배	규제
	분산적	자율규제	분배

2. 재분배정책

이 정책의 특징은 한쪽에서 받아서 다른 쪽에 준다는 데 있다. 현대 사회에서 재분배정책의 효과는 주로 경제적인 것이라 하겠는데 고소득층의 소득이나 부(富)를 저소득층에 나누어 주는 것이다. 근래에 와서 지위나 신분도 재분재정책의 대상으로 등장하는데, 민권정책을 재분배정책으로 분류하는 이유가 바로 여기에 있다.

3. 규제정책

솔리스버리는 전술한 바와 같이 요구 패턴이 분산적이나 결정 패턴이 통합적인 정책을 규제정책이라 하고 있다. 규제정책은 용납되는 행태(acceptable behavior)에 제한을 가함으로써 간접적으로 개인들에게 혜택을 주거나 손실을 입히는 정책이라 할 수 있다.

4. 자율규제정책

다른 사람들의 분류에서는 찾아볼 수 없는 독특한 유형인데, 자율규제정책(self-regulated policies)이란 규제 대상이 되는 개인이나 집단에게 규제를 위한 기준을 설정할 권한을 부여하고 심지어 그 집행까지도 위임하는 경우를 말한다. 교사·의사 등과 같은 전문직업인의 면허 등을 그 전문직업인단체에게 부여하는 경우가 대표적인 예라고 하겠다. 자율규제정책은 특정한 사회·경제적 부문(sector)을 안정시키고 통제한다는 점에서는 규제정책과 동일하다 하겠으나 그 방향이나 통제의 유형은 상당히 다를 수 있다.[55]

5. 솔리스버리-하인츠의 분류

요구 패턴의 통합성과 분산성, 결정 체제의 통합성과 분산성의 조합에 의해 위에서 고찰한 네 가지 정책의 유형을 도출했던 솔리스버리는 수년 후에 하인츠(John Heinz)와 함께 동일한 네 가지 정책의 유형을 [그림 1-2]와 같이 요구 패턴의 통합성과 분산성, 결정에 소요되는 비용(cost)의 다과에 의해 설명하고 있다.[56]

이러한 솔리스버리-하인츠(Salisbury-Heinz)의 분류는 전술한 바와 같이 모건(Douglas F. Morgan)에 의해 재량의 유형을 도출하는 데 활용되었다. <표 1-1>과 같이 정책의 유형에 따라 재량의 유형이 결정된다는 것이 모건의 주장이다.[57]

---

55) Robert H. Salisbury, "The Analysis of Public Policy: A Search for Theories and Roles," in Austin Ranney(ed.), *Political Science and Public Policy*(Chicago: Markham, 1968), pp. 151-175; B. Guy Peters, John Doughtie & Kathleen McCulloch, "Types of Democratic Systems and Types of Public Policy," *Comparative Politics*, April 1977, pp. 327-355.

56) Robert H. Salisbury & John Heinz, "A Theory of Policy Analysis and Some Preliminary Applications," in Ira Sharkansky(ed.), *Policy Analysis in Political Science*(Chicago: Markham, 1970), pp. 39-60.

그림 1-2 솔리스버리-하인츠의 정책 유형

		결정에 소요되는 비용	
		낮다	높다
요구 패턴	통합적	재분배	자율규제
	분산적	분배	규제

표 1-1 정책의 유형을 토대로 한 재량의 유형

정책의 유형	재량의 유형
분배정책	기술적 재량
재분배정책	정치적 재량
규제정책	기획적 재량
자율적 규제정책	전문적 재량

Ⅵ 리플리와 프랭클린의 유형

리플리(Randall B. Ripley)와 프랭클린(Grace A. Franklin)도 로위의 분류를 참고로 했으나 정책집행을 염두에 두어 국내 정책을 다음과 같은 네 가지로 분류하고 있다. 리플리와 프랭클린은 정책 유형이 달라짐에 따라 정책형성 과정이 달라질 뿐만 아니라 정책집행 과정도 달라진다고 주장하고 있는 것이다. 이들은 정책집행과의 관련하에서는 국내 정책을 네 가지 유형으로 분류하고 있으나, 다른 기회에 국내 정책 외에 외교·국방정책을 별개의 유형으로 보고 이를 다시 세분하고 있다. 로위의 분류가 포괄적인 것이 되지 못한다는 비판을 의식한 것이라 할 수 있겠다.

1. 분배정책

분배정책이란 19세기의 철도회사에 대한 국유지의 양여, 비행장 건설·병원 건

57) Morgan, *op. cit.*, pp. 269－274.

설・하수시설・대량운송 수단 등을 지원하기 위한 지방자치단체에 대한 보조, 대학이나 민간연구기관에 대한 연구비 지원 등과 같이 사회 전체에 유익한 민간 활동 등을 유인하기 위한 지원과 관련된 정책을 말한다. 분배정책의 특징으로서 다음의 몇 가지를 들 수 있다.

첫째, 민간 부문 등에 대한 지원은 현물 또는 현금의 지원을 의미하는 보조의 형태로 이루어진다. 좀 더 구체적으로 말한다면 지원사업은 현금의 지급, 현물의 지급, 세제상의 혜택, 저리 융자, 인가, 면허 등 여러 가지 형태를 지니게 된다.

둘째, 이러한 보조는 일반적으로 민간 부문의 개인이나 집단의 급부에 대한 반대급부로 이루어진다.

셋째, 정책결정 단계에서는 분배정책의 수혜자들은 경쟁 관계에 서지 않는다. 개개의 분배정책은 단기적인 안목에서 개별적으로 수립되는 까닭이다. 그러나 집행 단계에서는 수혜자 간의 경쟁이 불가피한 경우가 있다. 예를 들면, 소맥을 생산하는 농부는 1인당 2만 달러의 한도 내에서 부셸(bushel)당 10센트의 가격보조를 받는다고 한다면 농부끼리 경쟁하는 일은 없을 것이나, 500만 달러의 연구비를 대학의 사회학자들에게 지급하는 경우에는 학자들 간에 또는 대학 간에 경쟁을 하게 된다는 것이다.[58]

2. 경쟁적 규제정책

경쟁적 규제정책이란 특정한 철도회사에 특정한 노선의 운행을 허가하는 경우, 특정한 항공회사에 특정한 노선의 운항을 허가하는 경우, 특정한 방송회사에 특정한 텔레비전 채널로 방송할 것을 허가하는 경우 등과 같이 다수의 경쟁자 중에서 특정한 업자에게 특정한 물품 또는 서비스를 공여하는 일과 관련된 정책이다. 경쟁적 규제정책의 특징으로서 다음과 같은 것을 들 수 있다.

첫째, 규제기관이 민간 부문의 기업이나 개인에게 제공하는 물품이나 서비스는 텔레비전 채널이나 라디오 주파수와 같이 희소한 것이다.

둘째, 일반대중은 물품이나 서비스의 제공 방법에 관해서 이해 관계가 있다. 예를 들면, 특정한 지역은 철도회사가 화물의 운송 서비스를 반드시 이행해 주지 않

58) Randall B. Ripley & Grace A. Franklin, *Congress, the Bureaucracy, and Public Policy*, second edition(Homewood: Dorsey, 1980), pp. 72–74.

으면 많은 지장을 받게 된다.

셋째, 경쟁적 규제정책은 분배정책과 보호적 규제정책의 혼합이라 할 수 있다. 승리한 경쟁자의 관점에서 볼 때 보조를 받는 것과 같은 효과가 있는 동시에 특정한 행태를 반드시 이행해야 할 의무도 지게 되는 것이다.59)

3. 보호적 규제정책

보호적 규제정책이란 최저임금제, 항공요금·철도요금 등의 책정, 식품첨가물에 대한 규제 등과 같이 각종의 민간 활동이 허용되는 조건을 인정함으로써 국민을 보호하는 것을 목적으로 하는 정책이다.

정책의 형성 단계나 합법화 단계에서 피규제산업은 규제의 신설 또는 강화를 주장하는 단체나 개인과 적대 관계에 서게 되며, 정책의 집행 단계에서는 독립규제위원회와 같은 규제기관과 투쟁하거나 규제기관을 동정적인 맹방으로 전환시키려고 노력한다.60)

4. 재분배정책

재분배정책이란 불우 계층을 위한 직업훈련사업, 실업자 구제사업, 누진소득세, 생활보호 대상자를 위한 의료보호 등과 같이 사회 내의 개인이나 집단에 대한 부(富), 재산, 권리 등의 분배의 재조정에 관한 정책이다.

이것을 재분배정책이라고 하는 것은 어떤 집단의 희생하에 다른 집단에게 가치 있는 품목을 이전하는 까닭이다. 대체로 재분배정책은 고소득층의 부나 소득을 저소득층에게 이전시키는 것을 목적으로 한다. 실제로 정책 중에는 역진세, 비례세와 같이 저소득층의 소득을 고소득층에게 이전시키는 결과를 초래하는 것도 있으나, 일반적으로 이러한 정책은 재분배정책이라고 하지 않는다.

모든 재분배정책이 다 그런 것은 아니나 많은 경우 어떤 계층의 희생하에 어떤 계층이 어느 정도 혜택을 받느냐는 집행 과정에서 결정된다는 것을 유의할 필요가 있다.61)

---

59) *Ibid.*, pp. 74–76.
60) *Ibid.*, pp. 76–77.
61) *Ibid.*, pp. 77–79.

5. 외교 · 국방정책

위에 검토한 네 가지 유형은 국내 정책을 분류한 것인데, 이들은 외교 · 국방정책을 별개의 유형으로 보고 이를 다시 다음의 세 가지로 세분하고 있다.

(1) 구조정책

이는 헌팅턴(Samuel P. Huntington)이 말하는 구조적 결정(structural decision)과 유사한 것으로 생각되는데, 전략적 단위와 군사력의 행사를 위해 투입될 인원 · 장비의 구입 · 배정 · 조직 등에 관한 정책이라 할 수 있다.

(2) 전략정책

이 역시 헌팅턴의 전략적 결정과 유사한 것으로서 부대의 수, 그 구성, 임전 태세, 무기의 종류와 수, 그 개발의 속도, 군사력의 전개 · 공약 등에 관한 정책이라 하겠다.

(3) 위기정책

위에서 고찰한 구조정책이나 전략정책은 비위기 상황인 평상시에 관한 정책이며, 쿠바 미사일 기지사건, 이란 인질사건 등과 같은 위기에 관한 정책을 별개의 범주로 삼고 있다.62)

62) *Ibid.*, pp. 184–210.

제 2 장 정책집행 참여자

제 1 절 공식적 참여자

I 행정수반

1. 정책과정에서의 행정수반의 중요성

오늘날은 행정수반 우월(executive dominance)의 시대이다.[1] 따라서 정책과정에서도 행정수반이 중요한 기능을 담당할 수밖에 없다. 우리나라와 같이 권력 분립이 엄격하지 않은 국가에서는 더 말할 것도 없고, 미국과 같이 권력 분립이 엄격하고 입법부가 강력한 영향력을 발휘하는 국가에서도 행정수반이 정책과정에서 중추적인 역할을 담당하고 있다. 의원내각제하에서는 대통령중심제의 경우처럼 행정수반이 단독으로 영향력을 행사하는 것은 아니나 내각과의 협의하에서 수상이 주도권을 행사한다고 볼 수 있다.[2]

1) David M. Olson, *The Legislative Process: A Compartive Approach*(New York: Harper, 1980), p. 1.
2) George W. Jones, "The Prime Minister's Power," in Richard Rose(ed.), *Policy Making in Britain*(London: Macmillan, 1969), p. 328.

2. 행정수반의 유형

주로 미국의 대통령을 염두에 둔 것이기는 하나 하그로브(Erwin C. Hargrove)와 넬슨(Michael Nelson)은 정책과정과 관련해 행정수반을 다음과 같은 세 가지 유형으로 분류하고 있다. 이 유형은 다른 국가에도 적용될 수 있다고 생각해 여기에서는 이들이 제시한 행정수반의 유형을 살펴보기로 한다.

(1) 준비형

이 유형의 행정수반은 새로운 아이디어를 조성하고 여과해 제시하는 것을 과제로 삼는다. 그러나 이 유형의 행정수반하에서는 이러한 새로운 아이디어가 별로 결실을 맺지 못한다. 준비형의 행정수반은 직속참모와 각 부처 간에 균형된 긴장(balanced tension)이 조성된다면 좋은 새로운 아이디어가 나올 수 있다고 생각한다.

준비형의 정책형성 전략은 장·단점이 있다. 이상적으로 말한다면 새로운 아이디어와 각 부처의 현실주의가 균형을 이룰 수 있다고 하겠으나 계속 쏟아져 나오는 새로운 아이디어의 홍수 속에서 균형을 유지하기 어렵다는 것이다. 행정수반 직속참모들이 각 부처 장관들의 주장을 꺾을 수 없으므로 상반되는 주장을 분석하고 다양한 요구를 통합하는 일을 행정수반이 직접 담당해야 한다는 문제가 발생하게 된다.

(2) 성취형

이 유형의 행정수반은 입법부로 하여금 많은 법률안을 통과시키는 데 주력한다. 비교적 강력한 영향력을 행사할 수 있으나 일시적이며 과도적인 상황으로 생각하는 까닭에 상황이 유리할 때 그가 원하는 바를 위해 대중을 동원해야 한다. 따라서 이러한 행정수반하에서는 행정수반 직속기관이 각 부처를 압도하기 마련이다.

이 유형의 정책개발 전략도 장·단점이 있다. 강력한 영향력의 행사가 일시적일 때에는 속결 전략이 불가피하다. 그러나 행정수반이 창안·행동·성취를 지나치게 강조할 때에는 정책집행 과정에서 야기될지 모를 문제들을 소홀히 하게 되는 것이다. 국내 정책이나 외교정책 분야에서 발생하는 집행상의 문제가 종국에 가서는 심각한 정치 문제로 제기되어 대가를 치르게 되는 것이다.

(3) 정리형

이 유형은 기존의 프로그램을 합리화하는 데 주안점을 둔다. 따라서 이 유형에서는 행정수반의 목표를 능률적으로 실천에 옮기기 위해 대통령 직속기관과 각 부처가 긴밀한 관계를 유지한다. 정책의 수정은 항상 집중적이며 정책의 실현 가능성이 강조되고 각 부처의 발언권이 높은 편이다. 부처 간의 갈등은 부처 간의 협의와 대통령 참모들의 조정으로 극소화하도록 노력한다.3)

3. 정책집행 과정에서의 기능

정책집행은 주로 공무원들이 담당하는 것이나 이 과정에서도 행정수반이 중요한 기능을 담당하는 것은 후술하는 바와 같다. 우리나라에서 대통령이 특별한 관심을 가지는 사업의 집행이 순조롭다는 것은 잘 알려진 사실이다. 새마을사업이 집행주체가 전국적으로 흩어져 있을 뿐만 아니라 그 사회·경제적 상황이 지극히 다양한 데도 불구하고, 1970년대에 비교적 순조롭게 집행된 것은 박정희 대통령이 새마을사업에 대해서 특별히 개인적 관심을 표명한 까닭이라고 할 수 있다.4) 경부고속도로 건설도 기본계획 구상, 건설 확정, 노선 결정, 착공, 그리고 준공에 이르기까지 거의 모든 것이 박 대통령 자신의 결심으로 확정되고 추진된 사업이었기 때문에 재원 확보에 많은 어려움을 안고 시작한 사업임에도 불구하고 예정보다 앞당겨 준공할 수 있었던 것이다.

김영삼 정부하에서 단행된 금융실명제도 대통령이 특별히 관심을 표명한 사안이었기 때문에 모든 난관을 무릅쓰고 성공을 거둘 수 있었다는 것은 널리 알려진 사실이다. 부총리 이경식은 김영삼 대통령으로부터 지시를 받고 재무부(현 기획재정부)장관 홍재형과 함께 대통령비서실장도 모르는 상황하에서 철저히 보안을 유지하면서 금융실명제라는 복잡하고 어려운 정책집행을 완수할 수 있었던 것이다.

미국과 같이 행정수반의 권한에 많은 제약이 있는 국가에서도 대통령이 관심을 표명하는 정책의 집행이 비교적 좋은 성과를 거두고 있는 예를 많이 볼 수 있다. 인권정책의 경우에도 대통령이 관심을 가지던 시기와 분야에서는 좋은 성과를 거

---

3) Erwin C. Hargrove & Michael Nelson, *Presidents, Politics, and Policy*(Baltimore: Johns Hopkins University Press, 1984), pp. 196–199.

4) 김종호, 새마을운동과 지도 이념(수원: 새마을연수원, 발행 연도 미상), pp. 121–122, 126.

두었으나 대통령의 관심이 희박해지거나 처음부터 관심이 없었던 분야는 많은 어려움을 겪었던 것이다.[5]

연방제하에서는 연방정부의 정책이라 할지라도 대부분의 경우 집행은 주정부나 지방자치단체가 담당하는데, 연방정부의 주정부나 지방자치단체에 대한 통제력에 한계가 있으므로 행정수반이 집행 과정에서 영향력을 행사하는 데 많은 제한이 있기 마련이다.

Ⅱ 입법부

1. 입법부의 지위

많은 국가에서 입법부는 제1부(The First Branch)라 하여 헌법상 행정부나 사법부보다 우월적 지위를 누린다. 우리나라 헌법에서도 국회 · 정부 · 법원의 순으로 다루고 있다.

그러나 행정국가화 현상으로 많은 국가에서 정책과정에서의 입법부의 실질적인 영향력은 행정부에 뒤지고 있으며 그 기능도 주로 정책형성 과정에 한정되고 있다.

특히, 우리나라에서는 후술하는 바와 같이 행정부에의 종속화 경향으로[6] 정책집행이나 평가 과정은 더 말할 것도 없고, 정책형성 과정에서도 입법부가 행정부의 그늘에서 벗어나지 못했다고 하지 않을 수 없다.

2. 입법부의 유형

입법부의 유형도 여러 가지로 분류할 수 있으나 여기에서의 논의와 관련이 있는 분류 몇 가지만 고찰하기로 한다.

---

5) Charles S. Bullock Ⅲ, "Implementation of Equal Education Opportunity Programs: A Comparative Analysis," in Daniel Mazmanian & Paul A. Sabatier(eds.), *Effective Policy Implementation* (Lexington: Heath, 1981), pp. 118 – 119.

6) 안병만, 한국정부론[제3판](서울: 다산출판사, 1993), pp. 361 – 366.

(1) 행정부 우월형 · 균형형 · 입법부 우월형

행정부와 입법부의 관계, 특히 불신임권과 국회해산권을 고려에 넣은 분류 방법이다.

첫째, 행정부 우월형이란 행정부가 국회를 해산할 수 있으나 국회가 불신임권을 보유하지 않은 경우이다.

둘째, 균형형이란 행정부가 국회를 해산할 수 있을 뿐만 아니라 국회가 정부에 대한 불신임권도 지니는 경우와 행정부의 국회해산권과 국회의 정부불신임권이 다 없는 순수형의 대통령중심제를 포함한다.

셋째, 입법부 우월형이란 국회는 정부불신임권을 지니나 정부는 국회해산권을 지니지 않거나 국회해산권에 제한이 있는 경우이다.

<표 2-1>과 같이 행정부 우월형이 17개국(16%)이며, 균형형이 55개국(51%)인 데 대해 입법부 우월형을 택하고 있는 국가는 20개국(19%)이다. 균형형을 택하고 있는 55개국 중 의원내각제 27개국, 대통령중심제가 21개국으로 되어 있다.[7)]

표 2-1 행정부 우월형 · 균형형 · 입법부 우월형의 분포

유형별	국가 수	비 율(%)
행정부 우월형	17	16
균형형	55	51
의원내각제	27	25
대통령중심제	21	19
기 타	7	6
입법부 우월형	20	19
미 상	16	15
합 계	108	101

(2) 대통령중심제와 의원내각제

국회의 정부불신임권과 정부의 국회해산권이라는 관점에서 위와 같이 세 가지 유형으로 분류했으나 정책과정이라는 관점에서 본다면 대통령중심제하의 입법부와 의원내각제하의 입법부라는 분류가 더 실효성 있는 분류 방법이라고 할지는 모르겠다.

7) J. Blondel, *Comparative Legislatures*(Englewood Cliffs: Prentice Hall, 1973), pp. 39－42.

대통령중심제하에서는 미국의 경우와 같이 대통령을 배출한 정당과 국회의 다수당이 다를 수 있는 까닭에 행정수반이 원하는 정책을 국회가 채택하지 않거나 대폭적으로 수정을 가하는가 하면 정부가 원하지 않은 정책이 국회에서 의결되는 현상이 일어나게 된다. 다른 한편 의원내각제하에서는 입법부가 내각의 진퇴를 결정하나 내각은 국회의 다수당의 간부들로 구성되는 까닭에 일반적으로 정책형성은 정부 주도하에 원활한 과정을 밟게 된다.

(3) 양원제와 단원제

상원(second chamber)이 어떻게 선출되든 간에 양원제는 단원제에 비해 국회의 심의 과정을 지연시키고 정책의 목표를 모호하게 만들 우려가 있다. 그러나 연방국가에서는 양원제가 불가피한 것으로 생각되는 경우가 많다.[8)]

3. 정책집행 과정에서의 기능

입법부의 정책과정에서의 기능은 입법부의 성격상 주로 정책형성 과정에서 찾아볼 수 있으나 입법부는 정책집행 과정에도 참여하고 있다.

(1) 국정감사 · 국정조사

우리나라의 국회는 국정감사를 통해서 정책집행에 관여한다고 하겠다. 매년 정기국회의 예산 심의에 앞서 실시되는 국정감사를 통해서 국회는 정책집행에 참여하고 있다. 우리나라와 같은 국정감사가 없는 국가의 입법부도 국정조사를 통해서 정책집행에 관여한다고 하겠다.

(2) 대정부 질의

국정감사와 같이 정책집행을 담당하는 행정기관에 나가서 실시하는 것은 아니나 입법부는 본회의나 상임위원회 등의 대정부 질의를 통해서 정책집행에 관여하고 있다.

(3) 회계감사

우리나라와 같이 감사담당기관이 행정부에 속해 있는 대륙형의 경우는 해당되지 않으나 미국이나 영국과 같이 회계감사 담당기관이 입법부에 속해 있는 영 · 미

---

8) *Ibid.*, pp. 32−35.

형의 경우에는[9] 입법부가 회계감사기관을 활용해 정책집행에 관여할 수 있다. 미국에서는 입법부의 지원을 위해 회계검사원(GAO) 인력의 35%를 할애하고 있다는 통계가 있다.[10]

Ⅲ 행정기관

오늘날 공무원의 정책형성 기능도 중요하나 정책과정에서의 공무원의 핵심적 역할은 정책집행에서 찾아볼 수 있다.

1. 정책집행과 관련된 관료제의 문제

정책집행에서의 공무원의 기능과 관련해 제기되는 문제가 많으나 우리는 여기에서 두 가지만 다루고자 한다.

(1) 정무관과 직업공무원

직업공무원이 정책과정에서 어느 정도의 역할을 담당해야 하며, 정무관(政務官, political appointees)의 층은 어느 정도 두터워야 하고, 정무관과 직업공무원의 관계는 어떠해야 하는가도 많은 논란이 있는 문제이다.

정치적으로 임명되는 정무관이 수적으로 적으면 실적주의 공무원제와 이를 토대로 한 직업공무원제의 발전에 도움이 될 수 있다. 그러나 프랑스의 제3공화국이나 제4공화국과 같이 직업공무원을 통제·감독할 내각이 빈번히 교체되는 경우에 직업공무원의 권력적 지위가 지나치게 강화되고 독선에 빠질 우려가 있다. 이리하여 루시(Herbert Luethy)는 프랑스 제4공화국하의 관료제를 정치적 간섭을 받지 않은 최고의 주권적인 집단으로서 정치적 폭풍우가 몰아닥치더라도 끄떡하지 않는 암석과 같은 존재라고 했던 것이다.[11]

9) 대륙형과 영·미형에 관해서는 유훈, 재무행정론[제6정증보판](서울: 법문사, 2005), pp. 313－314 참조.

10) Frederick C. Mosher, *The GAO: The Quest for Accountability in American Government*(Boulder: Westview, 1979), p. 280. 미국의 회계검사원은 'Government Accounting Office'라는 명칭을 지녔으나 2004년 법률의 개정에 의하여 'Government Accountability Office'로 변경되었다.

11) Herbert Luethy, *France against Herself*(New York: Meridian Books, 1955), pp. 14－17.

미국은 정무관이 과다하며 직업공무원제가 유럽에 비해 많이 낙후되어 있다고 한다. 그러나 미국에서도 행정수반이나 그 주변의 참모들은 직업공무원들이 감응성(responsiveness)이 부족하다고 불평하고 있다. 직업공무원들은 공화당 정부를 과도적인 현상(transient phenomenon)이라고 보고 있다는 홀드먼(H. R. Haldeman)의 견해나 무능한 공무원은 해임하는 것보다는 승진시키고 보직을 바꾸어 주는 것이 용이하다는 카터 대통령의 주장이 정책결정자의 고충을 반영하는 것이라 하겠다.[12)]

한 마디로 말해서, 정무관과 직업공무원의 관계는 변화와 안정, 감응성과 전문성의 조화를 염두에 두면서 결정해야 할 어려운 문제라고 하지 않을 수 없다.

(2) 전문직과 일반직

행정기관 내의 정책과정에서 또 하나 문제가 되는 것은 전문직(professional)과 일반직(administrators)의 관계이다.[13)] 도시계획 전문가, 사회사업 요원, 산림전문가와 같은 전문직 공무원들이 집념을 가지고 그들의 담당 업무에 정진하는 경우를 우리는 많이 본다. 일반직은 보조 업무에 종사하는 경우도 있으나 여러 전문직의 업무를 조정하는 역할을 담당하는 경우가 많다. 따라서 많은 조직에서 일반직이 리더십을 발휘하는 자리를 차지하고 있다.

행정기관 내에서 개발되는 정책은 일반적으로 일반직과 전문직 간에 밀고 당기는 과정을 거쳐야 한다. 일반직이 저축 지향적이라면 전문직은 소비 지향적인 경우가 많다. 전문직은 시야가 좁으며 복잡한 문제를 종합적으로 볼 수 없을 뿐만 아니라 조직 내의 권위구조에 도전하고 소요의 절차를 소홀히 하여 조직 내의 혼란과 갈등의 원천을 이루는 경우가 많다. 그러나 행정기관 내의 정책형성이 전문성과 객관성을 지닐 수 있다면 그것은 전문직의 역할에서 오는 것이라 할 수 있다.[14)]

우리나라에서는 아직도 일반직이 우월한 지위를 차지하며 전문직은 일반직의 그늘에 가려 제대로 그 기능을 발휘하지 못하고 있다는 비판이 많이 제기되고 있

12) George C. Edwards Ⅲ, *Implementing Public Policy*(Washington, D.C.: Congressional Quarterly Press, 1980), pp. 102-103.

13) 우리가 여기서 사용하는 전문직이나 일반직이라는 용어는 우리나라 국가공무원법이나 공무원임용령에서 사용하는 '전문직'이나 '일반직'과는 차이가 있다는 것을 유의할 필요가 있다.

14) Francis E. Rourke, *Bureaucracy, Politics, and Public Policy*, third edition(Boston: Little, Brown and Co., 1984), pp. 132-134.

다. 전문직의 발언권이 커지고 제대로 기능을 발휘할 수 있는 날이 속히 와야 할 것이다.

2. 정책집행과 일선관료제

정책집행 기능을 수행할 때 관리자의 역할도 물론 중요하나 근래에 와서 직접 시민과 접촉하고 서비스를 전담하는 일선공무원의 중요성이 많이 부각되기에 이르렀으며 일선관료제(street level bureaucracy)에 관한 연구가 성행하고 있다.[15]

일선관료제이론의 공헌은 위에서 지적한 바와 같이 정책전달자(policy deliverers)로서의 일선관료들의 중요성을 부각시켰을 뿐만 아니라 일선관료들에 의한 정책의 재창조(reinvention)를 조명해 준 데 있다고 하겠다. 일선관료들은 대상집단에 관해 가장 잘 알고 있는 까닭에 어떠한 정책이 실효를 거둘 수 있는지를 누구보다도 적절하게 판단할 수 있다는 것이다.[16]

그뿐만 아니라 일선관료제이론은 정책과정에서 가장 중요한 단계는 정책형성이 아니라 정책집행이라는 주장을 부각시키는 데 일조했다고 할 수 있다.[17]

Ⅳ 사법부

1. 사법부의 의의

우리는 정책과정 참여자를 고찰할 때 흔히 사법부를 제외하기 쉽다. 국가에 따라서 사법부의 정책과정 참여로서의 기능에 많은 차이가 있으며, 일반적으로 개발도상국에서는 사법부의 기능이 미약하다. 우리나라에서는 그동안 사법부의 역할이 미약했으나 제6공화국 이후 사법부의 영향력이 점증하고 있다고 하겠다.

저자는 과거에 헌법재판소를 사법부에 포함시켜 검토하였다. 그러나 우리나라 헌법이 제5장에서 법원에 관해서 규정하고 헌법재판소에 관한 규정을 제6장에 두

15) Michael Lipsky, *Street-Level Bureaucracy*(New York: Russell Sage Foundation, 1980).
16) Dennis J. Palumbo, *Public Policy in America*(San Diego: Harcourt, 1988), p. 100.
17) Michael Lipsky, "Standing the Study of Public Policy Implementation on Its Head," in Walter D. Burnham & Martha W. Weinberg(eds.), *American Politics and Public Policy*(Cambridge: MIT Press, 1978), p. 392.

고 있다. 뿐만 아니라 국가공무원법을 위시하여 많은 법률들이 헌법재판소를 사법부와 구별하고 있으며, 헌법재판소의 정책과정에서의 기능이 급격히 팽배해지고 있으므로 다음에 헌법재판소를 사법부와 별도로 고찰하기로 한다.

2. 사법부와 정책집행 과정

많은 국가에서 사법부가 명령심사권과 행정재판권을 보유하므로 정책집행 과정에서 사법부가 관여하고 있는 국가가 많다고 하겠다. 우리나라 현행 헌법도 "명령・규칙・처분이 헌법이나 법률에 위반되는 여부가 재판의 전제가 된 경우에는 대법원은 이를 최종적으로 심사할 권한을 가진다"[18]고 규정함으로써 명령심사권과 행정재판권을 법원에 부여하고 있다. 행정재판권을 일반법원에 부여하느냐 독립한 행정재판소에 부여하느냐에 따라서 사법형과 행정형으로 나눌 수 있는데, 우리는 영・미의 사법형을 채택하고 있다.[19]

미국과 같이 법원이 정책집행 과정에 깊숙이 그리고 빈번하게 개입하는 국가는 많지 않으나 우리나라에서도 제6공화국 이후 법원이 정책집행에 많이 관여하게 되었다. 그 가장 대표적인 예로 새만금사업의 경우를 들 수 있겠다. 환경단체 등의 소송의 제기로 새만금사업 공사가 오랫동안 중단되었으나, 2006년 3월 16일 대법원이 새만금사업이 합법하다는 판결을 내림으로써 새만금사업 공사가 재개되기에 이르렀다.

최근에 와서 행정각부의 결정에 대해서 관계자들이 불복하여 소송을 제기하는 일이 빈번하여 사법부의 정책집행에 대한 관여가 더욱 빈번해졌다. 그 대표적인 예가 국립대학교 총장임명을 둘러싼 소송이라 하겠다. 몇몇 국립대학에서 교수 직선제에 의하여 선출된 총장후보를 교육부가 승인을 거부하자 대학측에서 소송을 제기하여 대법원까지 가게 되었다. 법원의 확정판결 결과에 따라 대학총장 임명절차가 결정되게 된 것이다.

18) 헌법 제107조 제2항.
19) 김철수, 헌법학신론[제15전정신판](서울: 박영사, 2005), p. 959.

V 헌법재판소

전술한 바와 같이 이 책의 초판에서는 헌법재판소를 사법부에 포함시켜 고찰하였으나 개정판에서는 헌법재판소를 별도로 고찰하기로 하였다.

1. 헌법재판기관의 변천

우리나라 헌법재판기관은 1948년 제1공화국 헌법 이래 오늘날까지 많은 변천을 거듭해 왔다. <표 2-2>와 같이 제3공화국을 제외한 각기에는 대륙적인 헌법위원회 또는 헌법재판소를 채택했으며, 제3공화국 헌법에서는 미국식인 사법심사제도를 채택하여 헌법재판을 대법원이 관장했다.[20]

표 2-2 우리나라 헌법재판기관의 변천

	헌법재판기관	기능 발휘 여부
제1공화국	헌법위원회	기능 발휘 못함.
제2공화국	헌법재판소	헌법에 규정되었으나 설치 전에 5·16을 맞이함.
제3공화국	대법원	기능 발휘 못함.
제4공화국	헌법위원회	기능 발휘 못함.
제5공화국	헌법위원회	기능 발휘 못함.
제6공화국 이후	헌법재판소	기능 발휘

미국식이건 대륙식이건 간에 그동안 우리나라 헌법재판기관이 그 기능을 제대로 발휘하지 못하다가 제6공화국 헌법이 규정한 헌법재판소가 설치됨에 따라 헌법재판이 본 궤도에 올라서게 되었다는 것은 주지의 사실이다.

2. 헌법재판소의 기능

헌법재판소는 선거소송을 제외한 모든 헌법재판을 담당하는 데 i) 위헌법률심

---

20) Michael Lipsky, "Standing the Study of Public Policy Implementation on Its Head," in Walter D. Burnham & Martha W. Weinberg(eds.), *American Politics and Public Policy*(Cambridge: MIT Press, 1978), p. 392.

사제도, ii) 탄핵심판권, iii) 위헌정당해산심판권, iv) 기관 간 권한쟁의심판권, v) 헌법소원심판권 등이 그 주된 기능이라 하겠다.

이 중 위헌정당해산심판권은 통합진보당해산결정 전에는 발동된 일이 없으며, 그동안 위헌법률심사와 위헌소원이 헌법재판소의 주요 업무였고, 정책과정과 관련이 있는 것도 이 두 가지 기능이라고 하겠다.

3. 헌법재판소와 정책집행

전술한 바와 같이 그동안 헌법재판소는 주로 위헌법률심사와 위헌소원 관련 업무를 담당했다. 이러한 헌법재판소의 결정이 정책집행에 미친 영향이 지대하나 우리는 여기에서 호주제가 위헌이라는 헌법재판소의 결정의 예를 들어 헌법재판소의 정책집행 과정에 있어서의 역할을 검토하고자 한다.

민법 제980조 이하의 규정에 따라 오랫동안 유지되어 왔던 호주제가 2005년 2월 3일 헌법재판소에 의하여 위헌으로 결정되었다. 이 결정에 따라 민법 제980조부터 제996조에 이르는 호주에 관한 조문이 2005년 3월 31일부로 삭제되었으며, 2008년 1월 1일부터 시행되기에 이르렀다.

동성동본 혼인금지의 경우에는 헌재의 결정부터 민법개정까지 8년이 소요되었으나 호주제폐지는 헌재결정부터 민법개정까지 2개월이 소요되었으며 시행도 3년이 걸리지 않았다.

호주제폐지는 정책집행에 지대한 영향을 미쳤다. 호주제폐지로 호적제도가 폐지되었으며 이에 따라 호적등초본이 폐지되고 가족관계증명이 새로 등장하였다.

호주제폐지는 종중 내의 권력관계에도 많은 변동을 초래했다. 과거에는 종중원은 남성으로만 구성되었으나 이제는 여성종중원의 참여가 필수 요건이 되었다.

제 2 절 비공식적 참여자

I 이익집단

1. 이익집단의 개념

이익집단(interest group)이란 공동의 이익이나 이념을 지니는 사람들 또는 조직을 대변하는 집단이라 할 수 있다. 이익집단과 정당과의 차이점은 정당이 정권의 장악을 목표로 삼고 있는 데 대해 이익집단은 정부에 영향력을 행사하는 것을 목표로 삼으며 정권의 장악을 염두에 두지 않고 있다는 것이다. 네덜란드나 스웨덴같이 다당제를 택하고 있는 국가의 경우 정당과 이익집단의 차이가 모호해지는 것이 사실이다. 이러한 국가의 농민당은 이익집단의 아류라고 할 수 있는 까닭이다. 미국과 같이 양당제가 확립되어 있는 국가에서도 정당과 이익집단의 구분이 불분명한 경우가 많다. 이익집단이 특정 후보자를 위한 선거 활동, 조직과 자금의 제공, 홍보 활동 등을 전개하는 경우가 많은 것이다. 미네소타 주에서는 민주당과 이익집단의 관계가 지극히 밀접해 정당의 명칭 자체가 민주농민노동단(Democratic Farmer Labor Party)으로 되어 있다. 이러한 사실들에 비추어볼 때 정당과 이익집단을 식별할 수 있는 기준으로서 표면상 이익집단은 정당보다 좁은 목표를 지니고 있다는 것을 들 수 있겠다.[21)]

2. 이익집단의 분류

이익집단은 여러 가지 관점에서 여러 가지로 분류할 수 있겠으나 우리는 여기에서 다음의 몇 가지 분류를 검토하기로 한다.

(1) 아먼드와 파월의 분류

아먼드와 파월은 이익집단을 다음과 같은 네 가지 유형으로 분류하고 있다.[22)]

---

21) Graham K. Wilson, *Interest Groups in the United States*(Oxford: Clarendon Press, 1981), pp. 4-5.
22) Gebriel A. Almond & G. Bingham Powell, Jr., *Comparative Politics: A Developmental Politics*

첫째, 지연(地緣)·혈연(血緣) 등과 같은 제1차적인 유대 관계를 토대로 하여 형성된 비결사적(nonassociational) 이익집단으로서 이익 표명을 간헐적으로 하는 전근대적 이익집단이다.

둘째, 정당·입법부·군대·관료제·교회 등과 같은 조직 속에서 찾아볼 수 있는 제도적(institutional) 이익집단으로서 본래 이익 표명 이외의 정치적·사회적 기능을 수행하기 위해 조직된 것이다.

셋째, 이익 표명을 위한 특수조직을 말하는 결사적(associational) 이익집단으로서 노동조합·기업단체·종교단체 등 대부분의 이익집단이 이 범주에 속한다.

넷째, 고도로 집권화된 정치 체제하에서 불만이나 항의의 자연발생적 표현으로 나타나는 비조직적 폭동집단을 말하는 아노미적(anomic) 이익집단인데 정치적 불안을 조성하는 집단이다.

(2) 윌슨의 분류

주로 미국의 경우를 염두에 두고 윌슨(G. K. Wilson)은 이익집단을 i) 기업가단체, ii) 노동단체, iii) 농민단체, iv) 임의적 이익집단(voluntary interest group)으로 분류하고 있다.[23)]

기업가단체, 노동단체, 농민단체는 직업과 밀접한 관련이 있을 뿐만 아니라 강제성이 있는 경우가 많다. 예를 들면, 노동조합은 클로즈드 숍(closed shop)이라 하여 취업을 원하는 사람은 먼저 노동조합에 가입할 것을 요구하고 있는 경우가 있는가 하면, 농민단체의 경우 회원에 한해서 곡물 엘리베이터(grain elevator)를 사용케 하는 등 회원에게 특혜를 주는 경우도 있다. 그러나 임의적 이익집단은 이러한 단체와는 달리 그 집단의 목표에 찬동하는 까닭에 자진하여 이익집단에 가입하는 경우라 하겠다.

(3) 내부자집단과 외부자집단

정책과정 참여자라는 관점에서 볼 때 내부자집단과 외부자집단으로 나누어서 검토하는 것이 바람직할지 모르겠다.

내부자집단(insider group)이란 정부기관에 의해 정통성이 인정되고 규칙적으로

(Boston, Little, Brown and Co., 1966), pp. 75–78.

23) Wilson, *op. cit.*, p. 83.

정부기관과의 협의에 참여하는 집단을 말한다. 이러한 내부자집단은 그들의 권익을 정책에 반영할 수 있다는 이점이 있으나 정부의 지원에 의존하는 '포로집단'으로 전락할 우려도 있다.

다른 한편 외부자집단(outsider group)은 정부기관과 협의 관계를 유지하기를 원치 않거나 인정을 받지 못한 집단이라 하겠다.24)

(4) 정책커뮤니티집단과 이슈네트워크집단

우리는 다음 장에서 정책네트워크를 정책커뮤니티와 이슈네트워크로 분류해 검토하는데 정책커뮤니티집단은 정책커뮤니티에 속하는 이익집단이며, 이슈네트워크집단은 이슈네트워크에 속하는 이익집단을 말한다.

정책커뮤니티집단은 집단 상호 간에 빈번한 상호 작용을 가질 뿐만 아니라, 관련 정부기관이나 국회의 관련 상임위원회와도 우호적이며 규칙적인 접촉을 가지는 집단이다.

이슈네트워크집단은 집단 상호 간의 접촉의 빈도나 강도가 다양하며 가변적이고 정책결정자들이나 정책집행 담당자들과의 관계도 불안정하며 갈등과 복잡성을 많이 내포한다.25)

3. 영향력을 결정하는 요인

특정한 이익집단이 정책과정에서 어느 정도의 영향력을 발휘하느냐는 여러 가지 요인에 달려 있겠으나 우리는 다음의 몇 가지를 들고자 한다.26)

(1) 조직 규모

특정한 이익집단이 어느 정도의 조직 규모를 지니느냐가 그 이익집단의 영향력을 크게 좌우한다고 하겠다. 그린왈드(Carol S. Greenwald)는 이를 회원 속성(membership attributes)이라는 관점에서 좀 더 구체적으로 분석하고 있다. 절대 회원 수(유권자)가 얼마나 되느냐도 중요하나 회원이 될 수 있는 사람 중에서 가입

24) Rob Baggott, *Pressure Groups Today*(Manchester: Manchester University Press, 1995), p. 18.

25) David Marsh & R. A. W. Rhodes, "Policy Communities and Issue Networks: Beyond Typology," in David Marsh & R. A. W. Rhodes(eds.), *Policy Networks in British Government*(Oxford: Clarendon Press, 1992), p. 251.

26) Carol S. Greenwald, *Group Power: Lobbying and Policy*(New York: Praeger, 1997), pp. 330-332.

회원이 차지하는 비중은 어느 정도가 되며 응집력이 얼마나 강하고 정치 활동에 참여할 수 있는 회원이 얼마나 되느냐도 중요하다는 것이다. 미국의 AFL-CIO는 절대 회원 수는 많으나 회원이 될 수 있는 사람 중에서 가입 회원이 차지하는 비중(조직률)은 낮으며, 응집력이 약하나 정치 활동에 종사할 수 있는 회원은 많다는 것이다.

(2) 지리적 분포

회원이나 지부 등의 지리적 분포 현황도 미국과 같은 상황하에서는 중요하다는 것이다. 상공회의소, 미국의학협회(American Medical Association), AFL-CIO 등과 같이 전국에 그 회원이 널리 흩어져 있으며 지부도 널리 분포되어 있는 이익집단은 편지보내기(letter writing), 선거시의 표(votes) 등을 통해서 선거를 치러야 할 정책결정자들에게 압력을 가하는 데 유리하다는 것이다.

우리나라의 경우에도 전국경제인연합회보다는 전국에 회원과 지부가 널리 분포해 있는 상공회의소나 중소기업협동조합연합회 등이 지리적 분포라는 점에서 다소 유리할지 모른다.

(3) 리더십

어떠한 조직의 경우나 마찬가지로 이익집단의 경우에서도 리더십이 그 이익집단의 영향력을 결정하는 중요한 요인이라 하겠다. 카리스마적 지도자에 의존하는 이익집단은 그 지도자 생존시에는 영향력을 크게 발휘하나 그 지도자가 사라지면 이익집단 자체가 쇠퇴할 우려가 있다.

(4) 경제적 자원

이 요인은 두 가지로 나누어서 생각할 수 있다.

첫째, 그 이익집단이 동원할 수 있는 재정력이다. 우리나라의 전국경제인연합회나 무역협회가 큰 힘을 발휘할 수 있는 원동력이 그들의 재정력에 있다는 것은 주지의 사실이다. 미국의학협회(AMA)가 의료보험의 도입을 아직도 저지할 수 있는 힘도 여기에서 나오고 있다고 할 수 있다.

둘째, 그 이익집단이나 회원들이 그 사회에서 차지하는 경제적 중요성이다. 우리나라의 전국경제인연합회나 무역협회가 영향력을 발휘할 수 있는 또 하나의 이유를 여기에서도 찾아볼 수 있다. 정부가 사회 정의의 실현을 내세워 경제력 집중을 막고자 대기업에 대한 여신에 제한을 가하고자 시도했으나 오래 버티지 못한 것은 전경련 회원사들이 우리나라 경제 성장이나 고용에서 차지하는 비중이 너무나 무겁기 때문이라고 해도 좋을 것 같다.

(5) 사회적 지위

특정한 이익집단이 누리는 사회적 지위도 영향력을 결정하는 요인이라 하겠다. 미국의 경우 적십자사, 미국변호사협회(ABA), 미국재향군인단(American Legion) 등은 사회적 지위가 높은 이익집단이다. 우리나라에서는 대한적십자사가 준정부기관이 되어 버린 감이 있으나 매년 국민들이 큰 불평 없이 적십자회비를 납부하는 것은 적십자사의 사회적 지위가 비교적 높은 까닭이라고 할 수 있다.

4. 정책집행 과정에서의 활동

이익집단은 정책집행 과정에서도 많은 활동을 한다. 정책형성 과정에서 패배한 집단이 집행 과정에서 정책의 집행을 저지하거나 지연시키는 경우가 있는가 하면, 정책형성 과정에서 승리한 집단이 그들이 제창 또는 지지한 정책이 소기의 목표를 달성하도록 집행 과정에 개입하는 경우도 있다.

이익집단이 정책집행 과정에 개입할 수 있는 방법에는 여러 가지가 있을 수 있다. 첫째로 집행기관의 결정안에 대해서 견해를 표명하거나 집행에 대해서 각종 자원의 뒷받침을 해줄 수도 있다.

둘째로 이익집단은 여론 환기 캠페인을 전개할 수도 있으며 집행 결과에 대해 대통령이나 의회 등에 호소하는 방법 등도 활용할 수 있다.

다른 한편 피규제산업과 같은 정책의 반대자들은 적극적으로 개입할 자원과 이유가 있다. 그들은 충분한 자원을 가지고 전문가들을 동원해서 집행기관에 대해 그들의 주장을 제시할 수 있으며, 만일 행정기관의 결정에 불만이 있을 때에는 의회나 여론에 호소할 뿐만 아니라 법원에 제소할 수도 있다.

Ⅱ 정 당

1. 정당의 개념

정당(政黨)은 여러 가지로 정의할 수 있겠으나 우리나라 정당법은 정당을 "국민의 이익을 위하여 정치적 주장이나 정책을 추진하고 공직선거의 후보자를 추천 또는 지지함으로써 국민의 정치적 의사형성에 참여함을 목적으로 하는 국민의 자발적 조직을 말한다"고 규정하고 있다.[27] 우리는 여기에서 정당이란 선거에서 승리한다는 공개적인 목표를 위해 단결한 비교적 동질적인 사람들로서 구성된 조직이라고 정의하고자 한다.

2. 정당의 특징

위에서 제시한 정당의 정의에 따라서 정당의 특징으로서 다음의 몇 가지를 들고자 한다.[28]

(1) 자발적 조직

정당은 자발적 조직 또는 임의적인 결사이다. 이를 좀 더 부연해서 설명한다면 첫째, 정당은 자발적 조직이다. "누구든지 본인의 자유 의사에 의하여 승낙 없이 정당 가입 또는 탈당은 강요당하지 아니한다."[29] 둘째, 제한된 수의 당원을 지닌다. 선거에서의 특정 정당의 지지자가 다 그 당원은 아니다. 셋째, 정당은 전통적으로 초법적인 지위(extralegal status)를 지닌다고 한다. 그러나 근년에 와서 우리나라와 같이 헌법에 정당에 관한 규정을 두고 정당법을 제정하는 국가들이 늘어나게 되었다.[30]

---

27) 정당법 제2조.

28) William Goodman, *The Two-Party System in the United States*(Princeton: Nostrand, 1956), pp. 4-6; Samuel J. Eldersveld, *Political Parties in American Society*(New York: Basic Books, 1982), pp. 7-9.

29) 정당법 제19조.

30) 제2공화국 헌법부터 정당에 관한 규정을 두고 있다.

(2) 정권의 장악

정당은 정권의 장악을 목표로 삼는다.[31] 정당과 이익집단의 차이가 여기에 있다는 것은 전술한 바와 같다.

(3) 집단갈등 조정

정당은 여러 계층·여러 집단의 요구를 조정하여 '국민의 정치적 의사형성'에 참여한다. 아먼드의 표현을 빌린다면 이익결집(interest aggregation)을 담당한다.

(4) 타당과의 경쟁

정당은 다른 정당과의 경쟁을 원칙으로 삼는다. 후술하는 바와 같이 단일정당체제가 있기는 하나 예외적인 현상이라고 보아야 할 것이다. 이러한 타당과의 경쟁은 이념의 차이를 토대로 하는 경우가 많으나 국가에 따라서는 정당 간에 이념상의 차이가 거의 없는 경우도 있다.

(5) 조 직

사람에 따라서는 정당의 조직적 측면을 강조해 정당을 많은 유권자·후보자·열성봉사자 등으로 구성된 계층적 조직이라고 정의하기도 한다.[32] 우리나라 정당법은 정당은 중앙당과 지구당으로 구성하며,[33] 국회의원 지역선거구 수의 10분의 1 이상에 해당하는 수의 지구당을 가져야 한다고 하고 있다.[34]

3. 정당의 유형

정당도 여러 가지 관점에서 여러 가지로 분류할 수 있으나 우리는 여기에서 이 장의 논의와 다소 관련이 있다고 생각되는 몇 가지 유형만 간단히 살펴보기로 한다.

(1) 간부정당과 대중정당

뒤베르제(Maurice Duverger)가 사용하는 분류 방법이다. 간부정당(cadre parties)이란 소수의 정예분자(cadre)로서 구성되는 정당이며, 대중정당(mass parties)이란

31) 우리나라 정당법은 정권의 장악에 관해 명문으로 규정하지 않고 있다. 정당과 이익집단의 차이가 여기에 있다는 것은 전술한 바와 같다.

32) Frank J. Sorauf, *Party Politics in America*(Boston: Little, Brown and Co., 1984), p. 8.

33) 정당법 제3조.

34) 정당법 제25조.

다수의 당원으로서 구성된 정당이나 양자의 차이는 당원의 수에 있는 것이 아니라 구조에서 찾아야 한다는 것이다.

간부정당은 중산계급정당 · 우익정당에서 많이 찾아볼 수 있는 형태로서 소수의 유지를 당원으로 영입하고 당의 재정도 당원의 당비가 아니라 기업이나 개인의 헌금에 의존하는 정당이다. 이에 반해, 대중정당은 노동계급정당 · 좌익정당에서 흔히 볼 수 있는 형태로서 다수의 당원을 영입하고 당의 재정도 주로 당원의 당비에 의해 충당하는 정당을 말한다. 간부정당과 대중정당의 구별은 보통선거제도의 도입과 밀접한 관련이 있다. 일정액 이상의 재산을 소유한 사람에 한해 선거권을 부여하는 제한선거하에서는 간부정당만 존재할 수 있었으나, 일정한 연령에 도달한 모든 남성에게 선거권을 부여하는 보통선거제의 도입으로 대중정당이 출현하게 된 것이다.[35)]

(2) 실용적 · 협상적 정당과 절대가치 지향적 정당

아먼드와 파월이 사용하는 분류 방법으로서 이들은 이익결집(interest aggregation)의 스타일(style)을 이렇게 나누고 있다.[36)]

실용적 · 협상적 정당이란 영 · 미의 정당과 같이 다양한 이익을 비교적 한정된 수의 정책대안으로 결집하는 정당을 말한다. 이러한 정당의 특징으로서는 다양한 이익의 결집과 타협적 분위기를 들 수 있겠다. 이에 반해, 절대가치 지향적(absolute-value oriented) 정당이란 이른바 이념 정당으로서 이념이나 원칙을 고수하고 다양한 이익의 결집을 거부한다. 유럽 대륙의 다당제하에서 이러한 정당들을 많이 찾아볼 수 있다.[37)]

(3) 정책정당과 선거지향정당

정당은 선거를 통한 정권의 장악을 목표로 삼는다. 따라서 모든 정당이 선거지향정당이라고 할 수 있을지 모른다. 그러나 정당 중에서 선거에서 승리하는 데에만 몰두하고 당으로서의 정책의 수립이나 추진을 중요시하지 않는 정당이 있는가 하면 선거에서 승리하는 것도 중요시하나 당으로서의 정책의 수립과 추진도 병행하

---

35) Maurice Duverger, *Political Parties: Their Organization and Activity in Modern State*(London: Methuen and Co., 1954), pp. 63–67.

36) 아먼드와 파월은 여기서 언급하고 있는 두 가지 외에 전통적 스타일을 들고 있으나 생략했다.

37) Almond & Powell, *op. cit.*, pp. 108–109.

는 정당이 있다.[38] 미국의 정당이 선거지향정당이라고 한다면 영국의 정당은 정책정당이라고 할 수 있다. 다소 예외가 있을지 모르나 대통령중심제하의 정당이 선거지향정당이라고 한다면 의원내각제하의 정당은 정책정당이라 할 수 있다.

영국에서는 의원 후보자의 60% 이상이 자기 소속 정당의 정책요강(policy statement)의 테두리 안에서 선거운동을 했다는 연구가 있으나, 미국의 경우에는 연구자들이 설문조사에 이러한 질문조차 포함시키지 않고 있다. 미국의 공화당·민주당은 일반적으로 대통령선거가 있는 해에만 당의 강령(platform)을 작성하고 중간선거의 해에는 강령조차 작성하지 않는다.[39]

(4) 규율이 엄한 정당과 규율이 해이한 정당

정당 중에는 규율이 엄한 정당과 규율이 비교적 느슨한 정당이 있다. 영국의 정당이 규율이 엄한 정당이라고 한다면 미국의 정당은 규율이 해이한 정당이다.[40] 일반적으로 의원내각제하의 정당은 규율이 엄격하나 여기에도 예외가 있다. 같은 독일의 정당이라도 사회민주당이 가장 규율이 엄하고, 기독교민주당이나 자유민주당은 다소 뒤진다.[41]

(5) 양대정당제·다당제·단일정당제

정당의 수가 정당의 성격에 영향을 미치며 정당의 정책과정에서의 기능도 좌우한다는 것은 널리 알려진 사실이다.

영·미계 국가들에서 찾아볼 수 있는 양대정당제하에서는 정당이 다양한 이익을 결집하며 정당 간의 차이가 비교적 희미하고 정당들이 중용(中庸)의 길을 택하는 경향이 있다. 다시 말해서, 양대정당제하의 정당은 전술한 실용적·협상적 정당이 되기 쉽다.

유럽 대륙에서 많이 볼 수 있는 다당제하의 정당들은 다양한 이익의 결집보다는 비교적 협소한 범위의 이익을 대변하는 경우가 많다. 다시 말해서, 다당제하에서는 절대가치 지향적 정당을 많이 볼 수 있다.

끝으로 단일정당하에서는 정당이 정책과정에서 중요한 기능을 수행하는 경우

38) Goodman, *op. cit.*, pp. 22－24.
39) Olson, *op. cit.*, p. 52.
40) Duverger, *op. cit.*, p. 210.
41) Olson, *op. cit.*, p. 257.

가 많다. 182개국의 정당 제도에 관한 블론델(J. Blondel)의 통계에 의하면, 1994년 현재 52개국이 단일정당제를 채택하고 있다는 것을 알 수 있다.[42)]

단일정당제를 크게 두 가지 유형으로 나눌 수 있는데, 첫째는 전체주의 국가인 경우이며, 둘째는 과도적인 체제하에 있는 국가들이라 할 수 있다. 과도적인 체제하에 있는 단일정당제에는 다소 예외가 있겠으나 일반적으로 단일정당제하의 정당은 정책과정에서 중요한 역할을 담당한다.

4. 정책집행 과정에서의 기능

정책과정에서의 정당의 주된 기능은 이익 결집과 응집력 발휘라 하겠다. 따라서 정당의 주된 기능은 정책형성 과정에서 발휘된다. 그러나 정책집행 과정에서 정당의 역할이 없는 것은 아니며, 이를 다음과 같이 두 가지 경우로 나누어 고찰하고자 한다.

(1) 단일정당제하의 정당

위에서 살펴본 바와 같이 정당의 수에 따라 양대정당제, 다당제, 단일정당제로 분류할 수 있는데, 정책집행 과정에서의 정당의 역할은 양대정당제 · 다당제의 경우와 단일정당제의 경우가 다르다고 하겠다.

단일정당제, 특히 절대주의국가의 단일정당제하에서는 정당이 행정부처를 대신하거나 행정부처를 보완하며 정책집행 과정에서 중요한 역할을 담당한다.

(2) 양대정당제 · 다당제하의 정당

절대주의 국가의 정당과 달라서 양대정당제나 다당제하의 정당은 주로 정책형성 과정에서 그 기능을 발휘하나 정책집행 과정에서 그 기능이 전혀 없는 것은 아니다.

지지자나 지역 구민의 권익을 위해서 정부부처에 대해 압력단체의 역할을 담당하는가 하면 민원의 해결을 위해 나서는 경우도 많다. 특히, 집권당의 경우에는 그 기능 발휘가 더욱 용이한 것은 더 말할 필요가 없다.

---

42) J. Blondel, *Comparative Government: An Introduction*, second edition(London: Harvester Wheatsheaf, 1995), p. 155.

Ⅲ 일반 시민

정책과정의 참여자를 고찰할 때 우리는 흔히 공식적 참여자나 이익집단·정당과 같은 비공식적 참여자만 검토하지 일반 시민은 소홀히 하기 쉽다. 그러나 일반 시민의 역할을 경시해서는 안될 것이다.

1. 시민의 직접적 참여

고대의 직접민주주의하에서는 더 말할 것도 없고 현대에서도 체제에 따라서는 일반 시민을 정책과정에 널리 참여시키고 있다. 근년에 와서 이러한 시민의 정책과정에의 직접적 참여를 시민 참여의 이름으로 많이 고찰하고 있는데, 이를 다음과 같이 몇 가지 관점에서 분류할 수 있다.

(1) 제도적 참여과 비제도적 참여

시민 참여는 첫째로 제도적(제도상) 참여와 비제도적(제도 외) 참여로 나눌 수 있다. 사람에 따라서는 이를 적극적 형태와 소극적 형태로 분류하기도 하며, 공식적 방법과 비공식적 방법으로 나누는 사람도 있다.

(2) 주도권의 소재에 의한 분류

시민 참여는 누가 주도권을 장악하느냐에 따라서 i) 주민이 주도권을 장악하는 주민 주도형, ii) 행정기관이 주도하는 행정 주도형, iii) 행정기관과 주민이 동등한 위치에 서서 의사 소통을 가지는 수평형, iv) 주민과 행정기관 간에 제3의 집단이 개재하여 균형을 유지하는 균형형으로 분류할 수 있다.

(3) 단계별 분류

주민들이 어떤 단계에서 참여하느냐에 따라서 i) 정책목표 설정에의 참여, ii) 사업계획 수립 또는 정책결정 단계에의 참여, iii) 정책집행 단계에의 참여로 나눌 수 있다. iv) 이 밖에 정책평가 단계에 주민이나 이익단체들이 참여하는 경우도 있다.

(4) 수단에 의한 분류

제도적 참여에 적용되는 것으로서 사용되는 수단에 의한 분류 방법이 있다. 이 방법에 의하면 시민 참여는 i) 청원, 주민투표, 직접청구와 같은 정치적 수단에 의한 참여, ii) 정보, 공시 서면의 열람, 공청회, 의견 청취와 같은 행정절차에 의한 참여, iii) 주민감사청구, 주민소송과 같은 쟁송에 의한 참여로 분류할 수 있다.[43)]

2. 특출한 시민

일부 특출한 사람들은 그들의 저술 활동 등을 통해 정책과정에 새로운 아이디어를 제공하는가 하면 방향 제시도 한다. 1906년에 출간된 싱클레어(Upton Sinclair)의 『정글(*Jungle*)』은 시카고 식육공장의 불결함을 폭로한 소설로서 미국의 식품·의약품의 단속에 크게 이바지했다. 1927년에는 체이스(Stuart Chase)와 슈링크(F. Shrink) 공저의 『당신의 돈의 가치(*Your Money's Worth*)』가 출간되어 각종 결함 상품의 문제를 폭로하고 소비자 보호에 박차를 가했다.[44)]

1960년대에 와서 '소비자운동(consumerism)'이라는 용어가 등장하고 소비자 보호에 더욱 박차를 가하는 계기를 마련한 것이 카슨(Rachel Carson)의 저서 『침묵의 봄(*Silent Spring*)』과 네이더(Ralph Nader)의 『어떠한 속도에서도 위험하다(*Unsafe at Any Speed*)』였다는 것은 잘 알려진 사실이다.[45)]

비단 소비자 보호 분야뿐만 아니라 민권운동 분야에서의 킹(Martin Luther King, Jr.)의 활동도 특출한 사람들이 정책과정에서 얼마나 많은 공헌을 할 수 있는가를 보여 준 좋은 예라 하겠다.

---

43) 中川剛, 行政倫理と文化基盤(東京: 三省堂), p. 101.

44) David A. Aaker & George S. Day, *Consumerism: Search for the Consumer Interest*, fourth edition(New York: Free Press, 1982), pp. 25－26.

45) *Ibid.*, p. 2.

제 3 장 정책네트워크

제 1 절 정책네트워크의 의의와 유형

I 서 언

우리는 제2장에서 정책집행 참여자를 공식적 참여자와 비공식적 참여자로 나누고 이를 다시 세분했으나,[1] 실제적으로 환경정책, 교육정책, 독과점규제정책 등 각 분야의 정책과정을 보면 비교적 제한된 참여자들만이 정책 결정에 참여한다는 것을 알 수 있다.

이리하여 주로 미국의 정책과정을 대상으로 한 연구를 통해서 하위정부(sub-government)이론이나 철의 삼각(iron triangle)론 등이 제기되었다. 이러한 주장들이 1960년대와 1970년대 미국의 학계를 지배했다고 할 수 있겠다. 그러나 1978년 헤클로(Hugh Heclo)가 이슈네트워크(issue network)이론을 제기함으로써[2] 하위정부나 철의 삼각론에 대한 비판이 고조되었다. 그렇다고 해서 이러한 주장들이 완전

1) 이 책 제1편 제2장 "정책집행 참여자" 참조.

2) Hugh Heclo, "Issue Networks and the Executive Establishment," in Anthony King(ed.), *The New American Political System*(Washington, D.C.; American Enterprise Institute, 1978), pp. 87–124.

히 자취를 감춘 것이 아니며 아직도 많은 추종자를 확보하고 있다고 하겠다.

우리는 여기에서 정책커뮤니티이론이라고도 하는 하위정부이론과 헤클로의 이슈네트워크이론을 포괄하는 정책네트워크론을 고찰하고, 정책커뮤니티(하위정부)와 이슈네트워크가 이율배반적인 개념이 아니라 연속선상에 있는 개념들이라는 주장을 펴고 정책네트워크의 변동에 관해서도 살펴보고자 한다.

Ⅱ 정책네트워크의 의의

1. 정책네트워크의 개념

정책네트워크(policy network)란 자원의존성(resource dependence)에 의해서 서로 연결되어 있는 조직의 복합체라고 정의할 수 있다. 이러한 정책네트워크는 특정한 정책 이슈, 정책 문제, 서로 연관된 이슈의 세트(set) 등을 중심으로 형성된다. 예를 들면, 보건, 안전, 기업의 합병, 투자 보호, 수출 진흥 등에 관한 정책네트워크가 개별적으로 형성된다는 것이다. 정책네트워크는 또한 예산, 감사, 기획과 같은 정책과정을 중심으로 형성되기도 한다.[3)]

커뮤니티(community)와 네트워크(network)를 개념상 구별함으로써 정책네트워크와 정책커뮤니티를 별개로 취급하는 사람도 있으나,[4)] 후술하는 바와 같이 우리는 정책네트워크를 넓은 개념으로 보고 정책커뮤니티나 헤클로의 이슈네트워크가 이에 포함된다고 하는 로즈(R. A. W. Rhodes)의 견해에 따르고자 한다.[5)]

2. 정책네트워크 접근 방법의 특징

정책 결정시에 이익집단의 역할에 관해서는 여러 가지 견해가 많이 제기되었으나 그동안 제기되었던 대표적인 주장으로서 다원주의적 접근 방법과 조합주의적

3) Maurice Wright, "Policy Community, Policy Network and Comparative Industrial Policies," *Political Studies*, 1988, p. 606; Grant Jordan, "Sub−Governments, Policy Communities and Networks: Refilling the Old Bottles?," *Journal of Theoreticall Politics*, 1990, p. 319.

4) Write, *op. cit.*, p. 605.

5) R. A. W. Rhodes, "Policy Networks: A British Perspective," *Journal of Theoretical Politics*, 1990, pp. 304−305.

접근 방법을 들 수 있다.

(1) 다원주의적 접근 방법

다원주의란 한 마디로 말해서 정책 결정시에 다수의 참여자들이 영향을 미치며 정부(국가가 아님)는 소극적 역할을 수행하는 데 그친다는 것이다. 정부는 특정 시점에서 이익집단 간의 균형을 반영하는 결정에 의해 희귀한 자원을 권위 있게 배분하는 데 지나지 않는다는 것이다.

미국의 현실을 바탕으로 하여 출발한 다원주의가 이익집단의 형성이 제대로 이루어지고 있지 않은 다른 국가의 현실을 제대로 설명하지 못할 뿐만 아니라 미국의 현실과도 거리가 멀다는 비판을 받고 있다.

(2) 조합주의적 접근 방법

1970년대와 1980년대 초에 많은 사람들의 관심을 모았던 조합주의는 여러 가지 뜻으로 사용했으나 다음과 같은 몇 가지 특징을 지닌다.

첫째, 정책 결정에 참여하는 이익집단의 수는 극히 한정되어 있다고 본다. 대부분의 조합주의자들이 정책 결정에 참여하는 이익집단으로서 기업가집단과 노동조합을 들고 있다.

둘째, 이러한 이익집단은 계층구조를 지닌다고 본다. 다시 말해서, 지도자들의 영향력이 크다고 본다.

셋째, 완전한 조합주의 체제하에서는 기업 간의 연계나 기업과 정부 간의 연계가 지극히 밀접하다고 본다. 이는 정치 체제나 경제 체제가 어떻게 운영되어야 하는가에 관한 기본적인 합의에서 연유되는 것이나 이와 같은 합의를 더욱 보강하기도 한다.

넷째, 이 모형에서는 국가(정부가 아님)가 능동적인 역할을 담당해야 한다고 본다. 구체적으로 국가가 어떤 역할을 담당할 것인가는 조합주의 형태에 따라서 다르다고 본다.[6)]

이러한 조합주의는 다원주의를 비판하고자 등장한 것이나 조합주의가 다원주의에 대한 유일한 비판은 아니다. 미국에서의 하위정부이론도 다원주의를 비판하고자 등장한 것이라 하겠다.

---

6) Peter J. Williamson, *Corporatism in Perspective*(London: Sage Publications, 1989), pp. 63-73.

(3) 정책네트워크 접근 방법

위에서 살펴본 다원주의적 접근 방법이나 조합주의적 접근 방법이 정책과정에서의 정부와 이익집단의 관계를 설명하는 데 충분치 못하다는 것은 자명한 것 같다. 두 가지 접근 방법이 다 정부와 집단의 관계란 정책 분야에 따라 지극히 다양하다는 사실을 간과한 까닭이다. 정책 분야에 따라서는 다원주의가 타당성을 지닐 수도 있겠으나 조합주의가 현실을 제대로 묘사하고 있는 정책 분야도 있을 것이다.

한 마디로 말해서, 정책네트워크 접근 방법은 다원주의나 조합주의가 지니는 결함을 시정하고 정부와 집단의 관계란 정책 분야에 따라서 지극히 다양하다는 기본 전제에 입각하고 있다. 정책네트워크 접근 방법은 또한 대부분 정책 분야에서 정책 결정에 참여하는 집단은 비교적 한정되어 있으며, 정책성과(policy outcomes)는 변할지 모르나 정책 결정에 참여하는 집단은 비교적 계속성을 지닌다고 본다.

결론적으로 정책네트워크 접근 방법의 특징으로서 다음의 세 가지를 들고자 한다.

첫째, 이 접근 방법은 다원주의와 조합주의를 비판하고자 등장했다.

둘째, 정책네트워크는 중위 수준(meso-level) 개념으로서 자유민주주의하에서 권력 배분에 관해 각각 다른 모형에 의거하고 있는 사람들이 동시에 채택할 수 있는 접근 방법이라 하겠다.[7)]

셋째, 정책네트워크 접근 방법은 정책과정 참여자가 비교적 한정적이고 정책 결정이 안정적인 정책커뮤니티이론뿐만 아니라 정책과정에 참여하는 집단이 다수이며 정책 결정이 불안정한 이슈네트워크이론까지 포괄할 수 있는 접근 방법이라 하겠다.

---

7) R. A. W. Rhodes & David Marsh, "Policy Networks in British Politics," in David Marsh & R. A. W. Rhodes(eds.), *Policy Networks in British Government*(Oxford: Clarendon Press, 1992), pp. 3-4.

Ⅲ 정책네트워크의 유형

1. 개 관

정책네트워크(policy network)는 여러 사람이 여러 가지로 분류하고 있다. 로즈는 정책네트워크를 통합성의 정도에 따라 i) 정책커뮤니티, ii) 전문직업적 네트워크, iii) 정부 간 네트워크, iv) 이슈네트워크로 분류하고 있는데,[8] 정책커뮤니티와 이슈네트워크가 연속선의 양극에 위치하고 있는 것은 부정할 수 없는 사실이나 그 밖의 네트워크의 통합성의 정도나 연속선상의 위치에 관해서는 논란의 여지가 있다.[9]

로즈의 이와 같은 단순한 분류와는 달리 유럽 대륙의 학자들 중에는 복잡다기한 분류를 사용하는 사람들도 있다. 와덴(Frans Van Waarden)은 자유주의, 국가주의(statism), 조합주의로 대분하고 이를 다시 세분해 철의 삼각과 이슈네트워크를 포함하는 11가지로 나누고 있으며,[10] 정책 결정에 참여하는 집단의 수와 논의하는 이슈의 범위에 따라 11가지로 분류하는 사람도 있다.[11]

그러나 우리는 다음에서 정책네트워크의 유형으로 정책커뮤니티와 이슈네트워크를 고찰하고, 정책커뮤니티와 유사한 개념이라 할 수 있는 하위정부와 철의 삼각(iron triangle)에 대해서도 간단히 언급하고자 한다. 이어서 항을 달리하여 정책커뮤니티와 이슈네트워크를 좀 더 구체적으로 검토하고 양자를 비교하고자 한다.

2. 정책커뮤니티

미국보다는 영국을 포함하는 유럽의 학자들이 즐겨 사용하는 개념인 정책커뮤니티는 많은 사람들에 의해 하위정부나 철의 삼각과 같은 개념으로 사용되고 있다.[12]

---

8) Rhodes, *op. cit.*, pp. 303–305.
9) Rhodes & Marsh, *op. cit.*, p. 21.
10) Frans Van Waarden, "Dimensions and Types of Policy Networks," *European Journal of Political Research*, 1992, pp. 39–41.
11) Grant Jordan & Klaus Schbert, "A Preliminary Ordering of Policy Networks Labels," *European Journal of Political Research*, 1992, pp. 18–24.

다시 말해서, 정책커뮤니티란 정책 결정에 참여하는 집단이 비교적 한정적이고 정책 결정이 비교적 안정적이며 계속성을 지니는 경우라 하겠다. 결론적으로 정책 커뮤니티는 특정 정책 분야와 관련해 일종의 커뮤니티를 형성하고 있는 정책네트워크의 한 유형이라 하겠다.

3. 하위정부와 철의 삼각

하위정부(sub-government)란 의회의 상임위원회 또는 분과위원회, 행정부처, 그리고 이익집단이 형성하는 정책네트워크로서 자율성과 안정성이 높아 마치 소정부와 같다고 하여 '하위정부'라는 용어가 사용되고 있다.

여기서 유의해야 할 것은 하위정부가 모든 정책 분야에 걸쳐서 가능한 것이 아니라 행정수반의 관심이 덜하거나 영향력이 적은 분배정책(distributive policy) 분야에서 주로 형성되고 있다는 사실이다.[13)]

리플리와 프랭클린은 하위정부에 대한 여러 가지 비판을 의식해 이를 i) 하위정부 우월형, ii) 변동하는 환경에의 적응형, iii) 경쟁적 하위정부 등장형, iv) 하위정부 붕괴형으로 세분하고 있는데, 이 중 하위정부 붕괴형은 희귀하다고 하고 있다.[14)]

하위정부와 같은 뜻으로 사용되는 개념으로서 '철의 삼각'이 있다. 이는 의회 상임위원회(또는 분과위원회), 행정부처와 이익집단 간의 관계가 통합성이 지극히 높으며 일종의 동맹 관계를 형성하고 있다고 하여 사용되는 개념이다. 특히, 폐쇄적 경계(closed boundaries)를 강조하고 다른 이익집단이나 기타 집단의 참여를 배제하는 것이 그 특징이다.[15)] 하위정부가 중립적인 개념인 데 대해 철의 삼각은 부정적인 의미를 담고 있다고 하겠다.[16)]

결론적으로 우리는 여기에서 정책커뮤니티, 하위정부, 철의 삼각을 같은 개념

---

12) Grant Jordan & William Maloney, "Accounting for Sub-governments: Explaining the Persistence of Policy Communities," *Administration and Society*, November 1997, p. 562.

13) Daniel McCool, "Subgovernment as Determinants of Political Viability," *Political Science Quarterly*, 1990, p. 271.

14) Randall B. Ripley & Grace A. Franklin, *Congress, the Bureaucracy, and Public Policy*, fifth edition(Pacific Grove: Brooks/Cole, 1991), pp. 79-100.

15) Waarden, *op. cit.*, pp. 45-46.

16) 정정길, 정책학원론[개정판](서울: 대명출판사, 1997), pp. 228-229.

으로 사용하고자 한다. 다만, 세 가지 개념이 각각 강조점이 다르다는 사실에 유념할 필요가 있다.

헤클로는 1978년 이슈네트워크에 관한 그의 논문에서 하위정부나 철의 삼각이 잘못된 개념이라기보다는 불완전한 개념이라고 규정하고,[17] 미국에서 이익집단이 수적으로 크게 늘어나고 다원화됨에 따라 하위정부나 철의 삼각이 불가능해졌다고 주장했다.

헤클로의 논문 이후 1980년대와 1990년대의 이익집단 정치에 관한 많은 연구가 하위정부나 철의 삼각 시대는 끝났으며 이슈네트워크가 이를 대신하게 되었다고 주장한다.[18] 그러나 1990년대에 와서 다른 집단의 배제와 가치관의 공유(shared values) 등을 특징으로 하는 하위정부 체제가 점차 어려워지고 있는 것이 사실이나 하위정부식 정책 결정이 완전히 사라진 것이 아니며 분야에 따라서 상존한다는 주장을 펴는 사람들도 있다.[19]

4. 이슈네트워크

전술한 바와 같이 헤클로가 하위정부나 철의 삼각을 비판하고자 제기한 개념으로, 미국에서 이익집단이 수적으로 크게 늘어나고 다원화됨에 따라 하위정부식 정책 결정이 거의 불가능해졌다고 주장한다.

이슈네트워크의 특징을 명확히 규정하기 어려우나 헤클로의 주장을 빌린다면 i) 식별할 수 있는 일단의 참여자가 없고, ii) 일정 기간 동안 안정성을 지니지 않으며, iii) 자율성도 결여되어 있다. iv) 네트워크와 환경의 경계도 불분명하다는 것이다.[20]

한 마디로 말해서, 헤클로의 이슈네트워크이론은 맥팔랜드(Andrew S. McFarland)가 지적한 바와 같이 다원주의(多元主義)의 재발견이라고 할 수 있을지 모른다.[21] 헤클로도 경우에 따라서 철의 삼각이 존재할 수 있다는 것을 부인하지 않는다. 그

---

17) Heclo, *op. cit.*, p. 88.
18) Jordan & Maloney, *op. cit.*, p. 562.
19) *Ibid.*, p. 580.
20) Heclo, *op. cit.* p. 102.
21) Andrew S. McFarland, "Interest Groups and Theories of Power in America," *British Journal of Political Science*, April 1987, pp. 135–136.

러나 일반적으로 말해서 폐쇄적인 통제의 삼각이 비교적 개방적인 이슈네트워크에 의해서 대체되고 있다고 주장하는 것이다.

다음 항에서 정책커뮤니티(하위정부)와 이슈네트워크를 비교 고찰함으로써 이슈네트워크의 특징을 분명히 하고자 한다.

Ⅳ 정책커뮤니티와 이슈네트워크

위에서 정책네트워크의 유형을 몇 가지로 나누어서 고찰했는데, 여기에서는 그 중 가장 대표적인 형태라 할 수 있는 정책커뮤니티와 이슈네트워크를 몇 가지 관점에서 비교하고자 한다.[22]

1. 구성원

참여자의 수에서 정책커뮤니티는 극히 제한적이다. 영국과 같이 내각책임제를 택하고 있는 국가에서는 의회가 중요한 역할을 하지 않으므로[23] 미국과는 달리 의회의 상임위원회는 참여자가 아니며, 정부부처와 경제적 이익집단이 중요한 참여자일 것이나, 미국의 경우에는 의회의 상임위원회, 정부부처와 이익집단이 중요한 참여자가 될 것이다. 정책커뮤니티에서는 시민단체, 소비자단체와 같은 공익집단들을 의식적으로 배제하려고 노력한다. 이에 반해, 이슈네트워크에서는 정책과정 참여자가 다수이다. 생산자 이익집단 또는 전문직업 이익집단뿐만 아니라 이에 맞서는 시민단체나 소비자단체와 같은 공익집단들도 정책과정의 참여자로 등장하게 된다.

22) David Marsh & R. A. W. Rhodes, "Policy Communities and Issue Networks," in David Marsh & R. A. W. Rhodes(eds.), *Policy Networks in British Government*(Oxford: Clarendon Press, 1992), pp. 249－252.

23) Rhodes & Marsh, *op. cit.*, p. 8.

표 3-1 정책네트워크의 유형: 정책커뮤니티와 이슈네트워크의 비교

<table>
<tr><th colspan="2">항 목</th><th>정책커뮤니티</th><th>이슈네트워크</th></tr>
<tr><td rowspan="2">구성원</td><td>참여자의 수</td><td>극히 제한적·의식적으로 일부 집단 참여 배제</td><td>다수</td></tr>
<tr><td>이익집단의 종류</td><td>경제적 또는 전문직업적 이익집단이 지배적</td><td>관련된 모든 이익집단 망라</td></tr>
<tr><td rowspan="3">통합성</td><td>상호 작용의 빈도</td><td>상호 작용 빈번함.
관련된 이슈와 상관 있는 모든 문제에 관해서 모든 참여자가 협의</td><td>접촉의 빈도나 강도가 다양하며 가변적</td></tr>
<tr><td>계속성</td><td>구성원·가치관·성과 등 계속성 지님.</td><td>접근(access)이 지극히 가변적</td></tr>
<tr><td>합 의</td><td>모든 참여자가 기본적인 가치관을 공유하며 성과의 정통성 수용</td><td>어느 정도의 합의는 있으나 갈등은 항상 있음.</td></tr>
<tr><td rowspan="2">자 원</td><td>네트워크 내에서의 자원 배분</td><td>모든 참여자가 자원 보유. 근본적인 관계는 교환 관계</td><td>어떤 참여자는 자원보 유가 한정적 근본적인 관계는 협의적</td></tr>
<tr><td>참여조직 내의 자원 배분</td><td>계층적. 지도자가 모든 구성원 통제</td><td>배분 관계가 다양하며 구성원에 대한 규제 능력 다양</td></tr>
<tr><td colspan="2">권 력</td><td>참여자 간의 권력 균형적. 한 집단이 우월적 지위 보유할 수 있으나 커뮤니티가 유지되려면 패자 없어야 함.
포지티브섬 게임</td><td>자원 보유가 불균등하며 접근이 불균등하므로 권력이 불균등.
제로섬 게임</td></tr>
<tr><td colspan="2">기본적 성격</td><td>안정성·질서·예측 가능성</td><td>불안정성·무질서·갈등·복잡성</td></tr>
</table>

2. 통합성

첫째, 상호 작용의 빈도를 본다면 정책커뮤니티에서는 참여자 간의 상호 작용이 빈번할 뿐만 아니라 정책 이슈와 상관 있는 모든 문제에 관해서 모든 참여자가 협의에 참여하는 데 대해, 이슈네트워크에서는 참여자 간의 접촉의 빈도나 강도가 정책 분야나 정책 이슈에 따라 지극히 다양하다.

둘째, 계속성을 본다면 정책커뮤니티에서는 구성원·가치관·정책성과 등이 계속성을 지닌다. 다시 말해서, 정책커뮤니티는 안정성과 예측 가능성이 가장 중요한 특징이라 하겠다. 이에 대해 이슈네트워크에서는 집단들의 정책과정에의 접근이 지극히 가변적이다. 따라서 구성원·가치관·정책성과도 가변적일 수밖에 없으며 안정성이나 예측 가능성이 저하될 수밖에 없다.

셋째, 정책커뮤니티에서는 모든 참여자가 기본적인 가치관을 공유하며 정책과정의 정통성을 수용한다. 이에 대해 이슈네트워크에서는 참여자 간에 어느 정도의 합의는 있으나 갈등이 항상 존재한다.

3. 자 원

첫째, 네트워크 내에서의 자원 배분을 본다면 정책커뮤니티에서는 모든 참여자가 자원을 보유하며 근본적인 관계는 교환 관계이다. 이에 대해 이슈네트워크에서는 자원의 보유에도 격차가 있으며 근본적인 관계는 협의적이다.

둘째, 참여조직 내에서의 자원 배분을 본다면 정책커뮤니티는 계층적이며 지도자의 구성원에 대한 통제력이 강하다. 이에 반해, 이슈네트워크에서는 참여조직 내에서의 자원 보유가 참여조직에 따라 차이가 있으며 지도자의 구성원에 대한 규제능력도 다양하다.

4. 권 력

정책커뮤니티에서는 참여집단들은 어느 정도 세력 균형을 유지하고 있다. 경우에 따라서는 한 집단이 우월적 지위를 누릴 수도 있겠으나 정책커뮤니티가 유지되기 위해서는 장기적으로 볼 때 패자가 없어야 한다. 다시 말해서, 포지티브섬(positive－sum) 게임이 되어야 한다.

이에 반해, 이슈네트워크에서는 자원의 보유가 불평등하며 접근이 불균등하므로 권력이 불균등하다. 한 마디로 말해서, 제로섬(zero－sum) 게임이다.

5. 기본적 성격

위에서 여러 차원에 걸쳐 정책커뮤니티와 이슈네트워크를 비교해 보았는데, 두 정책네트워크의 근본적 성격을 살펴본다면 정책커뮤니티가 안정성 · 질서 · 예측가능성이라는 특징을 지니는 데 대해, 이슈네트워크는 불안정성 · 무질서 · 갈등 · 복잡성을 특징으로 지닌다고 하겠다.[24]

---

24) Jordan & Maloney, *op. cit.*, p. 562.

제 2 절 정책네트워크의 변동

Ⅰ 정책네트워크 변동의 의의

정책연구에서 정책의 변동(policy change)에 대한 관심이 높아지고 있는 것처럼 정책네트워크를 고찰할 때에도 네트워크의 변동을 소홀히 할 수 없다.

변동을 특징으로 하는 이슈네트워크의 경우는 더 말할 것도 없고, 안정성과 계속성을 내세우는 정책커뮤니티도 시간이 흐름에 따라 변한다는 것을 많이 보아 왔다. 정책커뮤니티로 존속하면서 내부구조나 영향력이 달라지는 경우가 있는가 하면 정책커뮤니티가 이슈네트워크로 전환하는 경우도 있다.

Ⅱ 변동 요인

정책네트워크에 변동이 일어나는 요인으로서 i) 국제적 요인, ii) 경제적・사회적 변동, iii) 새로운 문제의 대두, iv) 신기술, v) 네트워크의 내부적 분열, vi) 행정수반의 작용, vii) 네트워크 간의 갈등, viii) 내부에서의 비전을 들고 있는 사람이 있으나,[25] 우리는 마시(David Marsh)와 로즈(R. A. W. Rhodes)의 견해에 따라 i) 경제적・시장적 요인, ii) 이념적 요인, iii) 지식적・기술적 요인, iv) 제도적 요인으로 나누어서 고찰하고자 한다.[26]

1. 경제적・시장적 요인

정책네트워크의 변동을 초래하는 가장 중요한 요인으로서 경제적・시장적 요인을 들 수 있다.

25) Martin J. Smith, *Pressure, Power and Policy*(Pittsburg: University of Pittsburg Press, 1993), pp. 91–93.

26) Marsh & Rhodes, *op. cit.*, pp. 257–259.

우리나라의 배우자 상속 과세정책의 사례에서 볼 수 있는 바와 같이 도시화의 진전과 여성취업률의 상승에 따라 국회의 법사위, 법무부·재경부(현 기획재정부), 유림(儒林)이 주축을 이루었던 정책커뮤니티가 붕괴하고 정책과정 참여자가 증가함으로써 이슈네트워크로 전환했다는 사실을 알 수 있다.[27)]

2. 이념적 요인

이념적 요인도 정책네트워크의 변동을 가져온다는 것은 긴 설명을 요하지 않는다. 영국의 경우 집권당이 노동당에서 보수당으로 바뀜에 따라 이념의 변동이 일어났고, 이것이 나아가서 정책네트워크 변동의 원인이 되었다는 것이다.

우리나라 독과점규제정책과 관련된 정책네트워크의 경우에도 독과점기업(대기업)에 대한 이념의 변화가 네트워크 변동의 원인이 되었다고 하겠다.[28)]

3. 지식적·기술적 요인

새로운 기술이나 지식의 개발·확산이 정책네트워크 변동의 원인이 된다는 것도 자명한 것 같다. 흡연이 건강에 해롭다는 사실이 널리 확산됨에 따라 담배와 관련된 정책네트워크에 변동이 일어나 종전의 정책커뮤니티가 이슈네트워크로 전환되었다는 것도 널리 알려진 사실이다.

4. 제도적 요인

마시와 로즈는 정책네트워크 변동에 영향을 미치는 제도적 요인으로서 EC를 들고 있으나, 우리는 제도적 요인을 넓게 해석해 무치아로니(Gary Mucciaroni)의 제도적 맥락과 유사한 개념으로 사용하고자 한다.[29)] 다시 말해서, 제도의 구조적 측면뿐만 아니라 정책결정자들의 선호나 행태까지도 포함하는 것으로 해석하고자 한다.[30)]

---

27) 권용현, "배우자 과세정책의 변동에 관한 연구"(서울대학교 박사학위논문, 1995), pp. 84－94, 123.

28) 유훈, "참여자 정책과정의 특징," 행정논총, 제31권 제2호(1993), p. 142.

29) Gary Mucciaroni, *Reversals of Fortune: Public Policy and Private Interests*(Washington, D.C.: Brookings Institution, 1995), pp. 18－23.

30) 유훈 "정책변동 요인에 관한 연구," 행정논총, 제35권 제1호(1997), pp. 25－26.

우리나라에서 이러한 제도적 요인이 정책네트워크 변동에 지대한 영향을 미친다는 것은 긴 설명을 요하지 않는다. 우리나라에서 1980년에 참된 의미의 공정거래법이라 할 수 있는 '독점규제 및 공정거래에 관한 법률'이 제정된 것은 신군부가 집권하여 제도적 요인으로 정책네트워크에 큰 변동이 일어났기 때문이라고 할 수 있다.31)

Ⅲ 정책네트워크 변동의 저해 요인

우리는 다른 곳에서 정책변동이 얼마나 어려우며 왜 어려운가를 고찰한 바 있는데32) 여기에서는 정책네트워크 변동의 저해 요인을 살펴보고자 한다.33)

1. 정책네트워크의 존재 이유

마시와 로즈는 정책네트워크에 관한 영국의 사례를 검토한 결과 대부분의 정책네트워크는 정책과정 참여자 간의 관계를 일상화(routinize)하는 데 그 존재 이유가 있다는 사실을 발견했다고 한다. 다시 말해서, 정책네트워크는 계속성과 안정성을 증진하며 정책혁신이 아니라 정책의 타성(policy inertia)의 원인이 되고 있다는 것이다. 따라서 정책네트워크의 변동이 어려운 것은 당연하다 하겠다.

2. 경제적 · 전문직업적 이익집단

경제적 이익집단이나 전문직업적(professional) 이익집단이 지배적인 위치를 차지하고 있는 정책네트워크에서는 특히 변동이 일어나기 어렵다는 것이다. 담배 문제와 관련된 정책네트워크나 의료 문제와 관련된 정책네트워크에서 변동이 일어나기 어려운 것이 좋은 예라 하겠다.

3. 이슈의 현저성

정책네트워크의 변동은 이슈의 현저성(salience)과 밀접한 관련이 있다. 현저성

31) 유훈, "한국의 정책형성 유형에 관한 연구," 행정논총, 제23권 제1호(1985), p. 170.

32) 이 책 제3편 제3장 "정책변동과 정책집행" 참조.

33) Marsh & Rhodes, *op. cit.*, p. 261.

이 낮은 정책이나 현저성이 낮은 동안에는 변동이 일어날 가능성이 낮으며 현저성이 높아지면 변동의 가능성이 높아진다.

담배의 제조·판매·광고 등을 포함하는 담배에 관한 이슈가 현저성이 낮았을 때에는 정책네트워크의 변동이 없었으며 안정성을 유지할 수 있었다. 그러나 담배가 건강에 해롭다는 사실이 널리 전파되면서 많은 공익집단들이 정책네트워크에 새로 참여하게 되었고, 정책네트워크에 큰 변화가 일어났으며, 이는 나아가서 정책의 변동을 초래했던 것이다.

4. 변동의 점증성

정책네트워크의 변동이 일어나더라도 점증적으로 일어나며 일반적으로 한 측면만 변한다. 다만, 영국의 원자력과 관련된 정책네트워크는 동시에 여러 측면에서 변동이 일어났다.

마시와 로즈가 검토한 다른 사례의 경우 정책네트워크는 점증적으로 변했는데 대체로 경쟁 관계에 있는 이익집단 등을 영입하는 방식으로 변동이 이루어졌다고 한다.

Ⅳ 네트워크 변동과 정책집행의 변동

우리는 위에서 어떤 요인에 의하여 정책네트워크가 어떻게 변하며 네트워크의 변동을 저해하는 요인으로서 어떤 것이 있는가를 고찰하였다. 여기에서는 이러한 네트워크의 변동이 정책집행 변동과 어떻게 연계되는가를 살펴보고자 한다.

1. 정책집행 변동을 초래하지 않는 네트워크 변동

전술한 바와 같이 네트워크의 변동을 저해하는 요인이 많아서 네트워크의 변동이 쉽사리 일어나지 않는다.

설령 여러 가지 요인으로 네트워크 변동이 발생한다하더라도 네트워크 변동이 반드시 정책집행 변동으로 이어진다고 단정할 수 없다.

정책커뮤니티가 이슈네트워크로 전환되는 경우에는 정책집행 변동으로 이어질 가능성이 높으나 정책커뮤니티의 근본적 성격의 변동없이 구성원의 일부가 교체되는 정도의 네트워크 변동은 정책집행 변동으로 이어질 가능성이 희박하다고 할 수 있다.

2. 정책집행의 변동으로 이어지는 네트워크 변동

이와 같이 네트워크 변동이 항상 정책변동으로 이어진다고 할 수 없으나 많은 경우 네트워크 변동이 정책집행 변동을 초래한다는 것을 알 수 있다.

우리나라의 배우자 상속 과세정책의 경우 도시화의 진전과 여성취업률의 상승과 특히 여성법조인과 여성공무원의 증가에 따라 국회의 법사위 · 법무부 · 재경부(현 기획재정부) · 유림이 주축을 이루었던 정책커뮤니티가 붕괴하고 정책과정 참여자가 증가하여 이슈네트워크로 전환하자 배우자 상속 과세정책이 배우자의 재산형성 기여를 인정하는 방향으로 정책변동이 일어났다는 것은 전술한 바와 같다.

새로운 지식의 개발 · 확산으로 흡연이 건강에 해롭다는 사실이 널리 알려지고 담배에 관한 이슈의 현저성이 높아짐에 따라 담배와 관련된 정책네트워크에 변동이 일어났다. 종전의 정책커뮤니티가 많은 공익집단의 참여로 이슈네트워크로 전환되고, 이것이 나가서 담배가격의 대폭적 인상 등 담배판매에 여러 가지 제한이 가해지고 많은 공공장소에서의 흡연을 제한하는 정책으로 이행하게 되었다는 것은 우리가 다 아는 사실이다.

제 4 장 정책수단

제 1 절 정책수단의 의의

I 정책수단의 개념

1. 정책수단의 정의

정책수단(policy instruments) 또는 정책도구(policy tools)란 정책목표를 달성하기 위해 정부기관이 사용할 수 있는 각종의 수단이라 할 수 있다.[1)]

정책수단에 관한 연구는 정책형성, 특히 정책설계(policy design)와 관련이 있으며, 정책평가와 무관하지 않으나[2)] 정책수단에 관한 연구는 정책집행론과 가장 밀접한 관계를 가지고 있다고 하겠다.

---

1) Michael Howlett, "Policy Instruments, Policy Styles, and Policy Implementation: National Appo-aches to Theories of Instrument Choice," *Policy Studies Journal*, Spring 1991, p. 2.
2) Stephen H. Linder & B. Guy Peters, "Instruments of Government: Perceptions and Contexts," *Journal of Public Policy*, January–March 1989, p. 38.

2. 정책수단 접근 방법

설러먼(Lester M. Salamon)은 현재의 정책집행 연구의 가장 큰 결함은 정책 분야별 집행연구나 정책 유형별 집행연구에 초점을 맞추고 있는 데 있다고 보고 정책집행 연구가 돌파구를 마련하기 위해서는 연구의 방향을 바꾸어서 정책수단에 관한 연구에 역점을 두어야 한다고 주장하고 있다.[3)]

그는 이러한 주장을 '수단 접근 방법' 또는 '도구 접근 방법'이라고 부르고 있다. 수단 접근 방법의 기본적인 전제로서 설러먼은 다음의 세 가지를 들고 있다.

첫째, 정부의 프로그램은 수없이 많으나 이를 수행하기 위해 정부가 사용하는 정책수단은 몇 가지로 나눌 수 있다.

둘째, 이러한 정책수단들은 각각 몇 가지 특징을 지니고 있다.

셋째, 이러한 수단들을 사용하는 정부 프로그램에 관해서 어느 정도의 예측이 가능하다는 것이다.[4)]

Ⅱ 정책집행과 정책수단의 중요성

1981년에 발표한 논문에서 설러먼은 정책수단 연구의 중요성을 강조하면서 미국의 정책집행 연구가 벽에 부딪쳤다고 지적하고, 이를 타개하기 위해서는 정책집행 연구가 정책수단 연구에 초점을 두어야 한다고 주장했다.[5)]

정책집행에서의 정책수단의 중요성은 포항제철 설립 과정에서도 찾아볼 수 있다. 오늘날 포항제철이 세계 유수의 제철회사로서 그 이름을 떨치고 있는 것은 포항제철의 설립 과정에서 정책수단의 선정이 적절하게 이루어졌기 때문이라 하겠다.

후술하는 바와 같이 포항제철은 주식회사의 형태를 지닌 공기업으로 설립했기 때문에 대일(對日)청구권자금의 사용이 가능했다. 공기업화라는 정책이 결정된 후

3) Lester M. Salamon, "Rethinking Public Management: Third Party Government and the Changing Forms of Government Action," *Public Policy*, Summer 1981, p. 256.

4) Lester M. Salamon, "The Changing Tools of Government Action: An Overview," in Lester M. Salamon(ed.), *Beyond Privatiztion: The Tools of Government Action*(Washington, D.C.: Urban Institute Press, 1989), p. 14.

5) Salamon, "Rethinking Public Management," p. 266.

에도 정부투자기관의 범주에 포함시키지 않았기 때문에 자율성을 누릴 수 있었던 것이다.

이뿐만 아니라 정부의 직접적 시행에 의해 선진국의 경우 제철회사가 자기 부담으로 시행해야 할 사회간접시설 건설을 정부가 지원했다. 여기서 더 나가서 지급보증, 융자, 조세 감면 등 다양한 정책수단을 동원해 포항제철을 지원했기 때문에 포항제철이 오늘날과 같은 세계적인 제철회사로 발전할 수 있었던 것이다.

제 2 절 정책수단의 유형

I 일원적 모형과 다원적 모형

정책수단의 모형은 여러 가지 관점에서 여러 가지로 분류할 수도 있겠으나 먼저 일원적 모형과 다원적 모형으로 나눌 수 있다고 생각한다. 일원적 모형이 많으나 전술한 바와 같이 정책수단 연구의 선구자라 할 수 있는 달(Robert A. Dahl)과 린드블롬(Charles E. Lindblom)은 다원적 모형을 제시했으며, 정책설계 접근 방법을 택하고 있는 린더(Stephen H. Linder)와 피터스(B. Guy Peters)의 모형도 다원적 모형이라 할 수 있다. 우리는 여기에서 먼저 일원적 모형을 살펴보고, 이어서 다원적 모형을 검토하고자 한다.

II 일원적 모형

1. 개 관

많은 정책수단 모형이 일원적 모형에 속한다고 할 수 있다. 리플리(Randall B. Ripley)는 정책수단을 i) 보조(분배), ii) 규제, iii) 조작(재분배)으로 나누고 있으며,

바다크(Eugene Bardach)는 i) 처방, ii) 능력 부여, iii) 유인, iv) 저지 수단으로 분류하고 있다. 엘모어(Richard F. Elmore)는 i) 지시, ii) 유인, iii) 능력 형성, iv) 체제 변혁으로 분류하고 있으며, 영국의 후드(Christopher Hood)는 i) 정보, ii) 권한, iii) 재정, iv) 조직으로 나누고 있고, 캐나다의 던(G. B. Doern)은 i) 자율규제, ii) 설득, iii) 정부지출, iv) 규제, v) 공기업으로 분류하고 있다.[6)]

우리는 여기에서 설러먼의 분류와 슈나이더-잉그램(Schneider-Ingram)의 분류만을 고찰하고자 하는데, 리플리나 던의 분류는 설러먼의 분류와 유사하며, 바다크, 엘모어, 후드의 분류는 슈나이더-잉그램의 분류와 일맥상통하는 것이라 할 수 있겠다.

2. 설러먼의 분류

도구 접근 방법(tools approach)이라는 이름 아래 정책수단 연구의 중요성을 강조하고 정책집행 연구가 정책수단에 초점을 맞추어야 한다고 주장하는 설러먼은 정책수단을 다음과 같이 분류하고 있다.[7)]

(1) 정부의 직접적 시행

정부의 직접적 시행(direct government)이란 정부 예산에 의해 공무원이 물자나 서비스를 전달하는 것을 말한다. 우리는 정책수단에 관한 고찰에서 정부의 직접적 시행을 소홀히 하기가 쉬우나 많은 정부 예산이 정부의 직접적 시행을 위해 사용되고 있다는 사실을 간과해서는 안되겠다.

(2) 보조금

가장 역사가 길고 가장 광범위하게 사용되는 정책수단의 하나가 보조금이라 할 수 있다. 중앙정부의 지방자치단체나 비영리단체에 대한 국고보조금뿐만 아니라 우리나라의 지방교부세에 해당되는 세입 배분(general revenue sharing)과 우리나라의 지방양여금 등도 여기서 말하는 보조금에 포함된다고 하겠다.

사람에 따라서는 보조금(grant) 외에 개인·사기업이나 공기업에 대한 특혜를 의미하는 지원금(subsidies)을 정책수단의 하나로 들고 있으나, 설러먼은 지원금에

6) 이에 관해서는 유훈, "정책수단에 관한 고찰," 행정논총, 제30권 제2호(1992, 12) 참조.
7) Salamon, "The Changing Tools of Government Action," pp. 14-20.

대한 언급이 없으며 보조금 속에 지원금을 포함시키지 않는 것 같다.[8)]

(3) 지급 보증

정부가 개인·사기업이나 공기업을 위해 보증 채무를 짐으로써 이들의 융자나 차관의 확보를 지원하는 정책수단이라 하겠다.

미국에서는 1980년의 크라이슬러(Chrysler) 자동차회사를 위한 지급 보증으로 널리 알려지게 된 정책수단이라 하겠는데, 지급 보증의 수혜자가 채무 이행을 하는 경우에는 정부에 아무런 부담도 주지 않는다는 점에서 시장 원리를 벗어나지 않는 정책수단이라는 평가를 받고 있다.

우리나라에서는 1960년대와 1970년대의 고도 성장 과정에서 사기업이 해외에서 들여오는 차관 등을 위해 지급 보증이라는 정책수단이 비교적 빈번히 사용되었다는 것은 잘 알려진 사실이다.

(4) 조세 감면

흔히 조세지출(tax expenditure)이라고 하는 조세 감면도 비교적 빈번히 사용되는 정책수단이라 할 수 있다. 정부가 개인이나 기업이 특정한 행위를 하기를 원할 때 이를 장려하기 위해 지원금을 지급할 수도 있으나 조세 감면이라는 정책수단을 사용할 수도 있다.

조세 감면은 우리나라에서 경제 발전을 촉진하기 위해 가장 빈번하게 사용된 정책수단이라 할 수 있다. 조세감면규제법은 공공법인에 대해 아직도 조세특례를 인정하고 있을 뿐만 아니라 1986년 말까지는 중요 산업에 대한 조세특례라는 명목으로 대기업에 대해 많은 조세 감면을 실시했으나, 1986년 12월의 조세감면규제법의 개정에 의해 중요 산업에 대한 조세 감면은 폐지되었다.[9)]

(5) 규 제

규제도 조세 감면 못지않게 빈번히 사용되는 정책수단이다. 개인이나 기업이 정부가 원하지 않는 행위를 하는 것은 방지하고 정부가 원하는 행위를 하도록 유도하기 위해 규제가 빈번히 사용되고 있다.

---

8) U.S. Office of Management and Budget, *Managing Federal Assistance in the 1980s*(Washington, D.C.: Government Printing Office, 1980).

9) 조세감면규제법 제10조, 제11조, 제12조.

규제를 독과점 규제까지 포함하는 경제적 규제와 사회적 규제로 분류하는 사람들이 있으나[10] 많은 사람들이 독과점 규제와 경제적 규제를 구분하고 있으며 규제를 독과점 규제, 경제적 규제, 사회적 규제로 분류하고 있다.[11] 이들과 본질적으로 동일한 분류 방법을 사용하나 표현을 다소 달리하여 윌슨(James Q. Wilson)은 경쟁행위에 관한 규제, 전통적 규제, 새로운 규제로 분류하고 있다.[12]

여기서 한 가지 첨언할 것은 우리나라에서 많이 사용하는 금융 규제의 문제이다. 부동산 투기 억제를 위한 5·8조치의 실효를 거두기 위해 정부가 사용한 최후의 정책수단은 금융 규제였다. 비업무용 부동산의 매각을 거부하는 재벌에 대해서는 여신을 동결하고 주력업체 지정 수를 줄임으로써, 47개 재벌이 비업무용 부동산을 모두 매각할 의사를 표시하거나 성업공사에 매각을 의뢰케 하는 데 성공했던 것이다. 금융기관에 대한 규제를 의미하는 금융규제는 전통적인 경제적 규제는 아니나 특정한 산업에 대한 규제라는 의미에서 광의의 경제적 규제에 포함시킬 수 있다. 우리나라 정부가 기업에 대해서 가하는 금융 규제는 정상적인 의미의 금융 규제는 아닐지 모르나 이에 포함시킬 수 있을 것이다.

(6) 공기업화

국유화 또는 공기업화를 정책수단에 포함시키는 사람이 많지 않으나 던 등과 함께 설러먼도 공기업화를 정책수단의 하나로 들고 있다.

전술한 바와 같이 정책수단은 특정한 국가의 지배적인 정치적 이데올로기와 밀접한 관련이 있으므로, 미국에서는 공기업화(국유화)를 정책수단에 포함시키지 않는 사람이 많으나, 캐나다만 하더라도 공기업화를 정책수단에 포함시키는 사람이 많다. 후술하는 바와 같이 우리나라에서는 공기업화라는 정책수단이 중요한 의미를 지니고 있다.

10) 經濟企劃廳綜合企劃局, 規制緩和の經濟的效果(東京: 大藏省印刷局, 1986), p. 5.

11) H. Craig Petersen, *Business and Government*, fourth edition(New York: Harper, 1993), pp. 79–482; Damodar Gujarati, *Government and Business*(New York: McGraw-Hill, 1984), pp. 125–493.

12) James Q. Wilson(ed.), *The Politics of Regulation*(New York: Basic Books, 1980).

3. 슈나이더-잉그램의 분류

슈나이더(Ann·Schneider)와 잉그램(Helen Ingram)은 정책수단의 분류에서 다음과 같은 가설에 입각하고 있다. 사람들이 사회적·경제적·정치적 문제를 개선하는 데 필요한 행동을 취하지 않는 데에는 다음과 같은 다섯 가지 이유가 있다는 것이다.

첫째는 법령이 그들에게 특정한 행위를 하도록 지시를 하거나 권한을 부여하지 않고 있다고 믿고 있는 경우이며, 둘째와 셋째는 필요한 행위를 할 유인이 없거나 능력이 결여된 경우이다. 넷째는 특정한 정책이 함유하고 있는 가치에 찬동하지 않는 경우이며, 다섯째는 상황이 불확실하여 무엇을 해야 할지 알 수 없는 경우이다.[13] 이러한 상황을 해결하기 위해 이들은 다섯 가지 정책수단을 들고 있다.[14]

(1) 권한 수단

앞에서 검토한 첫째 상황을 해결하기 위한 수단이 권한(權限) 수단(authority tools)이다.[15] 법령이 그들에게 특정한 행위를 하도록 지시하거나 권한을 부여하지 않고 있다고 믿는 경우에 필요한 권한을 부여하기 위한 정책수단이다.

우리나라의 정부조직법이나 각 부처의 직제, 기타의 법령과 같이 공무원들에게 일정한 상황하에서 특정한 행위를 할 수 있는 권한을 부여하거나 특정한 행위를 금지하는 것을 목적으로 하는 정책수단이다. 따라서 권한 수단은 주로 정부조직 내부에서 사용되는 수단이나 때로는 대상집단에게도 영향을 미친다. 권한 수단이 정부조직 밖의 집단이나 개인을 대상으로 하여 사용될 때에는 다른 수단이 병용되는 경우가 많다.

(2) 유인 수단

이는 대상집단의 정책에 대한 순응을 유도하거나 협조를 증진케 하기 위해 유형적인 혜택이나 불이익의 부여에 의존하는 정책수단이다. 이 수단은 개인은 효용 극대화를 원하며, 금전·자유·생명·기타 유형적 보상에 의해 영향을 주거나 강

13) Ann Schneider & Helen Ingram, "Behavioral Assumptions of Policy Tools," *Journal of Politics*, May 1990, p. 514.

14) *Ibid.*, pp. 514-522.

15) 이들은 '도구(tools)'라는 용어를 사용하나 우리는 용어를 통일하기 위해 '수단'이라는 용어를 사용하고자 한다.

요되지 않으면 정책이 요구하는 행위를 적극적으로 취하지 않는다는 가정에 입각하고 있다. 슈나이더와 잉그램은 유인(誘因) 수단을 다시 네 가지로 세분하고 있다.

① **유도**(inducements): 협의의 유인이라 할 수 있는데 정책이 요구하는 행위에 적극적으로 참여하도록 유도하기 위해 적극적인 유형적 보상을 제공하는 것이다. 우리나라 경제 발전 정책이 대상기업에 대해 조세 감면의 혜택을 주고 보조금을 지급하는 것이 좋은 예라 하겠다.

② **부과금**: 일정한 기준을 지키지 않거나 할당량(quota)을 초과하기를 원하는 자에게 부과하는 것이다. 부과금은 물품이나 활동을 통제·제한·한정하는 데 그 목적이 있으며, 제재와 같이 특정한 활동을 제거하거나 인정하지 않으려는 데 목적이 있는 것이 아니라는 점에 유의할 필요가 있다.

③ **제재**: 특정한 활동을 금지하거나 요구하기 위한 기준이나 규제와 관련된 것인데, 정책에 대한 불응에 비교적 가혹한 불이익을 가하고자 하는 것이다. 제재의 목적은 벌금·체형 등의 방법으로 특정한 행태를 제거하자는 데 있다고 하겠다. 전통적 이론에 의하면 개인은 처벌의 강도·확실성·빈도에 따라서 정책에 대한 순응을 결정한다는 것이다.

④ **힘**: 특정한 개인들은 정책이 요구하는 행위를 하도록 영향을 미치기가 어렵거나 바람직한 행태를 취하도록 하기에는 지나치게 많은 비용이 소요되므로, 구금이나 사형 등의 방법을 택해서 물리적으로 원하는 행위를 얻어내자는 것이다.

여기서 유의해야 할 사실은 이들이 말하는 유인 수단이 흔히들 말하는 유인뿐만 아니라 다른 논자들이 주장하는 규제 수단까지 포함한다는 점이다.

후술하는 능력 수단과는 달리 유인 수단의 경우에는 개인은 여러 가지 대안 중에서 어떤 것이 각자의 이익에 가장 부합되는지를 인식하는 데 필요한 충분한 정보를 보유하며 선택할 수 있는 의사 결정 기술을 지니고 있다는 가정 위에 서 있다는 사실에 유의할 필요가 있다.

(3) 능력 수단

이는 개인·집단·기관 등이 정책이 요구하는 활동을 하고 결정을 내릴 수 있도록 필요한 정보·교육·자원 등을 제공하는 수단이라 하겠다.

능력 수단은 대상집단이 적절한 정보와 필요한 자원만 있다면 정책이 요구하는 활동에 참여하며 행태를 수정할 의사가 있다는 것을 전제하는 정책수단이라 하겠다. 이런 의미에서 이는 발크(George I. Balch)가 말하는 순응 확보를 위한 전략 중에서 정보전략과 촉진전략을 합친 것과 같다고 하겠다.[16)]

또 하나 유의할 점은 능력 수단이 객관적이며 사실적인 수단이라는 사실이다. 능력 수단이 특정한 정책대안을 추진하고자 하는 것이기는 하나 대상집단이 정보나 지원을 받아들일 용의가 있다는 가정 위에 서 있다는 사실이다. 후술하는 상징적 수단과는 달리 능력 수단은 대상집단에게 영향을 미치기 위해 무형적인 가치나 상징주의 등에 의존하지는 않는다는 사실을 유념해 두어야 할 것 같다.

(4) 상징 수단

윌다브스키(Aaron Wildavsky)가 지적한 바와 같이 우리 인간은 거의 정보가 없는 문제에 관해서도 선호가 있는 경우가 많다. 상징 수단은 개인들은 정책과 관련된 행위를 할 것인가에 관해서 각자가 지니고 있는 신념이나 가치에 따라 결정한다는 전제에서 나온 정책수단이라고 하겠다.

국회의원선거나 대통령선거를 앞두고 중앙선관위가 내거는 표어라든가 환경보호·쓰레기줄이기운동을 위해 내거는 구호나 표어 등은 상징 수단의 한 예라 하겠다.

우리가 유의해야 할 것은 상징 수단이 특정한 상황하에서 유형적인 보상을 부여하는 것이 아닐 뿐만 아니라 의사결정 상황에 사실적 정보나 자원을 투입하는 수단이 아니라는 점이다. 상징 수단은 특정한 정책이 요구하는 활동의 인지를 바꾸는 수단이라는 점에 유의할 필요가 있다.

(5) 학습 수단

학습 수단은 불명확한 상황하에서 사용되는 정책수단이다. 정책집행 담당자나 대상집단은 집행 과정을 통해 학습하고 가장 효율적인 수단을 선택하게 된다는 것이다. 이런 뜻에서 학습 수단이 사용되는 상황은 버먼(Paul Berman)이 말하는 비구조 상황이라고 할 수 있으며, 학습 수단은 버먼의 적응적 집행(adaptive imple-

16) George I. Balch, "The Stick, the Carrot and Other Strategies," in John A. Brigham & Don W. Brown(eds.), *Policy Implementation: Penalties or Incentives?*(Beverly Hills: Sage Publications, 1980), pp. 44-45.

mentation)과 일맥상통하는 점이 있다고 하겠다.[17)]

학습 수단이 사용되는 상황하에서는 추상적으로 결정된 정책목표를 집행 과정을 통해서 구체화하고 수정하며, 집행자들에게 광범위한 재량이 부여된다. 집행자들은 대상집단 등을 포함하는 관련자들의 적극 참여를 유도하고, 이러한 상호 작용을 통해서 필요한 다른 정책수단이 무엇인가를 모색한다는 것이다.

다른 정책수단의 경우에도 그렇겠으나 특히 학습 수단의 경우에는 다른 정책수단의 병용이 불가피하다고 하겠다. 슈나이더와 잉그램은 이 점에 관해서 분명하게 언급하지 않고 있으나 학습 수단은 유효 적절한 다른 정책수단을 선택하기 전에 사용되는 수단이라 할 수 있다.

Ⅲ 다원적 모형

1. 개 관

전술한 바와 같이 정책수단의 모형은 일원적 모형이 많으며 다원적 모형은 많지 않다. 표면상 보기에 일원적 모형으로 보이는 것도 깊이 검토해 보면 다원적 모형인 경우도 있다.

린더와 피터스의 모형도 다원적 모형에 속한다고 하겠으나 그들의 주장은 다음 항의 정책수단 선택의 기준에서 살펴보기로 하고, 여기에서는 달(Robert A. Dahl)과 린드블롬(C. E. Lindblom)의 모형만을 검토하고자 한다.

2. 달과 린드블롬의 모형

정책수단 연구의 선구자라고 할 수 있는 달과 린드블롬은 다음과 같은 다섯 가지 차원에서 정책수단을 검토하고 있다. 이들은 정책수단이라는 용어 대신에 '기법(techniques)'이라는 용어를 사용하고 있으며, 이들이 말하는 기법 중에는 우리가 말하는 정책수단과는 다소 거리가 있는 것도 있으나 정책수단의 연구에 많은 시사

17) Paul Berman, "Thinking about Programmed and Adaptive Implementation: Matching Strategies and Situtations," in Helen Ingram & Dean Mann(eds.), *Why Polices Succeed or Fail*(Beverly Hills: Sage Publications, 1990), pp. 208–213.

를 주는 모형이라 하겠다.

(1) 수단 소유권의 성격

첫째, 달과 린드블롬은 수단 소유권의 성격이라는 관점에서 네 가지 수단을 열거하고 있다. 이들은 가장 정부 지분이 높은 것으로부터 낮은 것 순으로 i) 정부, ii) 부분적 정부, iii) 공사 합작, iv) 순수 민간 부문을 들고 있다.

(2) 정부 영향력의 성격

둘째, 정부 영향력의 성격에 따라서 i) 강제, ii) 중재, iii) 조정, iv) 화해, v) 정보의 다섯 가지 수단을 들고 있는데, 가장 강제성이 높은 것으로부터 낮은 것으로의 순이다.

(3) 정부통제의 성격

셋째, 정부통제의 성격에 따라서 직접적 통제에서 간접적 통제에 이르기까지 네 가지 수단을 들고 있는데 i) 국유화, ii) 인·허가, iii) 조세·보조, iv) 거시적 조작이 그것이다.

(4) 수단 구성원의 성격

넷째, 수단 구성원의 성격에 따라서 민간클럽, 가입이 필수적인 조직, 민족국가를 들고 있는데, 자발적인 가입에 의존하는 것으로부터 가입이 강제적인 것에 이르

표 4-1 달과 린드블롬의 다원적 모형

<table>
<tr><td rowspan="2">제1차원</td><td colspan="5">수단 소유권의 성격: 정부 부문에서 민간 부문</td></tr>
<tr><td>정부</td><td>부분 정부</td><td colspan="2">공사 합작</td><td>민간</td></tr>
<tr><td rowspan="2">제2차원</td><td colspan="5">정부 영향력의 성격: 강제에서 설득</td></tr>
<tr><td>강제</td><td>중재</td><td>조정</td><td>화해</td><td>정보</td></tr>
<tr><td rowspan="2">제3차원</td><td colspan="5">정부통제의 성격: 직접적 통제에서 간접적 통제</td></tr>
<tr><td>국유화</td><td>인·허가</td><td colspan="2">조세·보조</td><td>거시적 조작</td></tr>
<tr><td rowspan="2">제4차원</td><td colspan="5">수단 구성원의 성격: 지원에서 강제</td></tr>
<tr><td>민간클럽</td><td colspan="2">가입이 필수적인 조직</td><td colspan="2">민족국가</td></tr>
<tr><td rowspan="2">제5차원</td><td colspan="5">수단 자율성의 성격: 완전 자율에서 자율성 전무</td></tr>
<tr><td colspan="2">자율적 기관</td><td>준자율적 기관</td><td colspan="2">관료적 기관</td></tr>
</table>

는 순이다. 민간클럽은 개인이 자의에 의해 가입 여부를 결정할 수 있으나 민족국가의 경우에는 그야말로 선택의 여지가 없다.

(5) 수단 자율성의 성격

끝으로, 수단 자율성의 성격에 따라서 세 가지를 들고 있다. 완전히 자율적인 기관에서 준자율적 기관, 관료적 기관에 이르는 세 가지를 들고 있다. 이들은 관료제가 자율성이 전무한 것으로 보고 있는 것이다.[18]

제 3 절 정책수단 선택의 기준

I 기준의 중요성

1. 정책수단의 유형과 선택 기준

우리는 앞에서 정책수단의 유형을 살펴보았으며, 여러 사람이 제시하고 있는 정책수단의 분류를 일원적 모형과 다원적 모형으로 나누어서 검토했다.

이러한 여러 가지 정책수단 중에서 특정한 상황하에서 어떠한 수단을 선택할 것인가를 결정하는 데 도움을 주는 것이 선택의 기준이다. 따라서 정책수단의 모형과 함께 선택의 기준을 고찰하는 것이 중요하다.

2. 규범적 기준과 실제적 기준

우리가 여기에서 검토하고자 하는 것은 합리적 기준 또는 규범적 기준이다. 특정한 상황하에서 정책목표의 달성을 위해 어떠한 정책수단을 사용하는 것이 바람직한가를 결정하는 데 도움이 되는 기준을 검토하고자 하는 것이다. 그러나 실제로 호렐(Michael Howlett)이 지적하고 있는 바와 같이 정치인과 고급공무원을 포함하

18) Robert A. Dahl & Charles E. Lindblom, *Politics, Economics and Welfare*(New York: Harper, 1953), pp. 9-18.

는 정책결정자들이 지니고 있는 신념·태도·인지 등에 따라서 정책수단이 결정되는 경우가 많다는 사실을 망각해서는 안되겠다.[19] 슈나이더와 잉그램이나 후드도 표현을 달리하나 정책수단의 선택시에 합리적 기준보다는 정치적 요인 등이 더 중요성을 지닌다는 것을 강조하고 있다.[20]

정책수단 선택의 경우에도 일원적 기준을 사용하고 있는 사람들이 있는가 하면 다원적 기준을 제시하는 사람들이 있다. 우리는 먼저 일원적 기준을 살펴보고 이어서 다원적 기준을 검토하고자 한다.

Ⅱ 일원적 기준

일원적 기준을 제시한 대표적인 사람으로서 던(G. B. Doern)과 후드(C. Hood)를 들 수 있는데, 후드의 기준은 던의 기준과 유사하므로 여기에서는 던의 기준만 검토하기로 한다.

1. 던의 기준

일원적 기준의 가장 대표적인 예로서 던의 기준을 들 수 있다. 던과 그의 동료들은 정책수단을 가장 강압성(coercion)이 낮은 i) 자율규제부터 시작해, ii) 설득, iii) 정부지출, iv) 규제, v) 공기업을 열거하고 자유민주주의 국가에서는 정부는 가급적이면 강압성이 낮은 정책수단을 사용하기를 원하나, 저항이 심하거나 효율적인 집행이 어렵다고 생각될 때에는 강압성이 높은 정책수단으로 옮겨가게 된다는 것이다.[21] 이런 점에서 후드의 기준도 던의 기준과 유사하다고 하겠다.[22]

던은 정치적·상황적 변수도 고려에 넣고 있으나 후술하는 린더와 피터스의 기준과는 근본적으로 다르다. 던에 의하면 정책결정자들은 작은 정부 또는 최소한의 국가(minimal state)를 선호하고 있다는 것이다.[23]

19) Howlett, *op. cit.*, p. 8.
20) Schneider & Ingram, *op. cit.*, p. 522; Hood, *op. cit.*, p. 9.
21) G. B. Doern & V. S. Wilson, "Conclusion and Observations," in G. B. Doern & V. S. Wilson(eds.), *Issues in Canadian Public Policy*(Toronto: Macmillan, 1974), p. 399.
22) Christopher Hood, *The Tools of Government*(London: Macmillan, 1973), pp. 144–145.
23) Howlett, *op. cit.*, pp. 12–13.

2. 일원적 기준에 대한 비판

던의 일원적 기준에 대해서는 여러 가지로 비판이 있다. 트레빌코크(M. J. Trebilcock) 등은 i) 던이 말하는 강압성이라는 개념이 모호할 뿐만 아니라, ii) 정책결정자들로 하여금 강압성이 낮은 정책수단에서 강압성이 높은 정책수단으로 옮겨가게 하는 요인이 무엇인지 모호하다는 것이다. 트레빌코크 등은 유권자의 선호가 이를 결정하는 요인이라고 주장하고 있다.24) iii) 좀 더 근본적인 비판은 호렐에 의해 제기되고 있다. 정책결정자들이 가능하면 강압성이 낮은 정책수단을 선호한다는 주장은 캐나다에서는 타당성을 지닐지 모르나 다른 정치 체제에는 적용이 어려운 부분적 이론(partial theories)이라는 것이다.25)

Ⅲ 다원적 기준

던이 제시한 강압성과 같은 기준은 명쾌하다는 장점이 있으나 다양한 정책수단 중에서 특정한 수단을 선택하는 데 사용하기에는 지나치게 단순하다고 하지 않을 수 없다. 이리하여 여러 사람이 다원적 기준을 제시하고 있는데, 이 가운데에서 설러먼의 기준과 린더-피터스의 기준만 살펴보고자 한다.

1. 설러먼의 기준

설러먼은 정책수단 선택의 기준으로서 다음과 같은 여러 가지를 들고 있는데, 다원적 기준의 본질상 여러 가지 난점이 있다.26)

(1) 직접적 수단과 간접적 수단

정책수단 중에는 정부의 직접적 시행과 같이 중앙정부가 직접 사용하는 직접적 수단이 있는가 하면 보조금과 같이 지방자치단체 등에 집행을 일임하고 자율성을 부여하는 간접적 수단이 있다. 간접적 수단이 지방자치단체 등에 자율성을 부여하

24) M. J. Ttrebilcock, D. G. Hartle, R. S. Prichard & D. N. Dewees, *The Choice of Governing Instrument*(Ottowa: Economic Council of Canada, 1982), pp. 23, 34.

25) Howlett, *op. cit.*, p. 13.

26) Salamon, "Rethinking Public Management," pp. 266-271.

고 지방분권을 촉진한다는 점에서 장점이 있다고 하겠으나, 직접적 수단에 비해 정책집행을 어렵게 하고 목표 달성에 차질을 초래할 우려가 있다는 것이다.

(2) 자동적 수단과 조작적 수단

정책수단 중에는 자동적으로 기능을 발휘하는 자동적 수단이 있는가 하면 그때그때 정부의 새로운 조치를 필요로 하는 조작적 수단이 있다. 정책수단의 자율성이 높을수록 관리가 용이하며 운영의 공정성이 높을 뿐만 아니라 부작용이 덜하다는 것이다.

(3) 현금적 수단과 현물적 수단

정책수단 중에는 대상집단에게 현금으로 혜택을 주는 수단이 있는가 하면 현물(in-kind)로서 혜택을 부여하는 수단이 있다. 현금을 지급하는 수단은 현물을 지급하는 수단에 비해 관리하기가 용이하고 수혜자의 선호가 높으나 일반 유권자들의 지지를 획득하기가 어렵다는 문제가 있다.

(4) 가시적 수단과 비가시적 수단

정책수단 중에는 가시적인 수단이 있는가 하면 덜 가시적인 수단이 있다. 가시적인 수단일수록 통제가 심하며 국민이나 언론의 감시의 눈초리가 예민하다. 따라서 수혜집단의 권력이 강할수록 덜 가시적인 수단을 통한 혜택을 원한다는 것이다.

(5) 수단 선택의 난점

이러한 여러 가지 기준을 제시한 설러먼은 집행하기가 용이한 수단일수록 유권자들의 지지 획득에 난점이 있으므로 입법화하기가 어려우며, 입법화하기가 용이한 수단일수록 집행에 어려움이 따른다고 정책수단 선택의 어려움을 실토하고 있다.

2. 린더와 피터스의 기준

린더와 피터스는 정책수단으로서 보조금 · 지급 보증을 포함하는 23개를 예시적으로 들고, 정책수단을 선택할 때 사용할 기준으로서 <표 4-2>와 같은 여덟 가지를 들고 있다.[27]

27) Linder & Peters, *op. cit.*, p. 56.

표 4-2 린더와 피터스의 정책수단 선택의 기준

수단의 속성	변동의 폭
1. 조작의 복잡성	낮다 ························ 높다
2. 가시성의 수준	낮다 ························ 높다
3. 신축성	낮다 ························ 높다
4. 강압성	낮다 ························ 높다
5. 고가성	낮다 ························ 높다
6. 시장 기능에의 의존도	낮다 ························ 높다
7. 실패의 위험	적다 ························ 많다
8. 대상자 선정의 정확성	낮다 ························ 높다

(1) 조작의 복잡성

정책수단에는 조작이 단순한 수단이 있는가 하면 조작이 복잡성을 띠어가는 수단이 있다. 가능하면 조작의 복잡성이 낮은 수단일수록 바람직할 것이다.

(2) 가시성의 수준

설러먼도 지적한 바와 같이 가시성(可視性)이 높은 수단이 있는가 하면 덜 가시적인 수단이 있다. 수혜집단은 덜 가시적인 수단을 통한 혜택을 원할 것이다.

(3) 신축성

정책수단 중에는 신축성이 높은 수단이 있는가 하면 신축성이 낮고 경직적인 수단이 있다. 집행 담당자들은 신축성이 높은 수단을 원할 것이나 지나친 신축성은 정책목표 달성에 차질을 초래할 수도 있다.

(4) 강압성

전술한 바와 같이 던(G. B. Doern)은 강압성을 가장 중요한 정책수단 선택의 기준으로 삼고 있다. 린더와 피터스도 강압성을 선택 기준의 하나로 들고 있는데 다른 조건이 같다면 강압성이 낮은 수단이 바람직하다는 것이다.

(5) 고가성

정책수단 중에는 많은 비용을 소요로 하는 것이 있는가 하면 비교적 저렴한 수단도 있다. 다른 조건이 동일하다면 저렴한 수단일수록 바람직할 것이다.

(6) 시장 기능에의 의존도

정책수단 중에는 지급 보증과 같이 시장 기능에의 의존도가 높은 수단이 있는가 하면 정부의 직접 시행이나 공기업화와 같이 시장 기능에의 의존도가 낮은 수단도 있다. 미국과 같은 정치·문화에서는 정책결정자들이 시장 기능에의 의존도가 높은 정책수단을 선호한다는 것은 긴 설명을 요하지 않는다.

(7) 실패의 위험

정책수단 중에는 실패의 위험이 높은 수단이 있는가 하면 비교적 안전한 정책수단도 있다. 실패의 위험이 낮은 수단이 바람직하다는 것은 더 말할 필요도 없다.

(8) 대상자 선정의 정확성

정책수단 중에는 특정한 정책이 혜택을 부여하기를 원하는 사람들에게만 혜택이 돌아가게 함으로써 비교적 목표 달성(targeting)이 정확한 수단이 있는가 하면 목표 달성의 정확성이 낮은 정책수단도 있다. 서민층에만 혜택을 주는 것이 정책목표인데 중산층에게도 혜택이 돌아가는 경우가 있다. 이러한 정책수단은 목표 달성의 정확성이 낮은 수단이라 하겠다.

(9) 선택 기준의 압축

이와 같이 여덟 가지 기준을 제시한 린더와 피터스는 이를 더욱 줄여서 i) 운영비, 운영의 용이성을 포함하는 자원집약성(resources intensiveness), ii) 정확성·선별성을 포함하는 목표 달성 정확성(targeting), iii) 지지나 반대의 성격·가시성·실패의 위험 등을 포함하는 정치적 모험, iv) 강압적 수단 사용의 어려움, 정부 활동에 제한을 가하는 이데올로기 등을 포함하는 국가 활동에 대한 제약성의 네 가지로 요약하고 있다.

제 4 절 우리나라의 정책수단 선택 사례

I 사례의 선정

위에서 고찰한 정책수단의 이론적 배경을 토대로 우리나라에서의 정책수단의 선택과 사용에 관한 사례를 살펴보고자 한다. 저자는 포항제철의 설립·육성과 현대조선소나 현대자동차를 위해 사용된 정책수단을 고찰하고 싶었으나 사기업의 경우 자료 입수가 어려워 포항제철과 5·8조치(부동산 투기 억제 조치)를 사례로 선정했다.

II 포항제철의 설립과 육성

1. 역사적 배경

종합제철공장을 설립하려는 시도는 1958년부터 수차례 걸쳐서 있었으나 하나도 결실을 맺지 못하다가, 1968년 4월 1일 포항제철주식회사의 설립으로 본궤도에 올라서게 되었다. 회사가 설립되기는 했으나 재원 조달에 어려움을 겪다가 대일본청구권자금을 전용하자는 정부의 방침이 결정되고, 일본 측의 양해를 얻어 1969년 12월 3일 포항종합제철 공장 건설 자금 조달을 위한 한·일 간의 기본조약이 체결됨으로써 재원 조달 문제가 해결을 보게 되었다. 총소요자금 1억 2,370만 달러 중 7,370만 달러는 대일본청구권자금(유상 4,290만 달러, 무상 3,080만 달러)으로 조달하고, 나머지 5,000만 달러를 일본수출입은행으로부터의 상업차관으로 충당한다는 것이었다.[28] 같은 해(1969년) 12월 20일에는 포항제철에 대한 정부지원을 주된 목적으로 하는 철강공업육성법이 국회를 통과해 1970년 1월 1일 공포되었다.[29]

28) 포항제철사사편찬위원회, 포항제철 20년사(포항: 포항제철주식회사, 1989), pp. 143－154.
29) 철강공업육성법은 1986년 공업발전법에 흡수되었다.

1970년 4월 1일에 착공을 본 제1기 사업은 1973년 7월 1일에 준공을 보아 조강 연산 103만 톤의 시설능력을 갖추게 되었다. 이어서 제2기 사업은 1976년 5월에, 제3기 사업은 1978년 12월에, 제4기 사업은 1981년 2월에 각각 준공을 보았으며, 1983년 5월에는 제4기 추가사업의 준공을 보아 시설능력이 연간 910만 톤에 달하게 되었다. 1985년 3월에는 광양 제1기 설비사업에 착공하게 되었는데, 우리는 여기에서 포항제철소에 한정해서 고찰하고자 한다.

이러한 포항제철의 착실한 발전은 정부의 강력한 지원 없이는 불가능했다는 것은 잘 알려진 사실이다. 우리는 다음에 포항제철에 대한 정부지원을 위해 어떠한 정책수단이 사용되었는가를 고찰하고자 한다.

2. 정책수단

철강공업 육성정책의 일환으로 포항제철의 육성을 위해 정부가 사용한 정책수단은 지극히 다양하다. 우리는 이러한 정책수단들을 설러먼의 분류를 다소 수정해 다음의 몇 가지로 나누어서 검토하기로 한다.

(1) 공기업화

포항제철의 육성을 위해 정부가 사용한 가장 중요한 정책수단은 공기업화이다. 포항제철을 주식회사의 형태를 지닌 공기업으로 설립했기 때문에 대일청구권자금의 사용이 가능했을 뿐만 아니라, 민간자본이 부족한 시대에는 공기업화가 불가피했다고 하겠다.

공기업화라는 원칙이 결정된 후에도 상법에 의거한 순수한 의미의 주식회사의 형태를 지닌 공기업으로 하느냐 특별법에 의거한 공기업으로 하느냐의 문제를 놓고 많은 검토가 있었으나 상법에 의거한 주식회사로 하기로 결정했다. 1975년까지 정부지분율 50%를 상회하며 마땅히 정부투자기관의 범주에 포함되었어야 함에도 불구하고, 정부투자기관에서 제외했다는 것은 자율성 부여를 위한 특별한 배려였다고 하겠다.

(2) 정부의 직접적 시행

포항제철에 대한 지원을 주된 목적으로 한 철강공업육성법은 정부가 포항제철을 지원할 수 있는 여러 가지 방안을 열거하고 있는데, 그중에 항만시설, 용수시설,

전력시설, 도로, 철도 부설 등을 정부가 지원할 수 있도록 규정하고 있다.[30)]

우리는 이러한 정부사업을 설러먼이 말하는 정부의 직접적 시행의 범주에 포함시켜 고찰하고자 한다. 이러한 사회간접시설은 선진국의 경우 제철회사가 자기 부담으로 시행하는 것이 원칙이나 전반적으로 사회간접시설이 부족한 발전도상국에서 정부가 이러한 사업을 직접 시행하는 것은 흔히 볼 수 있는 현상이라는 것이 우리 정부의 주장이었다.

경제기획원·재무부(현 기획재정부)·건설부(현 국토교통부)·교통부(현 국토교통부) 등의 실무자로 구성된 종합제철사업추진위원회는 1967년 11월 10일 각 부문별 지원시설계획을 성안했다. 이에 의거해서 포항공업지구 공사사무소의 개설을 시발로 지원사업에 착공하게 되었다. 이러한 지원사업을 위해서 투입된 정부 예산은 항만시설에 114억 4,200만 원, 공업용수에 15억 5,300만 원, 철도 부설에 7억 1,500만 원, 도시 토목에 11억 5,600만 원 등 총 148억 6,600만 원이었다.[31)]

(3) 지급 보증 및 융자

설러먼은 지급 보증을 정책수단의 하나로 들고 있으나 융자에 대해서는 언급이 없다. 우리나라의 현실에 비추어보아 지급 보증 못지않게 재정융자와 국책은행의 정책금융을 포함하는 융자가 정책수단으로서 중요성을 지닌다고 생각해 지급 보증과 함께 융자도 다루고자 한다.

표 4-3 포항제철소 투자비

구 분	내자(억 원)	외자(백만 달러)	합계(억 원)
1기	493	178	1,204
2기	966	348	2,654
3기	2,996	766	6,712
4기	6,075	829	11,201
합리화	8,574	536	13,727
합 계	19,104	2,657	35,498

주: ① 광양제철소를 제외한 포항제철소의 투자비만 포함.
② 제4기는 제4기 2차까지 포함.

자료: 포항제철주식회사, 포항제철 20년사, p. 630.

30) 철강공업육성법 제7조.

31) 포항제철사사편찬위원회, 앞의 책, pp. 179-180.

표 4-4 포항제철 투자비 중 내자 조달 상황

	출 자		차 입		이익 및 충당금	
	금액(억 원)	비율(%)	금액(억 원)	비율(%)	금액(억 원)	비율(%)
1기	400	81.2	93	18.8		
2기	86	8.9	173	17.9	707	73.2
3기	1,090	36.4	498	16.3	1,417	47.3
4기	670	11.0	2,210	36.4	3,195	52.6
합리화	60	0.7	1,580	18.4	6,934	80.9
합 계	2,306	12.1	4,545	23.8	12,253	64.1

주: 〈표 4-3〉과 동일.
자료: 〈표 4-3〉과 동일.

포항제철소(광양 제외)의 건설에 소요된 총투자비는 <표 4-3>과 같이 내자가 1조 9,104억 원, 외자가 26억 5,700만 달러에 달했는데, 이 중 외자는 제1기에 사용된 무상 대일청구권자금 3,080만 달러 외에는 유상 대일청구권자금이나 차관이 대부분이다. 따라서 투자비 중 외자는 정부나 특수은행 등의 지급 보증에 크게 의존했음을 알 수 있다.

투자비 중 내자는 1조 9,104억 원에 달했는데, 이 중 12.1%는 출자에 의해 충당하고, 64.1%는 이익 및 충당금에 의해 조달했으며, 23.8%에 해당하는 4,545억 원을 차입에 의해 조달했다. 이 4,545억 원이 정부의 재정융자나 금융기관의 정책금융에 의해 조달된 것이다. 철강공업육성법은 정부의 장기 저리의 철강공업 육성자금의 조성에 관해서 명문으로 규정하고 있으며, 철강공업 육성자금의 조성을 위해 필요할 때에는 국채까지 발행할 수 있는 규정을 두고 있다.[32)]

(4) 조세 감면

조세 감면도 포항제철 육성을 위해 정부가 사용한 정책수단의 하나이다. 조세감면규제법·지방세법 등에 의해 포항제철은 1981년까지 법인세를 포함하는 국세와 지방세의 감면을 받았으며,[33)] 이것이 이익금 및 충당금을 축적하는 데 많은 도움을 주었다. 전술한 바와 같이 포항제철의 투자비 중 내자가 차지하는 비중이 53.8%에 달하는데, 내자의 64.1%에 해당하는 1조 2,253억 원을 이익금 및 충당금으

32) 철강공업육성법 제12조 제1항 및 제2항.
33) 포항제철사사편찬위원회, 앞의 책, p. 632.

로 조달했던 것이다.

(5) 기타 지원

이 밖에도 포항제철은 정부로부터 유형·무형의 많은 행정적·재정적 지원을 받았는데, 철강공업육성법이 규정하는 지원만 들어보면 다음과 같다.

첫째, 원료·기자재의 공급에 관한 지원: 정부는 포항제철에 대해서 원료의 구입, 기자재의 공급 등에 관해 필요한 행정상 및 재정상의 지원을 할 수 있었다.[34]

둘째, 공공요금의 할인: 정부 및 공기업은 포항제철에 대해서 철도운송비·항만사용료·용수료·전기료·가스요금을 할인해 주었다.[35]

셋째, 원료 공급자에 대한 지원: 정부는 포항제철에 대해서 원료를 공급한 자에게도 무역거래법에 의한 수출업자에 준하는 우대 조치를 했다.[36]

(6) 다양한 정책수단의 활용

정책수단에 관한 이론은 여러 가지 정책수단 중에서 어떠한 기준에 따라 어떠한 정책수단을 활용할 것인가에 역점을 두고 있다고 하겠다.

그러나 위에서 살펴본 바와 같이 포항제철에 대한 지원에서는 설러먼이 들고 있는 정책수단을 총동원하다시피 했다. 이것은 철강공업 육성을 위한 정부의 의지가 얼마나 굳었는가를 입증하는 것이라 하겠다.

이런 뜻에서 포항제철 육성을 위한 정책수단에 관한 고찰이 특별한 의의를 지닌다고 하겠으며, 1970년대 초에 우리나라 상황에서나 가능했던 일이라 하지 않을 수 없다. 1986년 1월에 공포되어 철강공업육성법 등을 흡수한 공업발전법[37]이 규정하고 있는 정책수단이 철강공업육성법에 비해 많이 한정되었다는 사실만 보아도 알 수 있다.

---

34) 철강공업육성법 제8조.

35) 철강공업육성법 제9조.

36) 철강공업육성법 제10조.

37) 공업발전법은 i) 철강공업육성법뿐만 아니라, ii) 기계공업진흥법, iii) 선박공업진흥법, iv) 전자공업진흥법, v) 비철금속제련사업법, vi) 석유화학공업육성법, vii) 섬유공업근대화촉진법도 흡수했다.

Ⅲ 부동산 투기 억제를 위한 5 · 8조치

1. 5 · 8조치의 배경과 특징

우리는 앞에서 기간산업의 '육성'을 위해 얼마나 많은 정책수단을 동원했는가를 살펴보았다. 여기에서는 부동산 투기 억제라는 '규제 조치'를 위해 어떠한 정책수단을 선택했는가를 고찰하고자 한다.

(1) 5 · 8조치의 배경

경제 안정 기조의 회복과 이를 위한 부동산 가격의 안정을 위해 부동산 투기 억제가 절대로 필요하다고 생각한 정부는 토지공개념 3법이라고 하는 '토지초과이득세법', '택지소유 상한에 관한 법률', '개발이익 환수에 관한 법률'을 1989년 12월 30일에 공포했다. 그러나 이러한 법률의 제정만으로는 부동산 투기 억제가 어렵다고 생각해 1990년 5월 8일 이른바 5 · 8조치를 발표했다.

(2) 5 · 8조치의 내용

1990년 5월 8일에 발표된 5 · 8조치는 i) 재벌기업의 비업무용 부동산 매각 및 신규 취득 금지, ii) 금융기관의 비업무용 부동산 매각 및 신규 취득 억제, iii) 비업무용 판정 강화, iv) 부동산 세제 혜택 축소, v) 제3자 명의 소유 색출, vi) 제3자 담보 취득 금지 등을 골자로 하는 것이었다. 이 중에서 가장 문제가 되었던 것은 재벌기업의 비업무용 부동산의 매각이었다고 하겠다.

(3) 정책의 변동

다른 많은 정책의 경우와 같이 부동산 투기 억제정책도 많은 변동을 겪었다. 정부는 처음에 재벌기업의 비업무용 부동산이 7,285만 평이라고 발표했으나, 이들 중 상당수가 사실상 업무용이라는 재벌기업의 반발에 직면했다. 정부는 관련 규정을 개정해 비업무용 부동산의 판정 기준을 변경했으며, 그 결과 매각 대상 부동산은 5,744만 평으로 축소되었다.[38)]

---

38) 매일경제신문, 1991년 5월 8일.

2. 정책수단

5・8조치를 위해 정부가 선택한 정책수단은 포항제철의 경우에 비하면 비교적 단순했다. 우리는 이를 던(G. B. Doern)의 분류에 의거해 다음의 두 가지로 나누어 고찰하고자 한다.

(1) 설 득

정부가 처음 사용한 정책수단은 설득이었다. 전술한 바와 같이 5・8조치 중 저항이 많았던 것은 재벌기업의 비업무용 부동산의 매각이었다. 금융기관의 비업무용 부동산의 매각은 큰 저항 없이 집행되었다. 재벌기업들을 상대로 설득을 벌여 어느 정도의 성과를 거두었다. 1990년 5월 10일 10대 그룹의 관련자들이 모여 1,570만 평을 자진 매각할 것을 결의했으며, 5월 28일에는 35대 그룹이 1,566만 평을 자진 매각할 것을 결의했다.

그러나 설득만으로써는 소기의 성과를 거두기가 어려웠다. 제1차 처분 시한인 1991년 3월 4일까지의 매각 실적은 3,450만 평에 지나지 않았으며, 매각 대상 부동산의 60.1%에 불과했다.[39)]

(2) 규 제

이리하여 정부는 좀 더 강압성이 높은 정책수단을 동원했다. 1991년 3월 5일 비업무용 부동산 미처분 기업에 대해서 금융 제재를 실시하게 되었으나 큰 성과를 거두지 못했다.[40)] 1991년 5월 1일에 노태우 대통령이 비업무용 부동산 미처분 기업에 대한 제재 강화를 지시하게 되었으며, 다음날인 5월 2일에는 은행감독원이 미처분 기업에 대해서는 여신 잔액을 동결할 뿐만 아니라 주력 업체 수를 하나로 축소한다는 제재 조치를 발표하기에 이르렀다.

재벌기업의 부동산 처분 의사도 문제였지만 처분 방법에 더욱 어려움이 많았다. 매각이 어려운 부동산은 성업공사에 처분을 위임하고 그래도 처분되지 않는 경우에는 토지개발공사가 인수하는 방법으로 1990년 5월 8일에 발표된 5・8조치가 2년 후에야 겨우 결실을 보게 되었다.

39) 한국경제신문, 1991년 5월 8일.
40) 동아일보, 1992년 5월 6일.

(3) 정책수단의 특이성

5·8조치를 위해 정부가 사용한 정책수단은 설득과 규제였다. 여기서 특기할 것은 5·8조치를 위해 사용된 규제의 특이성이다.

여신 잔액 동결이나 주력 업체 수의 축소와 같은 금융 제재는 다른 국가에서 별로 찾아보기 어려운 정책수단이다. 미국의 경우는 더 말할 것도 없고 일본 등에서도 찾아보기 어려운 정책수단이다. 이것은 정부가 일반 은행(시중은행)을 포함하는 금융기관을 실질적으로 장악하고 있는 우리나라의 상황하에서 가능한 정책수단이라는 사실에 유의할 필요가 있다.

(4) 정책수단 선택의 기준

5·8조치를 위한 정책수단의 선택을 설명할 때 던의 기준이 도움이 된다고 생각한다.

처음 정부는 강압성이 낮은 설득이라는 정책수단을 사용해 어느 정도의 성과를 거두었으나 일부 재벌그룹의 저항을 완전히 극복하지는 못했다. 그러나 규제라는 좀 더 강압성이 높은 정책수단을 사용하게 되었는데 금융 규제라는 규제 수단 중에서도 강압성이 낮은 것으로부터 높은 것으로 이행했음을 알 수 있다. 이런 의미에서 던의 정책수단 선택의 기준에 대해서 여러 가지 비판도 있으나 실용성이 있는 기준이라는 것을 알 수 있다.

Ⅳ 사례의 비교분석

우리는 앞에서 정책수단과 관련된 한국의 사례 2개를 검토했는데 여기에서는 이 두 사례를 몇 가지 관점에서 비교하고자 한다.

1. 수단의 성격

포항제철의 성립·육성에 관한 사례와 부동산 투기 억제 조치에 관한 사례가 그 성격이 판이하게 다르다는 것을 알 수 있다.

포항제철 사례는 우리나라 최초의 종합제철공장의 설립·육성을 위한 정부지원책에 관한 사례이다. 우리는 정부의 국민경제에의 개입을 흔히 육성 및 지원과 규제로 나누는데,[41] 포항제철을 위하여 정부가 사용한 수단은 정부의 '육성 및 지원' 기능과 관련된 것이라 하겠으며, 부동산 투기 억제를 위한 5·8조치를 위하여 사용한 수단은 정부의 '규제' 기능과 관련된 것이라 하겠다.

2. 수단의 다양성 여부

포항제철 사례의 경우 전술한 바와 같이 정부는 설러먼이 들고 있는 정책수단을 총동원하다시피 했다. 그러나 부동산 투기 억제 조치 사례의 경우 정부는 설득과 규제라는 두 가지 수단 중 처음에는 설득을 사용하였으나 나중에는 규제를 동원했다. 다시 말해서, 포항제철의 경우 정부는 지극히 다양한 정책수단을 동원했으나 5·8조치의 경우 정부가 활용한 수단은 비교적 단순하다고 할 수 있다.

3. 수단 선택의 기준

전술한 바와 같이 정책수단에 관한 이론은 여러 가지 정책수단 중에서 어떠한 기준에 따라 어떠한 정책수단을 선택할 것인가에 역점을 두고 있으나, 포항제철 설립 사례의 경우 우리나라 최초의 종합제철공장의 설립을 염원했던 정부는 동원할 수 있는 거의 모든 수단을 사용했으므로 수단 선택의 문제는 발생하지 않았다.

그러나 5·8조치의 경우 정부는 설득과 규제라는 두 가지 수단을 활용했는데 처음 정부는 강압성이 낮은 설득이라는 수단을 사용했으나, 이 수단이 한계에 부딪치자 강압성이 높은 규제라는 수단을 동원했다.

41) 유훈·신종렬·조택, 행정권과 경제[신판](서울: 법문사, 2014).

제 5 장 정책과정 개관

제 1 절 정책과정에 대한 견해들

I 라스웰의 정책과정

1. 라스웰의 7단계

정책과정에 관한 고전적인 견해는 다음과 같은 라스웰(Harold D. Lasswell)의 7단계에서 찾아볼 수 있다.[1)]

① 정보 단계: 정보를 수집하며 예측하고 기획하는 단계이다.

② 건의 단계: 정책대안을 작성하는 단계이다.

③ 처방 단계: 최종안을 선정하는 단계이다.

④ 발동 단계: 최종안을 잠정적으로 시행하는 단계이다.

⑤ 적용 단계: 본격적으로 집행하는 단계이다.

⑥ 평가 단계: 정책의 성공 여부를 판정하는 단계이다.

---

1) Harold D. Lasswell, *The Decision Process: Seven Categories of Functional Analysis*(College Park: University of Maryland, 1956), p. 2.

⑦ 종결 단계: 정책의 수정 또는 폐기 등을 결정하는 단계이다.

2. 라스웰의 영향

라스웰의 정책과정에 관한 견해는 다른 사람들에게 많은 영향을 미쳤다. 존스(Charles D. Jones)와 앤더슨(James E. Anderson)은 라스웰의 견해를 토대로 했다는 사실을 밝히고 있다.[2)]

라스웰의 정책과정의 특이성은 발동 단계와 종결 단계에서 찾아볼 수 있다. 1970년대에 와서 학자들이 관심을 표명하기 시작한 정책의 종결을[3)] 라스웰은 1950년대에 정책과정에 포함시키고 있음을 알 수 있다.

Ⅱ 존스의 5단계

근본적으로 라스웰의 7단계를 벗어나지 못했으나 비교적 합리적이며 간결한 정책과정을 제시하고 있는 사람은 존스이다.[4)]

(1) 문제 정의 단계

앤더슨의 정책의제 설정 단계와 동일한 것으로서 정책 문제를 선정하는 단계이다.

(2) 형성 · 합법화 단계

문제를 해결하기 위한 행동 방안을 결정하고 권위 있는 기관이 행동 방안에 합법성을 부여하는 단계이다. 존스는 그의 저서의 초판에서 형성 단계와 합법화 단계를 분리시켰으나 재판에서는 양자를 통합하고 있다.

---

2) Charles D. Jones, *An Introduction to the Study of Public Policy,* second edition(North Scituate: Duxbury Press, 1977), p. 10; James E. Anderson, *Public Policy Making,* third edition(New York: Holt, 1984), p. 22. 앤더슨은 그의 저서의 3정판(third edition)까지는 라스웰의 견해를 토대로 했다는 것을 언급했으나 4정판 이후에는 그러한 언급을 삭제했다.

3) 이에 관해서는 유훈, "정책의 종결," 행정논총, 제22권 제1호(1984), pp. 56-57 참조.

4) Jones, *op. cit.*, pp. 9-12.

(3) 집행 단계

권위 있는 기관에 의해 합법성이 부여된 정책을 실천에 옮기는 단계이다. 초판에서는 'execution'이라는 용어를 사용했으나 재판에서는 'implementation'이라는 용어를 사용하고 있다.

(4) 평가 단계

실천에 옮겨진 정책을 평가하는 단계이다. 5단계 중에서 가장 어려운 단계가 평가 단계일지 모른다. 정책의 효과는 오랜 시일을 두고 서서히 나타나는 경우가 있는가 하면, 다른 변수들이 개재되어 특정한 정책의 효과를 끄집어내기 어려운 경우도 있는 까닭이다.

(5) 종결 단계

문제가 해결되어 정책을 종결하거나 정책을 수정하는 단계이다. 초판에서는 거의 언급이 없던 정책종결에 관해서 재판에서는 길게 설명하고 있다.

Ⅲ 앤더슨의 5단계

존스의 5단계와 흡사하나 다소 차이가 있는 것으로서 앤더슨의 5단계를 들 수 있다. 앤더슨 자신이 시인하고 있는 바와 같이 이 역시 라스웰의 견해를 토대로 한 것이다.[5)]

(1) 정책의제 설정 단계

정부 당국이 심각성을 인정해 적극적인 해결책을 모색하려는 정책 문제를 선정하는 단계이다. 수없이 많은 요구가 정부에 제시되나 정책결정자들이 관심을 표명하거나, 관심을 표명할 수밖에 없는 문제는 과히 많지 않다. 이와 같이 정책결정자들이 해결책을 모색하기 위해 선정되는 문제들이 정책의제(policy agenda)를 구성한다.

5) James E. Anderson, *Public Policymaking.*, 7th edition(Boston: Wadworth, 2011), pp. 3－5.

(2) 정책형성 단계

문제 해결에 이바지할 수 있는 실현 가능한 대안들을 발전시키는 단계이다. 앤더슨은 정책형성이 항상 새로운 법령 등의 제정을 가져오는 것이 아니라는 점을 강조하고 있다. 정책결정자들이 아무런 적극적인 조치도 취하지 않기로 결정하는 경우가 많다는 것이다.[6)]

(3) 정책채택 단계

최종안을 선택하고 지지 세력을 규합해 권위 있는 기관이 의결하거나 합법성을 부여하도록 조처하는 단계이다. 앤더슨은 미국의 경우를 염두에 두고 의회에서의 다수 세력 형성(majority-building)에 많은 지면을 할애하고 있다.[7)]

(4) 정책집행 단계

결정된 정책을 실천에 옮기는 단계이다. 이 단계에서 일어나는 일들은 얼핏 보기에 단순한 것 같으나 그 결과가 정책의 실질적인 내용에 지대한 영향을 미친다.

(5) 정책평가 단계

정책이 효과적이었는가를 판단하며 성공 또는 실패의 원인이 어디에 있는가를 규명하는 단계이다. 이 단계에서 가장 중요한 문제는 인과 관계를 정확히 규명하고 정책의 임팩트(impact)를 엄밀하게 측정하는 문제라고 앤더슨은 말하고 있다.

앤더슨은 정책변동 단계를 별도로 두지 않고 정책종결을 포함하는 정책변동을 정책평가의 결과 발생하는 것이라 하여 정책평가 단계에 정책변동을 포함시키고 있다.[8)]

Ⅳ 리플리와 프랭클린의 4단계

정책의 유형과 집행의 관계를 고찰한 『정책집행과 관료제』에서 리플리와 프랭클린은 정책과정으로서 다음과 같은 4단계를 제시하고 있다.[9)]

---

6) *Ibid.*, pp. 101-107.
7) *Ibid.*, pp. 141-144.
8) *Ibid.*, pp. 273-276.

(1) 형성 · 합법화 단계

정책의제를 설정하고 정보를 수집하며 타협과 협상을 거쳐 인준까지 받는 단계를 이들은 '형성 · 합법화 단계'라고 부르고 있다. 이 단계의 산출물은 정책이나 프로그램의 목표 · 디자인 · 결과 등에 관한 일반적인 스테이트먼트(statement)라고 할 수 있는 법률이라고 이들은 말하고 있다.

(2) 집행 단계

자원을 획득하고 정책에 대한 해석을 내리며 기획 · 조직을 거쳐 대상집단에게 혜택 · 서비스를 제공하는 단계를 '집행 단계'라고 부른다. 이 단계의 산출물은 구체적인 정책이나 프로그램의 활동이다.

(3) 평가 단계

집행의 결과로 발생한 단기적인 실적(performance)이나 장기적인 임팩트(impact)를 평가하는 단계를 말한다. 평가의 결과를 토대로 하여 다음 단계가 전개된다.

(4) 정책변동 단계

평가의 결과를 토대로 하여 정책의 미래에 관한 결정이 이루어지며, 이 결정이 형성 · 합법화 단계로 환류된다. 라스웰의 종결 단계에 해당되는 것이라 할 수 있다.

V 호렡과 라메쉬의 5단계

앤더슨의 5단계와 유사하나 다소 차이가 있는 것이 호렡(Michael Howlett)과 라메쉬(M. Ramesh)의 5단계이다.[10)]

(1) 정책의제 설정 단계

각종 문제들이 정부에 제시되어 그 관심의 대상이 되는 단계이다. 존스는 이 단계를 문제정의 단계라고 하고 있다.

9) Randall B. Riply & Grace A. Franklin, *Policy Implementation and Bureaucracy*, second edition (Homewood: Dorsey, 1986), pp. 5−9.

10) Michael Howlett & M. Ramesh, *Studying Public Policy: Policy Cycles and Policy Subsystems,* second edition(New York: Oxford University Press, 2003), pp. 13−14.

(2) 정책형성 단계

정부 내에서 각종 정책대안이 마련되는 단계를 말한다. 라스웰의 건의 단계에 해당되는 것이라 하겠다.

(3) 의사결정 단계

앤더슨의 정책채택단계와 유사한 것으로서 정부가 각종 정책대안 중에서 특정한 행동 방안을 선택하는 단계이다. 라스웰의 처방 단계에 해당되는 것이라 하겠다.

(4) 정책집행 단계

정부가 최종안으로 택한 방안을 실천에 옮기는 단계이다. 이 책이 주된 연구대상으로 삼는 단계이다.

(5) 정책평가 단계

실천에 옮겨진 결과를 평가하고 정부나 민간 참여자들이 정책 문제나 해결책을 재검토하는 과정까지 포함한다. 호렐과 라메쉬도 정책변동 단계를 별도로 인정하지 않으며 정책평가 단계가 정책변동 단계를 포함하는 것으로 상정하고 있다.

Ⅵ 여러 견해의 비교

우리는 정책과정에 관한 여러 사람의 견해를 살펴보았는데, 이들은 정책과정을 크게 i) 정책형성 단계, ii) 정책집행 단계, iii) 정책평가 단계, iv) 정책변동 단계로 나누고 있음을 알 수 있다.

(1) 정책형성 단계

일반적으로 정책형성 단계를 다시 세분하고 있음을 알 수 있다. 라스웰은 이를 i) 정보 단계, ii) 건의 단계, iii) 처방 단계로 나누고 있으며, 존스는 i) 문제 정의 단계, ii) 형성·합법화 단계로 세분화하고 있다. 앤더슨도 i) 정책의제 설정 단계, ii) 정책형성 단계, iii) 정책채택 단계로 세분하고 있으며, 호렐과 라메쉬는 i)정책의제 단계, ii) 정책형성 단계, iii) 의사결정 단계로 나누고 있다. 리플리와 프랭클린은 형성·합법화 단계 하나만을 들고 있다.

표 5-1 정책과정에 관한 여러 견해의 비교

	라스웰	존스	앤더슨	리플리와 프랭클린	호렐과 라메쉬
정책형성 단계	정보 단계 건의 단계 처방 단계	문제 정의 단계 형성·합법화 단계	정책의제 설정 단계 정책형성 단계 정책채택 단계	형성·합법화 단계	정책의제 설정 단계 정책형성 단계 의사결정 단계
정책집행 단계	발동 단계 적용 단계	집행 단계	정책집행 단계	집행 단계	정책집행 단계
정책평가 단계	평가 단계	평가 단계	정책평가 단계	평가 단계	정책평가 단계
정책변동 단계	종결 단계	종결 단계		정책변동 단계	

(2) 정책집행 단계

라스웰을 제외한 네 가지 견해는 정책집행 단계를 세분하지 않고 있으나, 라스웰만은 이를 발동 단계와 적용 단계로 나누고 있다. 전술한 바와 같이 라스웰의 발동(invocation) 단계란 최종안을 잠정적으로 시행하는 단계인 것이다.

(3) 평가 단계

평가 단계에 관해서는 다섯 가지 견해가 일치하고 있다. 평가 단계를 제외한 사람이 없는 것은 물론, 이를 다시 세분하는 사람도 없다.

(4) 정책변동 단계

앤더슨과 호렐·라메쉬를 제외한 모든 사람들이 정책변동 단계를 독립시키고 있으나 앤더슨과 호렐·라메쉬는 이를 정책평가 단계에 포함시키고 있다.[11] 라스웰과 존스는 종결 단계라는 표현을 사용하나 정책의 종결뿐만 아니라 수정까지를 포함시키고 있다.

Ⅶ 정책단계 모형의 장·단점

우리는 위에서 정책단계 모형(policy cycle model)에 관한 여러 사람의 견해를 살펴보고 그들의 견해를 비교해 보았다. 이와 같은 정책단계 모형에 관해서는 그

11) Anderson, *op. cit.*, p. 5; Howlett & Ramesh, *op. cit.*, p. 13.

장점과 단점에 관해서 여러 가지 견해가 제시되고 있는데 여기에서는 그 장점과 단점을 간단히 살펴 보고자 한다.[12)]

1. 장 점

(1) 정책과정 이해의 용이

분석도구로서의 정책단계 모형의 장점으로서 이 모형이 복잡한 정책과정을 몇 개의 단계 또는 세부 단계로서 나누어서 고찰함으로써 각 단계를 분석하는 데 도움을 줄 뿐만 아니라, 특정한 단계와 다른 단계의 관계를 이해하는 데 도움을 줄 수 있다.

뿐만 아니라 이 모형은 수많은 사례 연구의 결과를 토대로 이론 구성하는 데 도움을 주고 각 단계의 비교 연구를 가능케 하는 이점이 있다.

(2) 각종 정책과정 참여자의 역할 분석 가능

이 모형은 지방자치단체로부터 중앙정부나 국제기구에 이르는 각 단계 조직의 정책과정을 이해하는 데 도움을 줄 수 있다. 뿐만 아니라 이 모형은 정책과정에 참여하는 정부기관뿐만 아니라 민간기구의 역할까지도 검토하는 데 도움이 될 수 있다.

2. 단 점

(1) 정책과정에 관한 그릇된 환상의 제공

이 모형은 모든 정책결정자들이 체계적으로 활동할 뿐만 아니라 단일 방향적으로 행동하는 것 같은 환상을 줄 우려가 있다는 것이다. 다시 말해서, 모든 정책과정이 정책의제 설정 단계, 정책채택 단계를 거쳐 정책집행 단계 후 정책평가 단계에 이른다는 그릇된 환상을 제공할 우려가 있다는 것이다.

그러나 이 책의 제1편 제6장에서 제시하는 바와 같이 모든 정책과정이 그와 같이 체계적이며 단일 방향적으로 이루어지는 것이 아니라는 것을 우리는 알게 된다.

(2) 입법부 · 사법부 정책과정에의 적용 문제

이 모형이 입법부나 사법부의 정책과정에도 적용되는 것인지 또는 행정부의 정

12) Howlett & Ramesh, *op. cit.*, p. 13－14.

책과정에만 적용되는 것인지 확실하지 않다는 것이다.

(3) 인과관계 개념의 결여

이 모형의 가장 중요한 결함은 이 모형이 인과관계의 개념이 결여되어 있다는 것이다. 다시 말해서, 누가 또는 무엇이 특정 단계에서 다른 단계로의 이행을 가능케하거나 촉진하는가에 대한 설명이 없다는 것이다. 표현을 바꾸어 말하면, 이 모형은 모든 정책이 한 단계에서 다음 단계로 자동적으로 이행하며, 도중에서 지체되거나 중도에서 끝나는 것이 아니라는 것이다. 왜 이와 같은 과정을 밟는 것인가에 대한 설명이 이 모형에는 없다는 것이 사바티어(Paul A. Sabatier)의 지적이다.[13)]

제 2 절 정책과정의 순환성과 정책집행의 위치

I 정책과정의 순환성

1. 나카무라와 스몰우드의 순환이론

나카무라(Robert T. Nakamura)와 스몰우드(Frank P. Smallwood)는 그들의 저서에서 정책형성, 정책집행, 정책평가가 단일 방향적인 것이 아니라 순환적인 관계에 있다고 주장하고, 레인(Martin Rein)과 라비노비츠(Francine F. Rabinovitz)의 순환의 원칙(principle of circularity)에 대해서 전폭적인 찬의를 표하고 있다.[14)]

한 마디로 말해서, 정책과정이란 단일 방향적인 과정이 아니라는 것이다. 형성과 집행이 상호 작용을 할 뿐만 아니라 집행과 평가가 영향을 주고받으며, 평가와 형성이 상호 작용을 한다는 것이다. 이것을 다시 좀 더 구체적으로 살펴보기로 한다.

13) Paul A. Sabatier, "Political Science and Public Policy: An Assessment," in W.N. Dunn & R.M. Kelly(eds.) *Advances in Policy Studies Since 1950*(New Brunswick: Transaction, 1992), pp. 27–58.

14) Robert T. Nakamura & Frank P. Smallwood, *The Politics of Policy Implementation*(New York: St. Martin's Press, 1980), p. 27.

(1) 정책형성과 정책집행

정책과정의 연계(linkages) 중에서 가장 중요한 것이 정책형성과 정책집행의 관계라 할 수 있다. 정책형성 과정에서 수립된 정책목표가 얼마나 명확하며 집행자에게 얼마나 명료하게 전달되느냐가 정책집행의 성공을 결정하는 가장 중요한 요인의 하나라는 것은 잘 알려진 사실이다.[15]

이와 같이 정책형성이 정책집행에 영향을 미칠 뿐만 아니라 정책집행이 정책형성에 많은 영향을 미친다는 것은 후술하는 바와 같다.[16] 맥로린(Milbery McLaughlin)은 정책형성과 정책집행이 상호 적응(mutual adaptation)을 해야 한다고 주장하고 있으며,[17] 린드블롬은 "정책은 정도의 차이는 있으나 항상 정책을 수정한다"고 단언하고 있다.[18]

(2) 정책집행과 정책평가

집행이 이루어지기 전에 하는 평가도 평가의 개념 속에 포함시키는 사람이 많으나 브라운(Angela Browne)과 윌다브스키(Aaron Wildavsky)는 집행이 이루어진 후에 실시되는 사후평가만이 진정한 의미의 평가라고 하고 있다.[19] 어떻든 집행은 평가에 대상을 제공한다고 할 수 있겠다.

이와 같이 집행이 평가에 대상을 제공할 뿐만 아니라 평가가 집행에 많은 영향을 미친다. 후술하는 바와 같이[20] 어떠한 평가 방법과 평가 기준을 사용하느냐가 집행에 많은 영향을 미치며, 경우에 따라서는 목표의 전환(displacement of goals)이 발생하기도 한다. 평가의 결과가 제대로 집행 과정에서 활용되지 않는다 하여

---

15) 에드워즈는 성공적 정책집행에 영향을 미치는 요인으로서 i) 커뮤니케이션, ii) 자원, iii) 성향, iv) 관료제의 구조를 들고 있다[George C. Edwards Ⅲ, *Implementing Public Policy*(Washington: Congressional Quarterly Press, 1980), pp. 9－12].

16) 이 책 제2편 제1장 "정책집행의 의의와 유형" 참조.

17) Milbery McLaughlin, "Implemention as Mutual Adaptation: Change in Classroom Organization," in Walter William & Richard Elmore(eds.), *Social Program Implementation*(New York: Academic Press, 1976), pp. 167－168.

18) Charles Lindblom, *The Policy－Making Process*, second edition(Englewood Cliffs: Prentice－Hall, 1980), p. 65.

19) Angela Browne & Aaron Wildavsky, "What Should Evaluation Mean to Implementation?," in Jeffrey L. Pressman & Aaron Wildavsky, *Implementation*, third edition(Berkeley: University of California Press, 1984), p. 186.

20) 이에 관해서는 이 책 제3편 제2장 "정책평가와 정책집행" 참조.

정책평가자와 정책집행자가 합동으로 수행하는 상호 작용적 평가(interactive evaluation)를 제창하는 사람도 있다.[21)]

(3) 정책평가와 정책형성

평가의 결과가 환류되어 정책형성에 영향을 미친다는 것도 우리가 잘 아는 사실이다. 정책평가의 결과가 좀 더 철저하게 정책형성에 반영되도록 하기 위해 활용중심적 평가(utilization-focused evaluation)를 강조하는 사람도 있다.[22)]

정책평가가 정책형성에 영향을 미칠 뿐만 아니라 정책형성이 정책평가에도 영형을 미친다. 정책형성 과정에서 수립한 목표에 의거해 실시하는 평가를 목표확정평가라고 한다.[23)] 근래에 와서 정책목표는 불필요한 존재이며 평가 결과를 오염시킨다는 이유로 목표중립평가(goal-free evaluation)를 제창하는 사람도 있으나,[24)] 목표가 없는 경우 특정한 정책과 관련이 있는 많은 사실 중에서 어떤 것을 평가의 대상으로 삼아야 할지 알 수 없다는 비판이 제기되어 다목표평가(multi-goal evaluation)를 내세우는 사람이 있다. 공식적인 목표뿐만 아니라 여러 가지 목표를 상정해 이에 의거해서 평가한다는 것이다.[25)] 한 마디로 말해서, 목표중립평가를 선택하면 몰라도 목표확정평가나 다목표평가에서는 정책형성 과정에서 수립한 목표가 정책평가에서 중요한 기능을 수행할 수밖에 없다는 것이다.

2. 정책변동과 정책과정의 순환성

나카무라와 스몰우드는 정책과정을 정책형성, 정책집행, 정책평가의 3단계로 나누고 이 세 단계 간의 순환성을 강조하고 있다. 이들은 정책변동을 정책평가 단계에 포함시키고 있다.[26)]

그러나 전술한 바와 같이 정책변동 단계를 독립시키는 경우에 정책과정의 순환성을 어떻게 설명할 것인가 하는 문제가 여기에 제기된다. 이론이 있을 수 있겠으

21) Jolie B. Pilsbury & Kathy N. Nance, "An Evaluation Framework for Public Welfare Agencies," *Public Welfare*, Winter 1976, pp. 47-51.

22) Michael Quinn Patton, *Utilization-Focused Evaluation*(Beverly Hills: Sage, 1978), p. 20.

23) 이에 관해서는 유훈, "정책평가의 고찰," 동국대 행정논집, 제15집(1986), pp. 9-10 참조.

24) Michael Scriven, "Pros and Cons about Goal-Free Evaluation," *Evaluation Comment: The Journal of Education Evaluation*, December 1972, pp. 1-7.

25) Browne & Wildavsky, *op. cit.*, p. 195.

26) Nakamura & Smallwood, *op. cit.*, pp. 80-82.

나 우리는 정책형성, 정책집행, 정책평가, 정책변동의 4개 단계가 서로 영향을 주고 받는다고 보고 싶다.

Ⅱ 정책집행의 위치

1. 정책집행의 중요성

정책집행 단계에서 일어나는 일들은 얼핏 보면 단순한 것 같으나 그 결과가 정책의 실질적인 내용에 지대한 영향을 미친다는 앤더슨의 지적은 긴 설명을 요하지 않는다.

린드블롬은 여기서 더 나가서 "집행은 정도의 차이는 있으나 항상 정책을 결정하거나 정책을 수정한다"는 이유로 "정책 결정으로서의 집행"이라는 표현을 사용하고 있다.[27)]

2. 일선관료제이론과 정책집행의 중요성 부각

우리는 위에서 앤더슨이나 린드블롬의 견해를 인용해 정책집행의 중요성에 언급했으나 정책과정에서의 정책집행의 중요성을 크게 부각시킨 것은 일선관료제이론이라 하겠다.

립스키(Michael Lipsky)는 정책집행자인 일선관료들은 정책의 사슬(policy chain)의 말단에 위치하는 존재로 보지 않고 그들이야말로 정책과정에서의 주된 행위자(primary actor)라고 보았던 것이다.[28)] 다시 말해서, 정책의 최종적 결정(policy determination)을 위한 가장 중요한 활동은 조직의 최하위 계층에서 이루어지며 정책과정에서 가장 중요한 단계는 정책형성이 아니라 정책집행이라는 주장을 부각시킨 것이 일선관료제이론이라 하겠다.[29)]

---

27) Lindblom, *op. cit.*, p. 65.

28) Michael Lipsky, "Standing the Study of Public Policy Implementation on Its Head," in Walter D. Burnham & Matha W. Weinberg(eds.), *American Politics and Public Policy*(Cambridge: MIT Press, 1978), pp. 397-398.

29) Stephen H. Linder & B. Guy Peters, "A Design Perspective on Policy Implementation: The Fallacies of Misplaced Prescription," *Policy Studies Review*, February 1987, p. 463.

제 6 장 정책집행 연구의 전개와 접근 방법

제 1 절 정책집행 연구의 전개

I 고전적 행정학의 집행이론

과거에는 집행에 관해서 제대로 연구된 바가 없다는 프레스먼(Jeffery L. Pressman)과 윌다브스키(Aaron Wildavsky)의 주장이[1] 다소 과장되기는 했으나 고전적 행정학의 정책집행에 관한 견해에 문제가 있다는 것은 많은 사람들이 지적한 바 있다. 우리는 여기에서 고전적 행정학의 집행이론이 지니는 문제점을 몇 가지로 나누어 살펴보기로 한다.

1. 정책만능주의

사회가 어떤 문제에 직면하면 정책을 수립하고 법률을 제정하면 모든 문제가 다 해결된다는 정책(법률)만능주의가 상당히 보편화되어 있다. 이리하여 후술하는

1) Jeffery L. Pressman & Aaron Wildavsky, *Implementation*(Berkeley: University of California Press, 1973), p. xiii.

바와 같이 빈곤, 보건, 범죄, 공해, 교통, 교육 등에 관한 법률이 1960년대 미국에서 연이어 제정되었다.[2] 그러나 이러한 문제들 중 제대로 해결된 것이 거의 없다고 해도 과언이 아니다.

법률만 제정하면 그것이 자동적으로 정부 프로그램으로 전환되리라고 믿고 실제로 이러한 문제를 해결할 사회적 기술(social technologies)이 존재하느냐에 관해서 별로 관심이 없었으며, 이러한 정책을 어떻게 집행할 것인가에 대해서도 무관심했다.

그러나 오늘날의 행정이란 결코 기술적인 문제로만 볼 수 없으며 정책이 수립되면 자동적으로 효과가 나타나는 것은 아니다. 집행가능성(implementation feasibility)이라는 문제에 대해서 생각해야 한다. 집행가능성이 제기하는 문제란 i) 특정한 정책이 쉽게 마련할 수 없는 자원, 시설 등을 필요로 하는 것이 아닌가? ii) 집행담당기관의 공무원들이 특정 정책이 요구하는 과업을 수행할 능력을 갖추고 있는가? iii) 특정 정책이 일선기관 관료들에게 새로운 행태를 요구하는가? 만일에 행태의 변화를 요구한다면 현실적으로 그러한 변화가 얼마나 가능한가? iv) 정책의 수행을 위해 어떤 종류의 관련 기관의 협력이 필요한가? v) 정책으로부터 불리한 영향을 받는 대상 집단은 없는가? vi) 그 정책이 집행 담당공무원의 지위나 자리에 영향을 미치지 않는가? vii) 정책에 대해 어떤 종류의 반대가 있으며 그 세력은 어느 정도인가? 등이다.[3]

2. 정태적 정책관

전통적인 행정학에서는 일반적으로 결정을 특정한 시점에서 개인이 내리는 것으로 생각했다. 그러나 실제로 결정은 장기간에 걸친 과정의 일부로서 많은 변수의 영향을 받으며, 특정한 개인이나 특정한 집단이 내린 것이라고 단정하기가 어려운 경우가 많다.

정책은 결정보다 더 넓은 개념이며 일련의 결정을 포함하는 경우가 많다. 그뿐만 아니라 정책은 장기간에 걸친 과정의 산물이다. 호그우드(Brian Hogwood)와 건

---

2) Robert T. Nakamura & Frank P. Smallwood, *The Politics of Implementation*(New York: St. Martin's Press, 1980), p. 11.

3) Dennis J. Palumbo, *Public Policy in America*(San Diego: Harcourt, 1988), pp. 98－99.

(Lewis A. Gunn)의 표현을 빌린다면 정책은 정물 사진이 아니라 영화와 같은 것이다.[4] 따라서 정책은 집행 중에도 변하기 마련이다.

3. 계층적 조직관

고전적 행정학은 계층적 조직관에 입각하고 있다. 정책결정은 피라미드의 정점에서 이루어지며 정책결정자가 이러한 정책을 집행자에게 구체적인 지시의 형태로 전달하면 집행자는 정책결정자로부터 전달된 정책지침에 명시된 바에 따라 구체적인 지시를 실천에 옮긴다는 것이 고전적 행정학의 집행관이라고 할 수 있다.[5]

그러나 커뮤니케이션은 왜곡되거나 수정되는 경우가 많을 뿐만 아니라 조직구성원들 중에는 스스로를 상급자의 명령에 충실하게 복종하는 심부름꾼으로 생각하지 않는 사람이 많다. 위에서 내려오는 지시에 가감이 이루어지며 자기 부서와 관련이 있다고 생각되는 부분만이 전달된다. 이리하여 지시가 말단에 전달될 때에는 그 모습이 크게 달라지는 경우가 많다. 다시 말해서, 모든 공무원이 위로부터 받는 지시와 그가 아래로 내려보내는 지시 간에는 차이가 있기 마련이며, 모든 공무원이 상급자의 지시를 해석할 때 재량권을 행사하게 된다. 다운스(Anthony Downs)는 이것을 '권한의 누수 현상(leakage of authority)'이라고 부르고 있다.[6]

오늘날의 정책집행론에서는 이러한 누수 현상이 때로는 바람직한 것으로 보고 있다. 예를 들면, 일선관료들(street-level bureaucrats)은 대상집단에 관해 가장 잘 알고 있는 사람들인 까닭에 어떠한 정책이 실효를 거둘 수 있는지를 누구보다도 적절하게 판단할 수 있다는 것이다. 따라서 이들이 행사하는 재량은 현지 실정에 맞도록 정책에 수정을 가하는 데 이바지할 수 있다. 이러한 정책의 재창조(reinvention)가 정책의 성공에 이바지할 수 있다는 것이 팔럼보(Dennis J. Palumbo)의 주장이다.[7] 물론 모든 정책의 수정이 바람직한 것은 아니다. 특히, 일선관료들은 그들의 개인 이익의 추구에 급급한 경우가 많으며 일선관료에 의한 정책의 수정이 그들의 개인 이익의 증진에 이바지할 수도 있다는 것을 잊어서는 안되겠다.

---

4) Brian Hogwood & Lewis A. Gunn, *Policy Analysis for the Real Word*(London: Oxford University Press, 1984), p. 19.

5) Nakamura & Smallwood, *op. cit.*, p. 9.

6) Anthony Downs, *Inside Bureaucracy*(Boston: Little Brown and Co., 1967), p. 134.

7) Palumbo, *op. cit.*, p. 100.

4. 목표수정부당론

정책문서에서 표명된 목표는 충실히 실천에 옮겨져야 하며 정책과정에서 수정되어서는 안된다는 주장이 있다. 임명에 의해 취임하는 공무원은 유권자에게 책임을 질 수 없으므로 정책을 결정해서는 안되며 정책을 집행하기만 해야 한다는 것이다.[8] 이러한 주장은 다음과 같은 두 가지 가정 위에 서 있다. 첫째는 정책문서에서 표명된 목표가 명확하다는 것이며, 둘째는 일선관료들의 재량권 행사를 철저히 통제할 수 있다는 것이다. 그러나 이 두 가지 가정이 다 현실과는 괴리가 있다는 데 문제가 있다.

첫째, 정책목표가 항상 명확하리라는 가정이 비현실적이라는 사실은 긴 설명을 요하지 않는다. 후술하는 바와 같이 i) 정책결정자가 무엇을 어떻게 해야 할지 모를 때가 많을 뿐만 아니라, ii) 정책결정자들 상호 간에 해결하려는 문제가 무엇이냐에 관해서 합의할 수 없는 경우가 있으며, iii) 정치적인 고려가 필요한 까닭에 추상적이며 모호한 목표를 지닌 정책 결정이 이루어지는 경우가 많다.[9]

둘째, 일선관료들의 재량은 제한되고 통제되어야 하며 통제될 수 있다는 주장에도 문제가 있다. 전술한 바와 같이 일선관료들의 재량이 때로는 필요할 뿐만 아니라 그들의 재량을 제한하고 통제한다는 것이 현실적으로 어려운 경우가 많다는 것이 일선관료제 연구자들의 주장이다.[10] 이러한 문제들을 감안할 때 고전적 행정학의 목표수정부당론(illegitimacy of change view)이 정책과정의 현실과 크게 괴리되어 있다는 것을 알 수 있다.[11]

Ⅱ 정책집행에 관한 연구 대두의 배경

정책집행에 관한 연구의 전개에 들어가기 전에 1970년대 미국에서 정책집행에

8) James W. Fesler, *Public Administration: Theory and Practice*(Englewood Cliffs: Prentice Hall, 1980).
9) 이 책 제2편 제3장 "정책집행에 영향을 미치는 요인" 참조.
10) Michael Lipsky, *Street Level Bureaucracy: Dilemmas of the Individual in Public Services*(New York: Ressell Sage Foundation, 1980).
11) Palumbo, *op. cit.*, pp. 100-102.

관한 연구가 쏟아져 나온 이유가 어디에 있는지 그 배경을 살펴보기로 한다.

1. 사회 문제에 관한 입법

1965년경까지는 미국의 각종 사회 문제를 해결해 보려는 이른바 자유주의자(liberals)들에게 최대의 난관이 사회 문제에 관한 법률을 통과시키는 일이었다. 케네디 대통령의 뒤를 이어 대통령이 된 존슨은 1964년 자기의 힘으로 대통령에 당선되자 상원 지도자로서의 오랜 경험을 활용해 1965년경부터 빈곤, 소년 범죄, 실업, 도시 문제, 인종 차별, 남녀 차별, 기타 각종 사회 문제에 관한 법률을 대량 통과시키는 데 성공했다. 우리는 존슨 대통령이 영도력을 발휘해서 이루어 놓은 입법을 '위대한 사회(Great Society) 입법'이라고 부른다.

그런데 이러한 사회 문제에 관한 법률 중에는 입법 과정에서 타협의 필요나 문제의 불확실성 등으로 인해 모호한 법률이 많았을 뿐만 아니라, 사회 문제의 성격상 정책집행 과정에서 예기치 않았던 많은 난관에 봉착하게 되었다. 정책집행에 관한 연구가 1970년대 초에 본격적으로 시작된 근본적인 이유의 하나를 여기서 찾아볼 수 있다.[12)]

2. 연방제

정책집행에 관한 연구가 나올 수밖에 없었던 또 하나의 이유를 미국의 연방제에서 찾아볼 수 있다. 정책은 연방정부가 수립하고 재원도 연방 재원이나 집행은 선거에 의해 취임하는 주정부나 지방자치단체의 간부들이 담당하는 데 문제가 있다. 이들은 연방정부의 목표의 실현보다는 자기의 재선과 유권자의 지지가 더 중요하다고 생각하고 있는 것이다.[13)] 다른 하나의 문제는 연방보조금의 수령 단체, 즉 집행 담당 단위가 수적으로 지나치게 많다는 것이다. 종합고용훈련법(CETA) 사업의 경우 450개의 보조금 수령 단위가 있으며, 지역사회개발보조금(CDBG) 사업의 경우 4,500개 이상의 보조금 수령 단체가 있다.[14)]

---

12) Eugene Bardach, *The Implementation Game*(Cambridge: MIT Press, 1977), pp. 3–4; Nakamura & Smallwood, *op. cit.*, p. 11.

13) Rufus P. Browning, Dale R. Marshall, & David H. Tabb, "Implementation and Political Change: Sources of Political Variations in Federal Social Program," *Policy Studies Journal*, No. 4, 1980, p. 628.

단일 국가의 경우에도 지방자치제가 철저하면 정책집행에 문제가 있으나, 연방국가의 경우에는 주정부나 지방자치단체에 대한 연방정부의 통제권에 한계가 있기 때문에 더욱 문제가 심각한 것이다. 프레스먼과 윌다브스키가 지적한 오클랜드(Oakland) 사업의 많은 애로와 난관은 연방제에 기인한 것이라 할 수 있다.

3. 엄격한 권력 분립

지나치게 엄격한 권력 분립도 정책집행에 많은 문제를 제기하고 있다. 뉴스타트(Richard N. Neustadt)가 인용하고 있는 일화는 권력 분립뿐만 아니라 연방제와도 관련이 있으며, 미국 정치 체제가 지니는 취약점을 잘 표현한 것이라 하겠다. 1952년 초 여름 트루먼 대통령은 아이젠하워 장군이 대통령에 당선되는 경우를 가상해서 다음과 같이 말했다. "아이젠하워는 이 자리에 앉아 이것 하라 저것 하라 지시할 것이나 아무것도 이루어지지 않을 것이다. 군대와 같지는 않을 것이며 아이젠하워는 크게 좌절할 것이다."15)

예외적인 경우를 제외하고는 행정수반으로서의 대통령은 물론, 정치지도자로서의 대통령의 영향도 크게 받지 않은 입법부가 자체 내의 정치적인 사정으로 모호한 법률을 많이 제정해 원천적으로 정책집행에 많은 문제를 제기할 뿐만 아니라 사법부까지 정책형성과 정책집행에 참여해 문제를 더욱 가중시키고 있는 것이다.16)

4. 조직의 변화

베니스(Warren Bennis) 등의 탈관료제이론을 인용할 것도 없이, 많은 조직에서 계층제를 비롯한 관료제적 특징이 희박해지고 있다.17) 이러한 경향은 베트남전 이후 더욱 심화되고 있는 느낌을 주고 있다.18)

---

14) Carl E. Van Horn, *Policy Implementation in the Federal System*(Lexington: Heath, 1979), p. 8.
15) Richard N. Neustadt, *Presidential Power*(New York: Wiley, 1960), p. 9.
16) Laurence Baum, "Comparing the Implementation of Legislative and Judicial Policies," in Daniel Mazmanian & Paul Sabatier(eds.), *Effective Policy Implementation*(Lexington: Heath, 1981), pp. 39-58.
17) Warren Bennis, *Changing Organizations*(New York: McGraw-Hill, 1966), pp. 4-14.
18) Richard L. Chapman & Frederick N. Cleveland, "The Changing Character of the Public Service and the Administration of the 1980's," *Public Administration Review*, July-August 1973, pp. 358-366.

던셔(Andrew Dunsire)의 주장과 같이 계층제와 피라미드를 강조하는 조직에서 체제(system)와 네트워크(network)를 중시하는 조직으로 점차 이행해 감에 따라 집행이 중요한 문제로 대두될 수밖에 없는 것이다.

5. 우리나라의 현실

정책집행에 관한 연구가 나올 수밖에 없었던 미국의 실정과 우리나라의 현실을 비교할 때 많은 격차가 있음을 알 수 있다.

첫째, 우리나라는 연방국가가 아니고 단일국가일 뿐만 아니라 2006년 제4기 민선지방자치가 출범했으나 중앙정부의 지방자치단체에 대한 영향력이 아직도 많이 남아 있다.

둘째, 제6공화국 이후에 많이 달라졌으나 우리나라의 권력 분립은 미국의 경우처럼 엄격하지 않다. 특히, 사법부는 미국처럼 정책과정에 대한 영향력이 크지 않다.

셋째, 정부조직 내의 계층제는 아직도 건재하며 탈관료제적 현상은 별로 찾아볼 수 없다.

따라서 우리나라에서는 미국의 경우와 같이 정책집행의 문제가 심각하지 않을지 모른다. 그러나 최근 우리나라에서도 정책집행을 어렵게 하는 여러 가지 현상이 나타나고 있다.

첫째, 사회개발의 추진에 따라 사회 분야의 정책이 많이 수립되고 있을 뿐만 아니라 북방정책, 통상 마찰에 따르는 개방정책 등 수개 부처가 관련되는 복잡한 정책의 집행이 많은 문제를 제기하고 있다.

둘째, 제6공화국 초기와 국민의 정부 초기에 있었던 여소야대 현상은 한때 행정부의 국회에 대한 영향력을 많이 감소시켰다. 그뿐만 아니라 국민의 정부하에서의 연합정권으로 추상적이고 모호한 목표를 지닌 정책의 출현 가능성이 높아졌다.

셋째, 사법부도 독립성이 강화됨에 따라 위헌법률심사제청권의 빈번한 행사와 명령·규제·행정처분 등의 심사권의 강화로 정책형성과 정책집행에 대한 사법부의 관여가 빈번해졌다.

넷째, 1995년 제1기 민선지방자치가 출범했으며, 2006년 7월에는 제4기 민선자치단체장의 임기가 개시되었다.

이러한 실정에 비추어 보아 우리나라에서도 정책집행의 문제가 많은 정책학도의 관심을 모으고 있는 것은 당연한 일이라 하겠다.

Ⅲ 정책집행 연구의 전개

1. 개 관

정책집행에 관한 연구가 걸어온 발자취를 여러 가지로 시대 구분할 수 있으나 이를 i) 사례연구(1970~1975년), ii) 정책집행 분석틀 정립 시도(1975~1980년), iii) 분석틀의 적용(1980~1985년), iv) 종합과 수정의 시기(1985년~)로 나누어 고찰하고자 한다.

최근에 와서 정책집행 연구를 세대(世代)별로 나누어서 고찰하는 사람들이 나타난 데는[19] 대체로 우리가 여기에서 고찰하는 바와 대동소이함으로 간단히 <표 6-1>과 같이 소개하고 넘어가고자 한다.

표 6-1 정책집행 연구의 세대(世代)별 특징

세대별	주요업적과 특징
제1세대 정책집행 연구	① 정책집행 연구의 중요성 인정 ② 사례연구 중심 ③ 대체로 후술하는 '사례연구'와 동일
제2세대 정책집행 연구	① 정책집행 연구가 복잡하다는 결론에 도달 ② 하향적 접근 방법 뿐만 아니라 상향적 접근 방법도 제시 ③ 후술하는 '분석틀 정립을 위한 시도'와 '분석틀의 적용' 포함
제3세대 정책집행 연구	① 종합과 수정을 특징으로 함 ② 정책집행 연구가 개념적 명확성 규명에 실패했다는 주장 제기 ③ 제4세대 연구 필요성 제기

19) Kevin B. Smith & Christopher W. Larimer, *The Public Policy Theory Primer*, second edition (Boulder: Westview Press, 2013), pp. 150-165.

2. 사례연구(1970～1975년)

(1) 개 관

정책집행에 관한 연구는 특정한 정책이 어떻게 집행되었는가를 상세하게 고찰하는 사례연구에서 출발했다고 할 수 있다. 이러한 사례연구 중에는 프레스먼과 윌다브스키의 연구와 같이 어느 한 장소에서의 집행을 검토한 것이 있는가 하면, 더디크(M. Derthick)의 도시재개발 연구와 같이 수개의 장소에서의 집행을 고찰한 것도 있다.[20]

발표된 시점으로 본다면 더디크의 「링컨 요새(Ft. Lincoln)의 패배」[21]와 『도시내의 새 도시(*New Towns In Town*)』(1972)가 앞선다고 하겠으나, 정책집행 연구에 미친 영향으로 본다면 프레스먼과 윌다브스키의 『집행』이 단연코 앞선다고 하겠다. 따라서 우리는 여기에서 1970년대 전반에 있었던 사례연구의 대표적인 예로서 프레스먼과 윌다브스키의 오클랜드 연구만 소개하기로 한다.

(2) 프레스먼과 윌다브스키의 『집행』

1973년에 출간된 프레스먼과 윌다브스키의 『집행(*Implementation*)』은 정책집행에 관한 새로운 접근의 기폭제가 되었다고 할 수 있다.

이 책은 미국 상무부의 경제발전처(Economic Development Administration: EDA)가 마련한 도시지역의 실업자 구제를 위한 사업에 관한 사례연구이다.

상무부의 차관보 폴리(Eugene P. Foley)가 오클랜드 지역의 높은 실업률을 검토한 끝에 1966년 4월 29일 이 지역에 2,500만 달러 상당의 연방정부의 지원사업을 일으켜 3,000명의 실업자를 구제하겠다는 사업계획을 발표했다. 이 사업의 주된 목표는 주로 흑인으로 구성된 도시 중심가의 실업자에게 직장을 마련해 주는 데 있었다.

그런데 처음의 예상과는 달리 사업이 지지부진했다. 1969년 3월 『로스앤젤레스 타임스(*Los Angeles Times*)』지는 그때까지 마련된 새로운 일자리는 20개에 지나지 않았다고 보도했으며, 같은 주의 경제발전처의 공식적 보고도 정부가 사기업에 100만 달러의 융자를 해주었는데 마련된 일자리는 43개에 지나지 않는다고 했던

---

20) M. Derthick, *New Towns In Town*(Washington, D.C.: Urban Institute, 1972).

21) M. Derthick, "Defeat at Ft. Lincoln," *Public Interest*, 1970, pp. 3-39.

것이다.

사업이 착수된지 4년의 세월이 흘렀는데 마련된 일자리는 몇 개 안되고 계획된 건설사업인 부두와 항공기 격납고의 건설도 이루어지지 못했던 것이다.[22)]

프레스먼과 윌다브스키는 사업의 착수부터 시작해 이 사업이 소기의 성과를 거두지 못한 원인이 무엇인가를 검토하게 된다. 수많은 결정점(decision points)에서 일어나는 저지와 지연의 실태를 이들은 고찰하고 있다.

(3) 사례연구의 특징

정책집행에 관한 사례연구는 연구자에 따라 여러 가지 성향을 지니고 있으나 이들 사례연구들이 공통적으로 지니는 특징으로서 다음의 두 가지를 들 수 있겠다.

첫째, 이들 정책집행에 관한 사례연구는 거의 대부분이 비관적인 결론을 내리고 있다. 사폴스키(H. M. Sapolsky)의 폴라리스(Polaris) 잠수함의 연구개발에 관한 사례연구[23)] 정도를 제외하고는 이 시기의 집행에 관한 사례연구가 실패한 사례만을 대상으로 했으며 비관적인 결론을 내리고 있다.

둘째, 이러한 사례연구들은 일반적으로 이러한 실패의 원인을 규명하고 이를 시정하기 위한 대응책의 수립에 도움이 될 만한 집행 과정에 관한 모형 정립을 위한 노력이 부족했다고 하겠다. 프레스먼과 윌다브스키의 오클랜드 연구의 경우와 같이 사례연구에서 얻은 결론으로서 몇 가지 처방을 내리는 경우가 있기는 했으나 모형 정립에 크게 도움이 되지 못했다.

3. 분석틀 정립을 위한 시도(1975～1980년)

1970년대 초반에는 사례연구가 지배적이었는 데 대해서 1975년경부터는 정책집행 과정의 모형 또는 분석틀을 정립해 보려는 시도가 일어나게 되었다. 우리는 여기에서 대표적인 분석틀 몇 가지를 살펴보기로 한다.

(1) 반 미터와 반 혼의 모형

1975년『행정과 사회』지에 발표된 논문에서 반 미터(Donald S. Van Meter)와

22) Jeffrey L. Pressman & Aaron Wildavsky, *Implementation*, third edition(Berkeldy: University of California Press, 1984), p. 5.

23) H. M. Sapolsky, *The Polaris System Development: Bureaucratic and Programmatic Success in Government*(Cambridge: Harvard University Press, 1972).

반 혼(Carl E. Van Horn)은 정책집행을 사전에 이루어진 정책결정에서 정해 놓은 목적의 달성을 위해 정부 부문이나 민간 부문의 개인 또는 집단이 수행하는 활동이라고 정의하고 있다.[24)]

이어서 이들은 정책집행에 영향을 미치는 요인으로서 i) 정책의 기준 또는 목적, ii) 정책의 자원, iii) 조직 간의 커뮤니케이션과 시행 활동, iv) 집행기관의 특징, v) 경제적 · 사회적 · 정치적 상황, vi) 집행자의 성향의 6개 변수를 들고 있으며, 이들 변수 상호 간의 관계와 이들 변수들이 성과에 미치는 영향을 [그림 6-1]과 같이 설명하고 있다.[25)]

그림 6-1 반 미터와 반 혼의 정책집행 과정모형

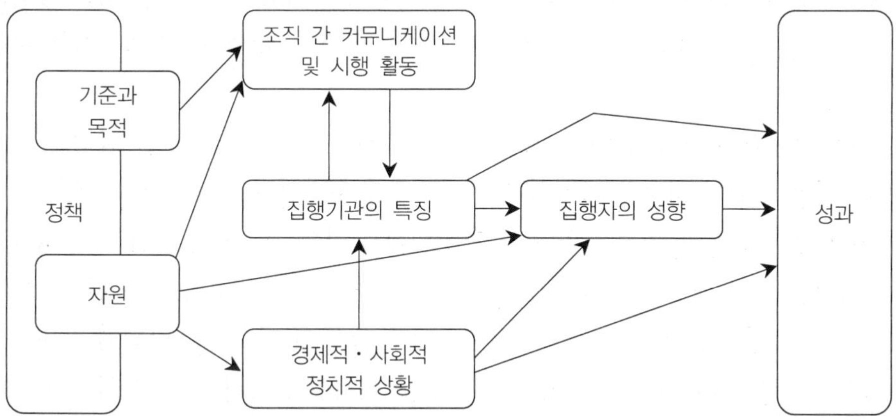

(2) 사바티어와 매즈매니언의 집행 과정

이들이 분석의 틀을 처음 제시한 것은 1979년에 발표된 규제정책의 집행이라는 논문에서이며 이것에 손질을 가해 1980년에 학술지에 발표했다가 1981년에 발간된 『효율적 정책집행』에 다시 수록했다.

이들은 정책집행에 영향을 미치는 요인으로서 16개의 변수를 들었으며, 이를 i) 문제의 추적 가능성(tractability), ii) 정책결정의 집행구조화 능력, iii) 집행에 영향

24) Donald S. Van Meter & Carl E. Van Horn, "The Policy Implementation Process: A Conceptual Framework," *Administration and Society*, February 1975, p. 447.

25) *Ibid.*, pp. 462-478.

을 미치는 비법률적 변수라는 세 개의 범주로 묶었다.[26)]

(3) 에드워즈의 분석틀

1978년의 샤칸스키(Ira Sharkansky)와의 공저에서 정책집행에 관한 분석틀을 다루었던 에드워즈(George C. Edwards)는 1980년에 발간된 그의 단독 저서에서 이를 더욱 발전시켰다. 에드워즈는 집행에 영향을 미치는 요인으로서 i) 커뮤니케이션, ii) 자원, iii) 성향, iv) 관료제의 구조를 들고 있으며, 이들 네 개 요인 간의 상호 작용을 강조하고 있다.[27)]

(4) 상향적 접근 방법

위에서 살펴본 분석틀들은 하향적(top-down)인 접근 방법을 택하고 있는 대표적인 예인데, 이러한 하향적 접근 방법에 대해 상향적(bottom-up) 접근 방법을 내세우는 사람들이 나타나기 시작했다. 엘모어, 립스키, 버먼 등이 대표적인 이론가들이라 하겠다.[28)]

흔히 '역진적 추적(backward mapping)'이라고도 하는 상향적 접근 방법은 정책 과정의 가장 중요한 활동은 조직의 최하위층에서 이루어진다는 것이다. 정책은 계층적인 통제나 법률과 규칙에 의한 통제에 의해서 집행되는 것이 아니라, 집행조직의 구성원과 정책 대상집단 간의 협상을 통해 최종적으로 결정되며 집행된다는 것이다. 따라서 정책은 하위 공무원(일선관료)들의 생각이나 욕구를 반영하는 것이어야 하며, 적어도 그들의 행태 패턴과 합치되는 것이어야 한다는 것이 이들의 주장이다.

(5) 분석틀 정립 시도의 특징

우리는 위에서 여러 가지 분석틀을 살펴보았는데 이들이 지니고 있는 특징을 다음의 몇 가지로 요약하고자 한다.

---

26) Paul A. Sabatier & Daniel Mazmanian, "Policy Implementation: A Framework of Analysis," *Policy Studies Journal*, Special Issue, 1980, pp. 538-560.

27) George C. Edwards, *Implementing Public Policy*(Washington, D.C: Congressional Quarterly Press, 1980), pp. 17-165.

28) R. F. Elmore, "Backward Mapping: Implementation Research and Policy Decision," *Political Science Quarterly*, Winter 1979-1980, pp. 601-616; Michael Lipsky, "Standing the Study of Public Policy Implementation on Its Head," in Walter Burnham & Martha Weinberg(eds.), *American Politics and Public Policy*(Cambridge: MIT Press, 1978), pp. 391-402.

첫째, 하향적 접근 방법을 택하는 분석틀들은 정책집행에 영향을 미치는 변수들을 들고 있는데 에드워즈와 같이 네 개의 변수를 들고 있는 사람이 있는가 하면, 사바티어와 매즈매니언과 같이 16개의 변수를 들고 있는 사람들도 있다. 그러나 이러한 변수들 중에서 어떤 변수가 어떤 상황하에서 더 중요한가를 제시하지 못하고 있다는 비판을 받고 있다.

둘째, 하향적 접근 방법을 택하는 연구자들에 대한 또 하나의 비판은 이들이 정책과정에서의 핵심적인 역할을 정책결정자(법률제정자)들이 담당한다고 전제하는 까닭에 일선관료, 지방자치단체의 집행담당 공무원, 민간 부문 등의 역할을 지나치게 과소 평가하고 있다는 것이다.

셋째, 이에 반해 상향적 접근 방법을 택하는 연구자들은 정책집행이 일반적으로 하위직 공무원에 의해 결정된다는 현실을 기술적(記述的)으로 연구하는 것은 좋으나, 이를 토대로 정책집행이 하위직 공무원에 의해 주도되어야 한다는 처방까지 내리고 있다는 데에 문제가 있다. 이러한 처방이 타당한 것이라면 민주적인 정치 체제에서의 정책통제의 많은 측면이 재검토되어야 한다는 문제가 발생하게 된다.29)

4. 분석틀의 적용(1980～1985년)

1980년대에 들어와서는 앞에서 소개한 분석틀에 의한 실증적인 연구가 많이 이루어졌는데, 이러한 연구에서 얻은 결론은 다음의 몇 가지로 요약할 수 있다.

(1) 분석틀의 유용성

분석틀들은 정책집행의 성공이나 실패를 설명하는 데 매우 유익했다고 할 수 있다. 이러한 분석틀을 대신할 새로운 분석틀이 아직 등장하지 않았다.

(2) 시간적 요소의 중요성

정책집행에 관한 연구에서 시간적 요소가 매우 중요하다는 것이 입증되었다. 시계열연구냐 동일 시점에서의 다부문적 연구냐에 따라서 결과가 많이 다르게 나

29) James P. Lester, Ann Bowman, Malcolm Goggin, & Laurence O'Toole, Jr., "Public Policy Implementation: Evaluation of the Field and Agenda for Future Research," *Policy Studies Review*, Autumn 1987, pp. 202–205.

왔다.

(3) 성공 사례의 출현

1960년대 말이나 1970년대 전반의 사례연구들이 일반적으로 실패한 정책집행을 대상으로 한 데 대해 1980년대의 연구들 중에는 성공한 정책집행을 대상으로 한 것도 많다.

(4) 단순한 정책의 실패

프레스먼과 윌다브스키뿐만 아니라[30] 에드워즈도 복잡한 정책은 실패할 우려가 있으나 단순한 정책일수록 성공할 가능성이 많다는 것을 강조했다.[31] 그러나 근래에 와서 단순한 정책도 실패할 수 있다는 사실이 입증되었다.

5. 종합과 수정(1985년~)

위에서 살펴본 하향적 접근 방법과 상향적 접근 방법을 절충·종합하고 수정하려는 시도가 1980년대 후반에 와서 일어나고 있다. 여러 가지 시도가 있으나 이 중에서 중요한 것 두 가지만 살펴보기로 한다.

(1) 엘모어의 가역성 논리

상향적 접근 방법의 주창자의 한 사람이며 역진적 추적이라는 용어를 처음 사용한 엘모어(Richard Elmore)가 1985년에 발표한 논문에서 '전진적 및 역진적 추적(forward and backward mapping)'이라는 것을 제창하면서 하향적 접근 방법과 상향적 접근 방법의 절충·종합을 시도했다. 자기의 이러한 시도를 '가역성 논리(reversible logic)'라고 부르고 있는 엘모어는 정책이 성공을 거두기 위해서는 두 가지를 다 고려에 넣어야 하므로, 정책결정자는 하향적 접근 방법이 강조하는 정책의 도구와 자원뿐만 아니라 상향적 접근 방법이 중요시하는 최종 대상집단의 유인 체제도 고려에 넣어야 한다고 주장한다.[32]

30) Pressman & Wildavsky, *Implementation*(1984), p. 147.
31) Edwards, *op. cit.*, p. 152.
32) Richard Elmore, "Foward and Backward Mapping: Reversible Logic in the Analysis of Public Policy," in K. Hanf & T. A. Toonen(eds.), *Policy Implementation in Federal and Unitary Systems* (Dordrech: Martinus Nijhoff, 1985), pp. 33–70.

(2) 사바티어의 종합모형

사바티어(Paul Sabatier)는 상향적 접근 방법에서 강조하는 정부 부문과 민간 부문의 모든 관련자와 하향적 접근 방법이 중요시하는 사회 · 경제적 상황과 법률적 측면이 행태에 미치는 영향 등을 포괄하는 모형을 만들고 이를 정책변동에 미치는 영향을 분석하는 데 활용하고 있다. 사바티어는 그의 모형이 집행실무자들에게 지침을 제공하는 데 목적이 있는 것이 아니라 이론 구성에 이바지하는 데 목표가 있다고 하고 있다.[33]

(3) 레스터와 고긴의 4개 집단

1998년에 발표한 글에서 레스터(James Lester)와 고긴(Malcolm L. Goggin)은 정책집행 연구에 종사하는 학자들을 크게 부정파와 긍정파로 나누고 부정파를 다시 회의론자(skeptics)와 종결론자(terminations)로 세분하며, 긍정파를 검증론자(testers)와 개혁론자(reformists)로 나누고 있다.

① **회의론자**: 정책집행 연구가 발전하려면 대폭적인 이론적 및 개념적 변혁이 필요하다고 주장하는 사람들이다.

② **종결론자**: 현재 진행하고 있는 정책집행 연구는 장래가 암담함으로 종결되어야 한다고 주장하는 사람들이다.

③ **검증론자**: 매즈매니언과 사바티어의 연구와 같이 기존의 프레임에 따라 좀 더 정밀한 경험론적 검증이 추진되어야 한다는 사람들이다.

④ **개혁론자**: 정책집행 연구 계속의 필요성은 인정하나 정책집행 연구가 존속의 필요성을 입증하려면 보다 많은 이론적 연구와 경험론적 연구가 필요하다고 주장한다.

레스터와 고긴은 이와 같이 정책집행 연구 종사자들을 4개의 집단으로 나누고 자신들은 개혁론자에 속한다고 주장하고 집행이론의 창출을 위하여 제3세대에 속하는 학자들이 최선을 다할 것을 강조하고 있다.[34]

---

33) Paul Sabatier, "Top-Down and Bottom-Up Approaches to Implementation Research," *Journal of Public Policy*, 1986, pp. 21-48.

34) James Lester & Malcolm Goggin, "Back to the Future: The Rediscovery of Implementation Studies," *Policy Currents*, September 1998, pp. 1-7.

Ⅳ 정책집행 연구의 문제점

우리는 위에서 정책집행 연구가 걸어온 발자취를 4개 기로 나누어서 살펴보았다. 그동안 많은 연구가 쏟아져 나왔으나 이러한 집행연구들이 지니는 문제점에 관해서 많은 비판이 제기되었다. 우리는 이러한 문제점들을 다음의 세 가지로 요약하고자 한다.

1. 정책집행 연구의 이론적 다원주의

정책집행 연구가 본격적으로 개시된지 근 20년의 세월이 흘렀으나 아직도 많은 사람들이 합의할 수 있는 집행이론이 존재하지 않는다는 문제점이 있다. 아직도 연구자들은 다양한 관점에서 다양한 변수를 사용해 그들의 연구를 진행하고 있다.

1986년에 오툴(Laurence J. O'Toole, Jr.)이 100여 편의 집행에 관한 연구를 조사한 결과, 대부분의 연구들이 중요한 변수들을 체크리스트(check－list)로서 제시하거나 집행과정에 관한 이론 지향적인 논의를 하고 있을 뿐 충분히 개발된 집행모형을 제시하지 못하고 있다는 결론에 도달했다.[35)]

집행에 영향을 미치는 요인을 가장 광범위하게 망라한 것이 사바티어와 매즈매니언의 연구이나 이들은 모든 요인을 망라하다 보니 너무 방대하고 비체계적이어서 분석의 틀로 활용하기에는 문제가 있다는 비판을 받고 있다. 그뿐만 아니라 어떤 상황하에서 어떤 변수가 가장 중요한가를 제시하지 못하고 있는 것이다. 한 마디로 말해서, 현시점에서 필요한 것은 정책집행에 영향을 미치는 '중요한' 변수를 확인하는 일이라 하겠다. 다시 말하면, 그동안 제시된 많은 변수들을 몇 개의 중요한 변수로 압축하는 문제를 연구해야 한다.

2. 정책집행 연구의 제한된 성격

다음에 지적할 것은 그동안의 정책집행 연구가 지나치게 한정적이라는 사실이다. 좀 더 구체적으로 말하면, i) 그 동안의 집행연구의 대상 기간이 한정적이라는

35) Laurence J. O'Toole, Jr., "Policy Recommendation for Multi－Actor Implementation: An Assessment of the Field," *Journal of Public Policy*, 1986, pp. 181－210.

사실이다. 집행에 관한 시계열연구보다는 특정 시점에서의 집행을 대상으로 한 것이 많았다. ii) 비교연구보다는 사례연구에 치중하고 있으며, iii) 분배정책, 규제정책, 재분배정책 등 여러 종류의 정책을 대상으로 하기보다는 어느 한 종류의 정책을 대상으로 하는 경우가 많았다. iv) 집행의 개념 규정에서 너무나 제한적이었다는 비판도 있다. 정책집행의 성공 여부의 판단에서도 성공이 아니면 실패라는 흑백논리의 적용이 많았다. v) 접근 방법도 하향적 접근 방법과 상향적 접근 방법 중 어느 하나를 선택하는 경우가 많았으며, 두 가지 접근 방법의 종합을 위한 시도는 많지 않았다.

3. 정책집행 연구의 비축적적 성격

그동안의 정책집행 연구의 또 하나의 문제점은 이론적인 축적이 별로 없다는 것이다. 앞서 연구된 성과가 뒷사람들에 의해 별로 활용되지 못하고 무시되는 경우가 많으며 모든 연구자들이 새로 출발하는 경향이 있었다는 것이다. 그동안 유럽 학자들의 연구도 많았으며, 특히 상향적 접근 방법에 의한 연구 중에는 도움이 될 만한 것이 적지 않았으나, 미국의 집행연구들이 이러한 유럽의 연구들을 참고로 하는 경우가 별로 없었다.[36)]

V 최근(1990년대 이후)의 연구 동향

1. 영국에서의 침체

1990년대에 들어와서 영국에서는 정책집행 연구가 비교적 침체에 빠졌다고 하겠다. 후드(C. Hood)가 지적한 바와 같이 공공관리론의 영향 등으로 1990년대 영국의 행정은 i) 정부 부문 성장의 정체, ii) 민영화 및 준민영화의 진행, iii) 행정전산화의 가속화, iv) 국제화의 증진이라는 네 가지 특징을 보이고 있다.[37)] 특히, 행정의 시장 지향성으로 인한 공기업의 민영화와 공공 서비스의 민영화로 정부 부문의 감축이 이루어짐으로써 정책집행의 영역이 축소되었다고 하겠다.

36) Lester, Bowman, Goggin & O'Toole, *op. cit.*, pp. 208－210.
37) C. Hood, "A Public Management for All Seasons," *Public Administration*, Spring 1991, p. 3.

이리하여 영국에서는 1990년대에 들어와서 정책집행 분야의 연구가 크게 위축되었다는 것이 특기할 만한 사실이라 하겠다.[38] 그러나 2000년대에 들어와서 영국에서도 정책집행 연구가 되살아나는 듯한 징조가 보이며 영국의 『행정학보(*Public Administration*)』가 2004년 제2호에서 정책집행을 특집으로 다루었다.[39]

2. 미국 학계의 동향

영국의 경우와는 달리 미국에서는 정책집행 연구가 1970년대나 1980년대 같지는 않을지 모르나 크게 위축되지는 않은 것 같다. 특히, 오툴을 비롯해[40] 쇼필드(Jill Schofield), 매틀랜드(Richard E. Matland) 등이 그동안 발표된 정책집행 연구에 관한 문헌을 종합적으로 검토하는 논문을 발표했으며, 『행정학연구·이론지(*Journal of Public Administration Research and Theory*)』가 정책집행 연구에 관한 논문을 많이 게재하고 있다.

미국에서 근래에 발표된 정책집행 관련 문헌 중 사바티어의 지지연합모형(Advocacy Coalition Framework), 고긴 등의 정부 간 정책집행의 커뮤니케이션모형(Communication Model of Inter-Government Policy Implementation), 매틀랜드의 모호갈등모형(Ambuguity Conflict Model) 등이 주목을 요한다는 것이 쇼필드의 주장이다.[41]

Ⅵ 앞으로의 과제

집행연구가 당면한 과제는 문제점의 지적을 통해서 분명해졌으나 이를 크게 개념상의 과제와 계량화의 과제로 나누어 생각하고자 한다.

---

38) Jill Schofield, "A Model of Learned Implementation," *Public Administration*, No. 2, 2004, p. 287.
39) Susan M. Barrett, "Implementation Studies: Time for a Revival? Personal Reflections on 20 Years of Implementation Studies," *Public Administration*, No. 2. 2004, pp. 260-261.
40) L. J. O'Toole, Jr., "Research on Policy Implementation: Assessment and Prospects," *Journal of Public Administration Research and Theory*, No. 2, 2000, pp. 263-288.
41) Schofield, *op. cit.*, pp. 287-290.

1. 개념상의 과제

(1) 집행의 개념

집행 활동의 개념을 분명히 할 필요가 있다. 그리하여 언제 집행이 개시되었으며, 언제 집행이 종료되었는가를 분명히 할 수 있도록 해야 할 뿐만 아니라 집행과 관련된 행태의 범위를 명확히 할 수 있도록 되어야 한다. 전술한 바와 같이 지금까지의 집행연구가 특정한 정책 초기의 특정 시점에서 집행의 성공 또는 실패라는 이원론에 지나치게 집착했다는 문제가 있다. 앞으로는 이러한 이원론에서 탈피해 집행을 과정, 산출 및 성과로서 파악할 필요가 있는 것 같다. 집행과정의 본질적인 특징은 정책목표의 달성과 관련된 필요한 과업을 시기적절하고 만족스럽게 수행하는 것이라고 할 수 있다.

이와 같이 집행을 과정으로 파악할 뿐만 아니라 정책목표를 얼마나 달성했느냐 하는 관점에서 산출로서 파악해야 하며, 이보다 더 나아가서 성과(outsomes) 또는 임팩트(impacts)로서도 파악해야 한다.

(2) 변수의 압축

전술한 바와 같이 집행에 영향을 미치는 변수가 많은 연구자에 의해 수없이 많이 제시되었다. 앞으로의 과제는 이 변수들을 몇 개의 중요한 변수로 압축하는 일이다.

(3) 두 가지 접근 방법의 종합

그동안 집행에 관한 연구가 양적으로나 질적으로 크게 성장한 것이 사실이나 이러한 연구들은 상향적 접근 방법과 하향적 접근 방법 중 어느 하나를 택해 왔다. 그러한 결과 위로부터의 압력과 아래로부터의 압력 사이에 끼게 된 행위자의 문제 등은 소홀히 되어 왔다. 따라서 앞으로는 이 두 가지 접근 방법을 절충하고 종합하는 일이 과제로 남아 있다고 하겠다. 전술한 바와 같이 엘모어나 사바티어 등이 두 가지 접근 방법을 종합하려는 시도를 하고 있으나, 아직은 이러한 분석틀에 의한 실증적 연구가 거의 없는 상태이다.

(4) 비교연구

환경이 정책이나 정책형성에 미치는 영향에 관한 연구에서 미국 각 주를 대상으로 하는 비교연구가 많은 공헌을 했다는 것은 잘 알려진 사실이다. 그러나 정책집행 연구에서는 이러한 자료가 거의 활용되지 않고 있는데 앞으로는 정책집행 연구에서도 여러 주를 대상으로 하는 비교연구가 적극 추진되어야 할 뿐만 아니라 그동안 축적된 자료들이 많이 활용되어야 한다는 것이 린더 등의 주장이다.

2. 계량화와 문제

(1) 지표의 개발

각각 기능적으로 다른 상황하에서 집행 현상이나 그 원인 및 결과를 측정할 수 있기 위한 지표의 개발이 필요하다.

(2) 변수 등의 계량화

대규모적이고 체계적인 집행연구에서 종속변수, 독립변수, 매개변수들이 시간이 흐름에 따라 어떻게 변했는가를 측정할 수 있어야 한다. 장기간에 걸친 집행에 관한 연구에서 집행의 경제·사회적 환경이 매년 어떻게 변했는가를 측정할 수 있는 방안도 강구되어야 한다.

(3) 자료의 신뢰성

장기간에 걸친 집행과정을 연구할 때 가장 어려운 문제의 하나가 자료의 신뢰성이다. 다른 사회·과학 분야에서는 상당 기간에 걸친 태도나 인지에 관한 자료가 축적되어 있으나 집행연구에서는 이러한 자료가 부족한 까닭에 대부분의 연구가 2년 내지 4년 정도를 대상 기간으로 삼고 있는 실정이다.[42)]

---

42) Lester, Bowman, Goggin, & O'Toole, *op. cit.*, pp. 210−213.

제 2 절 정책집행 연구의 접근 방법

I 개 관

정책집행 연구의 접근 방법은 여러 가지 관점에서 여러 가지로 분류할 수 있다. 엘모어와 같이 네 가지 접근 방법으로 나누어 고찰하는 사람이 있는가 하면,[43] 버먼과 같이 거시적 접근 방법과 미시적 접근 방법으로 나누어 살펴보는 사람도 있다.[44] 버먼의 정형적 집행과 적응적 집행에 관한 분류도 버먼 자신이 지적하고 있는 바와 같이 상황의 차이에 입각한 집행전략에 의거한 분류인 동시에 정책집행에 관한 접근 방법의 차이에 의거한 분류라고도 할 수 있다.[45]

호그우드와 건은 정책집행 연구의 접근 방법을 좀 더 세분하여 i) 구조적 접근 방법, ii) 절차적·관리적 접근 방법, iii) 행태적 접근 방법, iv) 정치적 접근 방법으로 분류하고 있으며, 한스펠드(Robert Hansfeld)와 브로크(David Brock)는 i) 하향적 접근 방법, ii) 상향적 접근 방법, iii) 반복적(iterative) 접근 방법으로 나누고 있다.[46]

우리는 먼저 엘모어의 네 가지 모형을 살펴본 다음 버먼의 거시적 접근 방법과 미시적 접근 방법을 검토하고자 한다. 버먼의 정형적 집행과 적응적 집행은 정책집행의 유형에서 고찰하기로 하고 여기에서는 생략한다.

정책집행 연구에서 많은 사람들의 관심을 모으고 있는 것은 하향적 접근 방법과 상향적 접근 방법이므로 이를 위해 좀 더 많은 지면을 할애하고자 한다.

---

43) Richard Elmore, "Organizational Models of Social Program Implementation," *Public Policy*, Spring 1978, pp. 185－228.

44) Paul Berman, "The Study of Macro and Micro－Implementation," *Public Policy*, Spring 1978, pp. 164－178.

45) Paul Berman, "Thinking about Programmed and Adaptive Implementation: Matching Strategies and Situations," in Helen Ingram & Dean Mann(eds.), *Why Policies Succeed of Fail*(Beverly Hills: Sage, 1980), pp. 205－206.

46) Brian Hogwood & Lewis A. Gunn, *Policy Analysis for the Real World*(Oxford: Oxford University Press, 1984), pp. 209－218.

Ⅱ 엘모어의 네 가지 모형

엘모어(Richard Elmore)는 정책집행을 이해하는 모형으로서 다음과 같은 네 가지를 제시했다. 동일한 사건에 대해 여러 모형들을 적용해 봄으로써 집행과정의 여러 측면을 이해할 수 있다는 것이 엘모어의 주장이다.

1. 체제관리모형(systems management model)

조직을 합리적 가치극대자로 보는 이 모형에서는 집행이 성공을 거두기 위한 조건으로서 효율적인 관리통제 체제를 강조하며, 집행이 실패하는 원인을 미숙한 관리(bad management)에서 찾으려고 한다.

2. 관료과정모형(bureaucratic process model)

조직의 핵심적인 두 개의 속성으로서 재량(discretion)과 루틴(routine)을 드는 이 모형에서는 집행이 성공을 거두기 위해서는 조직의 루틴을 새로운 정책과 통합시키는 문제가 중요하다고 본다. 따라서 이 모형에서는 정책의 대수정이 있었는데

표 6-2 엘모어의 집행의 조직모형

사항별 \ 모형별	체제관리모형	관료과정모형	조직발전모형	갈등협상모형
모형의 성격	규범적 모형	기술적 모형	규범적 모형	기술적 모형
조직관	조직을 합리적 가치극대자라고 본다.	재량과 루틴을 조직의 핵심적인 두 개의 속성으로 본다.	조직은 개인의 참여를 극대화할 수 있는 구조를 지녀야 한다.	조직을 갈등의 장으로 본다.
성공적 집행의 조건	효율적인 관리통제 체제	조직의 루틴과 새로운 정책의 통합	정책결정자와 집행자 간의 합의	집행의 성공은 상대적 개념
집행이 실패하는 원인	미숙한 관리의 결과	정책의 대수정이 있었는데 관료제가 루틴을 바꾸지 않는 경우	집행자의 정책에 대한 합의의 결여	집행의 실패는 상대적 개념
모형의 단점	규범적 모형으로서 비현실적	집행과정을 개선하기 위한 처방을 제시하지 못한다.	집행자가 주장하기까지는 구체적인 의미의 정책이 존재하지 않는다.	성공・실패에 관한 객관적 정의를 내릴 수 없다.

관료제가 현존의 루틴을 바꾸지 않는 경우에 집행이 실패한다고 주장한다.

3. 조직발전모형(organizational development model)

조직은 개인의 참여와 헌신(commitment)을 극대화할 수 있는 구조를 지녀야 한다는 이 모형에서는 집행이 성공을 거두기 위해서는 정책결정자와 집행자 간에 정책에 관해 합의가 이루어져야 한다고 본다. 따라서 이 모형에서는 집행자들의 정책에 대한 합의나 헌신이 결여될 때 집행이 실패한다고 본다.

4. 갈등협상모형(conflict and bargaining model)

조직을 갈등의 장이라 보는 이 모형에서는 집행의 성공이나 실패는 상대적 개념이라고 본다. 협상과정에서의 각자의 위치에 따라 평가가 다를 수 있는 까닭이다. 집행의 성공 여부에 대한 유일한 객관적 기준이 있다면 그것은 협상과정의 존속 여부라는 것이 이 모형의 주장이다.[47]

Ⅲ 거시적 접근 방법과 미시적 접근 방법

버먼은 정책집행 연구의 접근 방법을 거시적 집행과 미시적 집행이라는 용어를 사용해 거시적 접근 방법과 미시적 접근 방법으로 나누고 있다. 그는 거시적 집행과 미시적 집행의 차이는 제도적 배경(institutional setting)의 차이에서 오는 것이라고 말하고 있다.[48]

1. 거시적 집행

중앙정부로부터 지방자치단체에 이르는 모든 정책 부문(entire policy sector)을 배경으로 하는 것으로서 거시적인 관점에서 정책집행을 보는 것이다. 버먼에 의하면 거시적인 관점에서 볼 때 집행은 다음과 같은 4단계를 거치도록 되어 있다.

제1단계는 정책에 관한 결정이 정부 프로그램을 창출하는 단계이다. 제2단계에

47) Elmore, *op. cit.*, pp. 185－210.
48) Berman, “The Study of Macro and Micro－Implementation.” p. 164.

서는 정부 프로그램을 토대로 해당 지방자치단체의 현지 프로젝트(local project)의 채택이 이루어진다. 제3단계에서는 현지 프로젝트가 실제적으로 집행되며, 제4단계란 실제적인 집행이 성과를 창출하는 단계이다.

한 마디로 말해서, 거시적 집행연구는 이 4단계를 포괄적으로 연구하는 것인 까닭에 거시적 집행에서는 중앙정부와 지방자치단체의 관계, 중앙정부의 여러 부처 상호 간의 관계 등도 소홀히 하지 말아야 한다.[49]

2. 미시적 집행

거시적 집행이 모든 정책 부문을 배경으로 하는 것인데 대해 미시적 집행은 현지전달(집행) 조직(local delivery organization)을 배경으로 한다.

전술한 바 있는 집행과정의 4개 단계 중에서 제3단계와 제4단계에 초점을 맞추어 연구하는 것이 미시적 정책집행 연구이다.[50]

버먼은 현지전달 조직에 의한 집행을 강조하고 있으나 팔럼보가 지적하고 있는 바와 같이 미시적 집행은 중앙정부의 특정 부처 내의 집행 과정도 포함하는 개념이라는 것을 유의할 필요가 있다.[51] 경제학에서 거시경제학과 미시경제학이 다 필요한 것처럼 집행연구에서도 거시적 집행연구와 미시적 집행연구를 병행해야 할 것이다.

Ⅳ 하향적 접근 방법과 상향적 접근 방법

1. 하향적 접근 방법

(1) 하향적 접근 방법의 개요

많은 초기의 정책집행 연구가 이에 속한다고 할 수 있겠는데, 사바티어는 매즈매니언–사바티어(Mazmanian–Sabatier)모형을 하향적 접근 방법의 대표적인 예의 하나로 들고 있다.

---

49) *Ibid.*, pp. 164–172.

50) *Ibid.*, pp. 172–178.

51) Palumbo, *op. cit.*, pp. 93–94.

이 접근 방법에서는 정부(중앙정부인 경우가 많다)의 정책에 관한 결정(policy-decision)으로부터 출발한다.

i) 정책집행자와 대상집단의 행동이 정책에 관한 결정과 어느 정도 부합되는가를 규명하고, ii) 이어서 정책목표가 얼마나 달성되었는가를 검토한다. 다시 말해서, 임팩트(impact)가 정책목표와 얼마나 합치되어 있는가를 규명한다. iii) 다음으로는 정책산출이나 임팩트에 영향을 미친 요인들이 어떤 것인가를 검토하고, iv) 경험을 토대로 하여 정책이 어떻게 수정되고 변동했는가를 살펴본다는 것이다.[52]

(2) 하향적 접근 방법에 대한 비판

하향적 접근 방법에 대해서는 여러 가지 비판이 가해지고 있으며 자체적인 반성도 있었다.

첫째, 하향적 접근 방법은 중앙의 정책결정자의 관점에서 출발하며 다른 관련자들은 지나치게 등한히 한다는 것이다. 다시 말해서, 정책결정자들을 주된 행위자로 보는 까닭에 민간 부문, 일선관료, 지방의 집행담당자 등의 이니셔티브(initiative)는 소홀히 하게 된다는 것이다.

둘째, 핵심적인 정책이 없으며 다양한 정부의 지침과 많은 행위자가 있으나 그 어느 하나도 지배적인 위치를 차지하지 못하는 상황하에서 하향적 접근 방법을 사용하기 어렵다는 것이다.

셋째, 하향적 접근 방법은 정책목표의 달성을 어렵게 하거나 정책을 그들의 특수 이익의 추구를 위해 활용하고자 하는 일선관료들이나 대상집단의 전략을 무시하거나 과소 평가할 우려가 있다는 것이다.

넷째, 하향적 접근 방법이 전제로 삼고 있는 정책형성과 정책집행의 구분이 어렵거나 불필요하다는 비판도 있다. 이에 대해 사바티어는 정책형성과 정책집행의 구분이 어려운 경우도 있으나 많은 경우 양자의 구분이 가능할 뿐만 아니라 필요하다고 반박하고 있다.[53]

52) Paul A. Sabatier, "Top-Down and Bottom-Up Approaches to Implementation Research: A Critical Analysis and Suggested Synthesis," *Journal of Public Policy*, January-March 1986, p. 23.
53) *Ibid.*, pp. 29-30.

2. 상향적 접근 방법

(1) 상향적 접근 방법의 개요

1970년대 후반에 시작해 1980년대에 걸쳐서 전개된 상향적 접근 방법은 하향적 접근 방법의 결함을 시정하기 위해 등장했다고 하겠다.

하향적 접근 방법은 서비스를 대상집단에게 전달하는 행위자(집행담당자)로부터 출발해 그들의 목표, 전략, 활동, 접촉자 등을 규명하고, 여기서 더 나아가 관련된 정부 프로그램이나 비정부 프로그램을 기획하고 재정적 뒷받침을 제공하며 집행을 담당하는 지방자치단체나 중앙정부의 관련자들에 대한 고찰을 한다는 것이다. 간단히 말해서, 상향적 접근 방법은 일선관료들로부터 출발해 정부 부문이나 민간 부문의 최고 정책결정자로 거슬러 올라간다는 것이다.[54)]

(2) 상향적 접근 방법에 대한 비판

첫째, 하향적 접근 방법이 중앙부(center)의 역할을 지나치게 강조하고 있는데 대해, 상향적 접근 방법은 주변부(periphery)의 역할과 중요성을 지나치게 강조하고 있다는 비판을 받고 있다.

둘째, 일부 상향적 모형은 집행구조의 현재의 참여자만을 중요시하고 과거의 참여자들의 역할을 등한시하는 경우가 많다. 예를 들면, 미국의 환경보호단체들이 대기오염의 방지를 위해 빈번히 소송을 제기하고 있는 사실을 중요시하고 그들의 역할을 강조하고 있으나, 1970년의 대기보전법(Clean Air Act)의 기초 과정에서 중요한 역할을 담당해 현재의 환경보호단체들에게 법적인 기반을 마련해 준 관련자들의 역할을 전혀 무시하고 있다는 것이다.

셋째, 많은 상향적 모형은 참여자들의 인지(perception)나 활동을 중요시하나 이들 참여자들의 행태에 간접적으로 영향을 미치는 요인이나 참여자들의 행태에 직접적으로 영향을 미치나 참여자들이 인지하지 못하는 요인들을 제대로 분석하지 못하고 있다는 비판도 제기된다.[55)]

넷째, 상향적 접근 방법이 정책집행의 실태를 올바로 파악해 정책집행 과정에서 때로는 집행 담당조직의 하위층이 중요한 역할을 담당한다는 사실을 기술적(記

54) *Ibid.*, pp. 32-33.
55) *Ibid.*, pp. 34-35.

述的)으로 연구하는 것은 좋으나 국민이 선출하는 정무직 공무원보다 집행 담당조직의 말단에 있는 임명직 공무원이 중요한 역할을 담당해야 한다는 처방을 내리는 것은 민주적 통제라는 관점에서 볼 때 문제가 있다는 것이다.

다섯째, 상향적 모형 중에는 바람직한 정책이란 실현 가능한 정책이라고 보는 주장이 있다는 것이다. 다시 말해서, 집행 담당조직의 하위층 공무원들이 선호하고 기존의 루틴(routine)에 합치되는 정책이 실현 가능성이 높은 정책이며, 따라서 바람직한 정책이라는 주장에 문제가 있다는 것이다.[56]

3. 비교분석

우리는 위에서 정책집행 연구의 두 가지 접근 방법이 어떠한 주장을 하고 있으며 그 문제점은 무엇인가를 살펴보았다. 여기에서는 사바티어의 견해를 중심으로 두 가지 접근 방법을 몇 가지 관점에서 비교해 보기로 한다.[57]

(1) 최초의 초점(initial focus)

하향적 접근 방법은 새로운 공해방지법과 같은 정부(중앙정부인 경우가 많다)의 정책에 관한 결정에서부터 출발하는 데 대해 상향적 접근 방법은 환경 보전과 같은 정책 분야와 관련된 지방의 집행구조(네트워크)에서부터 시작된다.

(2) 주된 행위자의 식별 방법

하향적 접근 방법은 위에서부터 출발해 아래로 내려가며 정부에서부터 민간 부문으로 내려가는 까닭에 정책결정자나 집행 담당조직의 최고관리층을 주된 행위자로 보는 데에 대해 상향적 접근 방법은 정부와 민간 부문을 포함해 아래에서 출발해 위로 올라가면서 주된 행위자를 식별하고자 하는 것이다. 이러한 과정에서 동일한 상향적 접근 방법을 택하지만 일선관료제이론과 같이 정책의 전달자(policy deliverers)를 중요시하는 주장이 있는가 하면 대상집단이나 민간 부문의 역할을 중요시하는 사람들도 있다.

---

56) Stephen H. Linder & B. Guy Peters, "A Design Perspective on Policy Implementation: The Fallacies of Misplaced Prescription," *Policy Studies Review*, February 1987, pp. 463–464.
57) Sabatier, *op. cit.*, pp. 33, 36–37.

표 6-3 하향적 접근 방법과 상향적 접근 방법의 비교

관 점	하향적 접근 방법	상향적 접근 방법
최초의 초점	(중앙)정부의 결정	정책 분야와 관련된 지방의 집행구조(네트워크)
주된 행위자의 식별 방법	위에서부터 아래로, 정부에서부터 민간 부문으로	아래(정부 및 민간 부문)에서 위로
평가 기준	공식적 목적의 달성도에 초점을 둔다. 이 밖에도 정치적으로 중요성을 지니는 기준이나 의도하지 않았던 결과도 고찰하나 이는 선택적 기준에 불과하다.	불명확하다. 평가자가 정책 이슈나 정책 문제와 관련이 있다고 생각하는 것이 기준이 된다. 정부의 공식적 결정은 평가 기준으로서 중요성을 지니지 않는다.
전반적 초점	정책결정자가 의도한 정책 성과를 달성하기 위해 집행 체제를 어떻게 운영하고 있느냐이다.	행위자들의 전략적인 상호 작용에 초점을 둔다.
알맞은 상황	핵심적인 법률이 있으며 비교적 구조화된 상황	핵심적인 법률이 없으며 비교적 독립적인 다수의 행위자가 있는 상황

(3) 평가 기준

하향적 접근 방법에서는 공식적 목적의 달성도, 즉 효과성이 주된 평가 기준이 될 수밖에 없다. 이 밖에도 정치적 중요성을 지니는 기준이나 의도하지 않았던 결과도 염두에 두는 경우가 있으나 이는 선택적 기준에 불과하다. 그러나 상향적 접근 방법을 택하는 경우 평가 기준은 불명확하다. 정부의 공식적 결정은 평가 기준으로서 중요성을 지니지 않으며 평가자가 정책 이슈나 정책 문제와 관련이 있다고 생각하는 모든 것이 평가 기준이 될 수 있다.

다시 말해서, 하향적 접근 방법에서는 브라운과 윌다브스키가 말하는 목표확정평가(goal-fixed evaluation)를 택하는 데 대해 상향적 접근 방법에서는 목표중립평가(goal-free evaluation) 또는 다목표평가(multiple-goal evaluation)에 의존하게 된다는 것이다.

(4) 전반적 초점(overall focus)

하향적 접근 방법에서는 정책결정자가 의도한 정책 성과를 달성하기 위해 집행 체제를 어떻게 운영하고 있느냐에 초점을 두는 데 대해 상향적 접근 방법에서는 정책네트워크(policy network)에서의 다수의 행위자들의 전략적인 상호 작용에 초점을 둔다는 것이다.

(5) 알맞은 상황

끝으로 하향적 접근 방법은 핵심적인 법률이 있으며 비교적 구조화된 상황에 알맞은 접근 방법인데 대해서 상향적 접근 방법은 핵심적인 법률이 없으며, 비교적 독립적인 다수의 행위자가 있는 상황에 알맞은 접근법이라 할 수 있다.

제 2 편

정책집행 과정

제 1 장 정책집행의 의의와 유형

제 1 절 정책집행의 의의

I 정책집행의 개념

정책집행에 관해서는 여러 사람이 여러 가지 정의를 내리고 있다. 먼저 프레스먼(Jeffrey L. Pressman)과 윌다브스키(Aaron Wildavsky)가 내린 정책집행의 정의를 비롯해 여러 사람들의 정의를 살펴본 다음 우리가 택하는 정책집행의 정의를 제시하겠다.

1. 프레스먼과 윌다브스키의 정의

프레스먼과 윌다브스키는 집행이란 웹스터(Noah Webster)와 로제트(Peter Mark Roget)가 말한 바와 같이 "실행하는 것, 수행하는 것, 달성하는 것, 생산하는 것, 완성하는 것"[1]이라고 전제하고 있으나 뒤에 가서는 집행이라는 용어를 다의적(多義

1) Jeffrey L. Pressman & Aaron Wildavsky, *Implementation*(Berkeley: University of California Press, 1973), p. xiii.

的)으로 사용해 비판을 받고 있다.

그들은 집행은 "예견된 결과를 달성할 수 있는 능력"[2]을 말한다고 하고 있는가 하면, 집행은 "목표의 설정과 이를 달성하기 위한 활동 간의 교호 작용"[3]이라고도 하고 있다.

이리하여 던셔(Andrew Dunsire)는 프레스먼과 윌다브스키가 정책 임팩트(policy impact)와 정책집행을 명확히 구분하지 못하고 있으며, 집행이라는 용어를 두 가지 또는 세 가지 뜻으로 사용하고 있다고 비판하고 있다.[4]

2. 반 미터와 반 혼의 정의

전술한 바와 같이 반 미터(Donald S. Van Meter)와 반 혼(Carl F. Van Horn)은 『행정과 사회』지에 기고한 논문에서 집행이란 "정책 결정에 의해 미리 설정한 목표를 달성하기 위한 정부 부문 및 민간 부문의 개인이나 집단이 하는 활동"이라고 정의하고 있다.[5]

이들의 집행에 관한 정의의 특징으로는 첫째로 이들이 집행을 단일 방향적(uni-directional)이라고 보았으며, 둘째로 집행을 과정이라고 보기보다는 활동(action)이라고 보았다는 것을 들 수 있다.

3. 바다크의 정의

바다크(Eugene Bardach)는 1977년에 발간된 그의 『집행게임』이라는 저서에서 집행을 "기계를 조립하여 그것이 작동하도록 하는 조립 과정(assembly process)"이라고 정의하고 있다.[6] 이어서 그는 좀 더 훌륭한 집행 기계를 제작하는 방법에 관해서 처방을 내리고 있다.

바다크의 기계는 전통적 조직이론에 속하는 기계이론(machine theory)에서 말하는 기계보다 훨씬 인간적인 요소가 강하다고는 하나, 집행을 기계의 조립 과정에

---

2) *Ibid.*, p. xiv.
3) *Ibid.*, p. xv.
4) Andrew Dunsire, *Implementation in a Bureaucracy*(Oxford: Martin Robertson, 1978), pp. 67–68.
5) Donald S. Van Meter & Carl E. Van Horn, "The Policy Implementation Process: A Conceptual Framework," *Administration and Society*, February 1975, p. 447.
6) Eugene Bardach, *The Implementation Game*(Cambridge: MIT Press, 1997), p. 36.

비유한 것은 문제가 있다.

4. 존스의 정의

존스(Charles O. Jones)는 정책집행을 프로그램을 실천에 옮기기 위한 활동이라 정의하고, 프로그램이란 공공 문제(public problem)의 해결에 관한 구체적인 제안(concrete proposition)이라고 말하고 있다. 이렇게 정책집행을 정의한 존스는 이어서 정책과정의 동태성을 강조하고 정책집행과 정책형성의 상호 작용을 암시하고 있다.7)

5. 이 책에서의 정의

우리는 여기에서 나카무라와 스몰우드와 같이 집행을 "권위 있는 정책지시를 실천하는 과정"이라고 정의하고자 한다.8) 후술하는 정책집행 과정의 특징에서도 지적되겠으나 이러한 정의는 두 가지 특색을 지닌다.

첫째로 우리는 집행을 과정이라고 보았으며, 둘째로 집행을 미리 설정된 목표를 실천에 옮기는 단일 방향적인 과정이 아니라 순환적 과정이라고 보고 있다는 점이다. 후술하는 바와 같이 정책결정자와 집행자 간의 관계는 여러 가지 유형으로 분류할 수 있는 다양한 관계라는 것을 유의할 필요가 있다.

Ⅱ 정책집행의 특징

정책집행의 정의에서 집행을 과정이라고 보았는데 이러한 정책집행 과정이 지니는 특징으로서 여러 가지를 들 수 있다. 우리는 여기에서 정책집행에 관한 연구들이 지적한 바를 중심으로 집행 과정의 특징을 고찰해 보기로 한다.

---

7) Charles O. Jones, *An Introduction to the Study of Public Policy*, second edition(North Scituate: Duxbury Press, 1977), pp. 139-140.

8) Robert T. Nakamura & Frank P. Smallwood, *The Politics of Policy Implementation*(New York: St. Martin's Press, 1980), p. 1.

1. 복합적 과정

라딘(Beryl A. Radin)이 지적하고 있는 바와 같이 정책집행은 복합적 과정(complex process)이다.[9] 많은 단계로 세분될 뿐만 아니라, 많은 인물이나 조직이 참여하고, 정책결정 과정과 교호 작용을 할 뿐만 아니라 정책평가 과정과도 영향을 주고받는 복잡한 과정이라 할 수 있다.

2. 정책과정의 순환성

우리는 정책형성, 정책집행, 정책평가를 포함하는 정책과정을 순환적 과정으로 보고자 한다는 점을 앞에서도 지적한 바 있다. 정책집행은 [그림 1-1]과 같이 정책형성과 영향을 주고받을 뿐만 아니라 정책평가와도 상호 작용을 한다는 점을 다시 한번 강조하고자 한다.

그림 1-1 정책과정의 순환성

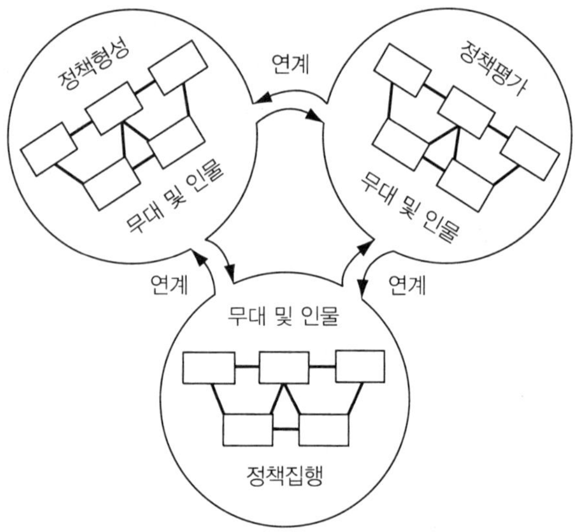

9) Beryl A. Radin, *Implementation, Change and the Federal Bureaucracy*(New York: Teachers College Press, Columbia University, 1977), pp. x–xi.

3. 정책형성과 상호 작용

정책과정의 순환성에 포함되는 이야기이나 정책집행은 특히 정책형성과 긴밀한 관련을 가지며 상호 작용을 한다는 사실에 유의할 필요가 있다.

맥로린(Milbery McLaughlin)은 이러한 정책집행과 정책형성의 밀접한 관계를 상호 작용이라는 말로써 표현하고 있다는 것은 잘 알려진 사실이다. 그에 의하면, 정책집행이 성공을 거두려면 집행자의 행태나 구조적 요인이 수정되어야 할 뿐만 아니라 정책의 설계 자체가 현지 실정에 맞도록 수정되어야 한다는 것이다.

이와 같은 주장을 프레스먼와 윌다브스키의 『집행』에서도 발견할 수 있다. 그들의 저서의 초판에서는 이 점에 관한 주장이 분명치 않아, 그들은 집행을 기본적으로 단일 방향적 과정이라 보았다는 지적도 있었다.[10] 그러나 『집행』의 제2판과 제3판에서는 정책집행과 정책형성·정책평가의 관계를 고찰하고 있으며, 특히 정책집행과 정책형성의 상호 작용을 강조하고 있다. 권위 있게 채택된 정책이라 할지라도 행위 전에는 단어의 집합(a collection of words)에 지나지 않으며 집행자들 간의 협상의 출발점이라고 보고 있다.[11]

린드블롬(Charles E. Lindblom)도 정책집행과 정책형성의 긴밀한 관계를 강조하고 있다. 린드블롬은 "집행은 정도의 차이는 있으나 항상 정책을 결정하거나 정책을 수정한다"는 이유로 '정책결정으로서의 집행'이라는 표현을 사용하고 있는 것이다.

Ⅲ 정책집행 과정의 단계들

정책집행 과정은 여러 가지 단계로 구성된다. 우리는 여기에서 이 문제에 관한 레인과 라비노비츠의 견해, 존스의 견해, 리플리와 프랭클린의 견해를 중심으로 고찰하고자 한다.

---

10) Nakamura & Smallwood, *op. cit.*, p. 1.

11) Pressman & Wildavsky, *Implementation*(1984), pp. 167–168.

1. 레인과 라비노비츠의 3단계

레인(Martin Rein)과 라비노비츠(Francine F. Rabinovitz)는 정책집행 과정을 지침 개발(guideline development), 자원의 배분(resource distribution), 감시 과정(oversight process)의 3단계로 나누어 상세히 고찰하고 있다.

(1) 지침 개발 단계

지침 개발이 집행 과정의 첫째 단계이다. 지침은 법률에 의해 위임된 사항 또는 법률의 시행에 필요한 사항에 관해 규정하는 것으로서 입법부의 의도를 충실히 구현하며 중립적이라고 하나 지침을 개발할 때 행정기관이 누리는 재량은 경우에 따라 상당히 넓은 것이라 할 수 있다.

(2) 자원 배분 단계

집행 과정의 둘째 단계는 필요한 예산을 확보하고 그 사용 시기에 관해 교섭을 벌이는 단계이다.

예산의 확보는 의회의 예산 심의 과정하고만 관련이 있는 것이 아니라, 사업에 따라서는 의회가 총액만 결정하고 그 배분은 중앙예산기관에 일임하는 경우가 있다. 예산액도 중요하지만 이에 못지않게 중요한 것이 사용 가능 시기이다. 이것을 결정하는 주된 장치가 예산의 배정과 재배정 제도이다. 예산의 배정은 중앙예산기관이 정부 각 기관에 일정한 기간 동안 집행할 수 있는 예산액을 정해 주는 것을 말하며, 예산의 재배정이란 각 부처가 그 산하기관에 대해 다시 배정해 주는 것을 말한다.

(3) 감시 단계

레인과 라비노비츠에 의하면 감시 단계는 모니터링(monitoring), 감사 및 평가로 구성된다. 이 세 가지 중 가장 덜 알려져 있는 것이 모니터링이라고 할 수 있는데 미국 연방정부에서는 관리예산처(OMB)가 그 절차를 각 부처에 시달하나 지침대로 실시되지 않는 경우가 많다고 한다. 감사는 각 부처의 내부 감사기관도 담당하나 회계검사원이 주로 담당한다는 것이 잘 알려진 사실이다. 끝으로 평가는 사업의 성과를 판단하는 것이다. 근래에 와서 평가에 대한 관심이 높아진 것은 모니터링이 제대로 이루어진다고 하더라도 소기의 사업 성과가 달성된다는 보장이 없기

때문이다.[12)]

2. 존스의 3단계

존스(Charles Jones)는 정책집행 과정을 해석(interpretation), 조직(organization), 적용(application)의 3단계로 나누고 있다.

(1) 해석 단계

레인과 라비노비츠가 말하는 지침 개발을 존스는 '해석'이라고 부르고 있다. 프로그램의 내용을 수용 가능하며 실현 가능한 지침(directive)으로 전환시키는 것을 말한다.

(2) 조직 단계

프로그램을 실천에 옮기는 데 필요한 조직 단위를 구성하고 실천 방법을 정립하는 단계이다.

(3) 적용 단계

서비스나 금전적 혜택과 같은 프로그램의 목적이나 도구에 해당되는 것을 제공하는 단계이다.[13)]

3. 리플리와 프랭클린의 4단계

리플리(Randall B. Ripley)와 프랭클린(Grace A. Franklin)은 정책집행 과정을 자원의 확보, 해석 및 기획, 조직, 혜택·제한의 전달의 4단계로 구분하고 있다.

(1) 자원 확보 단계

집행을 담당하게 되는 기관은 예산·인력·장비 등과 같은 자원을 확보해야 한다.

---

12) Martin Rein & Francine F. Rabinovitz, "Implementation: A Theoretical Perspective," in Walter D. Burnbam & Martha W. Weinberg(eds.), *American Politics and Public Policy*(Cambridge: MIT Press, 1978), pp. 4－5.

13) Jones, *op. cit.*, p. 139.

(2) 해석 · 기획 단계

법률의 내용을 토대로 하여 구체적인 지침 · 규칙 등을 제정할 뿐만 아니라 계획을 수립하는 단계이다.

(3) 조직 단계

기구를 설치하고 업무 처리를 위한 루틴(routine)을 확립함으로써 각종 활동을 조직화하는 단계이다.

(4) 혜택 · 제한 전달 단계

집행 담당기관이 수혜집단에게 혜택을 제공하고 대상집단에게 통제를 가하는 단계이다.[14)]

4. 비교분석

여기에서는 위에서 고찰한 레인과 라비노비츠의 3단계, 존스의 3단계, 리플리와 프랭클린의 4단계를 비교해 보기로 한다.

(1) 지침 개발

표현은 다르나 세 견해가 다 지침 개발을 들고 있다. 레인과 라비노비츠는 이 단계를 '지침 개발'이라고 부르고 있으나 존스는 '해석'이라고 하고 있으며, 리플리와 프랭클린은 '해석과 기획'이라고 한다.

표 1-1 집행 단계에 관한 세 견해의 비교

집행 단계	레인과 라비노비츠의 견해	존스의 견해	리플리와 프랭클린의 견해
지침 개발	지침 개발	해석	해석과 기획
자원의 확보	자원 배분		자원 확보
조직		조직	조직
혜택 · 제한의 전달		적용	혜택 · 제한의 전달
	감시 과정		

14) Randall B. Ripley & Grace A Franklin, *Policy Implementation and Bureaucracy*, second edition (Homewood: Dorsey Press, 1986), pp. 4–5.

(2) 자원의 확보

리플리와 프랭클린이 '자원 확보 단계'라고 하는 것으로서 레인과 라비노비츠는 '자원의 배분(resource distribution)'이라고 부르고 있으나, 그들도 자원의 확보를 말하고 있다. 존스는 이 단계에 관해서 언급이 없다.

(3) 조 직

기구를 설치하고 활동을 조직화하는 '조직 단계'에 관해서 존스뿐만 아니라 리플리와 프랭클린도 언급하고 있다. 그러나 레인과 라비노비츠는 이 단계에 대해서 언급이 없다.

(4) 혜택 · 제한의 전달

존스는 이 단계를 '적용 단계'라고 부르고 있으나 리플리와 프랭클린은 '혜택 · 제한의 전달 단계'라고 하고 있다. 그러나 레인과 라비노비츠는 이 단계에 대해서 언급이 없다.

이 밖에도 레인과 라비노비츠는 '감시 과정'을 들고 있으나 우리는 이를 정책평가에 포함시키고자 한다.

제 2 절 정책집행의 유형

I 유형 정립을 위한 시도

1. 맥로린의 유형

정책집행을 몇 가지 유형으로 나누고 각 유형이 지니는 특징을 고찰해 보려는 시도는 이미 1975년경부터 있었던 것 같다. 전술한 바와 같이 맥로린은 정책결정자와 집행자 간의 교호 작용에 착안해 i) 상호 적응, ii) 코옵테이션(co-optation), iii) 불집행(nonimplementation)이라는 세 가지 유형으로 분류한 바 있다.

2. 두 가지 유형

초기의 유형 정립을 위한 시도와는 달리 1980년대부터는 정책집행 연구에 많은 실익을 주는 정책집행의 유형이 여러 사람에 의해 제시되었다. 우리는 여기에서 i) 나카무라와 스몰우드의 유형, ii) 버먼의 정형적 집행과 적응적 집행에 대해 상세하게 살펴보기로 한다.

Ⅱ 나카무라와 스몰우드의 유형

나카무라와 스몰우드는 정책결정자와 집행자의 관계에 착안해 정책집행을 다섯 가지 유형으로 나누고, 각 유형별로 집행에 차질이 일어난다면 그 원인이 무엇이었겠느냐에 관해서도 상세히 검토하고 있다.

1. 고전적 기술자형

이 유형에서는 <표 1-2>와 같이 i) 정책결정자가 구체적인 목표를 수립하고, ii) 정책결정자가 이러한 목표의 달성을 위해 기술적 문제에 관한 권한을 집행자에게 위임한다. iii) 집행자는 정책결정자가 수립한 목표를 그대로 받아들이고 이러한 목표를 달성하기 위한 기술적인 방안을 강구한다.

한 마디로 말해서, 이 유형에서는 정책결정자가 집행 과정에 대해서 강력한 통제력을 행사한다. 집행자는 기술적인 문제에 관해서 다소 간의 재량권을 지닐 뿐이다. 이 유형을 '고전적 기술자형'이라고 부르는 것은 행정학에서 말하는 고전적인 의미의 집행의 특징을 지니는 까닭이다.

1960년 케네디는 대통령에 당선되자 1960년대 안에 인간을 달에 착륙시킨다는 미국의 새로운 목표를 발표했다. 이 목표를 결정하게 된 배경이나 이유는 다양했다. 구소련이 스푸트니크(Sputnik)를 먼저 발사했으니 구소련과의 경쟁에서 승리한다는 이유가 있었는가 하면, 미국의 국가적 자부심의 회복이라는 이유도 있었을 것이다.

배경이나 이유야 어떻든 간에 일정표까지 곁들여 목표는 지극히 구체적이고 치

표 1-2 집행 유형별 정책결정자와 집행자의 기능

집행의 유형	정책결정자	정책집행자
고전적 기술자형	• 정책결정자가 구체적인 목표를 수립한다. • 정책결정자는 목표 달성을 위해 기술적 문제에 관한 권한을 집행자에게 위임한다.	• 집행자는 정책결정자의 목표를 받아들이고 이러한 목표를 달성하기 위한 기술적 수단을 강구한다.
지시적 위임형	• 정책결정자는 구체적인 목표를 수립한다. • 정책결정자는 집행자에게 목표 달성을 위해 필요한 수단을 고안하도록 행정적인 권한을 위임한다.	• 집행자들은 정책결정자의 목표를 받아들이고 이러한 목표를 달성하기 위한 행정적인 수단에 관해 집행자들 상호 간에 협상한다.
협상형	• 정책결정자가 목표를 수립한다. • 정책결정자가 집행자와 목표나 목표 달성을 위한 수단에 관해 협상한다.	• 집행자가 정책결정자와 목표나 목표 달성을 위한 수단에 관해 협상한다.
재량적 실험형	• 정책결정자는 추상적 목표를 기술한다. • 정책결정자는 집행자에게 목표와 목표 달성을 위한 방안을 구체화하도록 광범위한 재량권을 부여한다.	• 집행자는 정책결정자를 위해 목표와 방안을 구체화한다.
관료적 기업가형	• 정책결정자는 집행자가 수립한 목표와 집행자가 고안한 목표 달성 방안을 기술한다.	• 집행자는 목표를 수립하고 방안을 강구한 다음 정책결정자를 설득해 목표와 방안을 받아들이게 한다.

밀했다. 대통령, 의회, 집행을 담당한 과학자와 같은 당사자들 간에 이러한 정책목표의 달성은 지극히 소망스러운 것으로 생각되었으며 이의가 없었다. NASA라는 형태로 집행을 담당할 지휘 체계가 창설되었으며 강력한 정치적 뒷받침과 재정적 지원을 받으면서 이 목표를 달성하기 위한 기술적인 방안을 강구하게 되었다. 집행자들이 목표 달성에 필요한 기술적인 활동을 전개한 결과 1969년 7월 20일 두 사람의 우주인이 달에 착륙하기에 이르렀던 것이다.

이 NASA의 예에 비추어 볼 때 기술적인 집행은 항상 논란이 없고 용이한 것 같으나 반드시 그런 것은 아니다. 1954년 원자력법이 개정되어 원자력의 평화적 사용, 특히 원자력 발전이 가능하게 되었다.

원자력 발전을 장려하고 실현한다는 목표가 명백하게 제시되었고 원자력위원회가 그 집행을 담당하게 되었다. 원자력위원회는 원자력에 관한 정보와 전문성을 지니고 있었을 뿐만 아니라 충분한 재정적 지원을 받고 있었다. 적어도 그 당시에는 모든 관계자들이 원자력 발전이란 소망스러운 목표라고 생각하고 있었다.

1955년 원자력위원회는 원자력으로 발전을 시도하는 사기업에 대해서 각종의 재정적 지원을 한다는 계획을 발표하게 되었으며, 1979년까지 70개의 원자로가 가동되기에 이르렀고, 원자력 발전은 미국 전력 수요의 12%를 충당하게 되었다.

그러나 얼핏 보기에는 좋은 성과를 거둔 것 같아 보이는 원자력 발전이 많은 문제를 제기하게 되었다. 우선 방사능의 누출이 없는 안전한 시설을 어떻게 건설하느냐 하는 문제부터 시작해서 방사능 찌꺼기의 안전한 처리, 환경 오염의 극소화에 이르는 각종 기술적인 문제가 있다. 둘째는 법적인 책임 문제와 사고 발생시의 보험 문제 등이 있고, 셋째로 인플레이션 등으로 인한 건설비의 초과를 포함한 경제적 문제가 있다.

거기에다가 1979년 3월 28일에 발생한 스리마일 섬(Three Mile Island)의 원자력발전소 사고는 원자력 발전이 기술적으로 얼마나 많은 문제를 지니고 있는가를 전 세계에 알리게 되었다.

이리하여 원자력 발전은 과거 어느 때보다도 정치 문제화하게 되었는데, 그 주된 이유는 기술적 고장으로 인해 국민들이 원자력 발전에 대한 신뢰를 많이 상실한 데 있다고 하겠다.

그 결과 새로운 기관, 단체들이 집행 과정에 참여자로 등장하게 되었으며, 원자력 발전이 고전적 기술자형 집행으로서의 특색을 상실하게 되었다. 결론적으로 원자력 발전의 예가 보여 주는 바와 같이 집행자들이 정책목표를 달성하는 데 필요한 기술적 조절을 이룩하지 못한다면 고전적 기술자형 집행도 정치적으로 복잡한 양상을 띨 수 있다는 사실에 유의할 필요가 있다.[15)]

2. 지시적 위임형

이 유형에서는 전술한 고전적 기술자형의 경우보다 정책결정자가 집행자에게 더 많은 권한을 위임하게 된다.

이 유형의 근본적 특징은 i) 정책결정자가 명확한 목표를 수립하고 집행자들이 목표의 필요성에 합의한다. ii) 정책결정자는 1개 또는 수개 집단의 집행자들에게 목표 달성을 지시하고 집행자들에게 광범위한 행정적 권한을 부여한다. iii) 집행자는 이 목표 달성에 필요한 기술적·행정적·협상적 능력을 보유한다.

15) Nakamura & Smallwood, *op. cit.*, pp. 111－118.

이 유형에서도 정책결정자가 정책형성에 대한 통제권을 보유하나 집행자는 정책결정자가 수립한 목표의 달성에 사용될 수단을 결정할 권한을 지닌다. 따라서 이 유형에서는 다음과 같은 차질이 빚어질 수 있다.

첫째, 만일에 집행자가 그들의 과업을 수행하는 데 필요한 전문성이나 기술을 보유하지 못한다면 기술적인 붕괴가 일어날 수 있다.

둘째, 수개 집단의 집행자가 존재할 수 있으므로 집행자들 간에 목표 달성에 가장 적절한 수단이 무엇이냐에 관해서 분쟁이 일어날 수 있다.

셋째, 이 유형의 근본적인 가정은 정책결정자가 명확하고 정밀한 목표를 수립한다는 것이다. 만일에 정책결정자의 지시가 모호한 경우에는 집행자들 간에 정책결정자의 진의가 무엇이며 목표 달성에 가장 알맞은 수단이 무엇이냐에 관해서 분쟁이 일어날 수 있다는 것이다.[16)]

우리나라의 새마을사업은 비교적 목표가 뚜렷했다. 그러나 한때 새마을사업이 벽에 부딪치고 있다는 이야기가 나오게 된 데에는 여러 가지 이유가 있겠으나, 새마을사업 추진과 관련된 기능이 여러 부처로 분산되어 있기 때문이라고 할 수 있다. 새마을사업은 크게 정신 계발 분야, 환경 개선 분야, 소득 증대 분야로 나눌 수 있는데,[17)] 소득 증대 분야만 하더라도 농림수산부(현 농림축산식품부)와 내무부(현 행자부) 간에 주도권 문제가 있었다. 환경 개선 분야도 보사부(현 보건복지부)와 내무부(현 행자부) 간의 분쟁이 일어날 소지가 많았다.

집행을 담당하는 기관의 난립으로 집행에 차질을 초래한 예로서는 프레스먼과 윌다브스키가 고찰한 경제발전처(EDA)의 오클랜드 사업을 들 수 있다. 프레스먼과 윌다브스키가 그들의 저서에서 많은 것을 지적하고 주장했지만 수많은 결정점(decision points)으로 인한 합동 작전(joint action)의 복잡성이 집행 과정을 마비시켰다는 사실을 그들은 강조하고 있다. 예를 들면, 오클랜드에 적용될 직업훈련사업은 9개 기관의 승인을 얻도록 되어 있었으므로, 이러한 사업이 정책결정자가 의도한 바와 같이 빨리 진척될 수 없었다는 것은 자명하다는 것이다.[18)]

16) *Ibid.*, pp. 118－119.

17) 김종호, 새마을운동과 지도 이념(수원: 새마을지도자연수원, 발행 연도 미상), pp. 119－121.

18) Jeffrey L. Pressman & Aaron Wildavsky, *Implementation*, third edition(Berkeley: University of California Press, 1984), p. 143.

3. 협상형

고전적 기술자형이나 지시적 위임형에서는 정책결정자와 집행자가 목표의 필요성에 관해서 합의를 보고 있는 데 대해, 협상형의 경우에는 정책결정자와 집행자가 목표나 그 목표를 달성하기 위한 수단에 대해서 반드시 합의를 보고 있는 것이 아니라는 점이 특색이다.

협상형의 특징을 요약한다면 i) 정책결정자가 목표를 수립하나, ii) 정책결정자와 집행자가 목표나 목표 달성을 위한 수단에 관해 반드시 합의를 보고 있는 것이 아니다. iii) 따라서 집행자들은 정책결정자와 목표나 목표 달성을 위한 수단에 관해 협상한다.

정책결정자와 집행자 간의 협상의 결과는 누구의 힘이 더 강력하냐에 따라서 달라진다. 만일에 정책결정자가 권력을 독점하고 있다면 집행자가 그 정책을 선호하지 않더라도 정책결정자는 집행자에게 그 정책의 집행을 강요하게 될 것이다. 양자가 권력을 균등하게 보유하고 있는 경우에는 정책결정자와 집행자 간의 협상에 의한 타협에 의해 집행이 이루어지게 될 것이다. 그러나 집행자의 힘이 정책결정자보다 강할 때에는 그 정책은 집행되지 않을 것이다.

정책결정자의 권력이 우위에 있는 경우를 1962년의 미국 철강제품 가격사건에서 찾아볼 수 있다. 1962년 4월 10일 미국철강회사(U.S. Steel Corporation)의 회장이 케네디 대통령을 방문해 그의 회사가 철강제품의 가격 인상을 결정했다는 사실을 통보하는 데서 문제가 발단된다. 이러한 가격 인상은 철강제품의 가격 인상을 하지 않기로 한 신사협정에 위배될 뿐만 아니라, 그 여파가 지극히 크다는 것을 느끼고 케네디 대통령은 가격 인상을 저지하기로 결심하고 그가 동원할 수 있는 모든 수단을 망라해 미국철강회사에 압력을 가했다. 드디어 3일 후인 4월 13일 오후 늦게 미국철강회사는 가격 인상을 보류하기로 했다는 발표를 하게 된 것이다.

철강제품 가격의 인상을 불허한다는 정책목표에 관해서 정책결정자인 대통령과 집행자인 미국철강회사는 합의를 보지 못했으며 대통령은 철강회사와 타협할 수 없다는 것을 천명하고, 대통령과 그 산하의 연방정부 각 기관이 보유하고 있는 모든 수단을 동원해 정책의 집행을 강요한 결과 힘이 부족한 미국철강회사는 대통령의 지시에 따를 수밖에 없었던 것이다.

정책결정자와 집행자의 힘이 균형을 이룬 경우로서 1965년의 수자원기획법(Water Resources Planning Act) 제3장에 의거한 연방정부 보조금사업을 들 수 있다. 이 경우 연방정부는 재원과 전문성을 보유하고 있었으나 주정부들은 수적으로 많다는 점 이외에도 각 주에서 선출된 상하 양원 의원을 통해서 연방정부의 정책결정 기구에 영향력을 행사할 수 있었으며, 보조금사업의 효과를 측정하는 데 필요한 정보도 보유하고 있었다.

정책결정자인 연방정부와 집행자인 주정부의 힘이 균등하다고 볼 수 있는 이러한 상황 속에서 정책의 집행은 협상과 타협에 의존할 수밖에 없었으며, 결국에는 연방정부와 주정부가 서로 그들의 본래의 목적을 크게 수정할 수밖에 없었던 것이다.[19]

집행자의 힘이 정책결정자보다 강한 경우로서 우리나라의 자동차산업정책을 들 수 있다. 승용차생산은 현대자동차로 일원화한다는 정부의 정책이 집행 과정에서 현대자동차회사와 GM의 교섭이 여의치 않아 번복되고 승용차생산의 일원화라는 정책이 집행되지 못하고 말았다는 것은 잘 알려진 사실이다.

4. 재량적 실험형

정책결정자가 구체적인 정책을 결정할 수가 없어서 광범한 재량권을 집행자에게 위임하는 경우를 재량적 실험형이라 할 수 있는데, 이 유형의 특징을 다음과 같은 세 가지로 요약할 수 있다.

첫째, 공식적 정책결정자는 추상적인 목표를 지지하나 지식·정보의 부족 또는 기타 불확실성으로 인해 구체적인 목표를 제시하지 못한다.

둘째, 정책결정자는 집행자가 목표를 구체화하고 목표 달성을 위한 수단을 강구할 수 있도록 광범위한 재량권을 집행자에게 부여한다.

셋째, 집행자가 이러한 과업을 수행할 것을 수락한다.[20]

재량적 실험형은 미국의 독립규제위원회의 경우에 많이 찾아볼 수 있다. 주간상업위원회(Interstate Commerce Commission)는 '적정하고 합리적인' 수준에서 철도 요금을 결정하는 임무를 부여받고 있으며, 연방통신위원회(Federal Communi-

19) Nakamura & Smallwood, *op. cit.*, pp. 122–126.
20) *Ibid.*, pp. 127–128.

cations Commission)는 '공중의 편의와 필요'에 따라서 텔레비전 방송국을 허가하도록 되어 있고, 증권교환위원회(Security and Exchange Commission)는 '공익과 출자자의 이익 보호를 위해 필요하다고 인정할 때'에는 증권 거래에 관한 규칙을 제정할 수 있다.

이와 같이 정책목표가 모호한 데에는 여러 가지 이유가 있겠으나, 첫 번째로 들 수 있는 것은 정책결정의 복잡성이라고 할 수 있다. 행정수반이나 입법부가 구체적인 정책을 수립하기에는 시간과 전문성이 부족한 경우가 많다. 따라서 구체적인 사항을 하급자에게 위임할 수밖에 없는 경우가 많다.

둘째로 정책결정자들 간의 합의에 도달하지 못하기 때문에 추상적인 목표를 수립할 수밖에 없는 경우가 있다.[21)]

우리는 자칫하면 재량적 실험형의 집행이 바람직하지 못해 실패할 가능성이 큰 것처럼 생각하기 쉬우나 반드시 그렇게만 볼 것은 아니라고 생각된다. 중요한 정책문제가 제기되었으나 이를 다룰 정보나 지식이 부족한 경우에는 재량적 실험형의 집행만이 가능한 방법일 수도 있다.

이 유형의 집행에 차질이 일어날 수 있는 경우를 열거하여 본다면 i) 집행자가 전문성이나 지식이 부족한 경우 기술적 차질이 일어날 수 있으며, ii) 모호한 정책으로 인해 혼란이 야기될 수 있다. iii) 집행자에 의한 사술이나 코옵테이션(co-optation)이 있을 수 있으며, iv) 책임 한계가 불분명하기 때문에 정책결정자나 집행자에게 책임을 추궁하기 어려운 경우가 많을 것이다.

결론적으로 이 유형은 위험률이 높으나 불확실성이 높은 분야에서는 가장 쇄신적인 집행 방법이 될 수도 있다. 많은 문제점을 안고 있기는 하나 복잡한 정책 문제가 제기되었을 때 이에 대처할 수 있는 유일한 방법이 될 수도 있다.

5. 관료적 기업가형

집행자가 정책결정자의 권력을 장악하고 정책과정을 지배하는 경우라고 할 수 있는 관료적 기업가형의 특징을 요약하면 다음과 같다.

i) 집행자가 그들의 정책목표를 수립하고 힘을 동원해 공식적인 정책결정자에

---

21) George C. Edwards Ⅲ & Ira Sharkansky, *The Policy Predicament: Making and Implementing Public Policy*(San Francisco: Freeman, 1978), pp. 298–300.

게 이 목표를 받아들이도록 종용한다. ii) 집행자가 정책결정자와 협상해 정책목표 달성에 필요한 수단을 확보한다. iii) 집행자가 이러한 목표를 달성할 것을 원할 뿐만 아니라 달성할 능력도 있다.

정책결정의 권력이 집행자로 넘어가는 데에는 여러 가지 이유가 있다. 첫째는 집행자가 정책형성에 필요한 정보를 창출하고 통제하는 경우이며, 둘째는 관료제의 안전성과 계속성으로 인해 정책결정자는 물러가나 집행자는 계속 자리를 지키는 경우가 많다. 셋째는 집행자 중에는 기업가적 소질이나 정치적 능력을 발휘해 정책형성 과정을 지배하는 사람들이 있다.

닉슨 대통령이 백악관의 도시문제위원회(Urban Affairs Council)의 책임자로 임명한 모이니헌(Daniel Moynihan)은 워싱턴의 관료제를 최대한으로 활용한 사람이다. 닉슨 대통령이 복지사업을 개혁할 의사를 밝히자 그는 관료들을 동원해 구체적인 개혁 방안을 닉슨 대통령에게 제시했다. 닉슨 대통령은 단시일 내에 구체적 개혁안을 제출한 데에 만족을 표시하고 모이니헌의 개혁안을 정부안으로 채택하게 되었다. 이것은 정책결정시에 조사연구의 힘이 얼마나 큰가를 말해 주는 좋은 예라고 할 수 있다.[22)]

정책결정자는 사라져도 집행자가 살아남는 예는 직업공무원제가 확립된 많은 국가에서 찾아볼 수 있다. 내각의 빈번한 교체로 정책결정자는 왔다가 가나 직업공무원제가 확립되어 집행자인 직업공무원은 계속 그 자리를 유지하는 경우를 많이 볼 수 있는데, 루시(Herbert Luethy)는 프랑스를 대표적인 예로 들고 있다.

루시는 『프랑스의 자가당착(*France Against Herself*)』이라는 저서에서 제5공화국 이전의 프랑스의 역사는 행정의 역사라고 전제하고 나서 프랑스 관료의 강력한 지위를 길게 설명하고 있다. 많은 정권이 여러 가지 정치적·행정적·사법적인 개혁안을 가지고 등장했지만 제대로 성공을 거둔 것이 별로 없다는 것이다. 프랑스의 관료제는 정치적인 간섭을 받지 않는 최고의 주권적인 집단으로서 자체의 계층제(hierarchy) 이외의 어느 누구에 대해서도 책임을 지지 않는다는 것이다. 그들은 마치 정치적 폭풍우에 대해서도 끄떡하지 않는 암석과 같은 존재라고 루시는 보았던 것이다.[23)]

---

22) Nakamura & Smallwood, *op. cit.*, 133−135.

23) Herbert Luethy, *France Against Herself*(New York: Meridian Books, 1955), pp. 14−17.

개별적인 집행자가 능력을 발휘함으로써 정책형성에 중요한 역할을 담당하는 예는 많이 찾아볼 수 있으나, 1924년부터 1972년 그의 사망시까지 FBI의 책임자로 재직한 후버(Edgar Hoover)가 대표적인 예의 한 사람이라고 할 수 있다. 1917년에 법무부에 들어간 후버는 당시의 법무장관을 도와 제1차 세계대전 후의 공산주의자들을 색출하는 데 공을 세워 1924년 29세의 젊은 나이로 FBI의 책임자가 되었다. 그러나 1932년경에 이르자 FBI는 제한된 권한을 가지고 별로 할 일이 없다는 평가를 받게 되어 그 폐지가 논의되기에 이르렀다. 이때 마침 린드버그(Lindberg) 가(家)의 영아유괴사건과 캔자스 시의 FBI 직원 학살사건이 발생하자 후버는 이것을 교묘히 이용해 FBI의 권한의 확대를 시도함으로써, 1934년 5월 19일 의회가 FBI에 새로운 권한을 부여하는 6개의 법률을 통과시키게 되었다.

후버는 8명의 대통령 밑에서 FBI의 책임자로 근무하면서 계속적으로 그의 권한을 확장하고 다져갔으며, 종국에는 치안 유지 분야에서 정책집행자로서뿐만 아니라 정책결정자로서 지대한 영향력을 발휘하게 되었다.[24]

6. 결 어

우리는 위에서 정책의 집행을 5개 유형으로 나누어 고찰한 나카무라와 스몰우드의 유형을 살펴보았는데, i) 고전적 기술자형에서, ii) 지시적 위임형, iii) 협상형, iv) 재량적 실험형, v) 관료적 기업가형으로 이행함에 따라서 정책과정을 지배하는 힘이 정책결정자로부터 집행자로 넘어오는 것을 살펴보았다. 그리고 정책형성과 정책집행의 관계가 단일 방향적이 아니라는 것도 알았다. 관료적 기업가형 같은 경우에는 집행자가 정책을 결정하고 공식적인 정책결정자에게 이를 받아들이도록 종용한다는 것을 발견했다.

이와 같이 나카무라와 스몰우드의 정책집행 유형은 정책결정자와 정책집행자 간의 권력의 배분 관계를 이해하는 데 도움을 줄 뿐만 아니라, 정책집행에 지대한 영향을 미치는 재량 문제를 이해하는 데에도 도움이 된다. 후술하는 바와 같이 고전적 기술자형에서 지시적 위임형, 협상형, 재량적 실험형, 관료적 기업가형으로 오면 올수록 집행자의 재량이 증대된다는 것을 알 수 있다.[25]

24) Nakamura & Smallwood, *op. cit.*, pp. 136－137.
25) 이 책 제2편 제4장 "재량과 정책집행" 참조.

Ⅲ 정형적 집행과 적응적 집행

버먼(Paul Berman)은 정책집행을 정형적 집행(programmed implementation)과 적응적 집행(adaptive implementation)으로 나누고 있다. 이 분류는 버먼 자신이 지적하고 있는 바와 같이 정책집행에 관한 관점에 의거한 분류인 동시에 상황의 차이에 입각한 집행전략에 의거한 분류이기도 하다.

1. 정형적 집행

정형적 집행이란 비교적 명확한 정책목표에 의거해 사전에 수립된 집행계획에 따라 일사불란하게 이루어지는 집행을 말하는데, 이를 좀 더 구체적으로 살펴보면 다음과 같다.

(1) 정책 상황

정형적 집행이 요청되는 상황은 구조화 상황이다. <표 1-3>과 같이 구조화 상황이란 요청되는 변화의 범위가 적으며 기술과 이론이 확실하고 정책목표나 수단을 둘러싼 갈등이 낮을 뿐만 아니라, 집행기관의 구조가 비교적 계층적이며 환경의 안정성이 높은 상황이다.

(2) 정책목표 수정의 필요성

정형적 집행이 요청되는 구조화 상황은 정책의 목표를 둘러싼 갈등이 낮은 상황일 뿐만 아니라, 정형적 집행은 수립된 정책목표가 본질적으로 정당한 것이라고

표 1-3 정책 상황의 유형

상황 파라미터	상황 유형	
	구조화 상황	비구조화 상황
변화의 범위	점증적	광범적
기술과 이론의 확실성	확실	불확실
정책의 목표 및 수단을 둘러싼 갈등	낮은 갈등	높은 갈등
집행기관의 구조	tightly coupled	loosely coupled
환경의 안정성	안정적	불안정

자료: Berman, *op. cit.*, p. 214.

표 1-4 정형적 집행과 적응적 집행

항목 \ 유형	정형적 집행	적응적 집행
정책 상황	구조화 상황	비구조화 상황
정책목표 수정의 필요성	수정의 필요성 없음.	수정 필요함.
관련자의 참여	참여의 필요성 낮음.	적극적 참여 요청
집행자의 재량	제한된 재량	광범위한 재량
평가의 기능	집행의 충실도 측정	1차적으로 적응 과정이며 성과는 2차적

보는 까닭에 정책목표 수정의 필요성을 별로 인정하지 않는다.

(3) 관련자의 참여

정형적 집행에서는 관련자 참여의 필요성을 별로 인정하지 않는다. 집행자들은 설정된 목표를 충실하게 구현하면 되는 것이다.

(4) 집행자의 재량

정형적 집행에서는 집행자의 재량이 넓을 필요가 없다고 본다. 집행자의 넓은 재량은 목표 달성에 차질을 가져올 수 있다고 보는 까닭이다. 하위집행자에게 내려올수록 정책이 큰 윤곽(big picture)을 제대로 파악하지 못하고 있는 경우가 많기 때문에 광범위한 재량은 비효과적이며, 경우에 따라서는 정책에 상반된 결과를 초래할 수도 있다고 보는 것이다.

(5) 평가의 기능

정형적 집행에서는 평가의 목적은 집행의 충실도(fidelity)를 측정하는 데 있다. 수립된 정책목표를 얼마나 충실하게 달성했는가를 점검하는 것이 평가의 기능이라 할 수 있다.26)

2. 적응적 집행

적응적 집행이란 비교적 불명확한 정책목표에 의거해 다수의 참여자들이 협상

26) Paul Berman, "Thinking about Programmed and Adaptive Implementation," in Helen Ingram & Dean Mann(eds.), *Why Policies Succeed or Fail*(Beverly Hills: Sage Publications, 1980), pp. 208－210.

과 타협을 통해 정책을 수정하고 구체화하면서 집행해 가는 것을 말하는데, 이를 좀 더 구체적으로 살펴보면 다음과 같다.

(1) 정책 상황

적응적 집행은 비구조화 상황하에서 필요한 집행 방법이다. 비구조화 상황이란 <표 1-3>과 같이 광범위한 변화가 요청되며 기술과 이론이 불확실하고 정책의 목표와 수단을 둘러싼 갈등이 심할 뿐만 아니라, 집행기관의 구조가 비교적 느슨하며 환경의 안정성이 낮은 상황이다.

(2) 정책목표 수정의 필요성

정형적 집행의 경우와는 달리 적응적 집행에서는 정책목표 수정의 필요성이 높다. 적응적 집행이 요청되는 비구조화 상황은 정책의 목표를 둘러싼 갈등이 심한 상황이며, 당사자 간의 협상과 타협에 의해 정책이 수정될 수 있으며 수정되어야 한다고 보는 것이다.

(3) 관련자의 참여

적응적 집행에서는 관련자의 적극적인 참여가 필요하다고 본다. 이러한 적극적 참여는 두 가지의 기능을 지니는데, 첫째로 관련자의 적극적 참여는 집행 과정에서의 문제 해결을 제고한다. 둘째로 관련자의 적극적 참여는 동기 부여에 이바지하고 능률적인 집행을 가져올 수 있다는 것이다.

(4) 집행자의 재량

적응적 집행에서는 집행자의 재량이 증대되어야 한다고 본다. 집행자들이 현지 실정에 알맞은 집행을 할 수 있기 위해서는 좀 더 광범위한 재량권이 필요하다고 보는 것이다.

(5) 평가의 기능

적응적 집행에서는 평가의 기능도 정형적 집행의 경우와 다를 수 있다. 적응적 집행에서는 평가는 1차적으로 적응이 적절하게 이루어지고 있는가를 점검하는 데 목적이 있으며 성과의 측정은 2차적이라고 할 수 있다. 한 마디로 말해서, 적응적 집행에서는 정책이란 처음부터 구체적으로 결정되는 것이 아니며, 집행 과정에서 정책이 구체성을 띠게 된다고 보는 까닭에 평가를 통해서 얻은 정보는 정책의 구체화에 이바지하게 되는 것이다.[27)]

Ⅳ 매틀랜드의 유형

매틀랜드(Richard E. Matland)는 정책의 모호성과 정책을 둘러싼 갈등을 감안하여 정책을 다음과 같이 네 가지로 분류하고 있다.

매틀랜드는 종전의 정책집행 유형의 결함이 이론적 구조를 결여하고 있는 데 있다고 하고, 그의 모형은 조직론의 이론을 원용하여 모호성/갈등모형을 도입함으로써 이론에 기초를 둔 접근 방법을 정책집행에 적용하고자 하는데 특징이 있다고 주장하고 있다.[28)]

1. 행정적 집행

매틀랜드는 정책의 모호성이 낮으며 정책을 둘러싼 갈등이 낮은 경우의 정책집행을 행정적 집행이라고 하고 있으며, 대표적인 예로서 천연두의 근절을 들 수 있다고 하고 있다. 충분한 자원만 확보된다면 원하는 결과를 얻는 데에는 아무런 문제가 없다고 하겠다.[29)] 버먼(Paul Berman)의 정형적 집행과 유사한 성격을 지닌 개념이라 할 수 있겠다.[30)]

2. 정치적 집행

정책의 모호성이 낮으나 정책을 둘러싼 갈등이 높은 경우의 정책집행을 매틀랜드는 '정치적 집행'이라고 부르고 있다.

목표는 분명하나 집행을 위한 수단을 둘러싸고 갈등이 심할 수 있다. 정치적 집

27) *Ibid.*, pp. 210－213.
28) Richard E. Mathland, "Synthesizing the Implementation Literature: The Ambiguity－Conflict Model of Policy Implementation." *Journal of Public Administration Research and Theory*, April 1995, p. 170.
29) *Ibid.*, p. 160.
30) Berman, *op. cit.*, pp. 208－209.

행의 핵심은 집행의 성과가 권력에 의하여 결정된다는 것이다. 어떤 경우에는 정책결정자나 그들의 연합이 그들의 의사를 관철할 권력을 지니나 어떤 경우에는 참여자가 합의에 도달하기 위하여 협상을 활용한다는 것이다.[31] 나카무라와 스몰우드의 협상형에 가까운 개념이라 하겠다.[32]

그림 1-2 매틀랜드의 유형

		갈등	
		낮다	높다
모호성	낮다	행정적 집행	정치적 집행
	높다	실험적 집행	상징적 집행

3. 실험적 집행

정책의 모호성이 높으나 정책을 둘러싼 갈등이 낮은 경우를 매틀랜드는 실험적 집행이라고 하고 있다.

목표와 이를 달성하기 위한 수단이 모호한 경우는 확실하게 실험적 집행에 해당될 것이나 정책결정자 간에 목표에 관해서 합의되어 모호성이 낮으나, 이러한 목표를 달성하기 위한 수단이 모호한 경우에도 실험적 집행이라 할 수 있다.[33] 나카무라와 스몰우드의 재량적 실험형과 유사한 개념이라 하겠다.[34]

4. 상징적 집행

정책의 모호성이 높을 뿐만 아니라 정책을 둘러싼 갈등도 높은 경우를 매틀랜드는 상징적 집행이라고 하고 있다.

상징적 집행의 핵심은 현장에서의 참여자 연합의 힘이 성과를 결정한다는 것이

31) Matland, *op. cit.*, p. 160.
32) Nakamura & Smallwood, *op. cit.*, pp. 122－123.
33) Matland, *op. cit.*, pp. 165－166.
34) Nakamura & Smallwood, *op. cit.*, pp. 127－128.

다. 다시 말해서, 활용 가능한 자원을 지배하는 현장에서의 참여자의 연합에 의하여 정책의 방향이 결정된다는 것이다.

상징적 집행과 정치적 집행의 차이점은 상징적 집행에 있어서는 거시적 수준이 아니라 미시적 수준에 있어서의 참여자 연합이 집행의 성과를 결정한다는 데 있다.[35)]

35) Matland, *op. cit.*, pp. 168–170.

제 2 장 정책집행의 실패와 성공

제 1 절 평가의 기준

정책집행의 성공 여부는 여러 가지 관점에서 논의할 수 있겠으나,[1] 우리는 여기에서 다음의 세 가지 기준을 가지고 고찰하고자 한다.[2]

I 목표 달성

성공적인 정책집행이란 정책이 설정한 목표를 얼마나 잘 달성했는가 하는 것이다. 이런 관점에서 본다면 성공적인 정책집행은 효과성이 높은 정책집행을 말한다.

여기서 한 가지 유의할 점은 후술하는 바와 같이 목표란 무엇을 말하며, 공식적인 목표의 달성을 가지고 성공적인 정책집행이라고 할 수 있겠는가에 관해 많은

---

1) 성공적인 정책집행의 정의에 관해서는 많은 논란이 있다(Stephen H. Linder & B. Guy Peters, "Relativism, Contingency, and the Definition of Success in Implementation Research," *Policy Studies Review*, Autumn 1987, 99. 116–127).

2) Randall B. Ripley & Grace A. Franklin, *Policy Implementation and Bureaucracy*, second edition (Homewood: Dorsey, 1986), p. 97.

논란이 있다는 것이다. 목표확정평가(goal-fixed evaluation)를 지지하는 사람들은 공식적 목표의 달성을 성공적 정책집행으로 보나, 목표중립평가(goal-free evaluation)를 지지하는 사람들은 평가를 실시해 보면 공식적인 목표나 당초에 설정한 목표와 관련이 없는 결과를 많이 발견하게 된다는 이유로 정책목표를 불필요한 존재라고 주장한다. 다목표평가(multiple-goal evaluation)를 지지하는 사람들은 공식적인 목표뿐만 아니라 여러 가지 목표를 상정해 이러한 목표들을 달성했는가를 보아야 한다고 주장한다.[3)]

Ⅱ 소요 시일

정책집행에 소요된 시일을 가지고 집행의 성공 여부를 판단하는 경우도 있다. 설령 소기의 목표를 달성했다고 하더라도 당초에 예정한 시일보다 많은 시일이 소요되었을 때에는 성공적인 정책집행이라고 보기 어렵다는 것이다.

서울시 용산청과시장의 가락동 이전은 종국에 가서는 설정된 목표를 달성했으나 서울시의 제1차 이전명령과 제2차 이전명령이 실패로 돌아가고 제3차 이전명령이 겨우 집행되었다. 이리하여 용산청과시장의 이전을 성공적인 집행으로 볼 수 있느냐 하는 문제가 제기되는 것이다.

Ⅲ 원활성

정책집행이 얼마나 원활(smooth)하게 이루어졌느냐는 관점에서 정책집행의 성공 여부를 판단하는 경우도 있다. 설령 정책의 목표를 달성했다고 하더라도 많은 논란과 우여곡절 끝에 목표가 달성되는 경우에는 성공적인 집행이라기 보기 어렵다는 것이다. 서울시의 목동신시가지 개발정책의 집행이 성공했다고 보기 어려운

3) Angela Browne & Aaron Wildavsky, "What Should Evaluation Mean to Implementation?," in Jeffrey L. Pressnan & Aaron Wildavsky, *Implementation*, third edition(Berkeley: University of California Press, 1984), pp. 190-194.

이유가 바로 여기에 있다고 하겠다.

Ⅳ 세 가지 요건의 충족

정책의 결정까지를 포함해 과연 특정한 정책이 성공을 거두었는가 하는 것은 정책평가에서 다룰 문제이다. 정책과정이 단일 방향적인 것이 아니라고 하나 정책집행에서는 결정된 정책의 집행이 성공적으로 이루어졌는가에 제1차적인 목표를 두어야 한다. 이런 관점에서 볼 때 성공적인 정책집행이란 설정된 목표를 예정된 기한을 크게 초과하지 않으면서 큰 논란 없이 달성한 경우를 말한다고 할 수 있을지 모른다.

제 2 절 실패한 정책집행

Ⅰ 정책집행 실패 요인

정책집행이 실패하는 요인으로서 여러 사람이 여러 가지를 들고 있으나 우리는 여기에서 라슨(James S. Larson)이 들고 있는 정책실패 요인과 인그램(Helen M. Ingram)과 맨(Dean E. Mann)이 들고 있는 정책실패 요인과 에드워즈(George C. Edwards)가 들고 있는 집행에 난점이 많은 정책만 검토하고자 한다.

1. 라슨의 정책집행 실패 요인

라슨은 정책집행이 실패하는 요인으로서 네 가지를 들고 이것을 세분하지는 않고 있다.[4)]

4) James S. Larson, *Why Government Programs Fails: Improving Policy Implementation*(New York: Praeger, 1980), pp. 2-7.

(1) 모호하거나 비현실적인 목표

정책이 실패하는 가장 기본적인 원인으로서 명확하고 현실적인 목표의 결여를 들 수 있다. 정책의 큰 목표는 일반적으로 국회를 통과하는 법률에 명시되며 세부적인 목표는 대통령령이나 부령 등과 같은 각종 행정입법에 의해 설정된다. 법률에 명시되는 큰 목표의 명확성은 정책의 성공적인 집행을 위해 절대로 필요한 요인이라 하겠다. 큰 목표가 명확하지 않은 경우에는 목표에 대한 해석이 엇갈리며 정책의 실패를 가져오기 쉽다.

정책의 목표가 명확해야 할 뿐만 아니라 현실적이어야 한다. 정책의 목표가 비현실적일 때에는 목표 달성을 위한 도구를 구비할 수가 없으므로 정책이 성공을 거두기가 어렵다는 것은 긴 설명을 요하지 않는다.

(2) 집행 절차의 결함

집행 과정은 여러 가지 단계로 나눌 수 있는데 존스(Charles Jones)는 이를 해석, 조직, 적용의 3단계로 나누고 있다.[5] 첫째로 해석(interpretation) 단계란 프로그램의 내용을 수용 가능하며 실현 가능한 지침으로 전환시키는 것을 말하며, 둘째로 조직 단계란 프로그램을 실천에 옮기는 데 필요한 조직 단위를 구성하고 실천 방안을 정립하는 단계이다. 셋째로 적용 단계란 서비스나 금전적 혜택과 같은 프로그램의 목적이나 도구에 해당되는 것을 제공하는 단계이다. 집행 과정은 이 세 가지 단계 중 그 어느 단계에서도 문제가 발생할 수 있다.

집행 실패의 또 하나의 원인으로서 들 수 있는 것은 집행 과정의 문제는 예측하기가 어렵다는 것이다. 외견상 모든 것이 완벽하며 집행의 여러 단계들이 간단하고 명확한 것 같은 데 예기치 않은 문제가 발생하는 경우가 있다.

(3) 정부 간 활동의 복잡성

라슨은 연방제에서 오는 문제뿐만 아니라 엄격한 권력 분립이 야기하고 있는 문제까지를 아울러 다루고 있다.

어떤 정책이 훌륭한 목표와 완벽한 집행 절차를 구비했음에도 불구하고 실패하는 이유는 정부 간(intergovernmental)의 관계가 지나치게 복잡한 데 있다고 하겠

5) Charles Jones, *An Introduction to the Study of Public Policy*, second edition(North Scituate: Duxbury Press, 1977), p. 139.

다. 1965년 이후의 미국의 정부 간의 관계는 경쟁적이라는 말로써 표현되고 있다. 연방정부가 제공하는 재원을 여러 주정부와 지방자치단체가 더 많이 획득하기 위해 서로 경쟁하는 까닭에 정부 간의 협력이 더욱 어려워졌다.

여기에다가 엄격한 권력 분립이 더욱 문제를 복잡하게 만들고 있다. 사법부가 정책형성과 정책집행에 더욱 깊숙이 관여하고 있으며, 입법부는 의회예산실(Congressional Budget Office)을 신설해 더욱더 행정부와의 관계를 복잡하게 만들고 있다.

(4) 경제적 환경

라슨은 여러 가지 환경적 요인 중에서 특별히 경제적 환경을 강조하고 있다. 인플레이션의 압력이 심할 때에는 많은 재원을 필요로 하는 정책이 타격을 받기 마련이다. 1970년대 미국에서 쇄신적인 각종의 사회적 프로그램과 국방 예산이 크게 감축되었다는 것은 잘 알려진 사실이다.

(5) 대상집단의 저항

라슨은 정책집행 실패 요인으로서 주민과 같은 대상집단의 저항을 들지 않으나 우리는 주민과 같은 대상집단의 저항을 실패 요인으로 들고자 한다.

후술하는 바와 같이 안면도 방사성폐기물처분장 건설계획의 경우 여러 가지 복합적 요인이 작용하여 안면도 주민의 방사성폐기물처분장 건설에 대한 반대가 극도에 달하여 정부가 마침내 이 사업을 포기하였던 것이다.

비단 충남의 안면도뿐만 아니라 경기도의 굴업도와 전북의 위도에서도 주민의 저항이 심하여 정부가 이들 섬에서의 방사성폐기물처분장 건설을 모두 포기하였던 것이다.[6]

이 밖에도 우리나라에는 밀양송전탑 건설, 경부고속철도 천성산터널 건설, 제주해군기지 건설 등 대상집단의 저항으로 폐기되거나 지연된 정책집행이 많이 있다.[7]

---

6) 이지한, "정책실패의 요인과 대응에 관한 연구-방사성폐기물 처분장 건설사업 정책을 중심으로," 서울대학교 행정대학원 석사학위논문, 2005.

7) 동아일보, 2013년 6월 17일.

2. 인그램과 맨의 정책집행 실패 요인

인그램과 맨은 『왜 정책이 성공 또는 실패하느냐』는 그들의 저서에서 정책집행이 실패하는 요인에 관하여 길게 고찰하고 있다.8)

(1) 환경의 변화

환경의 변화가 정책집행의 성공 여부에 지대한 영향을 미친다는 것은 널리 알려진 사실이다.

우리나라에서 식량난을 극복하기 위하여 1970년대에 도입된 통일벼 장려정책이 1970년대에는 크게 성공을 거두어 1977년에는 전체 미곡생산량에 있어서 통일벼가 차지하는 비중이 61.3%에 달하였으며 쌀의 자급을 달성하게 되었다.

그러나 1960년대 이후의 고도성장에 힘입어 국민의 소득수준이 크게 향상되고 식생활 패턴에 변화가 일어났다. 육류 · 채소류 · 과실류의 소비가 늘어나는 반면 쌀을 포함한 곡류의 소비가 크게 감소하였다. 거기에다가 국민의 소득증대에 따라 가계에 있어서 쌀 구입비가 차지하는 비중이 크게 감소하여 대부분의 소비자가 값이 다소 비싸도 일반미를 선호하게 되었다.

이와 같은 현상으로 통일벼의 판매가 부진하여 통일벼의 재고가 늘어나게 되었으며 이것이 국고에 주는 부담이 점증하게 되었다. 이리하여 정부는 통일벼 장려정책을 더 이상 지속할 수 없게 되어 이를 종결할 수밖에 없게 되었던 것이다. 통일벼 생산량이 1992년에는 29천 석으로 감소하였으며, 1993년에는 완전히 그 생산이 중단되었다.

(2) 정책에 대한 과다한 기대

특정한 정책에 대한 기대가 지나치게 클 때 실망이 클 수 있으며 따라서 정책집행이 실패하는 경우가 많다.

우리나라에서 박정희 대통령이 1977년 1월 19일 연두기자회견에서 1986년까지 우리나라 중화학공업을 세계 10대 강국에 올려놓겠다는 계획을 천명했으며, 이를 이어받아 당시의 상공부(현 산업통상자원부)가 10대 전략사업의 육성계획을 발표했다. 이러한 정부의 정책에 고무되어 중화학공업 육성정책에 큰 기대를 걸었던 재

8) Helen M. Ingram & Dean E. Mann, "Policy Failure: An Issue Deserving Analysis," in Helen Ingram & Dean Mann(eds.), *Why Policies Succeed of Fail*(Beverly Hills: Sage, 1980), pp. 12-30.

계는 경쟁적으로 중화학공업부문에 대한 투자를 서두르게 되었으며 각 분야에서 과잉투자가 이루어지게 되었다. 이때 마침 제2차 석유파동이 닥쳐왔으며 우리 경제는 누적된 외채압력에 시달리게 되고 인플레는 폭발직전에 이르렀다.

이러한 중화학공업 정책의 실패를 수습하기 위하여 새로 등장한 신군부가 1980년 8월 각 분야의 투자조정을 발표하여 중화학공업 육성정책의 수정에 착수했다는 것은 널리 알려진 사실이다.

(3) 타당한 인과이론의 결여

정책집행이 성공을 거두려면 인과(因果)이론의 타당성이 있어야 한다는 것이다. 다시 말해서, i) 정부의 조치와 정책목표의 달성 간에 인과관계가 존재해야 하며, ii) 정책집행 담당자들이 목표 달성과 밀접한 관련이 있는 상당수의 요인에 대하여 관할권을 지니고 있어야 한다는 것이다.

우리는 정책집행이 실패한 사례의 상당수가 타당한 인과이론의 결여에 기인한 것이라는 사실을 알 수 있다. 특히, 집행 담당기관이 목표 달성과 밀접한 요인들에 대한 관할권을 보유하지 않는 까닭에 정책집행에 실패하는 경우를 많이 볼 수 있다.

우리나라의 중화학공업의 과잉투자를 시정하기 위한 조치의 일환으로 승용차 생산의 일원화가 이루어지게 되었는데, 이를 위해서는 현대자동차와 새한자동차의 통합이 필요했으며, 새한자동차가 미국 GM과의 50대 50의 합작회사였으므로 현대와 GM의 협상이 불가피했다. 양측은 1980년 8월 이후 10차에 걸쳐 협상을 벌였지만 그때마다 서로의 주장은 평행선을 달렸다. 양측의 협상을 보고만 있을 수 없었던 정부가 직접 중재에 나섰지만 현대와 GM의 협상은 결렬되고 말았다.

이와 같이 승용차생산을 일원화한다는 자동차공업 합리화 정책이 실패에 돌아간 이유가 우리나라 정책집행 담당기관이 GM의 재산권 행사에 대해서 관할권을 지니지 않은 데 있다는 것을 알 수 있다.

(4) 효과적 정책수단 선택의 미흡

정책수단 또는 정책도구란 정책목표를 달성하기 위하여 정부기관이 사용할 수 있는 각종의 수단이라 할 수 있는데, 정책집행이 성공을 거두려면 적절한 수단의 선택이 필요하다.

그러나 정치인과 고급공무원을 포함하는 정책과정 종사자들이 합리적 기준보다는 그들이 지니고 있는 신념 · 태도 · 인지 등에 따라서 정책수단이 결정되는 경우가 많다는 것을 잊어서는 안되겠다.

정책과정에 있어서 정책수단의 중요성은 포항제철 설립과정에서도 찾아볼 수 있다. 오늘날 포항제철이 세계 유수의 제철회사로서 그 이름을 떨치고 있는 것은 포항제철의 설립과정에서 정책수단의 선택이 적절했기 때문이라 하겠다.

포항제철은 주식회사의 형태를 지닌 공기업으로 설립되었기 때문에 대일(對日) 청구권자금의 사용이 가능했다. 공기업화라는 정책이 결정된 후에도 정부투자기관의 범주에 포함시키지 않았기 때문에 자율성을 누릴 수있었던 것이다. 만일에 이때에 포항제철이 민간기업의 형태를 택했더라면 대일청구권자금의 사용이 어려웠을 것이며, 공기업으로 설립되었더라도 정부투자기관의 범주에 포함되었더라면 자율성의 제한으로 많은 지장을 받았을 것이다.

(5) 집행기관 상호 간의 관계

집행기관 상호 간의 관계가 정책집행에 얼마나 큰 영향을 미친다는 것은 여러 곳에서 언급한 바 있다. 집행기관 상호 간의 관계에 있어서 특히 중요한 것은 목표 달성을 위한 집행 과정에서 이른바 거부권행사기관(veto point) 또는 협의기관(clearance points)이 몇 개나 되느냐 하는 문제이다.

프레스먼(Jeffrey L. Pressman)과 윌다브스키(Aron Wildavsky)는 경제발전처(EDA)의 오클랜드(Oakland) 사업의 경우 협의를 거쳐야 할 기관이나 거부권을 행사할 수 있는 기관이 얼마나 많으며, 이것이 정책집행에 얼마나 많은 영향을 미치고 있는가를 길게 설명하고 있다.

3. 집행에 난점이 많은 정책

에드워즈는 집행이 어려운 정책들이 어떤 것이며, 그 이유가 무엇인가를 설명하고 있다.

(1) 신규 정책

새로운 정책은 아직 커뮤니케이션의 통로가 개발되지 않은 경우가 많을 뿐만 아니라 목표가 모호하며 지시의 일관성이 결여된 경우가 많다. 집행 담당자들의 관련 정보가 부족한 경우가 많으며 자원이 부족하고 SOP가 적절하지 못한 경우가 많다.

(2) 분권화된 정책

지방자치단체나 민간 부문에 대한 커뮤니케이션의 전달 체계가 원시적이며, 커뮤니케이션의 전달이 수개의 계층을 통해서 이루어지므로 왜곡될 우려가 많다. 분권화된 정책은 다수의 집행자가 관련되기 마련이며, 두 개 이상의 연방정부기관, 연방정부와 주정부 · 지방자치단체, 심지어 입법부 · 사법부까지도 개재될 가능성이 많다.

(3) 논란이 많은 정책

정책결정 과정에서 합의에 도달하기 위해 추상적인 결정이 이루어지는 경우가 많으며, 다수의 관련 단체(이익집단)가 집행에 영향을 미치려고 노력하는 결과, 정책 지시의 일관성 결여를 초래하게 된다. 모호한 정책 지시로 말미암아 집행기관의 재량의 범위가 넓어지며 집행기관의 성향이 개재될 우려가 많다. 집행자가 정책결정자와 견해를 달리할 가능성이 많으며 부분적 불이익이 발생할 수 있다.

(4) 복잡한 정책

위에서 언급한 논란이 많은 정책과 공통점이 많다. 복잡한 정책은 흔히 수개의 목표를 지니며 정책결정자들이 구체적인 규정을 제정할 수 없는 경우가 많다. 때로는 고도의 기술적인 문제를 내포하며 적절한 능력을 구비한 인적 자원을 확보할 수 없는 경우가 많다.

(5) 위기정책

상대방에게 의사 전달을 할 수 없는 경우가 있는가 하면 새로운 커뮤니케이션의 통로를 확립할 시간적인 여유가 없는 경우도 있다. 필요한 자원이 부족하고 장비가 기계 고장을 일으킬 수도 있다. 위기정책은 신속하고 신축성 있는 활동을 요구하는 경우가 많으나, 기존의 루틴(routine)이 쉽사리 이에 적응하지 못하는 경우가 있다.

(6) 사법정책

사법부가 수립하는 정책을 의미하는 사법정책(judicial policy)이 중요한 경우가 많은데 사법정책의 집행에는 많은 어려움이 따른다. 법원의 결정을 집행기관에 전달할 수 있는 공식적인 통로가 없으며 비공식적 통로는 지극히 신뢰성이 낮다. 사법부에서는 다른 어떤 문제보다도 자원의 부족이 심각하다. 미국의 경우 상급법원의 판사들이 하급법원 판사의 임명에 거의 영향력이 없으며 사법부의 결정을 집행할 집행자들의 임명에 사법부가 아무런 영향력이 없다.[9)]

Ⅱ 실패한 정책집행 사례

1. 자동차 산업정책의 집행

박정희 대통령이 1977년 1월 19일 연두기자회견에서 1986년까지 우리나라 중화학공업을 세계 10대 강국에 올려놓겠다는 계획을 천명했으며, 이를 이어받아 당시의 상공부(현 산업통상자원부)가 10대 전략사업의 육성계획을 발표했다.

이러한 정부의 계획에 고무된 재계는 경쟁적으로 중화학공업부문에 대한 투자를 서두르게 되었으며, 각 분야에서 과잉투자가 이루어지게 되었다. 이때 마침 제2차 석유파동이 닥쳐왔으며 우리경제는 누적된 외채압력에 시달리게 되고 인플레는 폭발직전에 이르렀다.

이리하여 중화학공업분야의 과잉투자를 억제하기 위하여 투자조정의 필요성이 각계에서 제기되던 차에 신군부의 국보위 상임위원회는 1980년 8월 자동차를 위시한 각 부문의 투자조정을 발표했다. 흔히 8·20조치라고 하는 이 조치는 자동차부문에 관해서 승용차생산의 일원화, 화물차·특장차 생산의 전문화를 규정했다.

전술한 바와 같이 8·20조치의 핵심적인 내용의 하나가 승용차생산의 일원화였으며, 이를 위해서는 현대자동차와 새한자동차의 통합이 필요했으며, 새한자동차는 미국 GM과의 50대 50의 합작회사였으므로 현대와 GM의 협상이 불가피했다.

양측은 1980년 8월 이후 10차에 걸쳐 협상을 벌였지만 그때마다 서로의 주장은 평행선을 달렸다. 양측의 지분과 경영권의 장악을 둘러싸고 이해가 첨예하게 대립하여 타협을 볼 수 없었던 까닭이다. 양측의 협상을 보고만 있을 수 없었던 정부가

9) George C. Edwards Ⅲ, *Implementing Public Policy*(Washington: Congressional Quarterly Press, 1980). pp 150－154.

직접 중재에 나섰지만 이견을 좁히지 못한 채 현대와 GM의 협상은 결렬되고 말았다.

현대와 GM의 협상이 결렬되자 8·20조치의 승용차 일원화정책은 폐기될 수밖에 없었다. 이리하여 정부는 승용차생산을 현대와 새한으로 이원화하고 기아산업과 동아자동차를 합병해 상용차와 특장차를 전문생산한다는 소위 2·28조치를 발표했다. 정부의 정책이 민간기업의 불응으로 수정된 예라 하겠다. 다시 말해서, 정책집행 담당기관이 목표 달성과 밀접한 관련이 있는 상당수의 요인에 대해서 관할권을 지니지 않은 까닭에 정책집행이 실패한 예라 하겠다.

위에서 언급한 바와 같이 2·28조치는 승용차생산의 이원화와 함께 기아와 동아의 합병을 규정했는데, 현대와 GM의 협상이 어려웠던 것처럼 기아와 동아의 합병도 난항을 거듭했다.

마침내 1982년 7월 26일 김동휘 상공부(현 산업통상자원부)장관은 기아와 동아의 합병을 백지화한다고 발표했다. 이 7·26조치로 i) 승용차생산은 현대와 새한으로 이원화, ii) 대형 버스는 현대·새한·기아·동아, iii) 대형 트럭은 현대·새한·기아, iv) 중소형 트럭 및 버스는 기아로 일원화, v) 특장차는 자유화, vi) 민수용 지프는 거화로 일원화 생산토록 되었다.

한 마디로 말해서, 중화학투자 조정정책의 일환으로 발표된 자동차산업정책(8·20조치)은 현대와 GM의 협상결렬로 1차 수정되고, 기아와 동아의 합병 백지화로 다시 수정되어 처음의 모습에서 크게 달라진 정책으로 변모하였다. 표현을 바꾸어 말하면, 자동차산업정책은 타당한 인과이론(因果理論)의 결여를 의미하는 정책집행 담당기관이 목표 달성과 밀접한 관련이 있는 요인에 대해서 관할권을 지니지 않으므로 당초의 정책집행이 실패했다는 결론에 도달하게 된다.[10)]

2. 안면도 방사성폐기물처분장 건설계획

안면도는 1980년대부터 1990년대에 걸쳐서 정부가 방사성폐기물처분장 건설을 위하여 선정한 6개 후보지의 하나이다. 결론부터 말하면 정부가 안면도에 방사성폐기물처분장을 건설하려다가 안면도 주민의 거센 반발에 부딪쳐 과학기술처(현 미래창조과학부)장관이 1993년 3월 8일 안면도는 방사성폐기물처분장 후보지에서

10) 유훈, "한국의 참여자별 정책과정의 특징," 행정논총 제31권 제2호(1993. 2), pp. 143, 145.

제외한다고 발표함으로써 종료된 사건이다.[11)]

(1) 안면도의 지리적 특성

안면도는 서해안의 태안반도와 연륙교(連陸橋)로 이어지는 우리나라에서 6번째로 큰 섬으로 행정구역상 충남 태안군의 안면읍과 고남면으로 나누어져 있다. 안면도는 태안해안국립공원으로 지정되어 있을 만큼 자연경관이 아름다운 곳으로 인구는 1991년 당시 약 18,000명으로 추정되었다. 방사성폐기물처분장으로 예정되었던 고남면은 안면도 남단에 위치해 있으며 인구는 약 5,000명 정도이다.

방사성폐기물처분장 건설이 실패한 이유로서 여러 가지를 들 수 있겠으나 우리는 다음의 몇 가지를 들고자 한다.

(2) 집행기관의 신뢰성

1990년 11월 3일 한겨레신문이 "과학기술처(현 미래창조과학부)가 방사성폐기물처분장을 건설할 장소로 안면도를 결정해 놓고, 1990년 11월 9일 열릴 예정인 제227차 원자력위원회에서 방사성폐기물처분장 부지로 확정하는 절차를 남겨놓고 있다"고 보도하자, 이에 대해 주민들은 '밀실행정', '날벼락', '지역민을 우롱하는 처사', '충청도민을 얕잡아 보고 저지르는 폭거'라고 하면서 정부에 대한 극도의 불신감을 포명했다.

(3) 홍보의 부족

정책집행 실패 요인의 하나로서 홍보의 부족을 들 수 있다. 홍보의 부족은 정책대상집단으로 하여금 언론매체나 반핵단체로부터 원자력에 대한 부정적인 정보를 얻게 하였고, 그러한 정보가 훨씬 더 믿을 수 있다고 인식하게 하였다. 반핵단체에서 제공되는 정보는 원자력과 핵폭탄을 동일시하고, 방사능은 기형아를 양산시키며, 생태계를 파괴시켜 인류를 멸망시킨다는 등 원자력에 대해 지극히 부정적이며 자극적인 것이었다. 한 마디로 말해서, 정책 대상집단의 원자력이나 방사성폐기물에 대한 이해는 매우 왜곡되어 있었다.

(4) 대상집단의 규모와 응집성

처음에는 안면도에 반핵 또는 환경단체가 조직되어 있지 않았으나 1990년 11월

---

11) 이지한, 앞의 논문.

3일 언론보도 후 반대운동을 위해 주민조직이 결성되었다. 1990년 11월에는 10,000명 내지 12,000명으로 추산되는 인원이 집회에 참가하였고, 1992년 1월 7일의 '안면도민 총궐기대회'에는 10,000명이 참가했다. 이는 안면도 주민 18,000명의 약 70%에 해당되는 인원으로 안면도의 활동가능한 주민 대다수가 참여한 것으로 볼 수 있다. 특히, 주민저항의 강도가 최고조에 달한 1990년 11월 8일의 집회에는 안면도 주민의 80%가 넘는 15,000명이 집회에 참여하여 응집성이 매우 높음을 보여 주었다.

(5) 언론의 보도

안면도 방사성폐기물처분장 건설계획이 실패한 외부적 요인으로서 여러 가지를 들 수 있겠으나, 우리는 언론의 보도와 다음에 언급하는 환경단체의 활동을 들고자 한다.

안면도 처분장 건설계획은 1990년 11월 3일 한겨레신문을 위시한 일부 신문이 처음으로 보도하였으며, 주민 저항이 본격화된 11월 6일 이후 모든 언론이 안면도 주민 저항과 방사성폐기물처분장 건설을 강행하려는 정부의 움직임을 보도하였다. 이들 언론들은 안면도가 방사성폐기물처분장으로 부적합한 지역임을 지적하면서 방사성폐기물의 위험성과 정책결정 과정의 문제점을 '밀실행정', '비밀주의', '죽음의 재' 등의 용어를 사용하면서 집중적으로 보도하였다.

이러한 언론의 보도로 방사성폐기물에 대해서 잘 알지 못했던 일반 국민들에게 강한 인상을 심어 주었고 안면도 주민들의 저항을 더욱 강화하는 데 크게 작용하였으며 정책의 실패 요인으로 작용하였다.

(6) 환경단체 활동

환경단체들은 성명서의 발표 등을 통해 안면도의 주민 저항을 정당화시켜 주었다. 1990년 11월 3일 안면도 방사성폐기물처분장 건설계획이 보도되자 전국핵발전소 추방운동본부는 "충남 태안군 안면도 처분장 건설을 결사 반대한다"는 성명서를 발표하였다.

이어서 11월 8일 '안면도 폐기물처분장 건설반대 공동대책위원회'를 구성하고, 11월 9일에는 '안면도 핵폐기장 건설반대 투쟁지원 공동대책위원회'로 개칭하였다. 위원회는 성명서에서 안면도 폐기물처분장 건설계획의 백지화와 원자력위원회의 해체, 안면도 주민에 대한 경찰의 폭력적인 탄압의 중지를 요구하였다.

(7) 복합적 요인의 작용

위에서 지적한 여러 가지 복합적 요인의 작용으로 안면도 주민의 방사성폐기물처분장 건설에 대한 저항이 극도에 달하여 정부는 더 이상 처분장 건설을 밀고 나갈 수 없다고 판단하였다. 이리하여 1993년 3월 8일 과학기술처(현 미래창조과학부)장관이 안면도는 방사성폐기물처분장 건설 후보지에서 제외한다고 발표하였다. 한 마디로 말해서, 이 사업은 주민의 정책집행에 대한 저항이 극도로 심하여 실패한 사례라 하겠다.

정책집행의 실패 요인을 연구한 라슨이나 인그램과 맨 등은 실패 요인으로서 대상집단의 정책집행에 대한 저항을 들지 않는 것 같으나, 미국에서도 원자력 발전소의 건설과 같은 사업은 주민의 반대로 착수하지 못하거나 건설 도중 중단하는 예가 없지 않은 것 같다.

3. 경제발전처의 오클랜드 사업

이것은 미국 상무부의 경제발전처(Economic Development Administration)가 마련한 오클랜드 지역의 실업자 구제를 위한 사업에 관한 사례이다.[12)]

상무부의 차관보 포리(Foley)가 오클랜드 지역의 높은 실업률을 검토한 끝에 1966년 4월 29일 이 지역에 2,500만 달러 상당의 연방정부지원사업을 일으켜 3,000명의 실업자를 구제하겠다는 사업계획을 발표했다. 이 사업의 주된 목표는 주로 흑인으로 구성된 도시중심가의 실업자에게 직장을 마련해 주는 데 있었다.

그런데 처음의 예상과는 달리 사업이 지지부진하였다. 1969년 3월 『로스엔젤레스타임즈(*Los Angeles Times*)』지는 그때까지 마련된 새로운 일자리는 20개에 지나지 않았다고 보도했으며, 같은 주(週)의 경제발전처(EDA)의 공식적 보고도 정부가 사기업에 100만 달러를 융자해 주었는데, 마련된 일자리는 43개에 지나지 않는다고 했던 것이다.

<표 2-1>와 같이 대부분의 사업이 1966년 4월에 인가되었는데 1968년 10월 현재 마련된 일자리는 10개에 지나지 않았으며, 1970년 12월 1일 현재 마련된 일자리는 자료가 입수된 것만 본다면 1,440개에 지나지 않았다.

---

12) Jeffrey L. Pressman & Aaron Wildavsky, *Implementation*, third edition(Berkeley: University of California Press, 1984), p. 5.

표 2-1 EDA 오클랜드 사업 진척 상황

사업명	허가일	1968년 10월 현재고용	1970년 12월 1일 현재		1970년 12월 1일 현재 상황
			고용기대치	실제고용	
7번가 수상터미널	1966년 4월 29일	0	175	1,000	78% 완료
산업공원	1966년 4월 29일	10	420	30	100% 완료
항공기 수리창	1966년 4월 29일	0	1,276	입수불능	예비계획 완료
20개 소규모 항공기 격납고	1966년 6월 15일	0	12	0	100% 완료
항공화물터미널	1966년 2월 1일	0	20	250	작업완료 소송 중
4개 차선 진입로	1966년 4월 29일	–	입수불능	입수불능	100% 완료
부수적 항공탑	1967년 2월 1일	–	간접적 고용창출	입수불능	디자인 완료
건강센터	–	–	130	160	100% 완료

자료: Pressman & Wildavsky, *Implementation*, pp. 54, 67.

연방정부와 지방자치단체 간의 협력과 협의가 많은 시간을 소요로 할 뿐만 아니라 결정점(decision points), 거부권행사기관(veto points), 협의기관(clearance points)이 많아 합의가 잘 안되는 경우가 많으며, 합의에 도달하더라도 지연되는 경우가 많다는 것이 프레스먼과 윌다브스키의 주장이다.

제 3 절 성공한 정책집행

I 정책집행 성공 요인

1. 정책활동가의 역할

정책활동가 모형을 제시하는 사람들은 정책활동가들이 정책변동의 역군(change agents)으로서 정책변동에 있어서 중요한 역할을 담당한다는 것을 강조하고 있으나,[13] 우리는 정책활동가들이 정책변동을 촉진하는 역할을 담당할 뿐만 아니라 정책집행의 성공에 있어서도 중요한 역할을 담당한다는 사실을 강조하고자 한다.

뒤에서 소개하는 포항종합제철 건설사업에 있어서 정책활동가라 할 수 있는 박태준 사장이 대단히 중요한 역할을 담당한다는 것을 알 수 있다.

그는 구미 각국에서 제공을 거절한 종합제철 건설 소요자금을 대일청구권자금을 전용하자는 안을 고안했을 뿐만 아니라 i) 일본 철강업계의 지지, ii) 제철소 건설을 위한 대일청구권자금 전용을 우리 정부가 허용할 것, iii) 일본 정부의 정치인과 관료들의 청구권 자금전용 동의, iv) 우리 정부가 전면에 나서서 일본 정부와 정식 협상을 벌이도록 촉구할 것 등 4가지 문제의 해결이 필요하다는 것을 인지했다.[14]

박태준 사장은 군시절의 그와 박정희 대통령의 특별한 인연을 활용하고 그의 일본 내의 인맥을 동원하여 위에서 지적한 4가지 문제를 해결했다.

중학입시 폐지계획의 경우 1968년 5월 21일의 개각에 의하여 법무부장관에서 문교부(현 교육부)장관으로 자리를 옮긴 권오병 장관이 정책활동가의 역할을 담당했다고 할 수 있다.

권 장관은 취임하자마자 3명의 실무자로 하여금 중학입시 개혁안을 성안케 했으며 박정희 대통령에게 수차에 걸쳐 진행상황을 보고하여 격려와 내락을 받았다. 이것을 가지고 정부 여당 연석회의에서 관계자들을 설득하여 중학입시 폐지계획의 성공을 이루어 냈던 것이다.[15]

2. 행정수반의 관심과 지원

정책집행이 성공을 거두기 위해서는 행정수반의 관심과 지원이 필요하다는 것은 널리 알려진 사실이다. 미국과 같이 권력분립이 엄격하여 의회가 많은 영향력을 행사하는 국가에서도 행정수반의 관심과 지원이 정책집행의 성공을 거두기 위하여 필요한 요인이라는 것은 많은 학자들이 지적하고 있는 사실이다. 미국의 주간고속도로(Interstate Highway) 건설사업이 성공한 것이 아이젠하워 대통령의 관심과 지원의 덕분이라는 것을 슈크(Peater H. Schuck)가 지적하고 있다.[16]

13) Michael Mintrom & Sandra Vergari, "Advocacy Coalitions, Policy Entrepreneurs, and Policy Change," *Policy Studies Journal,* Autumn 1996, pp. 422－424.

14) 윤동진 역, 최고기준을 잡아라(서울: 언론자료간행회), p. 209.

15) 유훈, 정책변동론(서울: 대영문화사, 2009), pp. 346－347.

우리나라에서 경부고속도로사업이나 새마을사업의 성공이 행정수반의 관심과 지원덕분이라는 것도 많은 사람들이 지적하고 있는 사실이다. 금융실명제가 성공한 것은 김영삼 대통령이 특별한 관심을 가지고 부총리를 직접 불러 지시했을 뿐만 아니라, 대통령비서실장도 모르도록 비밀유지에 철저를 기하도록 조치했으며 각종 지원을 아끼지 않았던 까닭이라는 것은 널리 알려진 사실이다.

전술한 포항종합제철 건설과 중학입시 폐지계획도 정책활동가의 역할뿐만 아니라 행정수반의 특별한 관심과 지원 덕분이라는 것은 후술하는 바와 같다.

3. 정책집행 실패 요인의 제거

정책집행이 성공을 거두기 위해서는 제2절에서 상세히 고찰한 정책집행 실패 요인을 제거하는 것이 필요하다는 것은 길게 설명할 필요가 없을 것이다.

i) 구체적이고 현실적인 목표의 설정, ii) 결함 있는 집행 절차의 시정, iii) 거부권 행사기관(veto points)이나 협의를 거쳐야 할 기관(clearance points)의 축소, iv) 타당한 인과이론의 마련, v) 효과적인 정책수단의 선정과 같은 정책집행 실패 요인을 제거하는 것이 필요하다.

Ⅱ 성공한 정책집행 사례

1. 포항종합제철 건설

박태준 포항종합제철 명예회장이 2011년 12월 13일 타계했다. 박태준 회장의 업적으로서 여러 가지를 들 수 있겠으나, 우리는 여기에서 박태준 회장의 포항종합제철(POSCO) 설립과정에 한정해서 살펴보고자 한다.

우리나라에서 종합제철공장을 설립하려는 시도는 1958년부터 수차에 걸쳐서 있었으나 하나도 결실을 맺지 못하다가, 1968년 포항제철주식회사의 설립으로 본궤도에 올라서게 되었다.

이보다 앞서 정부는 종합제철 건설에 소요되는 재원의 조달을 구미 제국에 의

16) Peter H. Schuck, *Why Gocernment Fails So Often and How It Can Do Better*(Princeton: Princeton University Press, 2014), p. 342.

존하기로 하였으며, 이를 위하여 1966년 12월 6일 4개국 6개사로 구성된 대한국제제철차관단(KISA)이 정식 발족하였다. 정부는 1967년 4월 6일 KISA와 제철공장 건설을 위한 가협정을 조인하였으며 같은 해 10월 20일에는 기본협정을 체결했다.[17]

그러나 포항제철의 경제적 타당성에 의문을 제기하고 한국은 종합제철 공장의 건설에 앞서 기계공업 육성에 힘써야 한다는 세계은행(IBRD)의 보고서를 인용하여 KISA가 차관제공에 난색을 표명하고,[18] 대한국제경제협의체(IECOK)도 이에 동조하게 되었다.

포항제철에 대한 지원을 얻기 위하여 미국을 방문하였던 박태준 사장이 KISA 측으로부터 지원이 불가능하다는 통보를 받고 귀국길에 하와이에 체류하게 되었다. 여기에서 박태준 사장은 포항제철 건설에 필요한 재원을 구미 제국의 차관 대신에 대일청구권자금을 전용하여 활용할 구상을 하게 된다. 흔히 '하와이 구상'이라고 하는 이 아이디어의 착상이 가능했던 것은 박태준 사장이 최고회의 상공위원을 역임했을 뿐만 아니라, 한·일국교 정상화의 막후교섭에 깊숙이 개입했으므로 대일청구권자금에 관하여 상세히 알고 있었던 까닭이다.[19]

하와이에서 그의 생각을 정리한 박태준 사장은 이를 실천에 옮기기 위하여 첫째로 일본 철강업계로부터 지지를 받을 것, 둘째로 청구권자금을 제철소 건설을 위하여 전용하도록 우리 정부를 설득하는 일이 필요하며, 여기서 더 나가서 셋째로 일본 정부 관료와 국회의원들과의 비공식적 접촉을 통하여 청구권자금 전용에 대한 지지를 확보할 것과, 넷째로 우리 정부가 전면에 나서서 일본 정부와 정식 협상을 벌이도록 촉구하는 일이 필요하다는 것을 느꼈다.[20]

박태준 사장은 이 네 가지를 다 수행했다. 일본의 철강업계와 정부관료·국회의원 등을 설득하는 일은 그의 일본 내의 인맥을 동원하는 등의 방법으로 가능했으며, 우리 정부를 설득하는 일은 박정희 대통령과의 특별한 관계를 활용함으로써 가능했다. 이리하여 드디어 1969년 12월 3일 종합제철 건설 자금조달을 위한 한·일 기본협약이 체결되었으며 재원조달 문제가 해결되었던 것이다.

17) 포항제철사사편찬위원회, 영일만에서 광양만까지: 포항제철 25년사(서울: 포항제철주식회사, 1993), pp. 144-146.
18) 윤동진 역, 앞의 책, p. 190.
19) 위의 책, pp. 206-207.
20) 위의 책, p. 209.

재원조달 문제가 해결되자 1970년 4월 1일에는 포항제철 제1기 설비공사에 착공하게 되었으나 순조로운 건설공사의 진행을 가로막는 장애물이 많았다.

첫째는 복잡다기한 설비단위와 까다로운 계약조건과 복잡한 절차를 거쳐야 하는 자금의 성격 때문에 포항제철은 어려운 설비구매 협상에 임해야 했다. 이 장애를 박태준 사장은 박대통령으로부터 특별한 재량권을 부여받음으로써 해결하였다.

둘째는 1970년 4월 15일 발표된 소위 '주 4원칙'이다. 한국 및 대만과 경제협력관계를 맺고 있거나 투자하고 있는 기업과는 중국이 경제거래를 하지 않는다는 것을 골자로 하는 '주 4원칙'은 포항제철에 설비를 제공하고 있는 기업에 압력을 가하는 결과가 되었는데, 신일본제철이 한국·대만과 중국 중 양자택일하라는 중국의 요구에 응할 수 없음을 명백히 함으로써 포항제철 건설에 대한 난기류는 일단락되었다. 이러한 과정에 있어서 박태준 사장의 일본측 설득이 중요한 역할을 했음은 더 말할 필요가 없다.

셋째는 기초공사의 공기 지연이다. 1970년 4월 콘크리트 기초공사가 시작된지 3개월 만에 설계 지연과 건설업체의 자재·인원·장비부족으로 공기가 늦어지기 시작하여 전문가들은 3개월 이상 공기가 지연될 것이라고 전망했다. 공기가 지연되면 막대한 손실이 발생한다는 사실을 염두에 둔 박태준 사장은 '건설비상 제1호'를 발하여 24시간 돌관작업을 실시한 결과 공기를 만회했을 뿐만 아니라, 1973년 7월 예정보다 한 달 빠르게 제1기 공사를 준공했다. 이와 같은 공기 단축으로 포항제철은 총공사비의 약 3%에 해당하는 5백만 달러의 건설비를 절약했으며, 그 결과 생산비 절감과 국제경쟁력 제고를 이룩할 수 있었다.

1973년 7월 제1기 공사를 끝낸 포항제철은 공기의 단축과 원료의 적기확보 등으로 제1차 연도에 1억 달러 이상의 매출과 1,200만 달러의 순이익을 올렸다. 1974년에는 세계 철강수요의 팽창 등에 힘입어 포항제철은 2억 5,000만 달러의 매출과 8,800만 달러의 순이익을 올렸다.

포항제철의 이러한 흑자운영으로 제1기에 그렇게 어려웠던 재원조달이 제2기 이후에는 훨씬 쉬워졌다. 특히, 제1기에는 일본 일변도였던 외자조달이 차관선의 다변화를 이룩할 수 있었다.

거기에다가 포항제철의 흑자경영으로 이익금의 사내유보 등의 활용으로 내자의 상당부분을 포항제철이 부담했다. 포항제철의 투자비(1기부터 4기까지) 중 내자는 1조 9,104억 원에 달했는데 이 중 12.1%는 출자에 의하여 충당하고 23.8%는 차입에 의존했으며 나머지 64.1%를 이익 및 충당금에 의하여 조달했던 것이다.

2. 중학입시 폐지

우리가 다 잘 아는 바와 같이 1960년대 후반만 하더라도 고등학교입시는 물론 중학입시까지도 치열한 경쟁 속에서 치러졌다.

특히, 중학입시는 초등학교 어린이들에게 주는 부담이 커서 많은 논란의 대상이 되었다. 중학입시의 과열이 가져온 폐단에 대해서는 언론기관이나 교육계 내에서 많은 지적이 있었으나 중학입시제도를 개혁하기 위한 구체안을 제시한 것은 대한교육연합회(교련)라 할 수 있다. 1967년 10월 6일 '제일교육선언'을 선포하면서 입시지옥의 해소를 위한 정부 당국의 과감한 조치를 촉구하였다.

며칠 후인 10월 7일에 발생한 근하군 유괴살인 사건은 일간지들이 대서특필하였으며 입시제도 개혁을 요구하는 여론은 비등하였다. 교련은 1969년 4월 초에 전문가를 위시한 사회각계인사 24명으로 입시제도연구회를 구성하였을 뿐만 아니라 4명의 전문가로 구성된 중학입시제도 전문위원회를 따로 두어 이들로 하여금 구체적인 방안을 연구케 하였다. 교련은 전문위원회가 성안한 '중학교구 무시험전형제'라는 개혁안을 1968년 4월 26일 공표하고 이의 실현을 관련기관에 건의하게 되었다.

교련의 입시제도개혁안은 일간지를 비롯한 사회각계로부터 호의적인 반응을 얻었으나 문교부(현 교육부)는 이에 대하여 회의적이었다. 문교부장관이 직접 교련안은 비현실적이어서 실현이 어렵다는 것을 밝혔을 뿐만 아니라 6월 5일에 개최된 교육제도 심의회 입시제도 분과위원회에서도 시험시기를 변경한 데 그치고 개혁에 관한 결정을 뒤로 미루었다.

이러한 문교부(현 교육부)의 입시개혁에 관한 방안이 장관의 경질로 바뀌게 되었다. 정부는 5월 21일 개각을 단행하여 권오병 씨가 법무부장관에서 문교부장관으로 자리를 옮기게 되었다. 1966년 9월까지 1년 1개월 간 문교부장관으로 재임한 일이 있는 권오병 장관은 6월 초에 3명의 실무자로 구성된 실무반으로 하여금 중학입시 개혁작업에 착수케 하였으며 7월 초에는 i) 일류학교 개편방안, ii) 학교군별 추첨제, iii) 단위학군제를 전제로 한 지원제의 세 가지 방안을 성안하기에 이르렀다.

입시제도 개혁안이 마련되자 문교부(현 교육부)는 7월 4일 박 대통령에게 입시

제도의 개선책을 연구 중이라는 사실을 보고했으며, 박 대통령으로부터 초등학교 어린이들에게 중학교만이라도 자유롭게 입학할 수 있도록 해야 한다는 지시를 받았다.

문교부(현 교육부)는 7월 11일에 개최된 정부여당 정책협의회에 전술한 3개안을 상정했다. 중학입시 경쟁을 없애거나 완화해야 하며 학교군을 설정해야 한다는 원칙에는 합의를 보았으나 구체적인 실현방안에 대해서는 많은 논란이 있었다. 다음날인 7월 14일 오후 권오병 장관은 4시간에 걸쳐 박 대통령에게 중학입시 개혁안을 보고하는 자리에서 '학교군별 추첨제'의 실시를 강력히 건의했다. 박 대통령으로부터 약간의 반발과 진통을 겪더라도 밀고 나가라는 격려를 받은 문교부(현 교육부)는 세부계획과 연차별 실시계획을 손질하여 7월 15일 중학입시 개혁안을 정부여당 연석회의에 상정했다.

여당측에서도 이 안에 대해서 대체로 찬의를 표했으며, 김성희 공화당 정책연구실장은 교육법을 개정하여 이를 항구화시켜야 한다는 것을 강조했다. 정책심의회를 마치고 나온 권 장관은 중학입시 폐지안을 공표하자 비교적 호의적인 반응을 얻었다. 야당인 신민당에서도 원칙적으로 이에 찬성했으며 구체적인 문제를 검토하기 위하여 5인의 '입시제도 특별심의회'를 구성했다. 교육계에서는 추첨제 · 일류중학폐쇄 등에 대해서 이의를 제기하면서도 원칙적으로 정부안을 환영했으며, 그 중에서도 교련은 그들의 건의가 실현된 것을 보고 전폭적으로 지지한다는 성명서를 발표하기까지 했다.

이와 같이 중학입시 폐지를 위한 개혁안이 좋은 반응을 얻자 이를 영구화하기 위한 교육법 개정안이 국회에 상정되어 그 의결을 얻어 1968년 11월 15일 공포되었다. 교육법 제103조의2로 "중학교의 입학은 무시험으로 하되, 그 방법과 절차는 대통령령으로 정한다"는 조항을 신설하게 되었다. 이어서 교육법시행령 제69조 내지 제71조가 제정되어 세부절차도 마련되기에 이르렀다.[21]

3. 제대군인 장학제도

흔히 'GI Bill'이라고 하는 제대군인 장학제도는 제2차 세계대전 중 90일 이상 복무한 제대군인들을 대상으로 하는 것으로서, 제대군인들에게 주택, 농장, 사업체

---

21) 서울대학교 행정대학원 행정조사연구소편, 한국행정사례집(서울: 법문사, 1974), pp. 164-182.

등의 구입을 지원하기 위하여 저리융자를 제공할 뿐만 아니라, 교육·훈련을 받기를 원하는 제대군인에게 장학금을 지급하는 제도이다.[22)]

장학금의 경우에는 최장 4년 간 학비와 본인 및 가족의 생활비도 지급하는 제도로서 1947년까지 미국 대학 재학생의 49%가 이 장학금의 혜택을 받았다고 한다. 이 밖에도 560만 명의 제대군인이 이 제도에 의하여 직업교육 현장실습 등을 받았다고 한다.

제2차 세계대전에 참전한 제대군인에게 제공된 이러한 혜택은 대단히 후한 것으로서 그 후의 한국전쟁이나 월남전에 참전한 제대군인에게 부여된 혜택은 이처럼 후하지 못했다고 한다.

이와 같은 장학제도는 미국 대학의 발전에 크게 이바지했는데 이러한 장학제도가 없었더라면 미국의 대학이 오늘날과 같이 발전하지 못했을 것이라고 주장하는 사람들이 많다.

사람에 따라서는 이 제도가 백인 남성들에게만 혜택이 돌아갔으며, 소수인종이나 여성들은 그 혜택에서 제외된 사람들이 많았다는 비판을 제기하기도 한다.[23)]

그러나 메터(Metter)가 조사한 바에 의하면 대학에 다닌 제대군인의 20%가 이 장학제도가 없었더라면 대학에 가지 못했을 것이라고 하며, 직업교육·훈련을 받은 제대군인의 77%가 이 제도가 없었더라면 그러한 직업교육·훈련을 받지 못했을 것이라고 했다고 한다.[24)]

이 제도는 종전에 일부계급 또는 종교적 소수집단에게 부과되었던 대학교육에 대한 장해를 감소시키는 데 이바지했다는 것은 널리 알려진 사실이다.

이와 같이 'GI Bill'이라고 하는 이 제도가 크게 성공을 거둔 데는 몇 가지 이유가 있다. 첫째로 국회의 상·하 양원이 만장일치로 관련 법안을 의결했으며, 둘째로 많은 미국인들이 제2차 세계대전에 참전하여 승리로 이끈 군인들에게 감사의 마음을 지녔다는 것이다. 셋째로 월남전과 같이 일부 국민들이 바람직하지 않은 전쟁이라고 생각했던 전쟁도 있었으나 제2차 세계대전에 대해서는 모든 국민들이 '좋은 전쟁(good war)'이라고 생각했다는 것이다.

22) Schuck, *op. cit.*, pp. 339–341.
23) *Ibid.*, p. 340.
24) *Ibid.*, p. 341.

제 3 장 정책집행에 영향을 미치는 요인

제 1 절 개 관

I 스미스의 정책집행 과정

정책을 사회 내의 긴장유발력(tension generating force)이라고 보는 스미스(Thomas B. Smith)는 정책의 집행으로 정책집행자나 대상집단이 다함께 긴장·갈등을 경험하게 된다고 말하고 있다. 이어서 그는 정책집행에 영향을 미치는 요인으로서 i) 이상화된 정책, ii) 정책 대상집단, iii) 집행 담당조직, iv) 환경적 요인을 들고 있으며, 이를 다시 세분화하고 있다.

1. 이상화된 정책

정책결정자가 유도하려는 이상적인 상호 작용의 패턴을 이상화된 정책(idealized policy)이라고 정의하고, 이를 다시 네 가지로 세분하고 있다.

(1) 정책의 형태

스미스가 공식적 정책이라고 하는 것으로서 정책이 어떤 형태를 택하느냐 하는 문제이다. 정책은 법률이나 대통령령의 형태를 택할 수도 있고, 선언이나 담화문의 형태를 취할 수도 있으며, 프로그램의 형태를 택할 수도 있다.

(2) 정책의 유형

정책의 유형은 여러 가지로 분류할 수 있겠으나 스미스는 세 가지 관점에서 분류하고 있다.

첫째, 정책은 복잡한 정책과 단순한 정책으로 분류할 수 있다. 복잡한 정책이란 대체로 광범위하고 비점증적인 정책을 말하며, 단순한 정책은 규모가 작고 점증적인 정책을 의미한다.

둘째, 정책은 조직적 정책과 비조직적 정책으로도 분류할 수 있다. 조직적 정책이란 조직과 관련이 있는 정책으로서 일반적으로 조직의 개편이나 신설을 수반한다. 비조직적 정책(non-organizational policies)은 공식적 조직의 테두리 밖에서 이루어진다.

셋째, 정책은 분배정책, 재분배정책, 규제정책, 자율규제정책, 상징정책 등으로 분류될 수 있다.

그림 3-1 스미스의 정책집행 과정

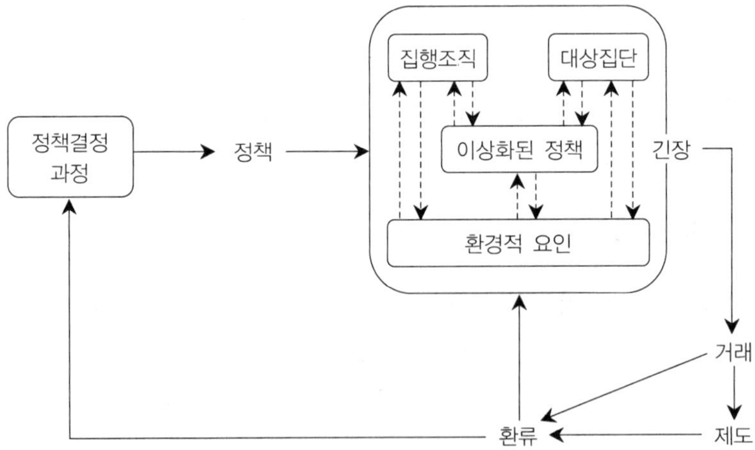

(3) 정책의 지원 정도·근원·범위

스미스가 정책의 프로그램이라고 하는 것인데 세 가지로 나뉜다.

첫째, 정책의 지원 정도로서 정부가 특정 정책의 집행에 대해 얼마나 집착하고 있느냐 하는 문제이다.

둘째, 정책의 근원으로서 특정 정책이 사회 내의 필요와 요구에서 나온 것이냐, 이러한 필요나 요구에 관계없이 나온 것이냐 하는 문제이다.

셋째, 정책의 범위로서 특정한 정책이 지역적으로나 내용면에서 광범위한 것이냐, 특정 지역에만 관련되거나 내용면에서 한정된 문제만 다루는 것이냐 하는 문제이다.

(4) 정책의 이미지

특정한 정책이 어떠한 이미지(image)를 주느냐 하는 것도 염두에 두어야 한다. 대상집단이나 정책집행자가 지니는 이미지가 정책집행에 지대한 영향을 미친다는 것이다.

2. 대상집단

정책에 의해 새로운 상호 작용의 패턴에 적응하도록 요구되는 집단을 대상집단이라 한다. 바꾸어 말하면, 이들은 정책에 의해 영향을 받는 조직이나 집단에 속하는 사람들로서 정책의 요구에 부응하기 위해 변화가 요청되는 사람들이다.

(1) 대상집단의 조직화

대상집단이 얼마나 조직화되어 있느냐 하는 문제가 정책집행에 영향을 미친다.

(2) 대상집단의 리더십

대상집단의 리더십도 정책집행에 영향을 미친다. 리더십이 특정 정책을 지지하거나 반대할 수도 있으며 무관심할 수도 있다. 리더십의 성격도 영향을 미친다.

(3) 대상집단의 과거 경험

대상집단이 과거에 정책의 영향을 받은 경험이 있느냐 하는 문제와 그러한 정책에 대해서 정책집단이 어떠한 반응을 보였느냐 하는 문제도 중요하다. 과거에 정책에 대해서 순응했느냐, 불응했느냐, 무관심했느냐 하는 대상집단의 정책에 대한

경험이 새로운 정책의 집행에도 영향을 미친다는 것이다.[1)]

3. 집행 담당조직

정책집행을 담당하는 조직이 집행에 많은 영향을 미친다는 것은 더 말할 필요도 없겠다. 스미스는 집행 담당조직이 집행에 미치는 영향을 세 가지로 나누어 고찰하고 있다.

(1) 구조와 인원

정책을 집행하는 조직의 구조의 안정성과 인원의 자질이 집행을 이행하는 데 중요하다. 불안정한 행정조직이나 자질이 낮은 구성원은 집행 능력의 저하를 초래한다.

(2) 행정조직의 리더십

대상집단의 리더십과 같이 집행 담당조직의 리더십도 중요하다. 리더십의 스타일이나 성격이 정책집행에 많은 영향을 미친다.

(3) 담당 업무 및 능력

집행 담당기관이 담당하고 있는 업무나 프로그램의 양과 담당기관의 일반적 능력도 정책집행에 영향을 미친다. 스미스가 구체적으로 언급하고 있지 않으나 집행 담당조직이 담당하고 있는 프로그램이나 업무의 양이 과중할 때에는 새로운 사업이나 정책을 위해 주력하기가 어려우며 정성을 들이기가 어렵다는 것으로 해석된다. 집행 담당조직의 일반적인 행정 능력이 집행에 영향을 미치는 것은 더 말할 필요도 없다.[2)]

4. 환경적 요인

스미스는 환경적 요인이란 정책집행에 영향을 주고 정책집행으로부터 영향을 받는 요인이라고 하고 있다. 문화적 · 사회적 · 정치적 · 경제적 요인들이 여기에 포함되는데, 정책에 따라 이에 영향을 미치는 환경적 요인도 달라진다는 점을 스미스는 강조하고 있다.[3)]

---

1) Thomas B, Smith, "The Policy Implementation Process," *Policy Sciences*, June 1973, pp. 202 – 204.
2) *Ibid.*, pp. 204 – 205.

5. 특　징

우리는 위에서 스미스가 들고 있는 요인들을 살펴보았으나 그의 설명이 지나치게 간략해 이해하기 어려운 경우가 많다. 예를 들면, 정책의 형태가 집행에 어떤 영향을 미치는지 알기 어려우며, 정책의 유형이 집행에 미치는 영향도 명확하지 않다. 복잡한 정책의 집행이 어려우며 단순한 정책의 집행이 용이하리라는 것은 추정할 수 있겠으나 조직적 정책과 비조직적 정책이 집행에 미치는 영향은 알기가 어렵다. 대상집단이나 집행 담당조직의 리더십의 성격이 구체적으로 어떻게 집행에 영향을 미치는지도 알기 어려운 것 같다. 스미스는 환경적 요인도 들고 있으나 구체성이 결여되어 있다고 하지 않을 수 없다.

Ⅱ 에드워즈의 4대 요인

에드워즈(George C. Edwards Ⅲ)는 1978년 샤칸스키(Ira Sharkansky)와의 공저에서 정책집행에 영향을 미치는 요인을 다루었으며,[4] 1980년에 발간된 『정책의 집행』에서 이를 더욱 발전시켰다.

정책집행에 관한 연구는 주로 관료제에 관한 연구라고 주장하는 에드워즈는 집행에 영향을 미치는 요인으로서 주로 집행 담당조직의 내부 구조와 관련된 요인을 들고 있다.

1. 커뮤니케이션

효과적인 정책집행의 첫째 요건은 집행자들이 그들이 해야 할 일이 무엇인지 알아야 한다는 것이다. 따라서 정책집행의 명령이 적절한 사람에게 전달되어야 하고 일관성이 있어야 하며 명확해야 한다.

---

3) *Ibid.*, p. 205.

4) George C. Edwards Ⅲ & Ira Sharkansy, *The Policy Predicament: Making and Implementing Public Policy*(San Francisco: Freeman, 1978), pp. 292－321.

(1) 전 달

커뮤니케이션의 전달이 제대로 이루어져야 하는데 확립된 커뮤니케이션 체제가 없거나 여러 계층(multiple layer)을 통해서 전달이 이루어질 때에는 커뮤니케이션의 왜곡이 일어난다.

이 밖에도 수개 집단의 집행자들 간에 정책 지시의 해석을 둘러싸고 합의가 이루어지지 못하거나 집행자가 정책 지시를 선별적으로 인지할 때에도 왜곡이 발생한다.

이러한 커뮤니케이션의 전달 문제는 상급법원과 하급법원 간에 확립된 의사전달 체계가 없는 사법부의 경우에 극심하나 행정부에서도 전달에 많은 문제가 있다.

(2) 명료성

정책이 집행되려면 집행자에게 지시가 제대로 전달되어야 할 뿐만 아니라 그 지시가 명료해야 한다. 그러나 i) 정책결정의 복잡성, ii) 영향력 있는 집단의 반대, iii) 목표의 상충과 합의 도달의 필요성, iv) 새로운 프로그램의 비친숙성, v) 정책결정자의 책임 회피 등의 이유로 정책이 명료성을 결여하는 경우가 많다.

(3) 일관성

효과적인 정책집행을 위해서는 정책이 명료해야 할 뿐만 아니라 일관성을 지녀야 하는데 정책의 명료성을 저해하는 요인들이 정책의 일관성의 결여도 초래한다. 정책의 일관성의 결여는 집행기관에 많은 재량권을 부여하는 결과를 가져오며 하급기관에 혼란을 초래하기도 한다.[5)]

2. 자 원

효과적인 정책집행을 위해 적절한 자원이 확보되어야 한다는 것은 에드워즈 외에도 많은 사람들이 지적하고 있다.[6)] 에드워즈는 자원을 다음의 네 가지로 분류하고 있다.

---

5) George C. Edwards Ⅲ, *Implementing Public Policy*(Washington: Congressional Quarterly Press, 1980), pp. 17−46.

6) Robert T. Nakamura & Frank Smallwood, *The Politics of Policy Implementation*(New York: St. Martin's Press, 1980), pp. 55−57.

(1) 인적 자원

에드워즈는 직원(staff)이라는 표현을 사용하고 있으나 정책 담당조직 구성원의 규모와 그 자질을 말한다.

(2) 정 보

다른 사람들과 달라서 에드워즈는 정보도 자원에 포함시키고 있다. 위에서 말한 집행 담당조직 구성원들의 자질이 높아야 할 뿐만 아니라 특정한 정책의 집행에 필요한 정보를 지녀야 한다는 것이다. 특히, 고도의 전문성이나 기술을 요하는 정책의 집행시에 해당 문제에 관한 충분한 정보가 필요하다. 이 밖에도 집행자는 대상집단의 순응(compliance) 여부에 관한 정보도 입수해야 한다.

(3) 권 한

효과적인 정책집행을 위해서는 적절한 권한이 해당 기관에 부여되어야 한다. 그러나 미국과 같은 연방제하에서는 연방정부가 주정부나 지방자치단체에 적절한 제한을 가할 권한을 지니지 못하기 때문에 집행에 어려움이 많다. 연방정부가 보유하는 권한이라고는 보조금의 지급을 중단하거나 회수하는 권한 정도인데, 이것도 제대로 행사하기 어려운 경우가 많다는 것이다.

(4) 시 설

에드워즈는 건물·기계·기구·소모품과 같은 시설(facilites)도 자원에 포함시키고 있다.[7)]

3. 성　향

정책이 효과적으로 집행되기 위해서는 집행자가 무엇을 해야 할지 알고 있어야 하며, 능력이 있어야 할 뿐만 아니라 특정 정책에 대해서 호의적(好意的)이어야 한다. 여기에서 집행자의 성향(性向, disposition) 문제가 제기된다.

집행자가 특정 정책에 대해서 호의를 가지고 있으면 정책결정자들이 의도한 대로 집행할 가능성이 많으나, 집행자들이 특정 정책에 대해서 정책결정자와 견해가 다를 때에는 집행이 어려워진다는 것이다.

---

7) Edwards, *op. cit.*, pp. 53－78.

(1) 관료제의 충원

집행 담당조직의 구성원들이 정책결정자들이 의도한 집행을 하지 않는다면 그들을 교체하면 되지 않느냐 하는 의문이 제기되나, 직업공무원제도의 정착으로 대통령이 새로 임명할 수 있는 인원은 극히 한정되어 있다. 직업공무원들은 공화당 정부를 과도적인 현상(transient phenomenon)이라고 본다는 헬드먼(H. R. Haldeman)의 견해나, 무능한 공무원은 해임하는 것보다는 승진시키고 보직을 바꾸어 주는 것이 용이하다는 카터 대통령의 주장은 정책결정자들의 고충을 반영하는 것이라 하겠다.

(2) 유 인

집행자들이 특정한 정책에 호의를 가지도록 유도할 수 있는 데 사용될 수 있는 유인(誘因, incentives)도 한정되어 있다는 것이 에드워즈의 주장이다.

정부 부문에서도 승급은 거의 자동적이며 근무성적평정도 큰 도움이 되지 않는다. 효과적인 유인으로서 승진을 들 수 있으나 승진의 기회란 그렇게 흔한 것이 아니라는 것이다. 민간 부문의 개인이나 조직이 집행을 담당할 때도 있으나 이들을 위해 사용할 수 있는 유인의 효과에도 의문이 많다는 것이다.[8)]

4. 관료제의 구조

집행 담당조직의 구조도 집행에 많은 영향을 미친다. 에드워즈는 여기에서 SOP와 할거성에 관해 고찰하고 있다.

(1) SOP

표준운영절차(standard operating procedures)를 말하는 SOP는 집행자가 내려야 할 무수한 일상적 결정을 가능케 하는 루틴(routine)이다. SOP는 시간을 절약해 줄 뿐만 아니라 관료제에 반응의 신뢰성을 부여한다. 자원의 부족으로 SOP가 불가피하게 필요한 경우도 있다. 그러나 SOP는 변동을 저해하는 까닭에 집행을 어렵게 하며, 신축성의 결여로 원치 않는 결과를 초래하는 경우가 많다.

---

8) *Ibid.*, pp. 89−114.

(2) 할거성

공무원들이 자기가 속하는 기관·부처·국과(局課)만을 생각하고 타부서에 대한 배려가 없거나, 심지어 타부서에 대해서 적의를 가지는 것을 말하는 할거성(割據性)이 관료제 구조의 또 하나의 특징이다. 할거성으로 인해 책임이 분산되고 여러 정책 간의 조정이 어려우며, 자원과 권한이 여러 기관으로 쪼개지기 마련이다. 동일 분야의 업무에 종사하는 두 개 또는 그 이상의 기관들이 서로 반대 방향으로 나가는 것도 할거성에 그 원인이 있는 것이다.9)

5. 요인 상호 간의 관계

에드워즈는 위에서 고찰한 네 개의 요인 간의 상호 작용을 강조한다. [그림 3-2]와 같이 커뮤니케이션과 자원이 영향을 주고받으며 자원이 성향과 상호 작용을 한다. 성향과 관료제 구조가 영향을 주고받으며 관료제 구조와 커뮤니케이션이 상호 작용을 한다. 성향과 커뮤니케이션이 상호 작용을 하며 자원과 관료제 구조가 영향을 주고받는다.10)

그림 3-2 에드워즈의 요인 상호 간의 관계

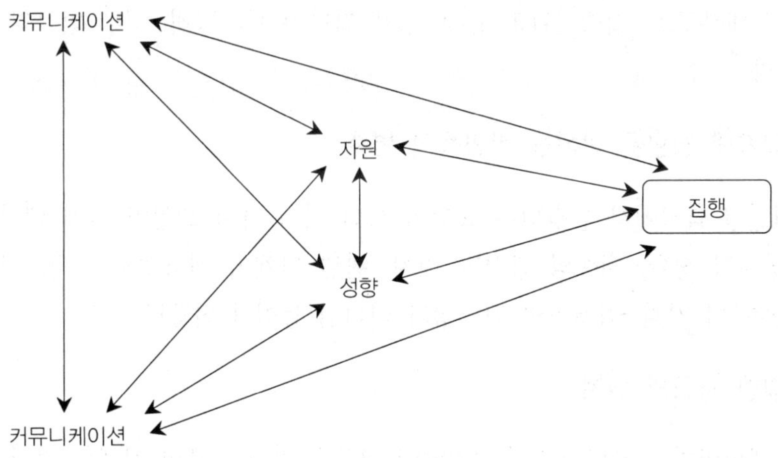

9) *Ibid.*, pp. 125–141.
10) *Ibid.*, pp. 147–150.

Ⅲ 매즈매니언과 사바티어의 집행 과정

매즈매니언(Daniel A. Mazmanian)과 사바티어(Paul A. Sabatier)는 집행 과정에 영향을 미치는 요인으로서 i) 문제의 추적 가능성(tractability), ii) 정책결정의 집행 구조화 능력, iii) 집행에 영향을 미치는 비법률적 변수를 들고, 이를 다시 세분하고 있다.[11]

1. 문제의 추적 가능성

정책 문제가 어떤 성격의 것이냐에 따라서 집행에 미치는 영향이 달라진다는 것이다. 여기에 포함될 수 있는 것으로서 대상집단 행태의 다양성, 대상집단의 상대적 규모, 대상집단 행태 변화의 범위, 타당한 이론 및 기술의 활용 가능성 등을 들고 있다.

2. 정책결정의 집행구조화 능력

정책결정 과정에서 정책결정자들이 어떻게 결정하느냐가 집행에 큰 영향을 미친다. 이에 해당되는 것으로서 목표의 명확성, 재원, 집행기관 상호 간의 관계와 집행기관의 내부구조, 집행기관의 규정, 집행 담당기관의 성격, 외부 인사의 참여를 들고 있다.

3. 집행에 영향을 미치는 비법률적 변수

정책결정 과정에서 결정되는 요인이 아닌 여러 가지 요인이 이에 해당되는데 사회·경제적 상황, 대중의 관심과 지지, 관련 단체의 적극성과 자원, 지배기관(sovereigns)의 지원, 집행자의 적극성과 리더십 등이라 하겠다.

4. 집행 과정의 단계

매즈매니언과 사바티어는 정책집행에 영향을 미치는 요인 외에도 집행 과정의

---

11) Daniel A. Mazmanian & Paul A. Sabatier, *Implementation and Public Policy*(Glenview; Scott, Foresman and Co., 1983), pp. 20–35.

단계라 하여 집행기관의 정책산출 이후의 단계에 관해서 고찰하고 있다.[12)]

집행기관의 정책산출이 있으면 이 정책산출에 대한 대상집단의 순응 또는 불응이 있게 마련이며 정책산출의 실질적 영향이 초래된다. 실질적 영향은 인지된 영향과 반드시 일치하지 않는데 정책결정자 등이 정책산출의 영향을 인지하면 이에 의거해 법령의 수정이 이루어진다는 것이다.

그림 3-3 매즈매니언과 사바티어의 정책집행 과정 변수

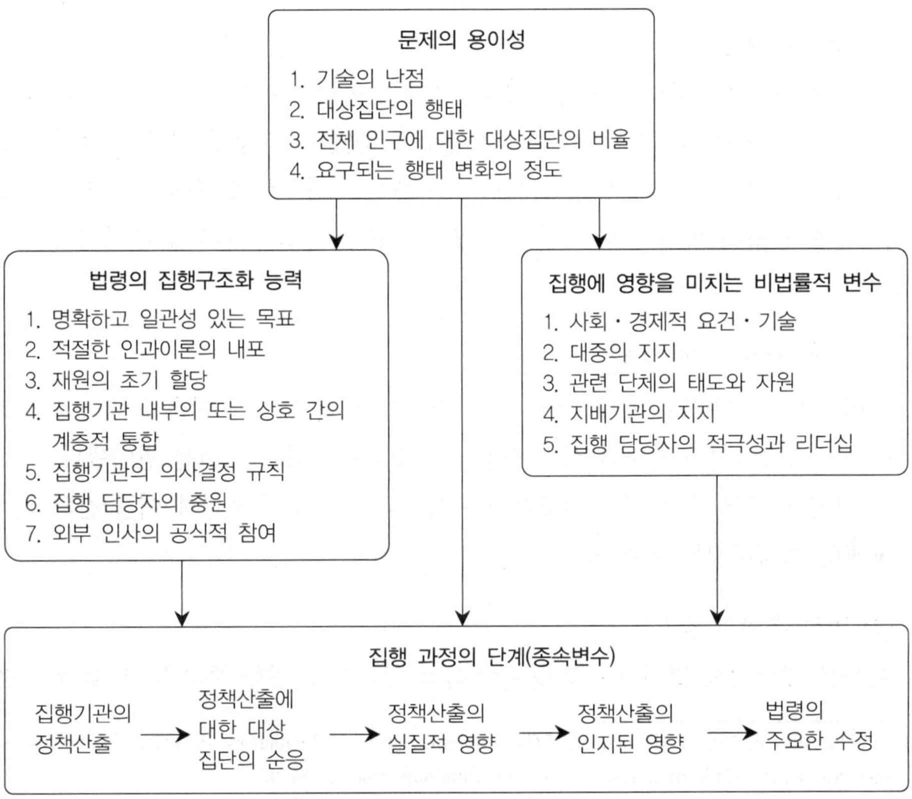

5. 특 징

매즈매니언과 사바티어가 그들의 분석의 틀을 처음 제시한 것은 1979년에 발표

12) *Ibid.*, pp. 35−39.

된 「규제정책의 집행」이라는 논문에서이다.13) 이것에 손질을 가해 1981년에 발간된 『효율적 정책집행』에 수록했으며,14) 그들의 견해에 가해진 많은 비판들을 수용해 1983년의 『집행과 정책』에서 다소 수정된 주장을 다시 내놓았던 것이다. 이제 이들의 주장의 특징을 살펴본다면 다음의 몇 가지로 요약할 수 있다.

(1) 모든 요인의 망라

이들은 정책집행에 다소라도 영향을 미친다고 생각되는 모든 요인을 망라하려고 시도했다는 점에서 높이 평가될 만하다.

(2) 과다한 변수

모든 요인을 망라하려고 노력한 결과, 16개의 독립변수를 제시하기에 이르렀으며,15) 이것을 전술한 바와 같이 세 가지 범주로 묶었다. 이 많은 변수 중에서 어떤 변수가 중요하며 어떤 변수가 덜 중요한지 처음에는 아무런 언급이 없었으나, 1983년의 『집행과 정책』에서는 이 가운데 중요하다고 생각되는 변수를 추려내려고 노력했다.16)

(3) 변수 상호 간의 관계

스미스와 에드워즈는 변수 상호 간의 관계에 관한 분석에 많은 노력을 기울였으나,17) 매즈매니언과 사바티어는 이런 노력이 부족하다는 비판을 받아왔다. 그리하여 『집행과 정책』에서 이를 시도하기는 했으나18) 변수가 과다해 이들 간의 관계를 명쾌히 제시하지는 못했다.

(4) 법적 측면의 강조

이들은 지나치게 법적인 측면을 강조하고 있다는 느낌을 주고 있다. 16개의 독

13) Paul Sabatier & Daniel Mazmanian, "The Implementation of Regulatory Policy: A Framework of Analysis"(Davis, California: Institute of Governmental Affairs, 1979).

14) Paul Sabatier & Daniel Mazmanian, "The Implementation of Regulatory Policy: A Framework of Analysis", in Daniel Mazmanian & Paul Sabatier(eds.), *Effective Policy Implementation*(Lexington: Heath, 1981), pp. 3-35.

15) 처음에는 이들이 17개의 변수를 제시했으나 1983년의 저서에서 '대중매체의 관심'이라는 변수를 삭제했다.

16) Mazmanian & Sabatier, *op. cit.*, pp. 41-42.

17) Smith, *op. cit.*, pp. 202-203; Edwards, *op. cit.*, pp. 147-150.

18) Mazmanian & Sabatier, *op. cit.*, pp. 39-41.

립변수를 세 개의 범주로 묶었다는 것은 전술한 바와 같은데, 그 범주들이 i) 문제의 추적 가능성, ii) '법률'의 집행구조화 능력, iii) 집행에 영향을 미치는 '비법률적' 변수인 것이다. 그뿐만 아니라 집행 과정의 단계에서도 정책산출의 영향이 인지되면 정책의 변동이 일어나게 되는데, 이것도 '법률'의 주요한 수정이라고 표현하고 있다.

(5) 규제정책

전술한 바와 같이 이들의 분석틀은 「규제정책의 집행」이라는 논문을 통해서 처음으로 제시되었다. 그 후에 많은 비판을 수용해 규제정책뿐만 아니라 분배정책이나 재분배정책에도 적용될 수 있는 틀로 다듬어 나갔으나 아직도 규제정책을 주된 대상으로 하는 틀이라는 비판을 면하기 어려운 것 같다.

Ⅳ 비교분석

우리는 위에서 스미스, 에드워즈, 매즈매니언과 사바티어의 견해를 살펴보았는데, 이들이 들고 있는 요인들을 알렉산더(Ernest R. Alexander)의 분류 기준에 따라 i) 정책변수, ii) 집행변수, iii) 환경적 및 맥락적 변수, iv) 문제 관련 변수로 나누어 비교해 보기로 한다.[19)]

1. 정책변수

세 견해가 다 정책변수를 들고 있는데 대체로 목표의 명확성, 현실성, 일관성 등을 들고 있다. 스미스만이 정책의 형태, 정책의 유형이라는 표현을 사용하고 있다. 여기서 하나 특별히 지적할 것은 에드워즈의 견해이다. 에드워즈는 정책변수에 대하여 언급하지 않고 있다고 보는 사람도 있으나, 에드워즈가 커뮤니케이션에 포함시키고 있는 명료성과 일관성은 목표의 명료성과 일관성을 의미하는 것이라고 보아야 한다는 것이 저자의 생각이다.

19) Ernest R. Alexander, "From Idea to Action: Notes for a Contingency Theory of the Policy Implementation Process," *Adiministration and Society*, February 1985, pp. 405-406.

2. 집행변수

집행변수로서 여러 가지가 지적되고 있는데 스미스는 구조, 인원, 능력, 담당 업무, 리더십 등을 포함하는 집행 담당조직의 여러 측면을 들고 있다. 집행변수에 관해서 비교적 깊이 있게 다루고 있는 사람은 에드워즈이다. 관료제의 구조뿐만 아니라 집행자의 성향을 충원과 유인이라는 관점에서 검토하고 있으며, 인적 자원, 권한, 시설, 정보를 포함하는 자원도 집행변수로서 들고 있다. 매즈매니언과 사바티어도 못지않게 많은 집행변수를 들고 있다. 집행변수의 내부구조·규정, 집행기관 상호 간의 관계를 비롯해 집행 담당기관의 성격, 집행자의 리더십, 우호적 외부 인사의 참여 등 집행 담당기관과 관련된 요인뿐만 아니라 재원도 들고 있다.

3. 환경적 및 맥락적 변수

환경적인 변수로서 스미스는 추상적으로 환경적인 요인을 들고 있으며, 이에 대한 구체적인 언급이 없으나 매즈매니언과 사바티어는 사회·경제적 상황의 변화와 정부 간 또는 자치단체 간의 사회·경제적 상황의 차이를 들고 있다.

맥락적 변수로서 스미스는 정부가 특정 정책의 집행에 대해 얼마나 집착하고 있는가를 의미하는 정책의 지원 정도와 특정 정책이 사회 내의 필요와 요구에서 나온 것이냐, 이러한 필요와 요구와 관계 없이 나온 것이냐를 말하는 정책의 근원을 들고 있다. 에드워즈는 맥락적 변수로서 효과적인 커뮤니케이션의 전달을 들고 있는데 전술한 바와 같이 알렉산더는 이 밖에 명료성과 일관성도 맥락적 변수에 포함시키고 있으나 우리는 이를 정책변수로 보기로 했다. 끝으로, 매즈매니언과 사바티어는 맥락적 변수로서 관련 단체의 적극성과 자원, 대중의 지지와 관심, 지배기관(sovereigns)의 지원을 들고 있다.

표 3-1 집행에 영향을 미치는 요인

변수 \ 저자	스미스	에드워즈	매즈매니언-사바티어
정책변수	정책의 형태 정책의 유형	정책목표 – 명료성 – 일관성	정책목표의 명확성 적절한 인과모형이론

집행변수	집행 담당조직 – 인원 – 능력 – 담당 업무 – 리더십 – 구조	자원 – 인적 자원 – 권한 – 시설 – 정보 성향 – 충원 – 유인 관료제의 구조 – 할거성 – 표준운영절차(SOP)	재원 집행 담당기관 공무원의 성향 집행기관 책임자의 리더십 우호적 외부 인사의 참여 집행기관의 내부구조 집행기관의 규정 집행기관 상호 간의 관계
환경적 변수 및 맥락적 변수	환경적 요인 정책의 지원 정도 정책의 근원	효과적인 커뮤니케이션 – 전달	사회·경제적 상황 관련 단체의 적극성과 자원 대중의 지지와 관심 지배기관의 지원
문제 관련 변수	정책의 범위 정책의 이미지 대상집단 – 조직화·제도화의 정도 – 리더십 – 과거의 경험		정책 문제의 성격 – 행태 변화의 범위 – 대상집단 행태의 다양성 – 대상집단의 상대적 규모 – 타당한 이론 및 기술의 활용 가능성

자료: Ernest R. Alexander, "From Idea to Action," *Administration and Society*, February 1985, p. 406, Table 1을 토대로 재작성.

4. 문제 관련 변수

이에 관해서 에드워즈는 아무런 언급이 없는 데 대해, 매즈매니언과 사바티어는 대상집단 행태 변화의 범위, 대상집단 행태의 다양성, 대상집단의 상대적 규모, 타당한 이론 및 기술의 활용 가능성 등을 들고 있다. 스미스도 몇 가지를 들고 있는데 대상집단의 조직화·제도화의 정도, 대상집단의 리더십, 대상집단의 과거의 경험 등을 내세우고 있을 뿐만 아니라 정책의 이미지, 정책의 범위 등도 들고 있다.

V 이 장의 구성

우리는 앞에서 정책집행에 관한 여러 가지 견해를 고찰하고 이를 알렉산더의 분류 기준에 따라 비교분석했다. 제2절 이하에서는 정책집행에 영향을 미치는 요인을 i) 정책변수, ii) 집행변수, iii) 환경적 및 맥락적 변수, iv) 정책 문제의 성격으로 나누어 고찰하기로 한다.

가장 많은 변수를 제시한 매즈매니언과 사바티어의 주장을 가능한 한 많이 수용하되 무질서한 변수의 나열을 지양하고 이를 체계 있게 고찰하려고 한다.

제 2 절 정책변수

I 서 언

매즈매니언과 사바티어는 정책목표의 명확성과 인과이론의 타당성을 들고 있다. 스미스가 들고 있는 정책변수는 구체성을 결여하고 있으며, 에드워즈가 들고 있는 커뮤니케이션의 명료성과 일관성을 정책목표라고 볼 수 있느냐에 관해서 논란의 여지가 있다. 정책목표라고 보는 경우에는 명료성과 일관성은 목표의 명확성에 포함될 수 있다. 따라서 우리는 여기에서 매즈매니언과 사바티어의 주장에 따라 정책목표의 명확성과 인과이론의 타당성을 고찰하기로 한다.

II 정책목표의 명확성

1. 명확성의 정의

명확한 정책목표가 충실한 복종을 보장하는 것은 아닐지라도 명확한 정책목표의 수립은 효율적인 정책집행을 위한 가장 중요한 전제 조건이라 할 수 있다.

명확성이란 무엇을 달성해야 할 것이냐에 관해서 구체적이어야 할 뿐만 아니라 어떻게 달성할 것이냐에 관해서도 명확해야 한다. 다시 말하면, 정책의 목표들과 이러한 목표를 달성하기 위한 수단이 정확하게 제시됨으로써 집행자가 무엇을 해야 할 것인가를 알아야 한다. 그뿐만 아니라 정책지시는 집행자의 임무를 명확히 하여 집행자의 성과를 측정하고 집행자의 책임을 물을 수 있는 것이어야 한다.20)

2. 명확성을 저해하는 요인

정책의 명확성을 저해하는 요인을 여러 가지로 분류할 수 있겠으나, 우리는 여기에서 다음과 같은 세 가지로 나누어 고찰하고자 한다.21)

(1) 기술적 제약성

정책결정자가 무엇을 어떻게 해야 할지 모를 때에는 명확한 지시를 내리기가 어렵다. <표 3-2>와 같이 이 경우의 모호성은 목표 달성을 위한 수단에 관한 구체성의 결여라고 할 수 있다.

어떤 학자들은 이와 같이 목표가 기존 지식을 앞지르는 것일 때에는 정책결정자가 정책을 형성하지 말아야 한다고 하고 있으나, 슐레진저(James R. Schlesinger)는 이것이 정치적 의사 결정에 고유한 특성이라고 하고 있다. 슐레진저는 많은 정치가들이 즉각적인 행동을 요구하는 국민의 요청이 있을 때 실제로 어떤 성과를 올릴 수 있는 정책수단을 마련하는 것보다는 어떤 종류의 행동이든 간에 행동을 약속하는 정책을 채택하는 것으로서 족하다고 생각하고 있다는 것이다.22)

목표가 수단을 앞지르는 정책의 수립이 무익한 노력이라는 것은 아니다. 최소한 이러한 정책이 기술적으로 실현 가능한 해결 방안을 모색하기 위해 사회의 자

표 3-2 정책의 명확성을 저해하는 요인

정책형성	저해 요인	초래되는 모호성의 유형
정책결정자가 기술 문제에 관한 비전문가	기술적 제약성	수단에 관한 구체성의 결여
정책결정자들이 다양한 선호 소유	• 개념적 복잡성 • 정치적 고려 (연합의 필요성)	• 목표와 수단 간의 명료성에 관한 구체성의 결여 • 목표의 구체성의 결여 또는 다수의 목표 간의 우선순위 결여

20) Nakamura & Smallwood, *op. cit.*, p. 33.

21) *Ibid.*, pp. 34-39.

22) James R. Schlesinger, "System Analysis and the Political Process," *Journal of Law and Economics*, 1966, pp. 281-298.

원을 동원하는 역할을 한다는 것이다. 미국의 대기오염방지법의 경우를 보더라도 이 법률의 제안자들이 그들의 목표를 달성하기 위한 수단이 기술적으로 난점이 있다는 것을 알고 있었다. 그러나 그들은 이 법률의 제정이 대기오염 방지에 필요한 적절한 수단의 개발을 장려하고 이해하는 데 도움이 될 것이라는 생각에서 '고상한 목표'를 이 법률에서 제시했던 것이다.

(2) 개념적 복잡성

정책결정자들 상호 간에 해결하려는 문제가 무엇이냐에 관해서 합의할 수 없을 때에는 모호한 정책이 나온다. 정책결정자들이 그들이 해결하고자 하는 문제를 명확히 제시할 수 있을 때에는 이러한 제시가 집행자들의 지침이 되어 해결하고자 하는 문제 또는 목표와 이를 달성하기 위한 수단 간의 관계를 올바로 정립할 수 있게 될 것이다. 그러나 문제의 제시가 분명하지 않을 때에는 집행자가 선정된 수단이 해결하고자 하는 문제와 어떠한 관계가 있는지 추측할 수밖에 없다.[23]

린드블롬(Charles E. Lindblom)이 정책 문제를 확인하고 규정하는 데 따르는 개념상의 복잡성에 관해서 좋은 예를 들고 있다. 정책결정자들은 때로는 문제가 주어지는 것이 아니라 그들이 문제를 확인하고 형성해야 한다. 미국 도시에서 집단행동이 증가하고 있다. 이러한 사태의 원인이 무엇이냐에 관해서 다음과 같은 여러 가지 해석이 가능하다는 것이다.

i) 법과 질서 유지의 불충분, ii) 인종 차별, iii) 개혁의 속도에 대한 흑인들의 불만, iv) 혁명의 선동, v) 흑인의 권력 확장 운동, vi) 저소득, vii) 비교적 조용한 개혁 운동의 주변에서 일어난 무법 상태, viii) 도시화에 따르는 부작용, ix) 소외감 등이다.[24]

(3) 정치적 고려

반 혼(Carl E. Van Horn)은 미국의 정치 과정에서 모호하고 다목적적인 정책결정은 예술적인 경지에 도달해 있다고 비꼬고 있다. 이러한 정책결정이 바람직하지 못한 것은 사실이나 미국 정치 과정의 실정과 의회 의원을 비롯한 선거에 의해 선

---

23) Nakamura & Smallwood, *op. cit.*, pp. 36–37.

24) Charles E. Lindblom, *The Policy–Making Process*, second edition(Englewood Cliffs: Prentice Hall, 1980), p. 24.

출된 정책결정자들의 개인적인 목표에 비추어 볼 때 무리도 아니라는 것이다. 미국 입법 과정은 상충되는 각종 이익집단의 요구와 다양한 정치이론을 조화시키고 다양한 의원들의 선호를 융화시켜야 한다. 표현이 추상적이고 재분배적인 색채가 희박할수록 그 정책에 합의할 수 있는 의원의 수가 늘어나게 마련되어 있는 것이 미국의 정치 과정이다.

의원들의 개인적인 목표가 이러한 경향에 더욱 박차를 가하고 있다. 의원들은 여러 가지 정치적·개인적 목표를 지니나 특수한 경우를 제외하고는 또다시 당선되는 것이 가장 중요한 개인적 목표라고 할 수 있다. 이리하여 의원들은 출신구의 가능한 한 많은 계층을 만족시킬 법률이나 정책을 바랄 수밖에 없다.[25]

나카무라와 스몰우드는 '연합형성(coalition building)'이라는 표현을 사용해 반혼과 동일한 견해를 표명하고 있다. 그들은 모호한 정책의 제시가 여러 가지로 연합형성에 도움이 된다고 주장한다. '교육의 기회 균등'과 같은 추상적인 원칙이 구체적인 정책의 제시보다 합의에 도달하기에 용이하다. 그뿐만 아니라 모호한 정책은 많은 이익집단에게 공식적 의사결정 과정 이후에 작용할 기회를 부여하게 된다. 바꾸어 말하면, 모호한 정책의 제시는 서로 대립되는 세력의 대결을 연기하는 결과를 초래하게 되는 것이다.

연합형성은 다원적 사회에서 정책형성을 위해 필요한 과정일지 모르나 참여자들 간에 참된 의미의 합의를 필요로 하는 단계는 아니다. 정책결정자들은 그것이 구체적으로 무엇을 의미하는지를 결정하지 않고도 추상적이고 일반적인 정책에 합의할 수 있다.

이리하여 집행 과정에서 발생할 수 있는 해석상의 충돌의 소지가 정책형성 과정에서 마련되는 데, 정책결정자들은 그들의 이러한 행동이 어떠한 결과를 초래할지를 의식하지도 못하고 정책형성에만 급급한 경우가 많은 것이다.[26]

---

25) Carl E. Van Horn, *Policy Implementation in the Federal System*(Lexington: Heath, 1979), p. 161.
26) Nakamura & Smallwood, *op. cit.*, pp. 38–39.

Ⅲ 인과이론의 타당성

라슨은 '정책목표의 현실성'이라는 표현을 사용하고 있으나 매즈매니언과 사바티어는 '인과이론의 타당성(validity of causal theory)'이라는 관점에서 다루고 있다.

적절한 인과이론은 다음의 두 가지를 충족시켜야 한다. i) 정부의 조치와 정책목표의 달성 간에 인과 관계가 존재한다는 것이 이해될 수 있어야 하며, ii) 정책집행 담당자들이 목표 달성과 밀접한 관련이 있는 상당수의 요인에 대해 관할권을 지니고 있어야 한다.[27]

우리는 정책집행이 실패한 사례의 상당수가 적절한 인과이론의 결여에 기인한 것이라는 사실에 유의할 필요가 있다. 특히, 집행 담당기관이 목표 달성과 밀접한 관련이 있는 요인들에 대해 관할권을 보유하지 않는 까닭에 정책집행이 실패하는 경우를 많이 볼 수 있다. 승용차생산을 현대로 일원화한다는 자동차공업 합리화정책이 실패로 돌아간 이유가 현대와 GM이 합의를 보지 못한 데 있었다는 것은 널리 알려진 사실인데,[28] 이것은 우리나라의 정책집행 담당기관이 GM의 재산권 행사에 대해 관할권을 지니지 않았다는 것을 의미하기도 한다.

제 3 절 집행변수

집행변수란 주로 집행 담당기관과 관련이 있는 요인들이나 외부 인사의 집행에의 참여와 정책집행에 필요한 재정 문제도 여기에 포함시키기로 한다.

27) Mazmanian & Sabatier, *Implementation and Public Policy*, pp. 25－26.
28) 서울대학교 행정대학원, 정책집행 사례연구(서울: 서울대학교 행정대학원, 1983), pp. 122－127.

I 집행기관의 내부 구조

집행기관의 내부 구조가 정책집행에 중요한 영향을 미친다는 것은 긴 설명을 요하지 않는다. 스미스는 집행변수의 하나로서 집행 담당조직의 구조를 들고 있으며,[29] 에드워즈는 관료제 구조의 문제로서 할거성과 SOP를 들고 있다.[30]

이 책 제1편 제6장에서 지적한 바와 같이 정책집행에 관한 문제가 대두하게 된 근본적인 원인의 하나가 계층제를 비롯한 관료제적 특징이 희박해진 데 있는 것이다.

한 마디로 말해서, 계층제가 약한 조직이 집행을 담당할 때에는 집행에 문제가 발생한다. 우리나라에서도 같은 정부기관이라 할지라도 계층제를 비롯한 관료제적인 특징이 비교적 미약한 연구·학술기관 등의 경우 집행력이 약한 이유가 바로 여기에 있는 것이다.

II 집행기관의 규정

법률 제정 과정과 같은 정책형성 과정에서 집행기관의 규정을 어떻게 결정하느냐 하는 것이 정책집행에 큰 영향을 줄 수 있다. 예를 들면, 허가나 인가를 담당하는 기관의 경우 거증(擧證) 책임을 누가 지느냐에 따라서 허가나 인가를 위한 심사를 얼마나 엄격하게 하느냐가 결정되는 것이다.

규제를 담당하는 합의제기관의 경우 의결을 단순과반수로 하느냐 3분의 2의 다수로 하느냐에 따라서 이 위원회가 법률이 규정한 정책목표를 얼마나 충실하게 집행할 수 있느냐가 결정되는 것이다.[31]

---

29) Smith, *op. cit.*, p. 205.
30) Edwards, *op. cit.*, pp. 125－141.
31) Mazmanaian & Sabatier, *op. cit.*, pp. 27－28.

Ⅲ 집행기관 책임자의 적극성과 리더십

집행기관의 책임자들이 정책목표의 실현을 위해 얼마나 열성적이며 목표의 달성을 위해 얼마나 리더십을 발휘할 수 있느냐 하는 것이 정책의 집행에 큰 영향을 미친다.

집행기관의 책임자들이 정책목표의 실현을 위해 나타내는 적극성이나 열성은 정책형성 과정에서 어떤 기관에게 집행을 맡기며, 이 집행기관의 책임자들의 선임방법을 어떻게 하느냐에 많이 달려 있다. 이 밖에도 뒤에서 고찰할 관련 단체나 지배기관의 지원과 공무원들의 직업 의식, 개인적 가치관 등의 영향을 받는다.

일반적으로 많은 논의 끝에 설치된 신설 기관에게 정책집행을 담당시킬 때 책임자들의 적극성이 높아지고, 따라서 정책집행이 성공을 거둘 확률이 높다. 그러나 초기 단계가 지나면 사업의 성공에 열성을 보이던 공무원들은 물러가고 안정을 바라는 공무원이 자리를 차지하게 되며, 사업의 계속적 추진에 대한 열의가 냉각될 우려가 많다.

아무리 정책목표의 실현을 위한 적극성이 강하다고 하더라도 이러한 목표 달성을 위해 이용 가능한 자원을 활용할 줄 아는 기술이 수반되지 않을 때에는 집행이 성공을 거두기가 어렵다.[32] 흔히 '리더십'이라고 부르는 이 기술은 정치적 요소와 관리적 요소를 지닌다. 리더십의 정치적 요소란 지배기관의 지원을 획득하고 정책의 반대자나 대상집단의 저항을 무마하며 관련 단체의 도움을 받아내는 능력 등을 말한다. 관리적 요소는 적절한 통제 방법을 고안해 예산 집행의 효율을 높이고 공무원들의 사기를 앙양시키며 내부의 반대자들을 침묵시키는 능력 등을 지칭한다.[33] 모든 사람이 리더십의 중요성은 인정하나 그것이 상황과 밀접한 관련이 있기 때문에 특정한 개인이 주어진 상황하에서 리더십을 어느 정도 발휘할 수 있느냐 하는 것은 예측하기 어려운 경우가 많다.

벌록(Charles S. Bullock Ⅲ)은 인종차별 폐지정책의 집행시에 집행기관의 적극성이 중요한 역할을 했다고 보고 있다. 남부의 인종차별 폐지정책이 민권처(OCR)

---

32) *Ibid.*, pp. 34－35.

33) Frances Rourke, *Bureaucracy, Policies, and Public Policy*, second edition(Boston: Little, Brown and Co., 1976), pp. 94－101.

의 최우선 사업이었을 때 이 기관의 공무원들은 이 사업을 위해 지극히 열성적이었으며 남부 백인들의 반대나 남부 출신 의원들의 공격을 개의치 않았다.[34)]

Ⅳ 집행 담당기관 공무원의 성향

집행 담당기관의 내부 구조나 규정이 아무리 정책목표 달성에 용이하도록 제정되었다 할지라도 집행 담당기관의 공무원들이 정책목표에 적극 찬동하고 목표 달성을 위해 능동적으로 나서지 않을 때에는 집행이 좋은 성과를 거둘 수 없다는 것이다.

어떤 새로운 사업이든 간에 그 사업에 대해 호의적이거나 적어도 중립적인 견해를 지니고, 대상집단이나 다른 공무원들의 저항을 극복하고 목표 달성을 강력히 추진할 집행자를 필요로 한다.

이론상 정책결정자들이 정책목표에 호의적인 기관이나 공무원에게 집행을 맡길 수 있는 장치가 몇 가지 있다.

첫째, 특정한 정책목표에 합치되는 정책지향(policy orinentation)을 지니고, 새로운 사업에 높은 우선순위를 부여할 용의가 있는 기관에 집행을 맡길 수 있다.[35)] 이를 위해서 최선의 방법은 이 사업을 담당할 기관을 신설하는 것이다. 우리나라에서 과학기술 진흥사업을 위해 과학기술처(현 미래창조과학부)를 설치하고 공해 방지를 위해 환경청(현 환경부)을 신설한 것은 좋은 예라 할 수 있다.

새로운 사업을 담당할 기관의 신설이 어려울 경우에는 이 사업이 그 기관의 전통적인 방침과 일치한다고 인정되고 새로운 사업에 높은 우선순위를 부여할 사회적 평가가 높은 기존의 기관에 집행을 맡기는 방법도 생각할 수 있다.

둘째, 집행기관의 책임자들은 정책목표에 동조하는 사회적 계층에서 선정하는 방법이 가능하다. 미국 주정부의 토지 이용 담당기구 등에 관한 연구를 보면, 그 지역에서 선거에 의해 선출되는 공무원이 주정부가 임명하는 공무원보다 토지 개

34) Charles S. Bullock Ⅲ, "Conditions Associated with Policy Implementation," in Charles S. Bullock Ⅲ & Charles M. Lamb(eds.), *Implementation of Civil Rights Policy*(Monterey: Brooks－Cole, 1984), pp. 198－199.

35) Mazmanian & Sabatier, *op. cit.*, p. 28.

발에 호의적이라는 것이다.

이론상 이와 같이 정책목표에 호의적이며 능동적인 기관이나 공무원에게 집행을 맡길 수 있는 방법이 있으나 실제로는 많은 제약이 있다. 그 사업에 대해서 호의를 가지고 있지 않은 기관이나 적대적인 기관에 새로운 사업을 맡기지 않을 수 없는 경우가 많다.

V 집행기관 상호 간의 관계

집행기관 상호 간의 관계가 정책집행에 얼마나 큰 영향을 미친다는 것은 이미 이 책 제1편 제6장에서도 상술한 바 있다. 정책집행에 많은 차질이 일어나고 정책집행에 관한 연구가 시작된 근본적인 원인의 하나가 바로 집행기관 상호 간의 관계라는 것은 이미 설명한 바 있다. 특히, 불명확환 정책 및 모호한 국가 목표와 연방제하에서 주정부나 지방자치단체가 누리는 자율성으로 인해 많은 정책이 소기의 성과를 거두지 못하고 있는 것이다.[36)]

집행기관 상호 간의 관계를 결정짓는 요인으로서 다음과 같은 두 가지를 들 수 있다.[37)]

첫째, 목표 달성을 위한 집행 과정에서 이른바 거부권 행사기관(veto points) 또는 협의기관(clearance points)이 몇 개나 되느냐 하는 문제이다. 프레스먼과 윌다브스키는 경제발전처(EDA)의 오클랜드(Oakland) 사업의 경우 협의를 거쳐야 할 기관이나 거부권을 행사할 수 있는 기관이 얼마나 많으며, 이것이 정책집행에 얼마나 많은 영향을 미치고 있는가를 길게 설명하고 있다.[38)]

둘째, 집행기관 상호 간의 관계를 결정짓는 또 하나의 요인은 제재나 유인으로서 어떠한 수단이 있느냐이다. 우리나라에서 중앙에서 정책을 결정하고 지방자치단체가 집행을 담당하는 사업의 경우 관여하는 기관이 결코 적은 것이 아니며 절차가 간단한 것이 아니다.[39)] 그럼에도 불구하고 그럭저럭 집행이 이루어지는 것은

36) Van Horn, *op. cit.*, p. 163.
37) Mazmanian & Sabatier, *op. cit.*, p. 27.
38) Pressman & Wildavsky, *op. cit.*, pp. 102-110.
39) 김주봉, 우리나라 국고보조금제도에 관한 연구(서울대학교 행정대학원 석사학위 논문, 1976), pp.

단일 국가인 우리나라의 중앙관서가 강력한 제재 수단과 유인 수단을 보유하고 있는 까닭이다. 다른 부처의 사업보다 행정자치부의 사업이 지방에서 집행력이 강한 것은 행정자치부가 비교적 강력한 제재 수단을 지니고 있는 데 그 원인이 있다고 하겠다.

Ⅵ 외부 인사의 참여

정책결정을 할 때 외부 인사를 집행 과정에 얼마나 참여시키도록 하느냐 하는 것이 집행에 영향을 미칠 수 있다. 그 정책으로 인해 혜택을 받을 수 있는 집단이나 입법·행정·사법부의 관계 기관이나 관계자들을 참여시키는 방안이 있다.

예를 들면, 공해방지정책의 경우 환경보존단체 등이 집행에 참여할 수 있는 방안을 강구하는 것은 그 정책의 집행에 도움이 될 수 있다. 또한 그 사업에 대한 주기적인 정책평가를 필수적으로 하는 조치나 그 사업에 대한 입법부의 통제권을 그 사업의 제안자인 특정 분과위원회 위원장에게 부여하는 방법 등은 정책집행을 효율화하는 데 도움이 될 수 있다. 이와 반대로 행정부에 의한 규제 활동에 입법부가 거부권을 행사하도록 하는 조치와 같은 것은 효율적인 정책집행을 저해할 수 있다.[40]

Ⅶ 재 원

정책집행에 재원(financial resources)이 큰 영향을 미친다는 데에는 이론의 여지가 없다. 정책집행에 영향을 미치는 자원(resources)으로서 에드워즈는 인적 자원, 정보, 권한, 시설을 들고 있으며,[41] 나카무라와 스몰우드는 예산, 시간, 인력, 권한 등을 들고 있다.[42] 그러나 다른 자원은 다른 항목에서 검토하기로 하고 여기에서

56-58.

40) James E. Anderson, *Public Policy-Making*, fifth edition(Boston: Houghton Mifflin, 2003), pp. 198-199.

41) Edwards, *op. cit.*, pp. 53-78.

는 정책형성 과정에서 정책결정자들이 그 정책의 집행을 위해 어느 정도의 예산을 확보해 주고 부여했느냐 하는 문제만 검토하기로 한다.

전술한 목표의 명확성과 재원의 문제를 합쳐서 몬트조이(Robert S. Montjoy)와 오툴(Laurence J. O'Toole, Jr.)이 흥미있는 고찰을 하고 있다.[43] [그림 3-4]와 같이 그들은 정책목표의 명확성 여부와 신자원의 확보 여부를 가지고 매트릭스를 만들어 네 가지 경우를 가상해 그들의 주장을 전개하면서 구체적인 실례도 들고 있다.

그림 3-4 정책목표의 명확성과 신자원의 확보

신자원의 확보 \ 정책목표의 명확성	모 호	구체적
확 보	A	B
불확보	C	D

A는 정책목표가 모호하나 목표 달성에 필요한 재원이 마련된 경우이며, B는 목표가 구체적일 뿐만 아니라 재원도 확보된 경우이다. C는 정책목표가 모호하며 재원도 마련되지 못한 경우이며, D는 목표는 명확하며 구체적이나 신자원이 확보되지 못한 경우이다. 몬트조이와 오툴은 미국회계검사원(GAO)이 발표한 정책집행에 관한 보고서 중에서[44] 191개 보고서를 검토한 끝에 효율적 정책집행을 위해서는 정책목표가 구체적일 뿐만 아니라, 목표 수행에 필요한 신자원의 확보도 이루어진 B의 상황이 최선이라고 결론을 내리고 있다. 최악의 경우는 목표가 구체적이나 재

42) Nakamura & Smallwood, *op. cit.*, pp. 55-57.

43) Robert S. Montjoy & Laurence J. O'Toole, Jr., "Toward a Theory of Policy Implementation: An Organizational Perspective," *Public Administration Review*, September-October 1979, pp. 465-476.

44) 미국의 회계검사원은 연간 약 1,100개에 달하는 정책집행에 관한 보고서를 발표하고 있다(*Ibid.*, p. 468).

원이 없는 D의 상황으로서 정책집행의 거부, 불집행 등의 현상이 일어나고 있다.

다시 말하면, 앞에서 고찰한 목표의 명확성이 중요한 것은 사실이나 목표 달성을 위한 재원의 확보가 이루어지지 못할 때에는 도리어 재원이 없으며, 목표가 모호한 C의 상황보다 결과가 나쁠 수 있다는 것이 몬트조이와 오툴의 결론이다.

제 4 절 환경적 및 맥락적 변수

I 사회 · 경제적 상황

첫째, 사회 · 경제적 상황의 변동은 특정한 정책의 중요성에 대한 인식을 감소시킬 수 있으며, 따라서 집행을 어렵게 만들 수 있다.

둘째, 지역 간의 사회 · 경제적 수준의 차이는 효율적 정책집행에 지장을 줄 수 있다. 예를 들면, 우리나라의 포항시와 동두천시는 다 같은 시이나 사회 · 경제적 수준에 큰 차이가 있다. 울산시는 우리나라 유수의 공업도시이며 동두천시는 기지촌이라는 차이 외에도 포항시는 재정자립도가 72.2%인 데 대해, 동두천시는 자립도가 56.9%에 지나지 않는다.[45] 이와 같은 사회 · 경제적 수준의 지역 간 차이로 인해 획일적인 정책의 집행이 어려우면 신축성에 대한 요구가 높아질 수밖에 없는데, 신축성 있는 정책의 집행은 정책목표를 달성하는 데 지역 간에 큰 차이를 가져올 수 있는 것이다. 만일에 중앙관서에서 획일적인 정책의 집행을 요구할 때에는 지역에 따라서 주민으로부터 저항이 발생해 결국에 가서 효율적인 정책집행을 저해하게 된다.

셋째, 환경 보존이나 소비자 보호와 같은 규제정책은 대상집단의 경제적 능력과 그들이 국민 경제에서 차지하는 비중에 따라서 집행의 효율성이 달라질 수 있다. 한 마디로 말해서, 그 국가 국민 경제가 고도화되고 대상집단의 경제적 능력이 높을수록 규제정책과 같이 비생산적인 비용(nonproductive cost)이 수반되는 정책의

45) 행정자치부, 1998년도 지방자치단체 예산개요(서울: 행자부, 1998), pp. 496, 696.

집행이 용이해진다는 것이다.

넷째, 공해 방지와 같은 기술과 직결되는 정책의 집행은 기술의 발달 또는 정체와 밀접한 관계가 있다. 전술한 바와 같이 석탄에서 유황질을 추출할 수 있는 비교적 저렴한 기술이 개발되어야 화력발전소 등에 대한 공해방지정책이 실효를 거둘 수 있다는 것이다.46)

Ⅱ 지배기관의 지원

매즈매니언과 사바티어는 대통령 · 의회 등과 같이 집행기관의 법적 · 재정적 자원을 장악하고 있는 기관을 '지배기관(sovereigns)'이라고 부르고, 이들의 지지가 정책의 집행에 큰 영향을 미친다는 것을 강조하고 있다.

연방정부가 정책을 수립하고 자원을 제공하나 집행은 주정부나 지방자치단체가 담당하는 정부 간(intergovernmental) 사업의 경우 가장 큰 문제점은 집행기관이 수개의 지배기관의 지시를 받아야 하며, 때로는 이러한 지시들이 상호 모순되는 데 있다고 하겠다.

이러한 경우에 집행기관은 장기간에 걸쳐 그 기관의 법적 · 재정적 자원을 좌우할 수 있는 지배기관의 지시에 따르게 마련되어 있다는 것이다. 예를 들면, 주정부의 어떤 기관이 연방정부의 사업을 집행하는 과정에서 연방정부의 기관과 주의회가 상호 모순되는 지시를 내리는 경우, 이 주정부의 기관은 주의회의 지시에 따르게 마련되어 있다는 것이다. 그러나 지방자치단체의 기관과 주정부기관 간의 관계가 다소 복잡해서 예측하기 어려운 경우가 많다. 일반적으로 주정부는 연방정부로부터 비교적 강력한 헌법상의 독립성을 누리나 지방자치단체의 주정부로부터의 독립성은 그렇게 강한 것이 아니기 때문이다.47)

이러한 정부 간 사업은 논외로 하고 지배기관이 정책집행에 큰 영향을 미친다는 것은 더 이상 강조할 필요가 없을 줄 안다.

---

46) Mazmanian & Sabatier, *op. cit.*, pp. 30−31.

47) Rufus P. Browning, Dale R. Marshall, & David H. Tabb, "Implementation and Political Change: Source of Local Variations in Federal Social Programs," in Daniel Mazmanian & Paul Sabatier (eds.), *Effective Policy Implementation*(Lexington: Heath, 1981), pp. 141−145.

우리나라에서 대통령이 특별한 관심을 가지는 사업의 집행이 순조롭다는 것은 잘 알려진 사실이다. 새마을사업이 집행 주체가 전국적으로 흩어져 있을 뿐만 아니라 그 사회·경제적 상황이 지극히 다양한 데도 불구하고, 1970년대에 비교적 순조롭게 집행된 것은 박정희 대통령이 새마을사업에 대해서 특별히 개인적 관심을 계속 표명한 까닭이라고 할 수 있다. 매년 새마을지도자대회에 참석했을 뿐만 아니라 매년 우수새마을지도자를 표창하고, 새마을사업에 대해서 수없이 많은 '친필 메모'를 내려 보내는 등 많은 개인적 관심을 표명했다. 우리나라의 많은 대통령 관심 사업이 그러한 것 같이 새마을사업에 관한 대통령의 담화나 지적 사항은 계획 수립과 집행 체제에 신속히 환류되었던 것이다.[48]

경부고속도로 건설도 좋은 예라고 할 수 있다. 기본계획 구상, 건설 확정, 노선 결정, 착공, 그리고 준공에 이르기까지 거의 모든 것이 박정희 대통령 자신의 결심으로 확정되고 추진된 사업이기 때문에[49] 재원 확보에 많은 어려움을 안고 시작한 사업임에도 불구하고 예정보다 앞당겨 준공할 수 있었던 것이다.[50]

벌록(Charles S. Bullock Ⅲ)은 교육의 인종차별 폐지정책의 경우에 백악관, 의회, 대법원과 같은 지배기관이 집행에 얼마나 큰 영향을 미쳤는가를 상세히 설명하고 있다. 닉슨 행정부 전에는 남부의 인종차별 폐지정책은 다른 어느 인종차별 폐지정책보다 대통령을 비롯해 입법부, 대법원의 강력한 지지를 받았다. 닉슨 행정부가 들어서면서 대통령이 남부의 인종차별 정책에 대해서 적의를 나타냈고 의회의 관심이 희박해졌으나, 대법원이 집행기관으로 하여금 법을 충실히 집행하도록 했다. 북부의 인종차별 폐지정책은 대통령과 의회로부터 많은 냉대를 받았으며 다른 여러 가지 이유도 겹쳐 성공을 거두지 못했다. 중남미인에 대한 인종차별 폐지정책은 대통령이나 의회가 특별히 반대한 것은 아니나, 북부 인종차별 폐지정책에 대한 반대가 이 정책을 선의의 피해자로 만들었다.[51]

---

48) 김종호, 새마을운동과 지도 이념(수원: 새마을지도자연수원, 발행 연도 미상), pp. 121-122; 강신택, "새마을사업의 계획과 집행", 행정논총, 제11권 제2호(1973), p. 98.

49) 한국도로공사, 한국고속도로 10년사(서울: 한국도로공사, 1980), pp. 186-187.

50) 서울대학교 행정대학원 부설 행정조사연구소, 한국행정사례집(서울: 법문사, 1974), p. 232.

51) Charles S. Bullock Ⅲ, "Implementation of Equal Education Opportunity Programs: A Comparative Analysis," in Daniel A. Mazmanian & Paul A. Sabatier(eds.), *Effective Policy Implementation* (Lexington: Heath, 1981), p. 112.

Ⅲ 관련 이익집단의 적극성과 지원

특정한 정책의 지지자들이 직면하는 근본적인 딜레마(dilemma)는 이 정책에 대한 대중의 지지도가 시간이 흐름에 따라 약화된다는 것이다. 대중매체나 국민 대중의 관심은 새로운 문제에 쏠리기 쉬우며, 따라서 시간이 흐름에 따라 오래된 정책에 대한 관심은 희박해지기 마련이다. 이러한 경향은 많은 규제정책의 경우에서 찾아볼 수 있다.

따라서 정책의 지지자들은 이러한 방만한 국민 대중의 지지와 관심을 토대로 하여 견실한 단체를 구성해 대통령·의회에 대해서뿐만 아니라 집행 담당기관에 대해서도 충분한 회원과 단결력·전문성을 지닌 단체임을 과시할 필요가 있다.

이러한 관련 이익집단들이 정책집행 과정에 개입할 수 있는 방법에는 여러 가지가 있을 수 있다.

첫째, 집행기관의 결정안에 대해서 견해를 표명하거나 집행기관에 대해서 자원의 뒷받침을 해줄 수도 있다.

둘째, 관련 단체는 집행기관의 업적을 비판하는 연구 결과를 발표할 수 있을 뿐만 아니라 여론 환기 캠페인을 전개할 수도 있으며, 대통령이나 의회 등에 호소하는 방법 등을 활용할 수 있다.

다른 한편 피규제산업과 같은 정책의 반대자들은 정책의 집행 과정에 적극적으로 개입할 자원과 이유가 있다. 그들은 충분한 자원을 가지고 전문가들을 동원해 집행기관에 대해서 그들의 주장을 제시할 수 있으며, 만일에 행정기관의 결정에 불만이 있을 때에는 의회와 여론에 호소할 뿐만 아니라 법원에 제소도 할 수 있다.

피규제산업과 같은 정책의 반대자들은 지지자들보다 장기간에 걸쳐 집행 과정에 적극적으로 개입할 수 있는 까닭에 독립규제위원회와 같은 규제정책의 집행기관은 기관의 생존을 위해 대상집단의 주장에 어느 정도 영합하고 현상 유지에서 크게 벗어나지 않으려고 한다는 것이다.

벌록은 초·중등교육의 인종차별 폐지정책의 경우 관련 단체의 지원이 정책집행에 많은 영향을 미쳤다고 결론을 내리고 있다. 남부의 인종차별 폐지가 성공을 거둔 데에는 미국유색인지위향상협회(National Association for the Advancement of

Colored People: NAACP)를 비롯한 각종의 민권단체들의 지원의 덕택이 크다는 것이다.

이들 민권단체들은 집행기관인 민권처(Office of Civil Rights)에 필요한 정보를 제공하고, 법무부의 인종차별 폐지를 위한 법정 투쟁에 증인을 제공했을 뿐만 아니라, 경우에 따라서는 직접 소송도 제기하고 연방정부의 인종차별 정책의 결과를 모니터(monitor)함으로써 실효를 거두지 못한 사례를 공표하기도 했던 것이다. 이러한 관련 기관의 노력과 지원 활동이 정책목표의 달성에 기여했을 것이라는 것이 벌록의 결론이다.

북부의 인종차별 폐지정책이나 중남미인에 대한 인종차별 폐지정책은 여러 가지 이유로 관련 단체의 지지를 받지 못했으며 정책집행도 성공을 거두지 못했다. 2차적 인종차별 폐지(ESAA)가 관련 단체의 지원이 없었음에도 불구하고 성공을 거둔 것은 충분한 유인이 있는 데 그 원인이 있다고 벌록은 보고 있다.[52]

Ⅳ 대중의 관심과 지지

특정한 정책에 대한 일반 대중의 관심은 시일이 경과함에 따라 변할 수 있으며 지역에 따라 강도에 많은 차이가 있는데, 이러한 대중의 관심과 지지도 정책의 집행에 영향을 미친다.

첫째, 여론은 정치적 의제(agenda)에 큰 영향을 미친다. 다시 말하면, 입법부에서 논의되는 의제는 여론의 영향을 크게 받는다는 것이다. 우리나라의 대학입시 제도에 대해서 많은 학부모들이 관심을 표명하고 일반 국민들도 이 문제에 대해서 비상한 관심을 가지고 있는 까닭에 국회는 관계 상임위원회를 열고 교육부 장관을 출석시켜 이 문제에 대해서 질의를 하게 되는 것이다.

둘째, 의원들은 자기 출신구의 주민들이 어떤 문제에 대해서 큰 관심을 가지고 있을 때에는 그 영향을 받지 않을 수 없다. 특히, 출신구 주민들의 여론이 동질적일 때에는 그 압력이 더욱 클 수 있다.

셋째, 관계 기관이나 집행자들이 특정한 정책에 대한 지원을 얻기 위해서 여론

52) *Ibid.*, pp. 117–118; Anderson, *op. cit.*, pp. 200–201.

조사를 활용하는 경우가 있다. 예를 들면, 미국의 환경보호청(Environment Protection Agency: EPA)은 1973년부터 1974년에 걸쳐 특정한 대기오염 문제에 관한 여론조사를 실시했으며, 조사 결과가 동 기관의 주장을 뒷받침해 주자 입법부를 설득하는 데 이 자료를 적극 활용했던 것이다.

소렌슨(Theodore C. Sorensen)은 케네디 행정부하에서 백악관이 정책의 형성이나 집행을 위한 자료로서 여론조사의 결과 등을 어떻게 활용했다는 것을 상세히 소개하고 있다.53)

제 5 절 정책 문제의 성격

I 서 언

알렉산더가 문제 관련 변수라고 지칭하는 정책 문제의 성격에 관해서 에드워즈는 언급이 없으며, 스미스는 주로 대상집단의 조직화 · 제도화의 정도, 대상집단의 리더십, 대상집단의 과거의 경험 등을 강조하고 있다.54)

우리는 여기에서 알렉산더나 매즈매니언과 사바티어와 같이 문제 관련 변수 또는 정책 문제의 성격이라는 관점에서 대상집단의 문제뿐만 아니라 타당한 이론 및 기술의 활용 가능성도 다루기로 한다.

II 대상집단 행태의 다양성

그 정책이 규제하고자 하는 행태나 변화시키려는 행태가 다양할수록 효율적인 집행이 어렵다는 것이다. 예를 들면, 1972년의 연방수질오염통제법 개정 법률이 효

53) Theodore C. Sorensen, *Decision-Making in the White House*(New York: Columbia University Press, 1963), pp. 45-46.

54) Smith, *op. cit.*, p. 204.

율적으로 집행되지 못한 원인은 배출시설에서 발생되는 수질오염이 그 유형이 수없이 많을 뿐만 아니라 그 정도가 지극히 다양한 데 있다고 하겠다.55)

이와는 전혀 성격이 다른 정책의 집행이나 미국의 민권처가 관장하고 있는 초·중등교육에서의 인종차별 폐지에 관한 4개의 사업을 고찰한 벌록은 대상으로 삼는 행태가 다양할수록 집행의 효율성은 낮다고 주장하고 있다.56)

Ⅲ 대상집단의 규모와 구조

일반적으로 대상집단이 작으며 격리되어 있는 경우에는 이 정책에 대한 정치적 지지를 얻기가 용이하며, 따라서 그 정책이 이룩하고자 하는 목표의 달성이 용이하다.

예를 들면, 1965년의 미국투표권법(Voting Right Act)의 집행이 성공을 거두게 된 데에는 여러 가지 이유가 있겠으나, 동법이 남부 7개 주의 선거권자 등록 업무 담당자들의 불법행위를 규제하는 데 목표가 있었기 때문에 성공을 거둔 것이라 할 수 있다. 이와 같이 한정된 지역을 대상으로 하는 것이었기 때문에 의회에서 이 법안에 찬동하는 의원의 동원이 용이했던 것이다. 그러나 주택 매매나 임대에서의 인종차별(housing discrimination)과 같이 전국적으로 흩어져 있는 인종차별을 폐지하려는 조치가 성공을 거두지 못하는 것은 대상집단의 규모가 클 뿐만 아니라, 그 대상집단이 고립되어 있지 않고 전국적으로 흩어져 있는 까닭이다.57)

대상집단의 규모 못지않게 중요한 것이 대상집단의 조직화 등을 포함하는 대상집단의 구조라고 하겠다. 우리나라의 독과점규제법이 제정되는 데 오랜 시일이 소요되었을 뿐만 아니라,58) 독과점규제정책이 실효성이 낮다는 비판을 받는 것은 이 정책의 대상집단인 대기업들이 전국경제인연합회와 같은 조직을 중심으로 비교적 조직화가 잘되어 있는 데에도 그 원인이 있다고 하겠다.

55) Mazmanian & Sabatier, *op. cit.*, p. 23.

56) Bullock, "Implementation of Equal Education Opportunity Programs," p. 112.

57) Sabatier & Mazmanian, "The Implementation of Public Policy," pp. 8–9.

58) 유훈, "한국의 정책형성 유형에 관한 고찰," 행정논총, 제23권 제1호(1985) 참조.

Ⅳ 요구되는 행태 변화의 정도

요구되는 행태 변화가 클수록 정책집행이 어려워진다는 것이 매즈매니언과 사바티어의 가설이다.59) 우리나라의 부가가치세가 아직도 근거 과세로서 정착되지 못하고 있는 가장 중요한 원인이 영수증 수수가 생활화되지 못한 데 있다는 것은 잘 알려진 사실인데, 영수증을 발급하거나 받아본 일이 별로 없는 우리나라 사업자나 소비자에게 영수증 수수의 생활화란 지극히 큰 행태 변화라 하지 않을 수 없다.60)

Ⅴ 타당한 이론 및 기술의 활용 가능성

정책의 집행으로 인한 변화의 측정이 용이해야 하며 인과 관계 성립의 입증이 가능해야 한다. 대기오염 규제에서 특정한 화력발전소의 매연 속의 유황의 함유량이 대기 속의 아황산가스의 함유량을 증대시키고, 이것이 나아가서 국민 보건에 해를 가져온다고 단정하려면 첫째, 대기오염을 측정할 수 있는 저렴하고 비교적 정확한 측정 방법이 있어야 한다. 그뿐만 아니라 특정 화력발전소의 매연과 대기오염을 연결시키는 인과모형(causal model)이 있어야 하며, 대기의 오염도와 특정 지역 주민의 건강 간에도 인과모형이 있어야 한다. 여기서 한 걸음 더 나아가서 공해방지 정책이 목표를 제대로 달성하려면 화력발전소에서 연료로 사용하는 석탄에서 유황을 감소시킬 수 있는 비교적 저렴한 기술이 존재해야 한다는 것이다. 이러한 기술적인 난점은 이 경우뿐만 아니라 자동차 매연, 방사능 찌꺼기의 저장, 농약 통제의 경우에도 찾아볼 수 있다.

합당한 인과모형이나 필요한 기술이 존재하지 않는 경우에는 정책집행에 많은 문제를 야기할 수 있다.

첫째, 어떠한 정책집행이든 간에 납세자와 대상집단(피규제집단)에게 부담을

59) Mazmanian & Sabatier, *op. cit.*, p. 24.

60) 서울대학교 행정대학원, 정책집행사례(서울: 서울대학교 행정대학원, 1982), pp. 129－137.

준다. 이와 같은 부담에 상응할 만한 개선이나 성과를 기대하기가 어려울 때에는 이러한 사업에 대한 정치적 뒷받침이 감소되기 쉬우며, 따라서 정책의 목표가 무시되거나 수정될 수밖에 없다.

둘째, 필요한 기술의 존재 여부가 논란의 대상이 될 때에는 1970년의 연방대기오염방지법 개정 법률이 입증해 준 바와 같이 목표 달성의 시한이 연기될 가능성이 크다.[61]

61) Mazmanian & Sabatier, *op. cit.*, pp. 21–22.

제 4 장 재량과 정책집행

제 1 절 재량의 의의와 유형

I 재량의 의의

1. 재량의 개념

재량은 여러 가지로 정의할 수 있으나 데이비스(Kenneth C. Davis)는 유명한 『재량적 정의(*Discretionary Justice*)』라는 저서에서 작의이건 부작의이건 간에 여러 가지 방안 중에서 그 어느 하나를 선택할 자유를 지니는 것을 '재량'이라고 정의하고 있다. 그는 재량의 정의에서 부작위의 중요성을 강조한다. 적극적으로 여러 가지 행동 방안 중에서 어느 하나를 선택하는 자유도 재량이지만 아무것도 안 하는 것, 적어도 현재는 아무것도 안 하는 자유도 재량이라는 것을 강조하고 있다.

재량은 최종적인 단계에서 행사될 뿐만 아니라 중간적인 단계에서도 행사된다. 중간적인 선택이 최종적인 선택보다 수적으로 더 많다는 것은 말할 필요도 없다. 재량은 또한 실질적인 문제에 관해서 행사될 뿐만 아니라 절차 · 방법 · 형식 · 시

기・강조의 정도 등 여러 가지 문제에 관해서도 행사될 수 있다는 것을 유의할 필요가 있다.[1]

판단과 재량을 구별하고 재량을 좁게 보려는 사람들도 있으나,[2] 여기에서는 데이비스의 정의에 따라 재량을 넓게 보고자 한다.

Ⅱ 재량 증대의 추세와 재량에 관한 연구

이러한 재량이 점차 증대하고 있다는 것은 수없이 많은 사람들에 의해 지적되고 있다. 행정 기능의 확대・강화에 따라 재량도 증대할 수밖에 없는데 근래에 와서, 특히 사회복지정책, 규제정책 및 형사정책 분야에서의 재량의 증대가 많은 사람들의 관심을 모으고 있으며 연구의 대상이 되고 있다.

웨스트(William F. West)는 『행정규칙 제정(*Administrative Rulemaking: Politics and Process*)』이라는 저서에서 미국의 규제정책 분야에서의 재량의 증대에 관해서 상세하게 언급하고 있다. 1960년대 중반 이후 에너지의 생산・보존, 환경, 소비자 제품, 안전 등 분야의 규제를 담당할 새로운 기구가 많이 설립되었을 뿐만 아니라, 규제정책 분야에서 이들 기관에게 많은 재량이 부여되었다는 것을 상술하고 있다.[3]

와이덴바움(Murray L. Weidenbaum)에 의하면, 1960년에 29개였던 연방 규제기관이 1979년에는 55개로 늘어났을 뿐만 아니라 기존 규제기관의 권한도 크게 확대되었다. 다른 각도에서 본다면 1962년부터 1979년에 이르는 기간 중에 42개의 규제에 관한 중요 법률이 제정되었는데, 이들 법률의 대부분이 모호한 목표를 설정함으로써 이들 규제기관에 대해 광범위한 재량을 부여했다는 것이다.[4]

---

1) Kenneth C. Davis, *Discretionary Justice*(Baton Rouge: Louisiana State University Press Press, 1969), p. 4.
2) Christopher Ham & Michael Hill, *The Policy Process in the Modern Capitalist State*(Brighton, Sussex: Wheatsheaf, 1984), p. 149.
3) William F. West, *Administrative Rulemaking: Politics and Process*(Westport: Greenwood Press, 1985), pp. 17－18.
4) Murray L. Weidenbaum, *Business, Government and the Public*(Englewood Cliffs: Prentice Hall, 1981), pp. 8－10, 24.

복지국가의 등장으로 사회복지 분야에서의 정부 기능이 확대됨에 따라 이 분야에서도 집행자의 재량이 크게 늘어났다. 그리하여 이 분야에서의 재량의 행사에 관한 연구가 속출하고 있다. 사회·복지정책의 수혜자가 일반적으로 불우 계층에 속하므로 재량을 행사하는 집행자와 수혜자 간의 관계를 권력 관계로 파악하려는 사람들도 있다.5)

형사정책 분야에서의 재량은 오랜 역사를 지니고 있으나 최근에 와서 이 분야에서의 재량이 더욱 확대됨에 따라 많은 사람들의 관심을 모으게 되었다. 농촌 사회를 위한 형사법 체계를 오늘날의 도시 사회에 적용시키기 위해 형사정책상의 재량이 필요하다고 주장하는 사람도 있으나, 개인의 특성에 알맞은 정의(正義)와 공평성(公平性)을 존중하는 형사법 체계가 필요로 하는 신축성의 유지를 위해 형사정책상의 재량이 요청된다고 보는 것이 적절할 것이다.6)

형사정책상의 재량과 관련해 근래에 와서 일선관료로서의 경찰관의 재량의 문제에 관심을 표명하는 학자들도 늘어나고 있다는 사실도 지적하고 싶다.7)

Ⅲ 재량의 유형

재량은 여러 가지 관점에서 여러 가지 유형으로 분류할 수 있겠으나, 여기에서는 행정학이나 정책연구에서 흔히 사용하는 분류 방법인 전문적 재량과 행정적 재량을 고찰하고, 이어 기술적 재량, 정치적 재량, 기획적 재량, 전문적 재량으로 나누어 살펴본 다음 행정법의 분류 방법에 따라 기속재량과 자유재량도 고찰하기로 한다.

---

5) Jeffrey L. Jowell, *Law and Bureaucracy: Administrative Discretion and the Limits of Legal Action*(Port Washington: Dunnellen Publishing Co., 1975), pp. 39−65; Zenon Bankowski & David Nelken, "Discretion as a Social Problem," in Michael Adler & Stewart Asquith(eds.), *Discretion and Welfare*(London: Heinemann, 1981), pp. 247−268.

6) William C. Louthan, "The Politics of Discretionary Justice among Criminal Justice Agencies," in Carl F. Pinkele & William C. Louthan(eds.), *Discretion, Justice and Democracy*(Ames: Iowa State University Press, 1985), pp. 13−18.

7) James Q. Wilson, *Varieties of Police Behavior*(New York: Athenneum, 1968); Gregory H. Williams, "The Politics of Police Discretion," in C. F. Pinkele & W. C. Louthan(eds.), *Discretion, Justice and Democracy*(Ames: Iowa State University Press, 1985), pp. 19−30.

1. 전문적 재량과 행정적 재량

(1) 전문적 재량

전문적 재량(professional discretion)이란 보건, 교육, 사회사업 등의 분야에서 의사, 교사, 사회사업가(social worker) 등과 같은 전문가(professionals)가 행사하는 재량을 말한다. 전문적인 정책 결정은 일반적으로 판단력의 행사(exercise of judgement)로 이해되고 있으나, 이것도 위에서 정의한 재량의 행사임에는 틀림이 없다.

이러한 전문적 재량권의 증대는 심오한 전문가적인 지식을 필요로 하는 강력한 전문직업인의 권력의 증대와 병행해 왔다고 할 수 있다. 정부가 점차 보건, 교육, 사회복지 등의 분야에 깊이 관여함에 따라 이들 분야의 전문직업인들이 정부에 의해 많이 고용되기에 이르렀고 정책집행에 참여하게 되었다.

이들 전문직업인들은 정부에 의해 고용되고 정부에서 보수를 받고 있으나 의사의 임상에서의 자율성, 교사의 교육 내용이나 교수 방법상의 자율성, 사회사업가의 자율성 등은 민주적 통제의 대상에서 제외되어 왔다. 이들 전문직업인들은 강력한 권력을 지니는 집단을 형성하고 이들의 상징적인 중요성도 큰 까닭에 이들 전문직업인들은 상당한 재량권을 보유해 왔다고 하겠다.[8)]

(2) 행정적 재량

전문직업인들이 그들의 전문 분야에서 행사하는 재량이 전문적 재량인 데 대해, 행정적 재량(administrative discretion)은 일반 공무원이 행사하는 재량이다.

전문적 재량과 행정적 재량의 구분은 재량권 행사자에 의한 구분일 뿐만 아니라 분야에 의한 구분도 된다. 전문적 재량이 보건, 교육, 사회사업 등의 분야에서의 재량인 데 대해, 행정적 재량은 일반행정 분야에서의 재량을 의미한다. 그러나 양자의 구분이 불분명한 경우도 허다하다. 보건 분야만 하더라도 임상 분야와 같이 의사에 의한 전문적 재량이 행사되는 경우가 있는가 하면 유흥음식업소의 위생검사와 같이 일반 공무원에 의한 행정적 재량이 행사되는 경우도 있다. 사회 분야도 서민 주택, 사회 보장 등은 전문직업인이 담당하는 것이 아니라 일반 공무원이 담당하며, 따라서 행정적 재량이 행사되는 분야라 하겠다.

---

8) Michael Adler & Stewart Asquith, "Discretion and Power," in Michael Adler & Stewart Asquith (eds.), *Discretion and Welfare*(London: Heinemann, 1981), pp. 13-14.

전술한 바와 같이 전문직업인들은 비교적 광범위한 재량권을 지니나 행정적 재량은 법규나 지침의 제한을 받게 되어 있다. 이와 같이 행정적 재량은 일반적으로 전문적 재량보다 협소함에도 불구하고 행정적 재량은 전문적 재량보다 비판을 받기 쉬우며 행정적 재량을 축소해야 한다는 주장은 우리 주변에서 끊이지 않고 있다.[9)]

2. 기술적 재량 · 정치적 재량 · 기획적 재량 및 전문적 재량

전술한 전문적 재량과 행정적 재량의 구분이 주로 재량 행사자에 의한 구분인데 대해 모건(Douglas F. Morgan)은 솔리스버리(Robert H. Salisbury)와 하인츠(John Heinz)의 정책의 유형에 따라서 재량을 분류하고 있다.

주지하는 바와 같이 솔리스버리가 일찍이 요구 패턴(demand pattern)의 통합성(integration)과 분산성(fragmentation), 결정 체제의 통합성과 분산성의 조합에 의해 네 가지 정책의 유형을 도출했는데,[10)] 수년 후에 하인츠와 함께 동일한 정책의 유형을 요구 패턴의 통합성과 분산성, 결정에 소요되는 비용(cost)의 다과에 의해 설명하고 있다.[11)]

모건은 솔리스버리와 하인츠의 정책 유형을 토대로 하여 재량의 유형을 도출하고 있는 것이다. 정책 유형이 달라짐에 따라 정책과정이 달라진다는 로위(Theodore J. Lowi)의 주장[12)]을 확대해 정책의 유형에 따라 재량의 유형이 결정된다는 주장을 편 것이다.

---

9) *Ibid.*, pp. 14－15.

10) Robert H. Salisbury, "The Analysis of Public Policy: A Search for Theories and Roles," in Austin Ranney(ed.), *Political Science and Public Policy*(Chicago: Markham, 1968), pp. 151－175.

11) Robert H. Salisbury & John Heinz, "A Theory of Policy Analysis and Some Preliminary Applications," in Ira Sharkansky(ed.), *Policy Analysis in Political Science*(Chicago: Markham, 1970), pp. 39－60.

12) Theodore J. Lowi, "American Business, Public Policy, Case－Studies, and Political Theory," *World Politics*, July 1964, pp. 677－715; Theodore J. Lowi, "Four Systems of Policy, Politics and Choices," *Public Administration Review*, July－August 1972, pp. 293－310.

그림 4-1 솔리스버리-하인츠의 정책 유형

		결정에 소요되는 비용	
		낮 다	높 다
요구 패턴	통합적	재분배	자율규제
	분산적	분 배	규 제

(1) 기술적 재량

분배정책과 관련이 있는 재량이 '기술적 재량'이다. 분배정책 또는 지역개발 보조금(pork-barrel)정책이란 댐을 건설하거나 수로·운하 등을 개축하고 폭격기를 생산하는 것 등과 관련된 정책이다. 정책의 목적은 논란의 여지가 별로 없으며, 이를 달성하기 위한 수단도 오랫동안 사용해 온 기술을 토대로 한 것이므로, 분배정책의 집행을 위해 행사하는 기술적 재량은 다른 정책의 경우보다 논란이 적다고 하겠다.[13)]

(2) 정치적 재량

모건은 재분배정책의 집행을 위해 행사되는 재량을 '정치적 재량'이라고 부르고 있다. 재분배정책의 특징은 한쪽에서 받아서 다른 쪽에 준다는 데 있다. 과거에는 재분배정책의 효과는 경제적인 것으로만 생각했으나, 근래에 와서는 지위나 신분도 재분배정책의 대상으로 등장하게 되었다. 민권정책이나 여권(女權) 신장정책을 재분배정책으로 분류하는 이유가 바로 여기에 있다.

정치가들이 재분배정책에 관한 결정을 할 때에는 집행자에게 가능한 한 많은 재량을 부여하려고 한다. 문제의 성격이 불분명한 까닭이 아니라 그 해결책이 적대세력을 만들므로 그 책임을 집행자에게 떠넘기기 위해서이다. 이러한 상황에서 정책결정자들은 모호한 법률을 제정하게 되며 어려운 문제들을 집행자에게 전가하게 되는 것이다.

그 대표적인 예를 1960년대에 미연방의회가 통과시킨 커뮤니티 행동계획(Com-

13) Douglas F. Morgan, "Varieties of Administrative Abuse: Some Reflections on Ethics and Discretion," *Administration and Society*, November 1987, p. 271.

munity Action Program)에서 찾을 수 있다. 도시재개발을 '가능한 한 최대한의 참여'를 통해 결정해야 한다는 모호한 규정을 둠으로써, 대도시 빈민가의 재개발은 전문가들의 리더십에 맡겨야 한다는 주장과 현지 주민들에게 맡겨야 한다는 두 가지 서로 대립되는 주장의 해결을 집행자에게 전가했던 것이다.

이러한 상황에서 집행자는 더 이상 결정을 떠넘길 곳이 없으며 '가능한 한 최대한 참여'라는 법률의 규정에 의거해 전문가들의 견해와 현지 주민들의 주장을 적절히 반영해 재개발사업을 추진할 수밖에 없는 것이다. 모건은 이와 같은 재분배정책의 집행 과정에서 집행자가 행사하는 재량을 '정치적 재량'이라고 부르고 있는 것이다.

(3) 기획적 재량

기획적 재량(planning discretion)이란 규제정책의 집행 과정에서 행사되는 재량을 말한다. 규제정책은 여러 가지로 정의할 수 있으나 용납되는 행태(acceptable behavior)에 제한을 가함으로써 간접적으로 타인에게 혜택을 주거나 손실을 입히는 정책이라 할 수 있다.

규제정책은 정책결정자가 볼 때에 달성하려는 목적의 정통성이 불분명한 경우가 많다는 데 그 특징이 있다고 하겠다. 온 국민이 안전한 작업환경, 맑은 공기와 오염되지 않은 하천을 원하는 것은 사실이나 어느 정도가 건강에 해로운지 불분명할 뿐만 아니라 사람에 따라서 유해 수준이 다르기 때문이다.

규제정책의 집행자들은 두 가지 문제를 염두에 두어야 한다. 첫째는 특정한 문제에 대한 해결책을 강구하는 일이며, 둘째는 그러한 방안이 용납될 수 있는 것이냐를 판단하는 문제이다. 첫째는 비교적 기술적인 것이나, 둘째는 다소 기술적인 성격도 지니나 대부분 정치적인 성격을 지닌 문제이다. 이러한 두 가지 과제를 해결하기 위해 규제정책의 집행자는 사회적 기획(social planning)을 수행해야 하며, 이 과정에서 집행자가 행사하는 재량을 모건은 '기획상의 재량' 또는 '기획적 재량'이라고 부르고 있다.

(4) 전문적 재량

자율적 규제정책의 집행 과정에서 행사되는 재량을 모건은 '전문적 재량'이라고 한다. 자율적 규제정책이란 규제 대상이 되는 개인이나 집단에게 규제를 위한 기준을 설정할 권한을 부여하고, 심지어 그 집행까지도 위임하는 경우를 말한다. 이러한 자율적 규제정책을 위해 의사, 변호사, 교사 등이나 그들의 집단이 행사하는 재량이 전문적 재량이라는 것이다.[14)]

3. 기속재량과 자유재량

행정법상의 재량의 유형으로서 기속재량(법규재량)과 자유재량(편의재량)이 있다. 우리가 여기에서 고찰하는 재량의 유형과는 다소 거리가 있으나 후술하는 재량의 통제와 관련이 있으므로 간단히 고찰하기로 한다.

(1) 기속재량

무엇이 법인지를 판단하는 재량, 다시 말해서 법의 해석 적용상의 재량을 '기속재량'이라 한다. 기속재량의 경우 그 행위나 재량에 잘못이 있으면 위법의 문제가 발생해 행정소송의 대상이 된다.

(2) 자유재량

무엇이 행정 목적에 좀 더 적합한 것인지를 판단하는 재량을 '자유재량'이라 한다. 자유재량의 경우에는 그 재량에 잘못이 있더라도 부당(不當)의 문제가 발생하는 데 지나지 않으며 원칙적으로 행정소송의 대상은 되지 않는다.

그러나 여기에 예외가 있다. 자유재량 행위라 할지라도 재량권의 본래의 범위를 초월하거나(재량권의 유월), 재량권의 남용이 있을 때(재량권의 남용)에는 법원이 그 재량처분을 취소할 수 있다. 재량권의 유월(逾越)과 남용은 그 자체가 위법한 처분이라고 보는 까닭이다.[15)]

---

14) *Ibid.*, pp. 272－273.

15) 和田英夫, 行政法講義 上卷(東京: 學陽書房, 1984), pp. 102－103; 이상규, 개고 행정법론 상권(서울: 법문사, 1979), pp. 213－221.

제 2 절 재량과 정책집행

I 정책집행에서 재량의 의의

재량이 정책집행에 미치는 영향에 관해서 여러 가지 견해가 피력되고 있으나, 이를 크게 세 가지로 나누어 고찰할 수 있겠다.[16]

1. 낙관적 견해

린드블롬을 비롯해 반 미터와 반 혼 등은 정책집행 과정에서의 재량의 역할을 불가피한 것으로 보거나 건설적인 것으로 보는 낙관적인 견해를 표명하고 있다.[17] 버먼도 적응적 집행(adaptive implementation) 과정에서는 집행자에게 상당한 재량이 부여되어야 한다고 함으로써 재량의 필요성을 역설하고 있다.[18]

2. 부정적 견해

베일리(S. K. Bailey)와 모셔(E. K. Mosher)의 연구나 모이니헌(Daniel Moynihn)의 커뮤니티 행동계획에 관한 연구, 바다크의 『집행게임』 등 수많은 연구가 정책집행 과정에서의 재량의 기능에 대해 부정적인 견해를 피력하고 있다.[19] 이 중 어떤 연구들은 정책이 실패한 원인이 정책집행에 있는 것이 아니라 프로그램 설계(program design)가 잘못된 데 있다고 결론을 내리고 있으나, 바다크 등은 집행 과정에서의 관료 행태, 특히 재량에 문제가 있다고 보고 있다.

---

16) John P. Burke, "A Prescriptive View of the Implementation Process: When Should Exercise Discretion?", *Policy Studies Review*, Autumn 1987, p. 218.

17) Charles E. Lindblom, *The Policy-Making Process*, second edition(Englewood Cliffs: Prentice Hall, 1980); D. S. Van Meter & C. E. Van Horn, "The Policy Implementation Process: A Conceptual Framework," *Administration and Society*, February 1975, pp. 445-488.

18) Paul Berman, "Thinking about Programmed and Adaptive Implementation," in Helen M. Ingram & Dean E. Mann(eds.), *Why Policies Succeed or Fail*(Beverly Hill: Sage, 1980), p. 211.

19) S. K. Bailey & E. K. Mosher, *ESEA: The Office of Education Administers a Law*(Syracuse: Syracuse University Press, 1965); E. Bardach, *Implementation Game*(Cambridge: MIT Press, 1977).

3. 중립적 견해

집행 과정에서의 재량의 기능에 관해서 중립적인 견해를 표명하고 있는 사람들도 있다. 후술하는 바와 같이 나카무라와 스몰우드는 집행의 유형에 따라 집행자가 행사하는 재량의 종류와 정도가 다르다는 것을 강조하고 집행자가 행사하는 재량이 바람직하지 못할 때도 있으나 경우에 따라서는 집행자에 대한 광범한 재량권의 부여가 쇄신적인 집행 방법이 될 수도 있으며, 복잡한 정책 문제가 제기되었을 때 이에 대처할 수 있는 유일한 방법일 수도 있다고 하고 있다.

일선관료제(street-level bureaucracy)에 관한 연구에서 립스키(Michael Lipsky)는 일선관료들이 근무 조건, 그들의 업무 수행에 대한 기대 수준, 자원 부족 등으로 인해 그들의 재량에 따라 수익자들을 차별 대우할 수밖에 없다고 하고 있다. 일선관료들은 역경 속에서 최선을 다하고 있다고 생각하고 있으나, 이들이 고안한 대응 행태(coping behavior)는 정책의 취지에 위배되는 경우가 많으며, 정부기관을 위해 수익자를 조작하는 결과를 초래하기도 한다고 하고 있다.[20)]

결론적으로 집행 과정에서의 재량의 기능에 관해서 연구자들 간에 견해의 일치를 보지 못하고 있음을 알 수 있다.

Ⅱ 재량의 증대를 초래하는 정책과정상의 요인

전술한 바와 같이 재량의 증대를 초래하는 요인이 많으나 집행자의 재량의 증대를 가져오는 정책과정상의 요인 중 특히 중요하다고 생각되는 것으로서 i) 정책결정자와 집행자 간의 권력 관계, ii) 정책목표의 명확성 결여, iii) 상황의 불확실성, iv) 정책집행의 유형을 고찰하고자 한다.

1. 정책결정자와 정책집행자의 권력 관계

정책집행 과정에서 집행자의 재량의 증대를 가져오는 정책과정상의 요인으로서 무엇보다 먼저 정책결정자와 정책집행자의 권력 관계를 들 수 있다. 정책결정자

20) Michael Lipsky, *Street-Level Bureaucracy*(New York: Russell Sage Foundation, 1980), p. xiii.

와 정책집행자의 권력의 총화(總和)가 일정하다고 보는 경우(제로섬 게임의 경우) 정책집행자의 권력이 커지면 커질수록 정책결정자의 권력이 감소할 수밖에 없다.

정책결정자의 권력이 약화됨으로써 집행자의 권력이 강화되는 이유로서 여러 가지를 들 수 있겠으나, 나카무라와 스몰우드의 주장에 비추어 보아[21] 그 어떤 이유로 정책결정자의 보상적 권력이나 강요적 권력이 약화될 때 상대적으로 정책집행자의 권력이 강화되며 집행자의 재량이 증대될 것이다. 다른 한편 집행자의 전문가적 권력(expert power)이 강화될 때 상대적으로 정책결정자의 권력이 약화되어 집행자의 재량이 늘어나는 경우도 생각할 수 있다.[22]

2. 정책목표의 명확성 결여

정책집행자의 재량에 영향을 미치는 정책과정상의 요인으로서 둘째로 생각할 수 있는 것은 정책목표의 명확성이다. 정책형성 과정에서 정책결정자들이 결정하는 정책의 목표가 명확하면 명확할수록 집행자의 재량이 감소되나 정책의 목표가 모호하면 모호할수록 집행자의 재량이 증대된다고 생각할 수 있다.[23]

정책목표의 명확성에 영향을 미치는 요인으로서 i) 기술적 제약성, ii) 개념적 복잡성, iii) 정치적 고려의 세 가지를 들고 있다는 것을 상술했으므로[24] 생략한다.

3. 상황의 불확실성

집행자의 재량의 증대에 영향을 미치는 정책과정상의 또 하나의 요인으로서 상황의 불확실성을 들 수 있다. 상황의 불확실성은 정책목표의 명확성의 결여를 초래하는 요인의 하나이기는 하나 전술한 바와 같이 정책목표의 명확성의 결여에 영향을 미치는 요인은 이 밖에도 여러 가지가 있으므로, 상황의 불확실성을 별도로 고찰할 필요가 있다고 생각한다.

상황의 불확실성이 집행자 재량의 증대를 가져오는 예를 미국의 독립규제위원

21) Robert T. Nakamura & Frank Smallwood, *The Politics of Policy Implementation*(New York: St. Martin's Press, 1980), pp. 111－142.

22) John R. P. French & Bertram Raven, "The Bases of Social Power," in Dorwin Cartwright & A. F. Zander(eds.), *Group Dynamics*, third edition(New York: Harper, 1968), pp. 259－269.

23) Lindblom, *op. cit.*, pp. 65－66.

24) Nakamura & Smallwood, *op. cit.*, pp. 36－37.

회의 경우에서 찾아볼 수 있다. 1887년에 설립된 주간상업위원회(Interstate Commerce Commission)가 '적정하고 합리적인' 수준에서 철도 요금을 결정할 임무를 부여받음으로써 광범위한 재량권을 행사할 수 있었던 것은 철도라는 새로운 산업의 미래를 예측할 수 없었기 때문이었다고 할 수 있다. 똑같은 이야기가 '공중의 편의와 필요'에 따라서 텔레비전 방송국을 허가할 수 있는 광범위한 재량을 부여받은 연방통신위원회(Federal Communication Commission)의 경우와 "공익과 출자자의 이익 보호를 위해 필요하다고 인정할 때"에는 증권 거래에 관한 규칙을 제정할 수 있는 재량을 부여받은 증권교환위원회(Security and Exchange Commission)의 경우에도 적용된다고 할 수 있다.[25]

전술한 바와 같이 버먼은 상황 유형(situation type)을 구조화된 상황과 비구조화(unstructured) 상황으로 나누고, 비구조화 상황하에서는 집행자에게 광범위한 재량이 부여되는 적응적 집행이 요청된다고 하고 있다. 상황의 비구조화에 영향을 미치는 요인으로서 다섯 가지를 들고 있으나 그중의 하나가 환경의 불안정성이다.[26]

4. 정책집행의 유형과 재량

우리는 위에서 정책집행 과정에서 집행자의 재량의 증대에 영향을 미치는 요인으로서 세 가지를 고찰했는데, 이것을 다른 각도에서 볼 때 집행 과정에서의 재량의 다과는 정책집행의 유형과 밀접한 관련이 있다고 할 수 있다.

(1) 나카무라와 스몰우드의 유형과 재량

나카무라와 스몰우드는 정책결정자와 정책집행자의 관계에 초점을 맞추어 정책집행의 유형을 i) 고전적 기술자형, ii) 지시적 위임형, iii) 협상형, iv) 재량적 실험형, v) 관료적 기업가형으로 나누고 있는데,[27] 대체로 고전적 기술자형에서 관료적 기업가형 쪽으로 가면 갈수록 집행자의 재량이 증대된다는 것을 알 수 있다.

고전적 기술자형에서는 정책결정자가 집행자에게 기술적인 문제에 관한 재량만 부여하나 지시적 위임형에서는 더 넓은 재량이 집행자에게 부여된다. 재량적 실

25) George C. Edwards III & Ira Sharkansky, *The Policy Predicament: Making and Implementing Public Policy*(San Francisco: Freeman, 1978), pp. 298－300.

26) Berman, *op. cit.*, pp. 211－214.

27) 나카무라와 스몰우드의 정책집행의 유형에 관해서는 이 책 제2편 제1장 참조.

험형은 정책결정자가 구체적인 정책을 결정할 수가 없어서 광범한 재량권을 부여하는 경우인데 불확실성이 높은 분야에서는 가장 쇄신적인 집행 방법이 될 수 있다는 것이 나카무라와 스몰우드의 주장이다.

그림 4-2 정책집행의 유형과 재량의 증대

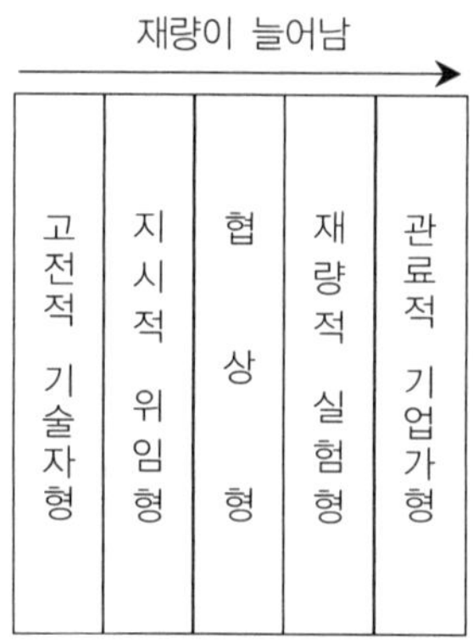

끝으로, 관료적 기업가형은 집행자의 권력이 정책결정자의 권력보다 강한 경우로서 대체로 바람직하지 못한 현상이라 하겠다. 미국 FBI의 후버(Edgar Hoover)의 경우와 같이 정책집행자가 정책결정시에도 지나친 영향력을 발휘하는 것은 유권자에 의해 선출되지 않고 임명에 의해 취임하는 공무원의 정상적인 한계를 벗어난 권한 행사로 보아야 할 것이다.

(2) 버먼의 유형과 재량

버먼은 정책집행의 유형을 정형적 집행(programmed implementation)과 적응적 집행(adaptive implementation)으로 나누고 있는데, 전술한 바와 같이 구조화된 상황하에서는 정형적 집행이 필요하나 비구조화 상황하에서는 적응적 집행이 요청된다고 하고 있다.

정형적 집행이 비교적 명확한 정책목표에 의거해 사전에 수립된 집행계획에 따라 일사불란하게 이루어지는 집행을 말하는 데 대해, 적응적 집행은 비교적 불명확한 정책목표에 의거해 다수의 참여자들이 협상과 타협을 통해서 정책을 수정하고 구체화하면서 집행하는 과정을 말한다.

버먼이 되풀이해서 지적하고 있는 바와 같이 정형적 집행에서는 집행자의 재량이 제한되나, 적응적 집행에서는 집행자에 의한 광범위한 재량권의 행사가 요청된다고 하겠다.[28)]

Ⅲ 성공적인 정책집행과 재량

1. 성공적인 정책집행의 정의

성공적인 정책집행과 재량의 관계에 관한 고찰에 들어가기 전에 성공적인 정책집행의 개념 규정을 할 필요가 있다. 정책집행의 성공 여부는 여러 가지 관점에서 논의할 수 있겠으나,[29)] 전술한 바와 같이 우리는 이를 i) 목표 달성, ii) 소요 시일, iii) 원활성이라는 세 가지 기준을 가지고 논의할 수 있다고 주장한 바 있다.[30)]

2. 영의 주장

정책집행의 성공 여부에 영향을 미치는 요인이 많이 있으나, 영(Ken Young)은 i) 재량과 ii) 정책목표에 대한 집행자의 동의 여부를 들고 있다. 영이 말하는 상황에 대한 정의(definitions of situation)란 엘모어(Richard F. Elmore)의 조직발전모형에서 말하는 정책결정자와 정책집행자 간의 합의(consensus building) 여부와 같은 의미를 지닌다고 보아도 좋을 것 같다.

영은 정책집행 과정에서의 집행자의 재량의 다과와 정책결정자와 정책집행자 간의 정책에 대한 합의 여부에 의해 다음과 같은 네 가지 경우를 도출했다.[31)]

---

28) Berman, *op. cit.*, pp. 205–220.

29) 성공적인 정책집행의 정의에 관해서는 많은 논란이 있다(Stephen H. Linder & B. Guy Peters, "Relativism, Contingency, and the Definition of Success in Implementation Research," *Policy Studies Review*, Autumn 1987, pp. 116–127).

30) Randall B. Ripley & Grace A. Franklin, *Policy Implementation and Bureaucracy*, second edition (Homewood: Dorsey, 1986), p. 87.

31) Ken Young, "Discretion as an Implementation Problem: A Framework for Interpretation," in Michael Adler & Stewart Asquith(eds.), *Discretion and Welfare*(London: Heinemann, 1981), pp. 44–46.

그림 4-3 재량과 성공적 정책집행

		정책에 대한 합의 여부	
		불합의	합 의
재량의 과다	많 다	변 형	동 화
	적 다	회 피	집 행

(1) 변형(variation)

정책결정자의 통제의 완화로 인해 집행자의 재량이 많아지고 정책결정자와 정책집행자 간에 정책에 대한 합의가 결여되어 있을 때에는 변형이 일어난다.

(2) 동화(assimilation)

정책결정자의 통제의 완화로 집행자가 많은 재량권을 행사하나 정책결정자와 정책집행자 간에 정책에 대한 합의가 있을 때에는 동화 현상이 발생한다.

(3) 회피(evasion)

정책결정자의 집행 과정에 대한 통제가 직접적이어서 집행자의 재량권이 적으며, 정책결정자와 정책집행자 간의 정책에 대한 합의가 결여되어 있을 때에는 회피라는 현상이 발생하는데, 영은 이것이 가장 많은 사람들이 관심을 표명하는 집행 과정상의 문제라고 하고 있다.

(4) 집행(implementation)

정책결정자의 통제가 직접적이므로 집행자의 재량권이 한정되어 있고, 정책결정자와 정책집행자 간의 정책에 대한 합의가 있을 때에는 성공적인 정책집행이 이루어진다는 것이 영의 주장이다.

Ⅳ 통제의 유형 및 통제 능력과 재량

행정책임론의 전문가인 버크(John P. Burke)가 1987년에 발표한 논문에서 다분히 규범적인 관점에서 정책집행 과정과 재량의 문제를 논의하고 있다. 그는 통제의 유형과 정책집행 과정에 대한 통제 능력이라는 두 가지 측면에서 정책집행 과정에서의 재량의 문제를 다루고 있다.[32)]

그림 4-4 통제의 근원 및 통제 능력과 재량

		통제의 근원: 외부적	통제의 근원: 내부적
통제 능력	강	Ⅰ	Ⅱ
	약	Ⅲ	Ⅳ

1. 두 가지 측면

(1) 통제의 근원

통제의 근원(source)에 따라 통제를 외부적 통제와 내부적 통제로 나눌 수 있다는 것은 잘 알려진 사실이다.

파이너(Herman Finer)의 주장에서 대표적인 예를 찾아볼 수 있는 외재적 책임론은 국회·법원 등에 의한 외부적 통제야말로 정책집행 과정의 책임성의 확보시에 가장 유력한 방안이라고 주장하는 데 대해, 프리드리히(Carl J. Friedrich)를 주창자로 하는 내재적 책임론은 정책집행 과정에서의 책임성의 확보는 외부통제에 의한 통제보다는 내부적 통제가 유효적절하다고 주장한다.

(2) 통제 능력

둘째 측면은 정책집행 과정에 대한 통제 능력이다. 전술한 외부적 통제이건 내

32) Burke, *op. cit.*, pp. 217－227.

부적 통제이건 간에 정책집행 과정에 대한 통제 능력이 비교적 강한 경우와 약한 경우를 생각할 수 있겠다. 버크는 전술한 영의 경우와는 달리 통제 능력을 정책결정자와 정책집행자 간의 권력 관계에서 구하기보다는 조직의 내부적 요인에서 찾으려고 하는 것 같다.

2. 네 가지 유형

버크는 통제의 근원이 외부적이냐 내부적이냐와 통제 능력의 강약에 의해 [그림 4－4]와 같은 네 가지 경우로 나누어 정책집행 과정에서의 재량 문제를 다루고 있다.

(1) 강력한 외부적 통제

이는 외부기관이 존재하며 그 기관의 정책과정에 대한 통제가 강력한 경우이다. 이러한 상황은 전형적인 공식적·법적 책임이 강조되는 경우라 할 수 있다.

이 경우에 정책집행을 i) 단일 부처에서 담당하고, ii) 집행 담당기관의 조직이 비교적 덜 복잡하며, iii) 정책 과제가 비교적 단순하며 정책집행 과정에서의 재량의 필요성은 적을 것이다. 그러나 이러한 여건들이 약화될 때 집행 과정에서의 재량의 필요성이 증대하리라는 것이 버크의 주장이다.

(2) 강력한 내부적 통제

이는 통제의 근원이 내부에 있으나 정책과정에 대한 통제력이 강력한 경우이다. 이 경우에는 집행자들이 전술한 전문적 재량을 행사하게 되며 재량이 클 수밖에 없다. 특히, 자율적 규제정책을 집행하기 위해 전문직업인, 기타 전문가들이 전문적 재량을 행사할 때에는 이를 존중하게 마련이다.

그러나 이러한 경우라 할지라도 재량의 행사가 모든 경우에 허용된다고 할 수는 없을 것이다. 전문적 지식이 잘못 적용될 수도 있고 어떤 경우에는 전혀 적용이 안될 수도 있는 까닭이다. 그뿐만 아니라 때로는 이들 전문지식집단이 공익을 무시하고 집단의 특수 이익을 추구하는 경우도 있을 수 있다.

(3) 약한 외부적 통제

통제의 근원이 외부에 있으나 그 외부적 통제가 강력하지 못한 경우이다. 이러한 상황은 전술한 강력한 외부통제의 전제 조건이 가장 약할 때 발생하기 쉽다. i) 정책형성과 정책집행의 거리가 크며, ii) 집행기관의 조직이 복잡하고, iii) 정책 과제의 수행이 어려울 때에 이러한 상황이 발생한다는 것이 버크의 주장이다.

이러한 상황하에서는 집행자의 재량이 증대될 수밖에 없으나 전술한 강력한 내부통제의 경우와 달라서 재량 행사의 정당성이 약하다고 하지 않을 수 없다. 집행과정에서의 중요한 결정이 상부의 지침 없이 하부조직에서 이루어지기 쉽다는 것이다.

따라서 이 상황하에서 집행자가 재량을 행사할 때 몇 가지 유의할 사항이 있다.

첫째, 이는 효과적인 정책집행을 위한 상황이 아니므로 집행자는 가능하면 이러한 상황에서의 탈출을 시도해야 한다는 것이 버크의 주장이다. 집행자가 정책결정자에게 좀 더 구체적인 지침을 요청함으로써 전술한 강력한 외부통제 상황(Ⅰ의 상황)으로 이행하는 것이 하나의 방안이다. 또 한 가지 방안은 스스로 전문성의 제고를 시도하여 강력한 내부통제 상황(Ⅱ의 상황)으로 이행하는 것이다.

둘째, 집행자는 재량을 점증적이며 실용적으로 행사해야 한다. 이러한 상황하에서는 장기간에 걸친 지출원인 행위를 초래하거나 합리적 기획에 입각한 결정을 내리는 것은 금물이라 하겠다.

셋째, 이러한 상황하에서 집행자는 분권적인 참여하에서 정책집행이 성공을 거둔 선례를 참고로 할 필요가 있다.

(4) 약한 내부적 통제

통제의 근원이 내부에 있으나 통제가 약한 경우이다. 이러한 상황 속에서는 집행자들이 자신의 판단에 따라 재량을 행사하게 된다.

이러한 유형의 재량의 행사는 립스키가 말하는 일선관료(street-level bureaucrats)의 재량 행사에서 그 예를 찾아볼 수 있다. 일선관료들은 한정된 자원을 가지고 폭주하는 업무량을 처리하기 위해 재량을 행사한다는 것이다.[33] 그러나 이러한 재량 행사는 일선관료들이 보유하는 기술 지식·전문성 등에 비추어 합리화될 수도 있을지 모른다. 다시 말해서, 이것은 Ⅳ의 상황임에는 틀림이 없으나 Ⅱ의 상황(강력한 내부통제)과 흡사한 특징을 지닌다는 것이다.

---

33) Lipsky, *op. cit.*, pp. 33-39.

Ⅴ 맺는말: 정책집행의 민주적 통제와 재량

앞에서 살펴본 바와 같이 정책집행 과정에서의 재량의 기능에 대해서 부정적인 견해를 표명하는 사람들이 있다. 특히, 바다크(Eugene Bardach) 같이 정책집행이 실패하는 이유로서 집행자의 과다한 재량을 드는 사람도 있다.

이와 반대로 경우에 따라서는 집행자에 대한 광범위한 재량권의 부여가 쇄신적인 집행 방법이 될 수 있으며, 복잡한 문제가 제기되었을 때 이에 대처할 수 있는 유일한 방법일 수 있다는 사람들도 있다.[34)]

그러나 우리나라에서는 보는 바와 같이 정책집행 과정에서의 재량의 문제는 민주주의 국가에서 항상 논란의 대상이 될 수 있다.

앞에서 우리는 정책집행 과정에서 집행자의 재량의 증대를 가져오는 요인의 하나로서 정책결정자와 정책집행자의 권력 관계를 들 수 있다고 했다.

우리나라에서 헌법 제75조에 의거하여 대통령은 법률을 집행하기 위하여 필요한 사항에 관하여 대통령령을 발할 수 있는데, 대통령이 법률의 위임에서 벗어난 대통령령을 제정했다고 사료될 때에는 국회가 그 개정을 요구할 수 있다는 취지의 규정을 국회법에 두자는 국회법 개정안이 2015년에 제출되었다. 이 국회법 개정안에 대하여 대통령이 거부권을 행사했으며 국회가 이를 재의에 회부했으나, 3분의 2의 다수로 재의결하지 못하여 이 국회법 개정안은 폐기되었다.[35)]

이 밖에도 우리는 집행자의 재량의 증대를 초래하는 요인으로서 i) 정책목표의 명확성의 결여, ii) 상황의 불확실성, iii) 일선관료제 역할의 중요성, iv) 정책집행의 유형 등을 들 수 있다는 것을 앞에서 지적했다.

우리나라에서의 국회법 개정을 둘러싼 정부와 국회(특히 야당)의 갈등에서 볼 수 있는 바와 같이 정책결정자(국회)는 정책집행에 대한 민주적 통제를 내세워 집행자의 재량을 억제하기를 원하는 경향이 있으나, 집행자는 정책목표의 명확성의 결여나 상황의 불확실성 등을 들어 재량증대의 불가피성을 강조하는 경향이 있다.

특히, 일선관료제의 중요성을 강조하는 사람들은 일선관료들이 대상집단에 관

34) Nakamura & Smallwood, *op. cit.*, pp. 132–133.

35) 이에 관해서는 헌법 제53조 제2항 및 제4항 참조.

하여 가장 잘 알고 있으며, 어떤 정책이 실효를 거둘 수 있는지를 누구보다도 적절하게 판단할 수 있으므로, 이들이 행사하는 재량은 현지실정에 알맞게 정책에 수정을 가하는데 이바지할 수 있다고 주장한다.

따라서 정책집행의 민주적 통제를 강조하는 정책결정자는 법률의 제정과 같은 정책목표 결정시에 정책목표를 가급적 명확히 하도록 힘쓰고, 상황의 불확실성을 축소하려는 노력을 보여야 할 것이다. 그렇게 함으로써 앞에서 지적한 네 가지 통제의 유형 중 강력한 외부적 통제를 확보함으로써, 정책집행에 대한 민주적 통제의 강화에 이바지할 수 있을 것이다.

제 5 장 일선관료제와 정책집행

제 1 절 일선관료제의 개념과 특징

I 일선관료제의 개념

일선관료제라는 용어의 창시자인 립스키(Michael Lipsky)는 업무 수행 과정에서 시민과 직접적으로 접촉하며 업무 수행상 상당한 재량을 보유하는 공무원을 일선관료(street-level bureaucrats)라고 하며, 그 구성원의 상당 부분이 일선관료로써 구성되는 공공서비스기관을 '일선관료제'라고 부르고 있다.[1)]

프로타스(Jeffrey M. Prottas)는 일선관료제란 하위직 공무원을 매개체로 사용해 대상집단 개개인에게 공공 서비스를 전달하는 조직이라고 정의하고 있다. 이어서 그는 일선관료제가 과연 분석적 내용(analytic content)을 지니면서 존재 의의가 있는 개념인가를 반문하면서, 일선관료제는 다른 관료제와 두 가지 점에서 다르다는 것을 강조하고 있다. 일선관료제는 대상집단과의 관계에서 다른 관료제와 다를 뿐

1) Michael Lipsky, *Street-Level Bureaucracy: Dilemmas of the Individual in Public Services*(New York: Russell Sage Foundation, 1980), p. 3.

만 아니라 그 관계가 어떻게 이루어지느냐는 점에서 다른 관료제와 다르다고 하고 있다.[2)]

일선관료제의 개념을 명확히 하기 위해 다음에 일선관료제가 지니는 특징을 몇 가지로 나누어 살펴보고자 한다.

Ⅱ 일선관료제의 특징

일선관료제의 개념을 명확히 하기 위해 일선관료제가 지니는 특징을 립스키와 프로타스의 주장을 중심으로 살펴보기로 한다.

1. 시민과의 접촉

관료제의 대부분의 업무는 서면(書面)의 처리(paper processing)라고 할 수 있다. 서면이 특정한 관료의 책상에 도착하면 이에 수정을 가하거나 첨삭해 다른 사람에게 넘긴다. 다시 말해서, 투입(input)이나 산출(output)이 다 서면이라 할 수 있다.[3)] 베버(Max Weber)가 관료제의 특징의 하나로서 문서주의를 들고 있는 이유가 여기에 있다고 하겠다.[4)]

그러나 일선관료제는 서면 처리보다는 사람 처리(people processing)를 주된 임무로 삼는다는 점에서 다른 관료제와 다르다. 이러한 시민 또는 대상집단과의 상호 작용은 다음과 같은 특징을 지닌다.

첫째, 대상집단과의 접촉은 많은 시간을 소요로 한다. 특정한 고객과 면담하는 동안은 일반적으로 다른 업무를 할 수 없다. 따라서 일선관료들은 고객과의 면담 시간을 통제하려고 한다.

둘째, 고객과의 상호 작용은 시간이 소요될 뿐만 아니라 내용이 있다. 고객이 질문을 하며 여러 가지 요구를 한다. 고객들의 요구에 대응하는 것이 일선관료의

---

2) Jeffrey M. Prottas, *People−Processing: The Street−Level Bureaucrat in Public Service Bureaucracies* (Lexington: Heath, 1979), p. 2.

3) *Ibid.*, p. 103.

4) H. M. Gerth & C. Wright Mills, *From Max Weber: Essays in Sociology*(New York: Oxford University Press, 1958), pp. 197−198.

업무의 하나이다. 이러한 요구 중에는 많은 시간을 소요로 하는 것이 있는가 하면 어떤 것은 단시간에 끝날 수 있다. 어려운 요구가 있는가 하면 상쾌한 것도 있다.

셋째, 고객과의 상호 작용의 또 하나의 특징은 예측 불가능성이다. 어떤 요구가 나올지 예측하기가 어려울 뿐만 아니라 얼마나 시간이 소요될지도 예측하기 어렵다.[5)]

2. 고객의 범주화

일선관료들의 업무 처리 방법의 하나로서 고객의 범주화(categorization of clie-nts)를 들 수 있다. 고객을 자격 기준 등에 따라 몇 가지 범주로 분류하는 것이다. 때로는 대상집단의 '군 복무'와 같은 특정한 활동이 기준이 될 수도 있으며, '65세 이상'과 같은 것이 기준이 될 수도 있다.[6)] 고객의 범주화는 일정한 기준에 따라서 엄격하게 객관적으로 이루어지는 경우도 있으나 일선관료의 재량이 작용하는 경우도 많다. 일선관료의 재량권의 행사에 관해서는 뒤에서 상술하겠으나, 고객의 범주화에서 일선관료가 재량권을 행사하는 방법에는 두 가지가 있다.

첫째, 기준의 왜곡 또는 신축적인 해석이다. 병원의 응급실에서 환자의 위급도를 판단하는 추가적인 기준이 환자가 타고 오는 차량이다. 경찰차로 도착하면 위급한 환자로 분류되나 택시로 도착하면 덜 위급한 환자로 분류되기 쉽다.

둘째, 같은 범주에 속하는 고객을 다르게 취급하는 방법이다. 교사가 어떤 학생에게는 다른 학생의 경우보다 많은 시간과 정력을 쏟는가 하면 관선 변호사가 어떤 피의자에게는 다른 사람의 경우보다 더 많은 시간을 할애하는 경우가 좋은 예라 하겠다.

고객의 범주화라는 용어는 프로타스가 많이 사용하는 것으로서 립스키는 덜 사용하고 있다. 1976년의 논문에서는 '범주화가 관료 과정의 필요한 요소'라고 했으나,[7)] 1980년의 그의 저서에서는 '고객의 선별화'라는 용어를 많이 사용하고 있다. 립스키에 의하면 고객의 선별화의 예를 부상병의 선별화(triage)에서 찾아볼 수 있다고 하고 있다. 부상병의 선별화는 전선(戰線)에서 군의관이나 간호장교 등이 사

5) Prottas, *op. cit.*, pp. 103–104.

6) *Ibid.*, p. 123.

7) Michael Lipsky, "Toward a Theory of Street–Level Bureaucracy," in Willis D. Hawley & Others (eds.), *Theoretical Perspectives on Urban Politics*(Englewood Cliffs: Prentice Hall, 1976), p. 207.

용하는 방법으로서 부상병을 치명적 부상자, 중상자, 경상자로 분류하고, 치명적 부상자나 경상자보다는 중상자에게 많은 지원을 할애하는 방법이다.[8)]

3. 재량권의 행사

일선관료의 또 하나의 특징으로서 재량권의 행사를 들 수 있는데, 정책집행론에서 일선관료제가 많은 관심을 모으고 있는 중요한 이유의 하나가 재량권의 행사에 있다고 할 수 있으며, 관료제에 대한 민주적 통제라는 관점에서도 일선관료제이론이 특별히 관심을 끄는 이유의 하나가 재량권의 행사에 있다고 하겠다.

이러한 일선관료들의 재량권 행사에 관해서는 버크와 같이 일선관료들이 보유하는 기술·지식·전문성 등에 비추어 합리화될 수도 있을지 모른다고 하는 사람이 있는가 하면,[9)] 린더(Stephen H. Linder)와 피터스(B. Guy Peters)와 같이 일선관료들의 과다한 재량권 행사가 민주적 정치 체제에서의 정책통제에 대한 도전을 의미한다고 하는 사람도 있다.[10)]

일선관료들의 재량권 행사에 관해 처음으로 깊이 있게 연구한 사람은 윌슨(James Q. Wilson)이다. 일선관료라는 용어를 사용하지는 않았으나 경찰관 행태에 관한 그의 저서에서 그는 재량의 불가피성을 들고 순찰경관(patrol-man)의 재량권 행사를 비교적 체계적으로 고찰하고 있다.[11)]

립스키의 일선관료제이론의 핵심이 일선관료의 재량권의 행사에 있다고 해도 과언이 아니다. 그는 다른 조직의 하위 종사자와는 달리 일선관료들은 대상집단에 대한 제재나 혜택의 제공 과정에서 그 성격·양·질을 결정할 때 많은 재량을 행사한다는 점을 강조하고 있다. 경관은 누구를 체포하고 누구를 묵인할 것인가를 결정하며, 하급법원의 판사는 누구에게 집행유예나 선고유예 판결을 내릴 것인가를 결정할 수 있고, 교사는 문제아 중에서 누가 퇴학을 맞아야 하며 누가 정학을 맞아야 하는가를 결정할 수 있다는 것이다.

---

8) Lipsky, *Street-Level Bureaucracy*, pp. 105-106.

9) John P. Burke, "A Prescriptive View of the Implementation Process: When Should Bureaucrats Exercise Discretion," *Policy Studies Review*, Autumn 1987, pp. 225-226.

10) Stephen H. Linder & B. Guy Peters, "A Design Perspective on Policy Implementation: The Fallacies of Misplaced Prescription," *Policy Studies Review*, February 1987, p. 463.

11) James Q. Wilson, *Varieties of Police Behavior*(Cambridge: Harvard University Press, 1968), p. 7.

이것은 일선관료가 법률 규정·상부의 지시 등의 구속을 받지 않는다는 것을 의미하는 것이 아니다. 일선관료들은 많은 법령이나 상부로부터의 지시의 제약을 받는다. 도리어 법령이나 규정이 너무나 많은 까닭에 일선관료들의 재량의 행사가 가능하게 된다는 것이다.[12] 예를 들면, 교통 법규가 너무나 방대한 까닭에 교통경찰관은 교통 법규 위반자를 다 처벌할 수 없으며 재량권을 행사해 선별적으로 적발할 수밖에 없다는 것이다. 근로감독관의 경우에도 기업체의 노동관계법이나 산업안전보건법 위반이 지나치게 많으므로, 모든 위반 사건을 일일이 다 적출할 수가 없으며 선별적으로 적출할 수밖에 없다는 것이다.

일선관료제가 지니는 많은 문제점이 재량의 축소로 제거될 수 있는데 일선관료들의 재량을 줄이지 못하는 것은 다음과 같은 이유에 기인한다.

첫째, 일선관료들은 너무나 복잡한 상황하에서 업무를 수행하는 경우가 많기 때문에 엄격한 규칙대로 업무를 수행할 수가 없다는 것이다. 경찰관이 순찰 업무를 수행할 때 규정집을 휴대하면서 규정대로 업무를 처리할 수가 없으며, 교사의 경우에도 무엇을 어떻게 가르칠 것인가를 미리 상세하게 규정할 수 없다는 것이다.

둘째, 일선관료들은 상황의 인간적 측면(human dimension of situation)에 대응해야 하기 때문에 재량권을 행사할 수밖에 없다는 것이다. 형사사건의 재량에서 획일적인 형량의 선고가 형평상 바람직할지 모르나, 개별적인 피고인의 정황을 참작하지 않을 수 없다. 교사의 경우에도 학생 개개인의 잠재 능력을 고려해 지도해 줄 것을 기대한다. 한 마디로 말해서, 어느 사회를 막론하고 정부기관이 공평하게 정책을 집행할 것을 요구할 뿐만 아니라 특수한 상황에 대한 이해와 그에 대한 신축적인 대응도 바라는 것이다.

셋째, 일선관료들의 담당 업무의 특수성에서 오는 것이라기보다는 시민과 접촉하는 하위직 공무원의 기능과 관계가 있다는 것이다. 일선관료들이 지니는 재량권은 그들의 자부심을 높여 줄 뿐만 아니라 대상집단으로 하여금 일선관료들이 그들의 복지에 큰 영향을 미친다는 생각을 가지게 한다는 것이다.[13]

12) Lipsky, *Street-Level Bureaucracy*, pp. 13-14.
13) *Ibid.*, pp. 15-16.

4. 과중한 업무량과 부족한 자원

일선관료의 또 하나의 특징은 그들의 업무량이 과중하다는 것이다. 이러한 과중한 업무량은 일선관료제의 자원과 밀접한 관련이 있다. 부족한 인력, 부족한 예산 등으로 일선관료들의 업무량이 과중할 수밖에 없다는 것이다. 일선관료들의 고유의 업무가 많은 데다가 서식의 작성 제출 등 잡무까지 겹쳐 일선관료들의 업무량은 더욱 과중해지고 있다. 일선관료의 과중한 업무량은 우리나라의 실증적인 연구에서 많이 지적되고 있는데, 얼마 전 전국 경찰관을 대상으로 한 설문조사에서도 나타나고 있다. 2,020명을 표본으로 한 설문조사에 의하면 다른 공무원에 비해서 업무량이 어떻다고 생각하느냐는 질문에 대해서 응답자의 42.4%가 너무 많다고 응답하고 있으며, 46.6%가 비교적 많다고 응답하고 있다. 이것을 기관별로 본다면 경찰청본부나 지방경찰청의 경우에는 너무 많다고 응답한 사람이 각각 31.8%와 37.5%에 지나지 않은 데 대해, 경찰서의 경우에는 57.5%가 너무나 업무량이 많다고 응답하고 있다.14)

이러한 과중한 업무량은 우리나라의 경우뿐만 아니라 모든 국가의 일선관료제에 공통적인 현상이라고 할 수 있겠다. 업무량의 과중은 필연적으로 서비스의 질적 저하를 초래할 수밖에 없는데, 미국의 하급법원의 경우 72%의 사건이 1분 이하의 짧은 시간 동안에 판결이 내려지고 있다는 것이다.15)

제 2 절 일선관료제와 정책집행

I 일선관료제이론의 공과

위에서 일선관료제이론이 상향적 접근 방법을 택하는 여러 가지 이론의 하나라

14) 치안환경 실태분석을 위해 한국생산성본부가 1990년에 실시한 설문조사의 결과이다.

15) Maureen Mileski, "Courtroom Encounters: An Observation Study of a Lower Criminal Court," *Law and Society Review*, May 1971, p. 479.

는 것을 알았다. 여기에서는 이러한 일선관료제이론이 정책집행 연구나 정책연구 전반에 어떠한 공헌을 했으며, 어떠한 문제점이 있는가를 살펴보고자 한다.

1. 일선관료제이론의 공헌

(1) 정책전달자의 중요성 부각

일선관료제이론의 가장 중요한 공헌은 정책전달자(policy deliverers)로서의 일선관료들의 중요성을 부각시켰다는 것이라고 할 수 있다. 립스키의 말과 같이 그들을 정책의 사슬(policy chain)의 말단에 위치하는 존재로 보지 않고, 그들이야말로 정책과정에서의 주된 행위자(primary actors)라고 보고 그들의 중요성을 부각시킨 데에 일선관료제이론의 가장 큰 공헌이 있다고 하겠다. 표현을 바꾸어 말하면, 권위의 계층제(hierarchy of authority)와 영향력의 계층제(hierarchy of influence)가 일치하지 않는다는 것을 제시한 것이 일선관료제이론이다.[16)]

(2) 정책 재창조의 조명

위에서 지적한 바와 관련이 있는 것인데 일선관료제이론은 일선관료들에 의한 정책의 재창조(reinvention)를 조명해 주었다고 하겠다.

일선관료들은 대상집단에 관해 가장 잘 알고 있는 까닭에 어떠한 정책이 실효를 거둘 수 있는지를 누구보다도 적절하게 판단할 수 있다는 것이다. 따라서 이들이 행사하는 재량은 현지 실정에 맞도록 정책에 수정을 가하는 데 이바지할 수 있다. 이러한 정책의 재창조가 정책의 성공에 이바지할 수 있는데 일선관료제이론은 정책 재창조의 실태를 제시했을 뿐만 아니라 정책의 재창조가 가능한 이유를 명확히 했다고 할 수 있겠다.[17)]

(3) 정책집행의 중요성 부각에 일조

프레스먼과 윌다브스키의 『집행』이 기폭제가 되어 본격화되기 시작한 정책집행 연구가 전반적으로 정책집행의 중요성을 부각시킨 것이 사실이나, 정책집행 연구의 하향적 접근 방법에서는 정책과정에서의 주된 행위자를 여전히 정책결정자로

16) Michael Lipsky, "Standing the Study of Public Policy Implementation on Its Head," in Walter D. Burnham & Matha W. Weinberg(eds.), *American Politics and Public Policy*(Cambridge: MIT Press, 1978), pp. 397–398.

17) Dennis J. Palumbo, *Public Policy in America*(San Diego: Harcourt, 1988), p. 100.

보고, 정책집행에서는 정책결정자의 의도와 집행 간의 왜곡을 최소화하는 것이 바람직하다는 주장이 지배적이었다고 하겠다.18)

그러나 일선관료의 광범위한 재량이 불가피하다고 보며 일선관료의 정책결정을 강조하는 일선관료제이론은 정책의 최종적 결정(policy determination)을 위한 가장 중요한 활동은 조직의 하위 계층에서 이루어지며, 정책과정에서 가장 중요한 단계는 정책형성이 아니라 정책집행이라는 주장을 부각시키는 데 일조했다고 할 수 있다.19)

2. 일선관료제이론의 문제점

(1) 민주적 통제와의 조화 곤란

일선관료제이론에서 정책의 최종적 결정을 위한 가장 중요한 활동이 집행 담당 조직의 하위층에서 이루어진다는 사실을 기술적(記述的)으로 연구하는 것은 좋으나, 이러한 연구가 규범적인 색채를 지니고 처방적인 주장으로 제시될 때는 민주적 정치 체제의 정책통제라는 관점에서 볼 때 문제가 있다는 것이다.

조직이론에서도 조직의 하위층이 집행과 관련된 상황에 관한 정보를 더 많이 가지고 있다는 주장이 제기되어 왔다. 그렇다고 해서 국민이 선출한 정책결정자들이 더 많은 정보를 보유하는 사람들을 위해 정책결정에 과한 책임을 포기할 수는 없다는 것이다.

(2) 정책형성의 중요성 격하

일선관료제이론이 정책집행의 중요성을 부각시키고 일선관료를 정책과정의 주된 행위자로 보는 것은 좋으나 정책형성 과정과 정책 디자인(policy design)의 중요성을 격하시켰다는 비판이 제기되고 있다.

다시 말해서, 일선관료제이론이 종전의 정책 중심적(policy-centered)인 이론이나 정책사슬접근법(policy-chain approach)의 과오를 지적한 것은 좋으나, 정책 전달자인 일선관료들의 재량의 필요성을 강조하고 그들의 정책결정 기능을 부각시키다보니 일선관료들이 결정하고 주장하기까지는 구체적인 의미의 정책이 존재하지 않는다는 데까지 이르게 되어, 정책형성 과정의 중요성을 격하시키는 결과가 되

18) Lipsky, "Standing the Study of Public Policy Implementation on Its Head," p. 392.
19) Linder & Peters, *op. cit.*, p. 463.

었다는 것이다.

(3) 지나친 획일성

일선관료제이론은 각종 일선관료제의 공통점을 강조하고 전술한 바와 같은 특징을 지닌 일선관료 조직은 그 기능이 교육이건, 치안 유지이건, 사회복지 서비스이건 간에 획일적으로 다루고 있다.

이에 대해 무어(Scott T. Moore)는 일선관료 조직이라 하지만 근무환경, 의사결정 프레임워크(framework) 등에 큰 격차가 있는 경우가 많으므로, 획일적인 일선관료제이론으로 모든 일선관료들의 행태나 활동을 설명하려는 시도에 문제를 제기하고 있다. 다시 말해서, 교사, 경찰관, 사회복지 서비스 담당자를 동일하게 일선관료라고 보고 다루어도 무리가 없겠느냐 하는 문제를 제기하고 있는 것이다.[20]

Ⅱ 일선관료제가 정책집행에 미치는 영향

우리는 앞에서 일선관료제의 특징과 일선관료제이론의 공과를 살펴보았는데, 여기에서는 구체적으로 일선관료제가 정책집행에 어떠한 영향을 미치는가를 고찰하고자 한다.

1. 정책집행에서의 신축성 발휘

서면 처리(paper processing)보다 사람 처리(people processing)를 주된 업무로 하는 일선관료제로 인하여[21] 자칫하면 경직성을 지니기 쉬운 정책의 집행이 신축성을 발휘할 수 있다는 데 일선관료제의 장점이 있다고 하겠다.

많은 경우 국회나 지방의회가 의결하는 법률이나 조례의 형태를 지니는 정책은 탁상공론에 흐르기 쉬우며 경직성을 지니기 쉽다.

이러한 정책이 시민과 직접 접촉하고 현지 실정을 잘 파악할 수 있는 일선관료제에 의하여 현장의 사정에 알맞게 적응됨으로써 신축성을 지니게 된다. 그러기 위

20) Scott T. Moore, "The Theory of Street-Level Bureaucracy: A Positive Critique," *Administration and Society*, May 1987, pp. 90-92.

21) Protas, *op. cit.,* p. 2.

해서는 일선관료제가 재량권을 행사할 수 있어야 함은 더 말할 필요가 없다.

다시 말해서, 일선관료들은 복잡한 상황하에서 업무를 수행하는 경우가 많기 때문에 엄격한 규칙대로 업무를 수행할 수 없으므로 신축성을 발휘할 수 밖에 없을 뿐만 아니라, 일선관료들은 상황의 인간적 측면(human dimension of situation)에 대응해야 하기 때문에 재량권을 행사하고 신축성을 지닐 수밖에 없다는 것이다.[22]

2. 정책전달자의 현지 실정에의 적응

정책집행자인 일선관료는 여러 가지로 표현할 수 있겠으나 립스키(Michael Lipsky)의 말을 빌린다면 그들은 정책전달자(policy deliverers)이다.[23] 다시 말해서, 일선관료를 정책의 사슬(policy chain)의 말단에 위치하는 존재로 볼 것이 아니라 그들이야말로 정책을 직접 시민에게 전달하는 전달자로 보아야 한다는 것이다.

다시 말해서, 조직의 하위 계층에 위치하는 일선관료들은 정책의 최종결정(policy determination)을 위하여 가장 중요한 활동을 담당한다는 것이다.[24]

따라서 일선관료들은 정책집행에 있어서 정책결정자의 의도와 집행 간의 왜곡을 최소화하는 데만 몰두할 것이 아니라, 정책의 결과를 받아들이는 시민이나 현지 실정에 알맞게 정책을 적응시킬 수밖에 없다는 것이다.

3. 현지 실정에 알맞은 정책의 재창조

일선관료들은 대상집단에 관하여 가장 잘 알고 있는 까닭에 어떠한 정책이 실효를 거둘 수 있는지를 누구보다도 적절하게 판단할 수 있다는 것이다. 따라서 이들이 행사하는 재량은 현지 실정에 알맞게 정책에 수정을 가하는 데 이바지할 수 있다는 것이다. 이러한 과정을 '정책의 재창조(reinvention)'라고 부르는 사람도 있다.[25]

린드블롬(Charles E. Lindblom)은 "집행은 정도의 차이는 있으나 항상 정책을 결정하거나 정책을 수정한다"고 주장하고 있는데,[26] 이러한 집행 과정을 담당하는

22) Lipsky, *Street-Level Bureaucracy,* pp. 15-16.
23) Lipsky, "Standing the Study of Public Policy Implementation on Its Head," p. 397.
24) Linder & Peter, *op. cit.,* p. 463.
25) Palumbo, *op. cit.,* p. 100.
26) Charles E. Lindblom, *The Policy-Making Process*, second edition(Englewood Cliffs: Prentice-Hall,

공무원이 많은 경우 일선관료라고 할 수 있겠다.

정책집행 과정에서의 정책의 수정을 강조하는 사람으로서 버먼(Paul Berman)을 들 수 있는데, 버먼은 정책집행을 정형적 집행과 적응적 집행으로 나누고, 적응적 집행에서는 담당자 간의 협상과 타협에 의하여 정책이 수정될 수 있으며 수정되어야 한다고 주장한다.[27)]

4. 과다한 재량권 행사

일선관료들이 그 장점을 발휘하기 위해서는 재량권의 행사가 불가피하나 때로는 이러한 재량권의 행사가 과다하여 재량권의 남용을 초래할 수 있을 뿐만 아니라, 때로는 일선관료들의 집단이익을 위하여 활용되는 경우가 있다는 것이다.[28)]

많은 일선관료조직이 이러한 재량권의 행사를 통제하기 위한 장치를 마련하기는 하나 여러 가지 이유로 그러한 통제 장치가 제대로 기능을 발휘하지 못하는 경우가 많다는 것이다.

재량에 대한 통제에는 외부적 통제와 내부적 통제가 있는데 파이너(Herman Finer)와 프리드리히(Carl J. Friedrich)의 논쟁으로 널리 알려진 바와 같이 외부적 통제가 효과적이라는 주장이 있는가 하면 내부적 통제가 유효적절하다는 주장도 있다.

널리 알려진 바와 같이 파이너는 국회·법원 등에 의한 외부적 통제야말로 정책집행 과정에서의 재량권의 행사를 통제하는 유력한 방안이라고 주장하는 데 대해, 프리드리히는 정책집행 과정에서의 재량권 행사에 대한 통제는 내부적 통제가 보다 효과적이라고 주장하고 있는 것이다.[29)]

그러나 이러한 거시적(巨視的) 수준의 통제이론에 대하여 일선관료제의 재량권의 남용을 통제하기 위한 장치는 일선관료제 내부조직의 논리에 의하여 결정되어야 한다는 주장도 있다.[30)]

1980), p. 65.

27) Paul Berman "Thinking about Programmed and Adaptive Implementation: Matching Strategies and Situation," in Helen Ingram & Dean Mann(eds.), *Why Policies Succeed or Fail*(Beverly Hills: Sage, 1980), pp. 210–213.

28) Eve E. Garrow & Oscar Grusky, "Institutional Logic and Street–Level Discretion," *Journal of Public Administration Research and Theory*, 2013, p. 103.

29) 이 책의 p. 245 참조.

30) Garrow & Grusky, *op. cit.*, p. 126.

5. 민주적 통제의 저해

일선관료들이 재량권을 행사하고 정책의 전달자로서 정책의 재창조를 담당하는 것은 민주정치 체제의 정책통제라는 관점에서 볼 때 문제가 있다는 주장이 있다.

다시 말해서, 정책전달자인 일선관료들의 재량의 필요성을 강조하고 그들의 정책결정 기능을 부각시키며 일선관료들이 결정하고 주장하기까지는 구체적인 의미의 정책이 존재하지 않는다는 데까지 이르면 국민이 선출한 정책결정자들이 정책을 통제하여야 한다는 민주적 통제를 어렵게 만들 우려가 있다는 것이다.

이리하여 일선관료제를 정책과정에서의 주된 행위자(primary actor)라고 보고, 권위의 계층제(hierarchy of authority)와 영향력의 계층제(hierarchy of influence)가 일치하지 않는다는 것을 강조할 때,[31] 국민이 선출한 정책결정자들이 정책을 통제하여야 한다는 민주적 통제의 근간이 무너질 우려가 있다는 사실을 잊어서는 안 되겠다.

6. 과중한 업무량으로 인한 정책집행의 차질

우리는 앞에서 일선관료제의 특징의 하나로서 일반적으로 그들의 업무량이 과중하다는 것을 들었다. 다소 오래된 통계이기는 하나 우리나라의 대표적인 일선관료제의 하나인 경찰의 경우를 본다면 42.4%의 응답자가 업무량이 많다고 응답하고 있으며, 46.4%가 비교적 많다고 응답하고 있다.

또 다른 일선관료인 근로감독관의 경우에도 꾸준한 경제 성장으로 사업장 수와 근로자는 계속 늘어나고 있으나 근로감독관의 증원은 이를 따라가지 못하고 있으며, 예산 부족으로 사무실이 협소하고 근로환경이 열악하다는 것이 근로감독관들의 주장이다. 이와 같이 과중한 업무량은 부족한 자원과 밀접한 관련이 있다는 것은 주지의 사실인데, 이는 비단 우리나라 일선관료제뿐만 아니라 모든 국가의 일선관료제에 공통된 현상이라 하겠다.

일선관료제의 과중한 업무량과 부족한 자원은 그들의 원만한 정책집행에 지장을 초래하며 일선관료제의 문제점의 하나로 지적되고 있다는 것은 앞에서 이미 고찰한 바와 같다.

31) Lipsky, "Standing the Study of Policy Implementation on Its Head," pp. 397－398.

Ⅲ 우리나라의 일선관료제 사례

1. 일선관료제와 근로감독관

(1) 전형적인 일선관료

우리나라 일선관료의 대표적인 예로서 노동부(현 고용노동부)의 근로감독관을 들 수 있다. 2007년 4월 말 현재 1,417명에 달하는 근로감독관들은 업무 수행 과정에서 시민과 직접적으로 접촉하며 업무 수행상 상당한 재량권을 보유하는 공무원으로서 우리나라 근로정책을 집행할 때 핵심적인 역할을 담당하는 전형적인 일선관료제이다.

일선관료로서의 근로감독관의 특징에 들어가기 전에 먼저 근로감독관의 업무와 근로감독 행정기구를 간단히 살펴보고자 한다.

(2) 근로감독관의 업무

근로감독관의 업무는 지극히 다양하며 이를 여러 가지로 분류할 수 있으나, 이를 다음의 네 가지로 요약하고자 한다.32)

① **개별적 노동 관계 관련 업무**: 이는 한 마디로 말해서, 근로자의 기본적인 노동 조건을 확보하기 위한 권리구제 업무라 하겠다. 사업장 감독 업무, 진정·고소·고발 등의 신고사건 처리 업무, 근로 조건 개선 업무, 체불 임금의 예방 및 청산 업무, 최저임금제 시행 감독 업무, 산업재해 예방과 근로자 건강 보호에 관련된 업무, 노동 관계 법령 위반에 대한 사법처리 업무 등이 포함된다.

② **집단적 노사 관계 관련 업무**: 주로 노사 관계의 안정 유지를 위한 분쟁 조정을 담당하는 업무라 할 수 있는데, 노사 분규 예방 및 조정 업무, 임금 교섭 타결 지도 업무, 노동 동향 파악 및 지도 업무 등이 이에 속한다.

③ **노사 관계 지도 관련 업무**: 노사 간의 협조 증진을 도모하는 지도·교육과 관련된 업무인데, 노사협의회의 운영 지도 및 고충처리 업무, 노사교육 업무, 임금 구조 및 임금 격차 개선 및 해소 업무, 부녀·소년 지도 업무 등이 이에 속한다.

④ **노동행정 지도 업무**: 노동 통계와 관련된 업무, 임금 관련 자료 조사 업무,

---

32) 정인수·정동석, 근로감독 행정제도의 개선방안 연구(서울: 한국노동연구원, 1992), p. 2.

기타 근로자와 관련된 다른 기관과의 협조 업무가 여기에 포함된다.

(3) 근로감독 행정기구

우리나라의 근로감독 행정기구로서 노동부(현 고용노동부) 본부에 근로기준국과 산업안전국이 있으며, 일선기관으로서 6개 지방노동청과 40개 지방노동지청이 있다.

지방노동지청은 그 구성원의 상당 부분이 일선관료로써 구성되어 있는 공공서비스 기관이라는 점에서 대표적인 일선관료제라 할 수 있겠다. 서울지방노동청 서울강남지청(과거의 노동사무소)의 경우를 본다면, 2007년 2월 12일 현재 139명의 공무원 중 46.8%에 해당되는 65명이 근로감독관이며, 잔여 74명의 공무원 중 43명은 8급·9급 공무원과 기능직 공무원이다. 근로감독관 65명의 직급별 분포를 보면 4급 및 5급이 5명이며, 6급이 25명, 7급이 25명이고, 8급과 9급도 15명에 이른다.[33]

2. 일선관료로서의 근로감독관의 특징

전술한 바와 같이 근로감독관은 전형적인 일선관료이다. 이들의 특징을 위에서 검토한 네 가지에 따라 살펴보고자 한다.

(1) 시민과의 접촉

근로감독관은 다른 일선관료의 경우와 같이 사람 처리(people processing)를 주된 임무로 삼는다. 한국노동연구원의 조사에 의하면, 근로감독관은 매일 평균 민원처리를 2.66건, 진정인·피진정인 및 참고인 면담을 6.81건, 사업체 방문 1.48건, 보고서 작성 2.09건을 처리한다는 결과가 나와 있다.[34] 문서 처리보다는 사람 처리가 그들의 주된 임무라는 것을 쉽게 알 수 있다.

(2) 고객의 범주화

근로감독관의 경우에는 고객을 자격 기준 등에 따라 몇 가지 범주로 분류하는 고객의 범주화를 업무 처리 방법의 하나로 삼고 있다.

예를 들면, 임금 교섭의 경우 대상 업체를 중점 관리업체, 별도 관리업체, 권장대상업체, 종업원 100인 이상 업체로 구분해 업무 처리를 달리하고 있으며, 산업안

33) 2007년 2월 12일 서울강남지청 면접에서 입수.
34) 1990년 11월 말 기준 설문조사의 결과임.

전 업무의 경우 매년 노동부(현 고용노동부) 본부에서 내려오는 지침에 따라 정기감독 대상업체를 지정해 이들에 대해서는 정기적인 감독을 실시하고 있다.35)

(3) 재량권의 행사

저자가 면접한 바에 의하면 일부 근로감독관 등은 재량권의 행사를 시인하나 많은 근로감독관들이 그들의 업무를 처리하는 과정에서 법령이나 규정이 엄격해 재량권이 협소하다는 점을 강조하고 있다.36) 그러나 일선관료의 속성상 광범위한 재량권을 보유한다고 보아야 할 것 같다.

첫째, 근로감독관이 담당하는 업무가 방대해서 재량권의 행사가 불가피하다는 것을 지적할 수 있다. 전술한 한국노동연구원의 조사에 의하면, 한 사람의 근로감독관이 평균 209개의 사업체를 담당하고 있다는 통계가 나와 있다.37)

둘째, 근로감독관이 사법경찰권을 보유하고 있는데, 일선관료제에 관한 많은 연구들이 시사하고 있는 바와 같이 사법경찰권을 행사할 때 재량권의 행사가 불가피하다는 것은 잘 알려진 사실이다.

(4) 과중한 업무량과 부족한 자원

다른 일선관료의 경우와 같이 우리나라 근로감독관도 과중한 업무량과 부족한 자원에 시달리고 있다.

과중한 업무량은 부족한 자원과 밀접한 관련이 있다. 꾸준한 경제 성장으로 사업장 수와 근로자 수는 계속 늘어나고 있으나 근로감독관의 증원은 이를 따라가지 못하고 있으며, 예산 부족으로 사무실이 협소하고 근로환경이 열악하다는 것이 근로감독관들의 주장이다. 이리하여 근로감독관의 54%가 조세·환경 분야 등 여타 사법경찰관에 비해 근로감독관의 업무 여건이 더 나쁘다고 진술하고 있는 것이다.38)

35) 서울 남부노동사무소, '92 업무 실적(서울: 남부노동사무소, 1993), pp. 13, 20.
36) 2007년 2월 12일 관계 공무원과의 면접.
37) 정인수·정동석, 앞의 책, p. 24.
38) 위의 책, p. 46.

제 6 장 불응과 정책집행

제 1 절 불응의 의의와 유형

I 불응의 의의

1. 불응 문제의 중요성

매즈매니언과 사바티어는 정책집행에 영향을 미치는 요인의 하나로서 대상집단의 행태 변화의 범위를 다루고 있으나 불응의 문제에 언급하지 않고 있다.[1] 이들뿐만 아니라 과거 많은 학자들이 불응 문제를 소홀히 다루어 왔다. 여기에서는 근래에 와서 일부 학자들이 강조하고 있는 불응 문제를 정책집행에 영향을 미치는 요인의 하나로서 따로 고찰하기로 한다.

앤더슨이 지적하고 있는 바와 같이 종전에 사회과학자들은 범죄정책 이외의 분야에서는 순응(compliance)이나 불응(noncompliance) 문제를 별로 다루지 않았다.[2] 그러나 근래에 와서 미국 캘리포니아 주의 조세거부운동, 미국의 인종차별 폐

1) Daniel A. Mazmanian & Paul A. Sabatier, *Implementation and Public Policy*(Glenview: Scott, Foresman and Co., 1983), pp. 24–25.

지정책에 대한 불응운동, 우리나라의 KBS시청료 거부운동에서 볼 수 있는 바와 같이 우리 주변에서 불응이 빈번하게 발생함에 따라 정책집행에 영향을 미치는 요인으로서 불응의 중요성이 높아졌다고 하겠다.

2. 불응의 개념

전술한 바와 같이 불응에 대한 관심이 높아지게 된 것은 최근의 일이며, 불응의 개념을 제시한 사람도 별로 없는 것 같다.

우리는 불응을 정책목표에 위배되거나 합치되지 아니하는 의도적 또는 비의도적인 행태라고 정의하고자 한다.

정책집행을 저해하는 것은 의도적으로 정책목표를 거부하거나 정책목표의 수행을 어렵게 하는 행태이나 후술하는 바와 같이 정책에 대한 이해의 불충분이나 능력의 부족으로 발생하는 불응도 의도적인 불응 못지않게 정책집행에 영향을 준다는 사실에 유념해야 할 것이다.

Ⅱ 불응의 유형

불응은 여러 가지 관점에서 여러 가지로 분류할 수 있는데, 여기에서는 소그(James D. Sorg)의 유형과 쿰스(Fred S. Coombs)의 유형만을 살펴보기로 한다.

1. 소그의 유형

소그는 일선관료들(street-level bureaucrats)의 집행 행태를 중심으로 불응의 유형을 고찰하고 있으나, 그의 주장이 일선관료뿐만 아니라 대상집단을 포함하는 모든 불응 행태에 적용될 수 있다고 생각한다.

소그는 <표 6-1>과 같이 외형적 행동과 내부적 의사에 따라 대상집단이나 집행자의 행태를 i) 의도적 순응, ii) 비의도적 순응, iii) 비의도적 불응, iv) 의도적 불응으로 분류하고 있다.

2) James E. Anderson, *Public Policy-Making*, fifth edition(Boston: Houghton Mifflin Co., 2003), p. 230.

의도적 순응이란 순응하고자 하는 의도를 가지고 있는 순응을 말하는데, 정책 집행의 관점에서 볼 때 가장 이상적인 행태라고 할 수 있겠다. 소그는 의도적 순응에 속하는 행태를 다시 i) 순응과, ii) 수정을 위한 시도로 세분하고 있는데, 수정을 위한 시도란 일단 정책에 순응하기는 하나 정책의 부당성 등을 지적하고 이를 수정하고자 시도하는 것을 말한다.

비의도적 순응이란 대상집단이나 집행자가 순응하려는 의도는 없으나 외면적으로는 순응하고 있는 경우인데, 소그는 이에 관해서 거의 언급하고 있지 않다.[3)]

표 6-1 순응과 불응의 유형

외형적 행동 / 내부적 의사	순 응	불 응
순응하고자 하는 의사	의도적 순응	비의도적 불응
불응하고자 하는 의사	비의도적 순응	의도적 불응

표 6-2 불응의 유형

의도적 순응	비의도적 불응
순응 수정을 위한 시도	과잉 부족
비의도적 순응	**의도적 불응**
	전환 수구적 행태 지연 수정을 위한 시도 기만 이탈

불응을 비의도적 불응과 의도적 불응으로 나누고 있는 소그는 비의도적 불응을 i) 과잉, ii) 부족으로 세분하고, 의도적 불응을 iii) 전환(replacement), iv) 수구적 행태, v) 지연, vi) 수정을 위한 시도, vii) 기만, viii) 이탈로 세분하고 있다. 우리는 여기에서 이들에 관해 좀 더 구체적으로 살펴보기로 한다.[4)]

3) James D. Sorg, "A Typology of Implementation Behaviors of Street-Level Bureaucrats," *Policy Studies Review*, February 1983, pp. 392-394.

(1) 과 잉

정책에 대한 이해의 불충분이나 능력의 부족으로 정책에 순응하려는 의도는 있으나 결과적으로 불응을 초래하는 경우인데, 무자격자에게 의료 보호의 혜택을 주는 경우가 좋은 예라 하겠다.

(2) 부 족

전술한 과잉과 같이 정책에 순응하려는 의도는 있으나 정책에 대한 이해의 불충분이나 능력의 부족과 같은 다른 요인의 개입으로 발생하는 불응의 일종인데, 자격이 있는 사람에게 의료 보호의 혜택을 주지 않는 경우가 이에 해당된다.

(3) 전 환

정책의 목표나 절차를 수정하는 행태를 말한다. 전환이 전술한 과잉이나 부족과 다른 점은 의도적 이탈이라는 점이며, 전환이 여타의 의도적 불응들과 다른 점은 다른 의도적 불응들은 정책의 집행이 이루어지지 않는 데 대해, 전환은 정책목표나 절차에 수정이 가해지기는 하나 집행이 이루어진다는 점이라 하겠다.

(4) 수구적 행태

새로운 정책을 무시하고 낡은 정책을 집행하는 것을 '수구적 또는 의식적(ritualistic) 행태'라고 소그는 부르고 있다. 수구적 행태가 후술하는 기만과 다른 점은 기만은 종래의 정책을 집행하나 새로운 정책을 집행하는 것처럼 외양을 갖추는 데 대해, 수구적 행태는 낡은 정책을 대신하는 새로운 정책이 수립되었을 때에만 나타나는 현상이라 하겠다.

(5) 지 연

단순히 정책의 집행을 연기시키는 행위뿐만 아니라 집행 과정에서의 관계자들에게 영향을 미치기 위해 전술로서 사용하는 행위까지를 포함한다. 지연을 전술로 사용하는 것은 i) 관계자들의 특정 정책에 대한 관심이 줄어들기를 기다리거나, ii) 환경의 변화로 인해 정책을 집행하지 않아도 될 상황이 초래되기를 고대하며, iii) 정책 반대자들의 동조 노력이 확대되어 특정 정책이 폐지되기를 기다리는 데 그 목적이 있다고 하겠다.

---

4) *Ibid*., pp. 296–399.

(6) 수정을 위한 시도

소그는 허쉬만(A. D. Hirschman)의 발언(voice)이라는 표현을 빌려서 수정을 위한 시도를 설명하고 있다.[5] 한 마디로 말해서, 이는 정책결정자와 대결해 정책을 수정하고자 하는 모든 시도를 말한다. 여기서 하나 유의할 것은 수정을 위한 시도에 두 가지가 있다는 것이다. 발언 Ⅰ(voice Ⅰ)은 전술한 바 있는 의도적 순응에 포함되는 것으로서 정책을 집행하거나 집행에 순응하면서 정책의 부당한 부분을 시정하고자 하는 노력을 말하는 데 대해, 여기에서 말하는 발언 Ⅱ(voice Ⅱ)는 정책을 집행하지 않거나 집행에 불응하면서 정책의 수정을 시도하는 것을 말한다.

(7) 기 만

외형상 순응하는 듯하면서 실질적으로는 불응하는 행태를 소그는 포커게임의 용어를 빌려서 '기만(bluffing)'이라고 부른다. 이에도 두 가지가 있는데, 첫째는 실질적으로 불응하면서 정책결정자에게는 순응하고 있다는 신호를 보내는 경우이며, 둘째는 감시가 있을 때에는 순응하나 감시가 없어지면 불응의 의사를 표명하는 경우이다. 기만은 규칙이 경직적이며 수정을 위한 시도가 적합치 않고 불응의 대가가 높을 때 일어날 가능성이 많다.

(8) 이 탈

전술한 수정을 위한 시도의 경우와 같이 여기에서도 소그는 허쉬만의 표현을 빌려서 '퇴거(exit)'라는 용어를 사용하고 있다.[6] 조직으로부터의 사퇴, 전출 요구 등과 같이 정책집행을 회피하려는 욕구를 나타내는 모든 행태를 말한다.

2. 쿰스의 유형

소그와는 달리 쿰스는 불응의 원인에 따라 불응을 i) 의사 전달의 저해로 인한 불응(communication-based noncompliance), ii) 자원 부족으로 인한 불응(resource-based noncompliance), iii) 정책으로 인한 불응(policy-based noncompliance), iv) 행동으로 인한 불응(action-based noncompliance), v) 권위에 기초를 둔 불응

5) A. D. Hirschman, *Exit, Voice and Loyalty: Responses to Decline in Firms, Organizations, and States*(Cambridge: Harvard University Press, 1970), p. 30.

6) *Ibid.*, p. 21.

(authority－based noncompliance)으로 분류하고 있다.

소그의 유형은 위에서 간단히 살펴보았으므로 다음부터는 쿰스가 들고 있는 다섯 가지 원인을 중심으로 하여 불응 문제를 살펴보고자 한다.

(1) 의사 전달의 저해로 인한 불응

① **불응의 원인**: 정책이 어떠한 행태 변화를 요구하고 있는지를 정책 대상집단이 명확히 알지 못하는 경우에 불응이 발생한다. 따라서 정책에 순응해야 할 사람들에게 정책이 요구하는 바를 널리 주지시켜야 한다는 것은 많은 정책 분야에서 중요한 문제이다. 오늘날 이러한 문제는 문맹자의 감소와 대중매체의 보급으로 어느 정도 해결되었으나 완전히 극복된 것은 아니다.

그러나 의사 전달의 문제에서 좀 더 미묘한 점은 정책이 모호하다는 데 있다. 구체적으로 특정 정책이 어떠한 상황에서 어떠한 개인들에게 적용되며 요구되는 행태는 무엇인지 불명확한 경우가 많다는 것이다.[7] 전술한 바와 같이 정책의 명확성을 저해하는 요인으로서 i) 기술적 제약성, ii) 개념적 복잡성, iii) 정치적 고려를 들 수 있으나 그중에서도 가장 중요한 것이 정치적 고려이다.[8] 다원적 사회의 정치 과정은 상충되는 각종 이익단체의 요구와 다양한 정치 이념을 조화시키고 다양한 의원들의 선호를 융화시켜야 한다. 따라서 표현이 추상적일수록 그 정책에 합의할 수 있는 의원의 수가 늘어나기 마련인 것이다.[9]

② **순응 확보 방안**: 의사 전달의 저해로 인한 불응을 방지하기 위해서는 명확한 정책이 필요하며 정책 대상집단에게 왜곡되지 않은 의사 전달이 이루어져야 한다. 그러나 경우에 따라서는 모호한 정책이 집행자에게 재량권을 부여하는 방안이 될 수도 있을 것이다.

(2) 자원의 결핍으로 인한 불응

① **불응의 원인**: 정책 대상집단이 정책이 그들에게 요구하고 있는 행태가 무엇인지를 알고 있으나, 정책이 요구하는 바에 순응하는 데 필요한 자원을 보유하지

7) Fred S. Coombs, "The Bases of Noncompliance with a Policy," in John G. Grumm & Stephen L. Wasby(eds.), *The Analysis of Policy Impact*(Lexington: Heath, 1981), p. 55.

8) Robert T. Nakamura & Frank P. Smallwood, *The Politics of Policy Implementation*(New York: St. Martin's Press, 1980), pp. 34－39.

9) Carl E. Van Horn, *Policy Implementation in the Federal System*(Lexington: Heath, 1979), p. 161.

못하는 까닭에 불응이 발생하기도 한다. 이 경우의 자원이란 단순한 재정적 자원뿐만 아니라 기술이나 정신적 능력까지를 포함하는 넓은 개념으로 이해해야 한다.

자원의 결핍으로 인한 불응의 예는 입법부가 새로운 조치를 필요로 하는 법률을 제정하고 이에 필요한 예산의 뒷받침을 하지 않는 경우, 중앙정부가 지방자치단체에 대해 책임만 부여하고 필요한 재원을 마련해 주지 않는 경우, 정부가 사기업에 대해 막대한 설치비와 운영비가 소요되는 공해방지시설을 요구하는 경우 등에서 흔히 찾아볼 수 있다.

② **순응 확보 방안**: 자원의 결핍으로 인한 불응을 방지하기 위해서는 필요한 자원을 제공하면 된다. 예산의 뒷받침이 충분하지 못한 경우에는 예산의 증액이 요청되며, 특수한 기술이나 행태 변화가 필요한 경우에는 훈련을 실시해야 한다. 그러나 필요한 예산이나 훈련의 실시로 순응이 확보될 수 없는 경우에는 실정을 감안한 정책의 수정이 필요하다.

특정한 정책에 대한 불응이 자원의 결핍으로 인한 것이라는 주장을 액면 그대로 받아들이는 문제는 신중을 요한다. 때로는 자원의 부족으로 새로운 정책에 순응할 수 없다는 대상집단의 주장이 자원의 부족에 원인이 있는 것이 아니라, 그 정책이 그들의 뜻에 맞지 않아 순응하기를 원치 않는 데 참된 이유가 있을 수도 있는 까닭이다. 다음에는 순응하기를 원치 않는 데에서 오는 불응을 고찰하기로 한다.[10]

(3) 정책으로 인한 불응

① **불응의 원인**: 정책 대상집단의 정책 자체에 대한 불만으로 인한 불응을 쿰스는 '정책으로 인한 불응(policy-based noncompliance)'이라고 부르고 있다. 그는 이를 다시 목표로 인한 불응(goal-based noncompliance)과 신념으로 인한 불응(belief-based noncompliance)으로 구분하고 있다.

첫째, 목표로 인한 불응이란 대상집단이 정책의 목표 자체에 반대하는 경우나 정책목표에 우선 순위를 낮게 부여하는 경우에 발생한다. 인종차별 지역에서 학부모들이 자녀들을 통학버스에 승차시키지 않는 이유가 그들이 인종차별 폐지라는 정책목표 자체에 반대하는 경우가 그 좋은 예라 하겠다. 대부분의 고전적 불응이 여기에 해당된다.

10) Coombs, *op. cit.*, pp. 56-57.

둘째, 신념으로 인한 불응은 대상집단이 정책의 목표 자체에 반대하지는 않으나 정책결정자나 집행자들이 입각하고 있는 가정에 찬성하지 않는 경우에 발생한다. 전술한 통학버스의 예를 다시 든다면 학부모들이 자녀들을 통학버스에 승차시키지 않는다는 점에서는 같으나 인종차별 폐지라는 정책목표에 반대하기 때문이 아니라, 통학버스에 의한 방법으로는 인종차별 폐지라는 목표가 달성될 수 없다고 믿는 까닭이다. 이러한 방법으로는 도심부에 거주하는 백인들을 교외로 쫓아내는 결과를 초래해 도심부의 학교들은 더욱더 흑인의 비중이 높아질 수밖에 없다고 생각하는 것이다.

② **순응 확보 방안**: 두 가지로 나누어서 생각해야 한다. 목표로 인한 불응은 새로운 정책이 전통적인 가치나 규범에 위배될 때 발생하는 것이므로 단기적으로는 제재 외에는 순응 확보 방안이 없다고 할 수밖에 없다.

신념으로 인한 불응은 정책수단에 대한 견해차로 인해 발생하는 불응이므로 정책수단이 목표 달성을 위해 효과적이라는 증거를 제시하거나 전문가를 동원해 대상집단을 설득할 수밖에 없을 것이다. 그러나 이러한 설득 작업은 많은 시간을 소요로 하므로 권력의 사용에 의한 제재가 더욱 효과적이라고 생각되는 경우가 많을 것이다.[11]

(4) 행동으로 인한 불응

① **불응의 원인**: 대상집단이 정책목표에 찬동할 뿐만 아니라 정책수단에 대해서도 동의하지만 정책이 요구하는 행동이 부담이 되기 때문에 발생하는 불응을 행동으로 인한 불응이라고 한다. 환경보전법에 의해 유해물질을 하천에 배출해서는 안되는 데에도 불구하고 이를 배출하는 화학공장의 경우가 좋은 예라 하겠다.[12] 이 경우 기업주는 환경보전법에 원칙적으로 찬동하며 유해물질 유출의 금지가 수질 보전에 이바지할 수 있다는 데에도 의문이 없으나, 공해방지시설의 설치와 그 가동이 필요로 하는 비용의 부담을 원치 않기 때문에 하천에 유해물질을 유출시킴으로써 환경보전법을 어기는 결과를 초래하게 된 것이다.

정책에 대한 순응이 아무런 부담도 주지 않는 경우도 있겠으나 대부분의 정책

11) *Ibid.*, pp. 57－58.

12) 한국의 환경보전법 제37조 제1항은 특정 유해물질 또는 생산폐기물을 공공수역에 버리는 행위를 금지하고 있다.

은 경제적 또는 심리적인 부담을 준다. 시속 55마일의 경제 속도를 유지하라는 정책이 휘발유의 절약에 이바지하고 안전 운행에도 도움이 된다는 것을 모든 운전자가 알고 있으나 이를 준수하지 않는 것은 이러한 느린 속도를 참을 수 없기 때문이다. 미터법으로의 전환에 대한 불응, 주택 건설 기준에 대한 규제 등에 대한 불응 등 행동으로 인한 불응의 예는 우리 주변에 수없이 많다.

대부분의 정책 변화는 대상집단의 행태 변화를 요구하는 데 타성으로 말미암아 행태 변화가 용이하지 않는 경우가 많다. 변화에 대한 저항은 행정 부문 조직에서뿐만 아니라 민간 부문 조직에서도 흔히 찾아볼 수 있다.

② **순응 확보 방안**: 행동으로 인한 불응은 많은 경우, 시간 · 비용 · 에너지 등을 절약하기 위한 계산에서 나온다. 그런데 이 경우 정책을 어김으로써 얻는 이득이 무엇이냐를 계산할 뿐만 아니라 거기에 수반되는 위험도 계산에 넣게 된다. 따라서 다른 어느 불응의 경우보다 이 경우에는 유인이나 제재가 효과적인 순응 확보 방안이 될 수 있다.[13]

(5) 권위에 기초를 둔 불응

① **불응의 원인**: 정책을 결정하거나 집행하는 기관이 정통성을 결여하거나 정책으로부터 부당한 이득을 취한다고 대상집단이 생각함으로써 발생하는 불응을 쿰스는 '권위에 기초를 둔 불응(authority-based noncompliance)'이라고 부르고 있다. 정책에 대한 불응이 정책 자체와는 아무런 관련이 없고 정권 · 입법부 · 행정기관이나 정책을 결정하거나 해석하는 개인을 대상으로 한 것일 때에는 이를 통틀어서 권위에 기초를 둔 불응이라고 하는 것이다.

권위의 효과는 양면성을 지닌다. 미연방대법원이 지니는 권위로 말미암아 1960년대 남부 여러 주(州)에서의 학교 인종차별 폐지정책에 대한 순응도가 높았다는 것은 잘 알려진 사실이다. 이와 반대로 제1차 석유 파동 후 닉슨 행정부의 에너지 절약정책에 대한 미국민의 호응도가 낮았던 것은 워터게이트(Watergate) 사건 후 행정부의 정통성이 약화된 데 그 원인이 있었다고 하겠다.

권위에 기초를 둔 불응의 일종으로서 하위단체의 상위단체 정책에 대한 저항을 들 수 있다. 지방자치단체 공무원들이 중앙정부의 정책이나 지시가 지방자치단체

13) Coombs, *op. cit.*, pp. 58-59.

의 고유 권한을 침해하는 것이라 생각해 중앙정부 정책에 협조하지 않는 경우가 좋은 예라 하겠다.

② **순응 확보 방안**: 각종 정책에 관련해 권위의 한계와 대상 범위에 관해 관련자 간에 합의(consensus)에 도달하는 것이 중요하다. 순응을 확보하기 위해 단기적으로는 합의보다는 권력이 더 효과적일 수도 있겠으나, 장기적으로는 국민과 공권력의 보유자들이 공통적인 규범을 향유하도록 사회화하는 노력이 권위에 기초를 둔 불응을 감소시키는 효과적인 방안이라 하겠다.[14)]

제 2 절 순응 확보 전략과 정책 대상집단의 불응

I 순응 확보 전략

우리는 위에서 불응의 원인에 따라 순응 확보 전략을 간단히 기술했으나, 여기에서 불응을 감소시키고 극복하기 위해 흔히 사용되는 전략 몇 가지를 검토하기로 한다.

1. 정보전략

전술한 바와 같이 정책이 요구하는 바를 대상집단이 알지 못해 불응이 발생하는 경우가 많다. 정보전략(information strategy)은 대상집단에게 필요한 정보를 제공함으로써 불응을 감소시키는 전략이다. 소방관서가 단독주택과 아파트를 점검해 각 주택이 지니고 있는 화재 위험 물질이나 문제점의 체크리스트를 작성하고 그 시정 방안까지 제시해 주는 경우가 대표적인 예라고 하겠다.[15)]

14) *Ibid.*, pp. 59-60.
15) George I. Balch, "The Stick, the Carrot and Other Strategies," in John A. Brigham & Don W. Brown(eds.), *Policy Implementation: Penalties or Incentives?*(Beverly Hills: Sage Publications, 1980), p. 44.

2. 촉진전략

자원의 결핍으로 인한 불응이나 행동으로 인한 불응의 경우에 언급한 바와 같이 대부분의 정책에 대한 순응은 비용・기술・시간 등의 부담을 준다. 촉진전략(facilitation strategy)은 대상집단의 순응을 용이하게 하고 비용・시간 등의 부담을 감소시키는 것이다. 예를 들면, 사람들이 전염병 예방 접종을 안 맞는 것은 병원에 가는 것이 시간과 비용이 들기 때문이므로, 이동접종반을 편성해 운용하면 예방 접종에 크게 도움이 된다. 헌 신문지나 빈병의 재활용운동에 대한 호응도가 낮은 것은 시간이 걸리고 귀찮기 때문이므로, 지방자치단체가 주기적으로 수집해 가는 방안이 활용되고 있는 것이다.[16]

3. 규제전략

위에서 검토한 정보전략이나 촉진전략은 정책의 내용을 알기만 하면 순응하기를 원하는 사람이나, 시간이나 비용으로 말미암아 정책에 대한 순응을 기피하는 사람들을 위한 전략이나 규제전략(regulation strategy)은 벌금이나 체형과 같은 제재에 의해 대상집단의 순응을 확보하자는 전략이다. 이 규제전략은 불응이 야기하는 사회적 해독이 크므로 제재를 가할 필요가 있다는 가정 위에 서 있다고 하겠다. 살인과 같은 행위에 대해서는 제재를 가하는 것이 마땅하다는 데 대해서는 합의가 이루어지고 있으나 매춘과 같은 행위에 대해서는 논란이 있다. 흡연이나 기름걸레의 보관 등도 해독이 있는 것이 사실이나 이러한 행위에 대해서는 제재를 가하지 않는 것이 바람직하다는 데에 합의가 이루어지고 있다.[17] 순응 확보 방안으로서의 규제전략의 실효성은 법의 정통성에 대한 대상집단의 인지에 달려 있다는 연구가 있다.[18]

어떤 행위(불응)는 사회적 해독이 크기는 하나 개인의 사생활이나 자유를 침해할 우려가 크기 때문에 제재를 가할 수 없는 경우가 있다. 잠자리에서의 흡연은 생명・재산에 대해서 많은 피해를 주는 행위이나 이에 대해서 제재를 가하기를 원치

16) *Ibid.*, p. 45.
17) *Ibid.*, pp. 45–46.
18) Herbert Jacob, "Different Effects of Formal and Informal Sanctions," in John A. Brigham & Don W. Brown(eds.), *Policy Implementation: Penalties or Incentives?* (Beverly Hills: Sage Publications, 1980), p. 83.

않는 것이다. 한 마디로 말해서, 특정 정책이 추구하는 목표가 중요한 것일수록 순응 확보 방안으로서 규제전략을 채택할 가능성이 높다는 핸드버그(Roger Handberg)의 주장도 수긍이 간다.[19)]

4. 유인전략

위에서 검토한 정보전략은 대상집단의 정보 획득에 소요되는 비용을 감소시켜 주며 촉진전략은 순응이 용이하게 하고 규제전략은 순응하지 않을 때에는 제재를 가한다고 위협한다. 한 마디로 말해서, 이 세 가지 전략은 비교적 직접적인 전략이다. 이에 반해서, 유인전략(incentive strategy)은 대상집단의 재량에 맡기는 전략이라고 할 수 있다. 정책에 순응하는 개인이나 집단은 혜택을 받고 불응하는 개인이나 집단은 불이익을 받도록 한다는 것이다. 조세상의 혜택, 보조금, 보험료의 감액 등 수없이 많은 방법이 이 전략을 위해 사용되고 있다는 것은 잘 알려진 사실이다.[20)]

유인전략은 특정 사회의 도덕적 기반의 존재를 인정하지 않는 것으로서 스미스(Adam Smith)의 '보이지 않는 손(invisible hand)'에 지나치게 의존하려는 결함이 있다는 비판이 제기되고 있다.[21)]

Ⅱ 정책 대상집단의 불응과 순응 확보 전략

1. 정책 대상집단의 개념

이 책의 제1편에서 정책 대상집단에 관하여 간단히 살펴보았으나, 정책 대상집단이란 정책에 의해 영향을 받는 조직이나 집단으로서 정책의 요구에 부응하기 위하여 변화가 요구되는 사람들이다.

우리가 초판에서 불응과 정책집행의 문제를 고찰할 때 정책 대상집단의 문제를

19) Roger Handberg, "Law, Coercion, and Incentives," in John A. Brighan & Don W. Brown(eds.), *Policy Implementation: Penalties or Incentives?*(Beverly Hills: Sage Publications, 1980), p. 111.
20) Balch, *op. cit.*, p. 46.
21) Handberg, *op. cit.*, pp. 109, 111.

고려해 넣지 않았으나 불응의 주체는 정책집행자이거나 정책 대상집단인데, 정책 집행자의 불응은 비교적 드물고 정책 대상집단의 불응이 대종을 이루므로 정책 대상집단이야말로 불응 문제에 있어서 핵심적 고려사항이 되어야 하므로, 여기에서는 정책 대상집단의 불응과 순응 확보 전략의 문제를 고찰하고자 한다.

2. 정책 대상집단의 분류

정책 대상집단은 여러 가지 관점에서 여러 가지로 분류할 수 있겠으나, 우리는 다음과 같이 몇 가지로 분류하고자 한다.22)

(1) 수혜집단과 피해집단

정책 대상집단은 정책에 의하여 혜택을 받는 수혜집단과 정책에 의하여 피해를 입는 피해집단으로 나눌 수 있겠다. 수혜집단에게는 불응의 문제가 많지 않으므로 불응과 관련이 깊은 집단은 피해집단이라 하겠다.

(2) 피규제집단과 비피규제집단

피규제집단(被規制集團)이란 정책에 의하여 규제를 받는 집단을 말하며, 비피규제집단은 정책에 의한 규제에서 제외된 집단이다.

(3) 대규모집단과 소규모집단

대상집단은 규모가 큰 대규모집단과 규모가 작은 소규모집단으로 나누어진다. 후술하는 바와 같이 조직의 규모에 따라서 불응의 문제가 달라진다.

(4) 조직화집단과 비조직화집단

정책 대상집단은 구조에 따라서 조직화집단과 비조직화집단으로 분류되는데, 후술하는 바와 같이 정책에 의하여 규제를 받는 집단의 경우 그 구조에 따라서 불응의 강도가 달라진다.

(5) 순응집단과 비순응집단

대상집단의 과거 경험에 따라서 정책에 대하여 순응했던 순응집단과 비순응집단으로 나누어진다. 이 밖에도 무관심집단도 있을 수 있다.

---

22) 이 책 제1편 제1장 제1절 참조.

(6) 다양성집단과 비다양성집단

행태의 다양성 여부에 따라서 다양성집단과 비다양성집단으로 나누어지는데, 후술하는 바와 같이 다양성집단의 경우 불응의 규제가 어려울 수 있다.

3. 수혜집단과 피해집단의 불응

정책에 의하여 혜택을 받는 수혜집단의 경우 불응의 문제가 발생하지 않을 것으로 생각하기 쉬우나 소그(James D. Sorg)가 말하는 바와 같이 비의도적 불응이 발생할 수 있다.[23] 전술한 바와 같이 정책에 순응하려는 의도는 있으나 정책에 대한 이해의 불충분이나 능력의 부족으로 '과잉'이나 '부족'이라는 불응이 발생할 수 있다. 무자격자에게 의료 보호의 혜택을 주는 경우나 자격이 있는 사람에게 의료 보호의 혜택을 주지 않는 경우가 이에 해당된다.

이것은 비의도적 불응임으로 정보전략에 의하여 해결될 수 있다. 피해집단의 불응은 일반적으로 의도적 불응이므로 촉진전략이나 규제전략을 사용해야 한다.

4. 피규제집단과 비피규제집단의 불응

비피규제집단의 경우에는 전술한 비의도적 불응이 발생할 수 있으므로 정보전략에 의하여 해결할 수 있다.

피규제집단의 불응은 일반적으로 의도적 불응임으로 촉진전략, 규제전략 또는 유인전략에 의하여 해결하여야 할 것이다.

5. 대상집단의 규모와 불응

일반적으로 대상집단의 규모가 작으며 격리되어 있는 경우에는 특정 정책에 대한 정치적 지지를 얻기가 용이하며, 따라서 그 정책이 이룩하고자 하는 목표의 달성이 용이하다. 설령 특정정책에 대한 불응이 발생하더라도 그 규제가 용이하다. 예를 들면, 1965년의 미국투표권법(Voting Right Act)의 집행이 성공을 거두게 된 데에는 여러 가지 이유가 있겠으나, 동법이 남부 7개 주의 선거권자 등록 업무 담당자들의 불법행위(불응)를 규제하는 데 그 목표가 있었기 때문에 성공을 거둔 것이라 할 수 있다.[24]

---

23) Sorg, *op. cit.*, pp. 392–393.

그러나 주택매매나 임대에서의 인종차별(housing discrimination)과 같이 전국적으로 흩어져 있는 인종차별(불응)을 억제하려는 조치가 성공을 거두지 못하는 것은 대상집단의 규모가 클 뿐만 아니라, 그 대상집단이 고립되어 있지 않고 전국적으로 흩어져 있는 까닭이다.[25]

6. 대상집단의 구조와 불응

정책 대상집단의 조직 등을 포함하는 구조가 불응에 영향을 미친다는 것은 전술한 바 있다. 우리나라의 공정거래법이 제정되는 데 오랜 시일이 소요되었을 뿐만 아니라,[26] 독과점정책이 실효성이 낮다는 비판을 받는 것은 이 정책의 대상집단인 대기업들이 전국경제인엽합회와 같은 조직을 중심으로 비교적 조직화가 잘되어 있는 데 그 원인이 있다고 하겠다.

다시 말해서, 우리나라 대기업들이 전국경제인연합회와 같은 조직을 중심으로 조직화가 잘되어 있음으로 그들의 독과점규제정책에 대한 불응이 규제하기가 어렵다는 것이다.

7. 대상집단의 과거 경험과 불응

대상집단이 과거에 정책의 영향을 받은 경험이 있느냐 하는 문제와 그러한 정책에 대해서 대상집단이 어떠한 반응을 보였느냐 하는 문제가 중요하다. 과거에 정책에 대해서 순응했느냐, 불응했느냐, 무관심했느냐 하는 대상집단의 정책에 대한 경험이 새로운 정책의 집행에도 영향을 미친다는 것이다.[27]

8. 행태의 다양성 여부와 불응

대상집단의 행태가 단순할 경우 불응의 규제가 다소 용이하나 행태가 다양할수록 불응에 대한 규제가 어렵고 순응 확보에 난관이 따른다는 것이다. 예를 들면,

---

24) Paul Sabatier & Daniel Mazmanian, "The Implementation of Public Policy: A Framework of Analysis," in Daniel Mazmanian & Paul Sabatier(eds.), *Effective Policy Implementation*(Lexington: Heath, 1981), pp. 8-9.

25) Sabatier & Mazmanian. *op. cit.*, pp. 8-9.

26) 유훈, "한국의 정책형성 유형에 관한 고찰," 행정논총, 제23권 제1호(1986) 참조.

27) Thomas B. Smith, "The Policy Implementation Process," *Policy Sciences*, June 1973, pp. 202-204.

수질환경의 개선이 어려운 것은 어느 국가를 막론하고 배출시설에서 발생되는 수질오염이 그 유형이 수없이 많을 뿐만 아니라 그 정도가 지극히 다양한 데 있다고 하겠다.28)

28) Daniel Mazmanian & Paul Sabatier, *Implementation of Public Policy*(Glenview: Scott, Foresman and Co., 1983), p. 23.

제 7 장 위기와 정책집행

제 1 절 위기의 개념과 유형

I 위기의 개념

위기는 여러 사람이 여러 가지로 정의하고 있으나 이들의 정의는 크게 위기를 전환점(turning point)으로 보는 견해와 위기의 특징을 중요시하는 견해로 나눌 수 있다.

1. 전환점으로서의 위기

위기를 전환점으로 보는 사람들은 의학의 위기의 정의 영향을 받았다고 할 수 있다. 의학에서는 위기가 생사의 갈림길을 의미한다는 것이다. 이리하여 월휀스타인(E. W. Wolfenstein)은 위기를 기존의 정치적 · 사회적 질서의 변동을 초래할 수 있는 상황이라고 보고 있는 것이다.[1]

1) E. W. Wolfenstein, "Some Psychological Aspects of Crisis Leaders," in L. J. Edinger(ed.), *Political Leadership in Industrial Societies*(New York: Wiley, 1967), p. 156.

위기를 전환점이라고 보는 사람들은 쿠바 미사일사건과 한국 전쟁의 예를 드는 경우가 많다. 쿠바 미사일사건은 제3차 세계대전을 유발할 뻔한 사건이었으나 쿠바 위기의 해결은 미·소 간의 군비축소의 시발점이 되었다고 할 수 있다는 것이다.

한국 전쟁과 미국의 개입 결정은 쿠바 위기와는 정반대의 의미에서 전환점을 이루었다고 할 수 있다. 한국 전쟁은 미국이나 서방제국의 군사비의 급증을 초래하는 계기가 되었다는 점에서 냉전의 전환점을 이루었다고 할 수 있다는 것이다.[2]

2. 특징 접근법

위기를 전환점으로 보는 견해와는 달리 위기의 특징을 규명함으로써 위기의 정의에 이바지하려는 사람들도 있다.

밀러(E. Miller)와 이스코(I. Iscoe)는 개인이나 소집단활동의 연구를 통하여 위기의 특징으로서 i) 시간적 요인, ii) 행태의 현저한 변화, iii) 주관적 측면, iv) 상대적 측면, v) 신체적 긴장의 다섯 가지를 들고 있으며,[3] 위너(A. J. Wiener)와 칸(H. Kahn)은 위기의 특징으로서 i) 조속한 결정의 필요, ii) 불확실성의 증대를 포함하여 12가지를 들고 있다.[4]

3. 허먼의 정의

위기의 정의에 있어서 두 가지 접근 방법이 다 문제가 있으나, 우리는 본질적으로 특징 접근법을 택하는 허먼(Charles Hermann)의 견해에 따라서 위기상황의 속성으로서 다음의 세 가지를 한다.[5]

(1) 우선순위 높은 목표에 대한 위협

위기상황이란 우선순위가 높은 목표에 대한 위협이 있는 상황이다. 그것이 국가 안보에 대한 위협일 수도 있으며 정치 안정에 대한 위협일 수도 있다.

2) Charles F. Hermann, *Crisis in Foreign Policy*(Indianapolis: Bobbs-Merrill, 1969), pp. 23-24.
3) E. Miller & I. Iscoe, "The Concept of Crisis: Current Status and Mental Health Implications," *Human Organization,* Fall 1963, p. 196.
4) A. J. Wiener & H. Kahn, *Crisis and Arms Control*(Indianapolis: Hudson Institute, 1962), pp. 8-12.
5) Hermann, *op. cit.*, pp. 29-30.

(2) 조속한 결정

위기상황은 조속한 결정을 요하는 상황이라 하겠다. 쿠바 미사일사건의 경우 구소련의 선박이 쿠바에 도착하여 미사일진지의 구축을 끝내면 미국의 대처 방안이 제한되므로, 구소련의 선박이 쿠바에 도착하기 전에 미국의 정책결정자들이 결정을 끝내야 했던 것이다. 같은 이야기가 한국 전쟁의 경우에도 적용될 수 있다. 북한군이 한반도의 점령을 끝내고 나면 미국의 대처 방안이 제한되므로 그 전에 결정을 내려야 했다.

(3) 의외성

위기의 세 번째 상황적 속성은 의외성이다. 예기치 못한 상황이 발생했을 때에는 이에 대처하기 위한 기존의 절차가 없는 경우가 많다는 것이다. 그러나 허먼의 의외성의 정의에 있어서 중요한 것은 기존의 절차가 없다는 것보다는 정책결정자들이 그러한 사태가 발생할 것이라고 생각하지 못했다는 것이 더 중요하다고 말하고 있다.

(4) 외교정책상의 위기와 국내적 위기

위에서 살펴본 허먼의 견해는 외교정책상의 위기를 중심으로 한 것이나 우리는 그의 견해가 그대로 국내적 위기에도 적용될 수 있다고 생각하여 그의 주장을 검토했다.

Ⅱ 유사 개념

우리는 위에서 위기의 개념을 살펴보았는데 여기에서는 정책변동의 연구에서 사용되고 있는 몇 가지 유사 개념을 살펴봄으로써 위기의 개념을 좀 더 명확히 하고자 한다.

1. 위급상황

위기와 유사한 개념으로서 위급상황(emergency)을 들 수 있다. 행정학에서는 위급상황관리(emergency management)를 중요시하고 있으며, 미국행정학회보(Public

Administration Review)는 1985년 1월 이에 관한 특집을 발간한 바 있다.[6)]

위기와 위급상황의 차이는 분명하지 않으며 사람에 따라서는 양자를 같은 개념으로 사용하기도 한다. 노화준 교수는 위급상황의 발생 요인으로서 i) 자연재해, ii) 부적절한 테크놀로지의 관리, iii) 사회적 갈등을 들고 있으며, 명확한 언급은 없으나 양자를 같은 개념으로 사용하고 있는 것 같다.[7)]

미연방정부는 위급상황관리를 중요시하여 위급상황관리청(Federal Emergency Management Agency: FEMA)을 설치하고 주로 자연재해로부터 발생하는 피해를 최소화하고 조속한 복구에 힘쓰고 있다. 명확히 언급하고 있지는 않으나 FEMA도 자연재해나 부적절한 테크놀로지의 관리에서 발생하는 재해를 위급상황으로 보고 이에 대처하고 있다는 것이 저자의 생각이다.[8)]

2. 외부의 충격

외부의 충격(external shock)이란[9)] 정책체제 외부에서부터 오는 충격을 말한다. 토마스(Gerald Thomas)가 말하는 외부의 충격은 정책변동을 초래하는 요인으로 작용한다는 점에서 우리가 말하는 위기와 동일하나 위기보다는 넓은 의미로 사용되는 것 같다.[10)]

토마스는 외부의 충격이 정책지향적 갈등, 정책지향적 학습과 상호 작용을 하면서 정책변동을 초래한다고 주장하나 외부의 충격에 관해서 길게 언급하지 않고 있다. 그러나 그가 외부의 충격의 예로서 구소련의 붕괴와 걸프전쟁을 들고 있는 것으로 보아서 그가 말하는 외부의 충격이 우리가 여기서 말하는 위기보다는 넓은 뜻을 지니고 있는 것 같다.[11)]

6) William J. Petak(ed.), "Emergency Management: A Challenge for Public Administration," *Public Administration Review*, January 1985 Special Issue.

7) 노화준, "위기발생의 의사결정경로와 위기관리," 행정논총, 제29권 제1호(1991), pp. 122-125.

8) Peter J. May, "FEMA's Role in Emergency Management: Examining Recent Experience," *Public Administration Review*, January 1985, pp. 40-48.

9) Mintrom과 Vergari는 'exogeneous shock'라는 표현을 사용하고 있다(Michael Mintrom & Sandra Vergari. "Advocacy Coalition, Policy Entrepreneurs, and Policy Change," *Policy Studies Journal*, Autumn 1996. p. 422).

10) Gerald B. Thomas, "External Shocks, Conflict and Learning as Interactive Sources of Change in U.S. Security Policy," *Journal of Public Policy*, May-August 1999, pp. 209-211.

11) *Ibid.*, p. 223.

3. 관심집중적 사건

위에서 살펴본 외부의 충격보다 많이 사용되는 개념으로서 관심집중적 사건(focusing events)이 있다. 관심집중적 사건이란 국민 대중의 관심을 끌 수 있는 돌발사건[12]을 말하는데, 지진 · 태풍 · 기름유출사건 · 원자력발전사고와 같은 자연재해나 부적절한 테크놀로지의 관리에서 발생한 사건뿐만 아니라, 대규모적 시위나 정부의 스캔들까지도 포함하는 것으로서 언론의 대대적인 보도로 국민 대중의 관심이 집중되는 모든 사건을 말한다.[13]

관심집중적 사건의 한 예로서 알래스카의 좁은 해협에서 1989년 발생한 엑손 발데즈(Exxon Valdez)호의 대형사고를 들 수 있다. 원유에 흠뻑 젖은 동 · 식물의 실태를 언론이 생생하게 대대적으로 방영 · 보도함으로써 온 국민이 관심을 가지게 되었으며, 이것이 나아가서 석유오염방지정책의 변동을 초래했던 것이다.[14]

킹돈(John W. Kingdon)도 정책변동을 초래하는 요인으로서 관심집중적 사건에 관해서 길게 설명하고 있는데, 그가 말하는 관심집중적 사건은 위기나 재해를 포함하는 넓은 개념이다. 킹돈은 이러한 관심집중적 사건이 정책변동을 초래하려면 많은 경우 동반사건(accompaniment) 또는 후속사건이 필요하다고 말하고 있다.[15]

한 마디로 말해서, 관심집중적 사건도 정책변동을 초래할 수 있다는 점에서 위기와 같으나 위기보다는 다소 넓은 개념으로서 대중의 관심이 집중됨으로써 문제를 부각시키고, 종전의 소수집단에게 유리한 고지를 제공함으로써 정책변동을 초래할 수 있는 계기를 마련하는 것이 관심집중적 사건이라는 것이다.

---

12) Thomas A. Birkland, *An Introduction to the Policy Process*, second edition(Armonk: Sharpe, 2005), p. 101.

13) Thomas A. Birkland, "Focusing Events, Mobilization, and Agenda Setting," *Journal of Public Policy*, January–April 1998, pp. 53–55.

14) Thomas A. Birkland & Radhika Nath, "Business and Political Dimensions in Disaster Management," *Journal of Public Policy*, September–December 2000, pp. 281–282.

15) John W. Kingdon, *Agenda, Alternatives, and Public Policy*(Boston: Little, Brown and Co., 1984), pp. 99–103.

Ⅲ 위기의 유형

1. 외교·안보적 위기와 국내적 위기

위기는 여러 가지 관점에서 여러 가지로 분류할 수 있으나, 첫째로 외교·안보적 위기와 국내적 위기로 나누어서 고찰할 수 있다.

일반적으로 위기에 관한 연구는 외교·안보적 위기에 관한 것이 많은 것 같다. 우리가 앞에서 인용한 허먼의 위기에 관한 연구도 외교정책상의 위기에 관한 것이다. 외교·안보적 위기는 국가의 존립과 관련이 있는 경우가 많은 까닭에 쉽게 부각될 수 있다고 하겠다.

외교·안보적 위기에 관한 연구처럼 많지는 않으나 국내적 위기에 관한 연구도 사례연구이기는 하나 많이 찾아볼 수 있다. 미국의 사회보장 재정위기에 관한 라이트(Paul Light)의 연구는[16] 국내적 위기에 관한 대표적 연구라 할 수 있다.

우리는 국내적 위기가 그 속성에 있어서 외교·안보적 위기와 동일하다고 보고, 허먼의 외교·안보적 위기에 관한 견해를 국내적 위기에도 적용하기로 한다.

2. 외부적 위기와 내부적 위기

외부적 위기는 정책체제 외부에서 발생하는 위기를 말하며, 내부적 위기는 정책체제 내에서 발생하는 위기를 말한다. 따라서 우리는 여기에서 말하는 위기는 대부분이 외부적 위기라 할 수 있다. 위기와 유사한 개념인 '외부의 충격'이 이를 말해 준다고 하겠다.

그러나 정책활동가모형을 내세우는 민트롬(Michael Mintrom)과 버가리(Sandra Vergari)는 대부분의 경우 위기는 체제 외부에서 발생하는 것이나 때로는 체제 내부에서 발생할 수도 있다고 주장한다.[17]

3. 발생 요인에 의한 분류

버가리는 국내적 위기를 그 발생 요인에 따라 다음과 같이 네 가지로 분류하고

16) Paul Light, *Artful Work: The Politics of Social Security Reform*(New York: Random House, 1985).
17) Mintrom & Vergari, *op. cit.*, p. 425.

있다.[18] 법원판결로 인한 위기와 같이 미국적인 특수성에서 오는 것도 있으나 앞으로 우리나라에서도 발생할 수도 있으므로 그의 분류를 검토하기로 한다.

(1) 자연재해 또는 사고로 인한 위기

태풍, 지진, 가뭄, 비행기추락사고, 기름유출, 대규모작업장사고(화재 및 광산사고 포함), 원자력발전소사고 등과 같이 자연재해 또는 부적절한 테크놀로지 관리에서 발생하는 위기를 말한다. 전술한 위급상황(emergency)이 대체로 이에 해당된다고 할 수 있겠다.

(2) 사회질서 교란으로 인한 위기

폭동, 대규모시위, 테러행위와 같이 사회질서의 교란으로 인하여 발생하는 위기도 빈번히 볼 수 있는 상황이다. 특히, 1960년대에 빈발한 이러한 위기는 많은 정책변동을 초래했다.

(3) 법원판결로 인한 위기

모든 학군(學群)에게 보다 균등하게 재정 지원을 해야 한다는 법원의 판결이나 교도소시설을 개선해야 한다는 법원의 판결로 정책결정자들이 이를 위한 법률의 제정을 할 수밖에 없는 상황이 조성됨으로써 발생하는 위기이다.

(4) 정책결정자에서 유래하는 위기

정책결정자의 결정이나 결정의 유보로 발생하는 위기를 말한다. 미국의 사회보장재정 위기나 의료제도 관련 위기가 그 대표적인 예라고 하겠다. 전술한 내부적 위기가 대부분 이에 해당된다고 할 수 있겠다.

---

18) Sandra Marie Vergari, "Policy Crises and Policy Change: Toward a Theory of Crisis Policy Making," unpublished Ph.D. dissertation, Michigan State University, 1996. p. 46.

제 2 절 위기와 정책집행

I 정책집행에 영향을 미치는 위기

많은 사람들이 위기상황이 정책집행에 영향을 미친다고 주장한다. 그러나 우리가 강조하고자 하는 것은 위기가 항상 정책집행에 영향을 미치는 것이 아니라는 사실이다. 다시 말해서, 위기상황하에서는 성공적인 정책집행의 개연성이 있을 뿐이다.

정책집행에 영향을 미칠 개연성이 높은 위기 상황의 특징으로서 다음의 몇 가지를 들고자 한다.

1. 우선순위 높은 목표에 대한 위협

정책집행에 영향을 미칠 개연성이 높은 상황의 특징으로서 첫째로 들 것은 우선순위 높은 목표에 대한 위협이다. 구소련의 스푸트니크(Sputnik) 발사는 구소련이 미국보다 우주과학에 있어서 앞섰을 뿐만 아니라 로켓기술에 있어서도 미국보다 앞섰다는 것을 의미했다. 뿐만 아니라 이것은 제3세계 지도자들에게 큰 감명을 줌으로써 외교적 측면에서도 미국에 많은 어려움을 주는 사건이라고 생각했으므로, 많은 정책과정 참여자들이 구소련의 스푸트니크 발사는 미국의 국가 안보에 중대한 위협을 주는 사건이라고 단정하게 되었던 것이다.[19)]

2. 조속한 조치의 필요성

특정한 상황을 위기라고 인지하기 위해서는 우선순위 높은 목표에 대한 위협이 있을 뿐만 아니라 조속한 조치의 필요성도 느껴야 한다. 우리나라가 1987년 후반기부터 1988년에 걸쳐 토지투기 열풍에 휩싸였을 때 노태우 정부는 조속한 조치를 취하지 않으면 토지투기와 지가앙등이 취약한 정권에 큰 타격을 가할 수 있는 사

19) Barbara B. Clowse, *Brainpower for the Cold War: The Sputrik Crisis and National Defense Education Act of 1958*(Westport: Greenwood Press, 1981), p. 24.

회불안 · 정치불안을 초래한다고 생각하고 토지공개념정책의 도입을 단행했던 것이다.

3. 정책활동가의 존재

전술한 바와 같이 위기가 자동적으로 정책집행에 영향을 미치는 것이 아니며, 바람직한 위기관리가 이루어질 때 정책집행에 영향을 미치는 것이라면 위기와 정책집행을 연결하는 연결고리의 역할을 하는 것이 무엇이며, 누구인가 하는 문제가 제기되는 데, 정책활동가 모형은 이 연결고리의 역할을 많은 경우 정책활동가가 담당한다고 주장하는 것이다.

Ⅱ 위기가 정책집행에 미치는 영향

1. 장해의 제거

위기는 정책집행을 가로막는 장해를 제거하여 원활한 정책집행을 가능케 한다는 것이다. 전술한 스푸트니크 위기의 경우 과학기술에 있어서의 미국의 낙후는 근본적으로 과학자 · 기술자를 제대로 배출하지 못하는 미국의 교육제도의 결함에 그 원인이 있으므로, 이를 시정하기 위해서는 교육내용의 시정뿐만 아니라 교육재정의 부족을 보충하기 위한 연방정부 지원이 불가피하다는 결론에 도달했다. 그러나 연방정부 지원은 주정부 · 지방자치단체의 고유 권한인 교육 행정에 대한 연방정부의 간섭을 초래한다는 이유로 반대가 많아서 이루어지지 못했으나, 스푸트니크 위기를 해결하기 위해서는 연방정부 지원이 불가피하다는 이유로 교육을 국가 안보에 연결시킴으로써, 1958년에 와서 연방정부의 교육 지원을 골자로 하는 국방교육법이 제정되게 되었던 것이다.[20]

우리나라 노태우 정부하에서 1980년대의 토지투기와 지가앙등이 심각한 사회문제를 제기하자 이를 해결하기 위해서는 토지공개념정책의 도입이 불가피하다는 결론에 도달했다. 그러나 사유재산권을 침해한다는 논란이 제기되어 토지공개념정

20) 유훈, 정책변동론(서울: 대영문화사, 2009), pp. 280－281.

책의 도입이 난관에 부닥쳤다. 그러나 1987년부터 1988년에 걸친 토지투기와 그에 따른 지가의 앙등이 정치적으로 취약한 정권의 초기 단계에 있던 노태우 정부는 그것이 사회안정·정치안정을 위협하는 위기로 간주되어 토지공개념정책의 집행을 단행하게 되었던 것이다.[21)]

2. 집행 소요기간의 단축

위기상황은 정책집행에 소요되는 기간의 단축을 초래한다. 먼저 스푸트니크 위기의 경우를 본다면 구소련이 1957년 10월 스푸트니크 1호를 발사한 때로부터 1958년 9월 국방교육법이 제정되기까지는 11개월이 소요되었다. 미국과 같이 일반적으로 법률의 제정이 많은 시간을 소요로 하는 국가에서 이와 같이 중요한 법률의 제정이 단시일 내에 이루어졌다는 것은 구소련의 스푸트니크 발사가 정책과정 참여자들에게 심각한 위기감을 조성한 데 그 이유가 있다고 하겠다.

토지투기 사례의 경우 노태우 정부가 지가의 폭등에 당황하여 1988년 7월 긴급 부동산대책회의를 개최했을 때로부터 토지공개념법률이 공포된 1989년 12월 말까지 1년 5개월 정도가 소요되었다.

일반적으로 정책집행에 많은 시일이 소요되지 않는 우리나라에서 법률 제정에 1년 5개월이 소요되었다는 것은 예외적인 일이라 하겠다. 무엇보다도 이것이 소유권 개념에 수정을 가하는 법률의 제정이었으므로 많은 시일이 소요되었다는 사실을 간과해서는 안되겠다.

다시 말해서, 법률 제정에 많은 시일이 소요되지 않는 우리나라에서 1년 5개월은 긴 기간으로 생각될 수 있으나, 자본주의 국가에서 소유권 개념에 수정을 가하는 법률의 제정이 1년 5개월밖에 소요되지 않았다는 것은 위기상황이기 때문에 가능했다고 보아야 할 것이다.

3. 집행 성공률의 제고

위기상황은 성공하기가 어려운 정책집행을 가능케 한다는 사실을 지적할 수 있겠다. 먼저 스푸트니크 사례에 있어서 이 위기가 초래한 정책집행은 그 의의가 크다고 하겠다. 스푸트니크 위기가 계기가 되어 제정한 국방교육법은 그때까지 금기

21) 위의 책, p. 288.

시되었던 연방정부의 교육에 대한 재정지원을 가능케 했을 뿐만 아니라, 이 법률은 그 후 수차례에 걸쳐서 연장되어 교육에 대한 연방정부의 지원을 항구화하였던 것이다. 여기서 더 나가서 이것으로 인하여 오늘날 미국의 고등교육이 다른 국가의 추종을 불허하는 수준으로 향상되었을 뿐만 아니라 미국의 과학기술 수준의 비약적 발전을 초래하는 데 크게 이바지했다고 할 수 있겠다.

토지투기 사례에 있어서 이 위기가 초래한 토지공개념정책의 도입이라는 사건은 소유권의 보장을 핵심적 이념으로 삼는 자본주의 사회에서 소유권 개념에 수정을 가했다는 점에서 대단히 중요한 정책집행이라 할 수 있다.

결론적으로 이 두 정책집행이 정상적인 상황하에서는 성공을 거두기가 어려웠던 것이나 위기적인 상황이었으므로 성공을 거두었다는 사실에 유념할 필요가 있다.

제 8 장 정책활동가와 정책집행

제 1 절 정책활동가의 개념

I 정책활동가의 개념

정책활동가(policy entrepreneurs)란 사기업의 기업가(entrepreneurs)에서 유래한 개념이라 할 수 있는데, 후술하는 바와 같이 공공 부문의 활동가는 민간 부문의 기업가와 유사점도 많으나 차이점도 있다는 것을 알 수 있다.

킹돈(John W. Kingdon)은 정책활동가를 "그들이 선호하는 미래의 정책을 위하여 그들의 자원을 투자하기를 원하는 사람들"이라고 정의하고 있으나,[1] 우리는 정책활동가를 "아이디어(idea)의 전파와 활동을 통하여 정책과정에 참여하는 사람들"이라고 정의하고자 한다.

1) John W. Kingdon, *Agendas, Alternatives, and Public Policies*(Boston: Little, Brown and Co., 1984), p. 214.

Ⅱ 유사 개념

정책동가의 개념을 좀 더 명확히 하기 위하여 몇 가지 유사 개념을 살펴보고 이들과 정책활동가의 차이점을 부각시켜 보려고 한다.

1. 사기업의 기업가

정책활동가라는 개념 자체를 사기업의 기업가에서 빌려왔으므로 사기업의 기업가와 정책활동가는 기능면에서 유사점이 있다고 하겠다. 사기업의 기업가도 i) 기회의 포착, ii) 위험 부담, iii) 목표 달성을 위한 조정이라는 기능을 수행한다는 점에서 정책활동가와 다를 바 없다고 하겠다. 다만, 정책활동가가 정책과정을 위하여 활동하는 데 대해, 사기업의 기업가는 본질적으로 기업의 이윤 추구를 위하여 활동하는 점이 다르다고 하겠다.

2. 이익집단의 로비스트

이익집단의 로비스트(lobbyist)도 이익집단의 권익 증진을 위하여 정책활동가와 크게 다르지 않는 기능을 수행하고 있다고 하겠다. 다만, 정책활동가는 많은 경우 역동적인(dynamic) 정책과정을 추구하는 데 대해, 로비스트들은 현행 정책의 테두리 안에서 점증적인 정책변동을 추구하는 경우가 많다고 하겠다.[2)]

3. 정치적 활동가

정책활동가와 가장 유사한 개념이 정치적 활동가(political entrepreneurs)라고 하겠다. 그리하여 양자를 같은 뜻으로 사용하는 사람들이 많으나[3)] 굳이 양자를 구별한다면 정치적 활동가는 공선직이고, 정책활동가는 임명직이라고 하는 사람들이 있다.[4)]

---

2) Michael Mintrom & Sandra Vergari, "Advocacy Coalitions, Policy Entrepreneurs, and Policy Change," *Policy Studies Journal*, Autumn 1996, p. 423.

3) Mark Schneider & Paul Teske, "Toward a Theory of the Political Entrepreneur: Evidence form Local Government," *American Political Science Review*, September 1992, pp. 737−745.

4) Michael A. Mintrom, "Policy Entrepreneurship in Theory and Practice: A Comparative State Analysis of the Rise of School Choice as a Policy Idea," unpublished Ph.D. dissertation, State

제 2 절 정책활동가와 정책집행

I 정책활동가를 필요로 하는 상황

저자는 다른 곳에서 정책활동가가 변동의 역군(change agent)으로서 정책변동을 위하여 어떤 역할을 담당하며, 정책변동을 위하여 정책활동가가 왜 필요한가를 살펴보았다.[5)]

여기에서는 정책활동가가 비단 정책변동을 위하여 중요한 역할을 담당할 뿐만 아니라 그들이 원활하고 신속한 정책집행에도 공헌할 수 있다는 사실을 규명하고자 한다. 그러면 정책활동가의 역할을 필요로 하는 상황이란 어떠한 것인가를 몇 가지로 나누어서 고찰하고자 한다.

1. 난제의 등장

포항종합제철 건설에 있어서 박태준(朴泰俊)이라는 정책활동가를 필요로 했던 첫째 상황으로서 난제(難題)의 등장을 들 수 있다.

한국 정부는 종합제철 건설에 소요되는 재원의 조달을 구미제국에 의존하기로 하였으며, 이를 위하여 1966년 12월 6일 4개국 6개사로 구성된 대한국제제철차관단(KISA)이 정식 발족했다. 정부는 1967년 4월 6일 KISA와 제철공장 건설을 위한 가협정을 조인하였으며, 같은 해 10월 20일에는 기본협정을 체결했다.[6)]

그러나 포항제철의 경제적 타당성에 의문을 제기하고 한국은 종합제철 공장의 건설에 앞서 기계공업의 육성에 힘써야 한다는 세계은행(IBRD)의 보고서를 인용하여 KISA가 차관 제공에 난색을 표명하고,[7)] 대한국제경제협의체(IECOK)도 이에 동조하게 되었다.

University of New York at Stony Brook, 1994, p. 12.

5) 유훈, 정책변동론(서울: 대영문화사, 2009), p. 332.

6) 포항제철사사편찬위원회, 영일만에서 광양만까지: 포항제철 25년사(서울: 포항제철주식회사, 1993). pp. 144-146.

7) 윤동진 역, 최고기준을 잡아라(서울: 언론자료간행사, 1997), p. 190.

포항제철에 대한 지원을 얻기 위하여 미국을 방문하였던 박태준 사장이 KISA 측으로부터 지원이 불가능하다는 통보를 받고 귀국길에 하와이에 체류하게 되었다. 여기에서 박태준 사장은 포항제철 건설에 필요한 재원을 구미제국의 차관 대신에 대일청구권자금을 전용하여 활용할 구상을 하게 된다.

다시 말해서, 포항종합제철 건설에 소요되는 자금을 미국이나 유럽의 여러 국가에서 얻으려는 한국 정부에 대하여 대한국제제철차관단(KISA)이 차관 제공을 거부하게 되자 한국은 종합제철 건설자금을 구할 수 있는 방도가 차단된다는 난제에 직면하게 되었으며, 이 난제를 해결하기 위하여 박태준이라는 정책활동가를 필요로 하게 되는 것이다.

중학입시 개혁의 경우를 본다면 중학입시의 개혁이 시급한 문제로 제기되어 1967년 10월 6일 대한교육연합회가 '제일교육선언'을 선포하여 입시지옥의 해소를 위한 정부당국의 과감한 조치를 촉구하였다.

거기에다가 10월 17일에는 근하군 유괴살인 사건이 발생하여 일간지들이 이 사건을 대서특필하면서 입시제도의 개혁을 요구하는 여론이 비등하였으나 당시의 문교부(현 교육부) 당국은 아무런 조치도 취하지 않았다.

다시 말해서, 중학입시제도의 시급한 개혁이라는 난제가 등장하였으나 정책 당국이 아무런 조치도 취할 의향을 보이지 않자 정부의 개각에 의하여 권오병(權五炳)이라는 정책활동가가 문교부(현 교육부)장관에 취임하여 이 난제를 해결하게 되는 것이다.[8)]

2. 집념의 필요성

정책집행 과정에서 정책활동가의 역할을 필요로 하는 두 번째 상황으로서 집념의 필요성을 들고자 한다.

전술한 포항종합제철 건설사업의 경우 난제의 해결을 위하여 포항제철 사장 박태준이 정책활동가로 등장하여 '하와이 구상'에 의하여 포항제철 건설자금을 본래 농촌개발용도로 책정된 대일청구권자금을 전용할 것에 착안했으나, 그를 위해서는 i) 일본 철강업계로부터 지지를 받을 것, ii) 청구권자금을 제철소 건설을 위하여 전용하도록 우리 정부를 설득하는 일이 필요하며, iii) 일본 정부 관료와 국회의원들

8) 유훈, 앞의 책, p. 455.

과의 접촉을 통하여 청구권자금 전용에 대한 지지를 확보할 것, iv) 우리 정부가 전면에 나서서 일본 정부와 정식 협상을 벌이도록 촉구할 것 등 집념을 가지고 끈질기게 노력하여야 이루어질 수 있는 사안들이 기다리고 있었다.[9]

중학입시개혁 작업의 경우 정책활동가인 권오병 장관이 문교부(현 교육부) 내에서 중학입시 폐지라는 개혁안을 마련하고 박정희 대통령을 설득하는 작업이 필요할 뿐만 아니라, 정부 여당 연석회의에서 여당 국회의원들을 납득시키는 작업이 필요했다. 이 모든 과정이 집념을 가지고 밀고 나가야 할 어려운 작업이었다는 것은 긴 설명을 요하지 않는다.

3. 근본적 사고 전환의 필요성

정책집행 과정에서 정책활동가의 역할을 필요로 하는 셋째 상황은 근본적 사고 전환의 필요성이다.

포항제철 건설의 경우 KISA와 같은 기관을 통한 차관의 획득이 아니라 농촌지원사업을 위하여 책정된 대일청구권자금을 전용하여 사용한다는 근본적 사고의 전환이 필요했던 것이다.

중학입시제도 개혁의 경우에 있어서는 전임 문교부(현 교육부)장관이 비현실적이라고 비판했던 '무시험 추첨제'라는 혁명적인 개혁안을 채택할 필요가 있었던 것이다.[10]

Ⅱ 정책활동가가 정책집행에 미치는 영향

우리는 앞에서 정책활동가를 필요로 하는 상황을 살펴보았는데 이러한 어려운 상황하에서 정책집행을 추진해 나가기 위해서는 정책활동가의 타개책이 필요한데, 우리는 이를 다음의 몇 가지로 나누어서 검토하고자 한다.

9) 윤동진 역, 앞의 책, p. 209.
10) 유훈, 앞의 책, p. 346.

1. 난제의 극복

KISA로부터 포항제철 건설에 필요한 차관의 제공을 거부당한 박태준 사장은 많이 당황했으며 이 난제를 어떻게 극복할 것인가에 대해서 많이 고심했을 것이다. 그가 미국에서 귀국하면서 하와이에 체류했는데 그때 착안한 것이 차관 대신에 대일청구권자금을 활용하자는 방안이었던 것이다.

박태준 사장이 이 아이디어의 착상이 가능했던 것은 그가 최고회의의 상공위원을 역임했을 뿐만 아니라, 한・일국교 정상화의 막후교섭에 깊숙이 개입했으므로 대일청구권자금에 관하여 상세히 알고 있었던 까닭이다.[11]

중학입시개혁의 경우 입시지옥을 해결하라는 여론이 비등하던 차에 근하군 유괴살인 사건까지 터져 일간지들이 입시제도개혁을 일제히 요구하게 되자 과거에 문교부(현 교육부)장관을 역임하여 입시개혁의 문제점을 숙지하고 있던 권오병 장관이 정책활동가로 등장하여 이 난제를 극복하였던 것이다.

2. 끈질긴 노력

일단 대일청구권자금의 전용에 착안했으나 그것을 이룩하기 위해서는 전술한 바와 같은 여러 가지 난관이 있었는데, 박태준 사장은 군시절부터의 박정희 대통령과의 특별한 관계와 일본 내의 인맥을 동원하여 재원조달 문제를 해결했던 것이다.

이리하여 1970년 4월 1일 제1기 설비공사에 착공하게 되었으나 순조로운 건설공사의 진행을 가로막는 장애물이 많았다.

첫째는 복잡다기한 설비단위와 까다로운 계약조건과 복잡한 절차를 거쳐야 하는 자금의 성격 때문에 포항제철은 어려운 설비구매 협상에 임해야 했다. 이 장애를 박태준 사장은 박 대통령으로부터 특별한 재량권을 부여받음으로써 해결하였다.

둘째는 1970년 4월 15일 발표된 소위 '주 4원칙'이다. 한국 및 대만과 경제협력관계를 맺고 있거나 투자하고 있는 기업과는 중국이 경제거래를 하지 않는다는 것을 골자로 하는 '주 4원칙'은 포항제철 설비를 제공하고 있는 기업에 압력을 가하는 결과가 되었는데, 신일본제철이 한국・대만과 중국 중 양자택일하라는 중국의 요구에 응할 수 없음을 명백히 함으로써 포항제철 건설에 대한 난기류는 일단락되

11) 윤동진 역, 앞의 책, pp. 206－207.

었다. 이러한 과정에 있어서 박태준 사장의 일본측 설득이 중요한 역할을 했음은 더 말할 필요가 없다.[12)]

셋째는 기초공사의 공기 지연이다. 1970년 4월 콘크리트 기초공사가 시작된지 3개월만에 설계 지연과 건설업체의 자재·인력·장비부족으로 공기가 늦어지기 시작하여 전문가들은 3개월 이상 공기가 지연될 것이라고 전망했다. 공기가 지연되면 막대한 손실이 발생한다는 사실을 염두에 둔 박태준 사장은 '건설비상 제1호'를 발하여 24시간 돌관작업을 실시한 결과 공기를 만회했을 뿐만 아니라, 1973년 7월 예정보다 한달 빠르게 제1기 공사를 준공했다. 이와 같은 공기 단축으로 포항제철은 총공사비의 약 3%에 해당하는 5백만 달러의 건설비를 절약했으며, 그 결과 생산비 절감과 국제경쟁력 제고를 이룩할 수 있었다.[13)]

중학입시개혁의 경우에도 대통령과 여당 국회의원들을 설득하는 끈질긴 노력이 필요했는데, 1967년 7월 14일 오후에는 권오병 장관이 장장 4시간에 걸쳐 박 대통령에게 보고하면서 '학교군별 추첨제'의 실시를 강력히 건의한 결과 박 대통령으로부터 약간의 반발과 진통을 겪더라도 밀고 나가라는 격려를 받았던 것이다.[14)]

3. 근본적 또는 대폭적 개혁

포항제철 건설의 경우를 본다면 종전의 차관의 획득에서 대일청구권자금의 전용이라는 근본적 사고의 전환을 단행함으로써 포항제철 건설에 필요한 재원의 확보가 가능했던 것이다.

포항제철 건설공사에 착공한 다음에도 기초공사의 공기 지연으로 3개월 이상 공기가 지연 될 우려에 직면하자 박태준 사장은 24시간 돌관작업이라는 비상수단을 동원한 결과 공기를 만회할 수 있었던 것이다.

중학입시개혁의 경우에도 경쟁률의 완화라는 고식적인 방안이 아니라 전임장관이 '비현실적'이라고 비판한 '학교군별 추첨제'의 실시를 단행했던 것이다.

12) 포항제철사사편찬위원회, 앞의 책, p. 194.
13) 윤동진 역, 앞의 책, pp. 304, 318.
14) 유훈, 앞의 책, p. 347.

제 3 편

정책의 형성 · 평가 · 변동과 정책집행

제 1 장 정책형성과 정책집행

제 1 절 정책형성의 개념과 단계들

I 정책형성의 개념

넓은 의미의 정책형성이란 정부 당국이 심각성을 인정해 적극적인 해결책을 모색하려는 정책 문제가 선정되고, 이 문제의 해결에 이바지할 수 있는 실현 가능한 여러 가지 대안의 개발이 이루어진 후 여러 대안 중에서 최종안을 선택하고 이에 합법성을 부여하는 모든 단계를 포함하는 개념이라 하겠다.

이리하여 정책형성을 라스웰(Harold D. Lasswell)은 i) 정보 단계, ii) 건의 단계, iii) 처방 단계로 나누고 있으며, 존스(Charles O. Jones)는 i) 문제 정의 단계, ii) 형성 합법화 단계로 세분하고 있으나, 우리는 앤더슨(James E. Anderson)과 같이 이를 i) 정책의제 설정 단계, ii) 정책개발(형성) 단계, iii) 정책 채택 단계로 나누고자 한다. 다음 항부터 이러한 정책형성의 단계들을 고찰하고자 한다.

Ⅱ 정책의제 설정 단계

1. 정책의제 설정의 개념

어떤 사회를 막론하고 잠재적인 공적 이슈의 수량은 의사결정 기관의 처리 능력을 훨씬 초과하고 있다. 따라서 이슈와 그 제창자들은 의사결정 의제의 자리를 놓고 경쟁할 수밖에 없다. 각종 집단의 요구가 정부의 진지한 관심의 대상이 되는 항목으로 전환되어 가는 과정을 '정책의제 설정(agenda setting)'이라고 부른다.[1)]

2. 정책의제 설정의 중요성

정책과정을 어떻게 나누든 간에 정책의제 설정이 정책과정의 제1단계임에는 틀림이 없다. 정책의제로 채택되지 않으면 정책으로 형성되어 집행될 수 없는 것이다.

이와 같이 정책의제로서 채택되어야 정책이 결정되고 집행될 뿐만 아니라, 일단 공식적 의제로서 채택된 의제라 할지라도 어떤 집단의 힘에 의해 어떠한 형태로 문제가 제시되느냐에 따라서 정책과정 전반에 미치는 영향이 크다고 하겠다.

3. 정책의제 설정 과정

정책의제 설정 과정을 여러 사람이 여러 가지로 제시하고 있으나, 여기에서는 아이스턴(Robert Eyestone)의 견해에 따라서 다음과 같이 제시하고자 한다.[2)]

(1) 사회 문제

사회 문제는 여러 가지로 정의할 수 있겠으나 한 마디로 말해서, 많은 사람들이 느끼는 결함이나 기대에 미치지 못하는 상황을 말한다. 따라서 기대 수준에 따라서 사회 문제가 증감한다고 하겠다.

(2) 사회적 이슈

한 마디로 말해서, 사회적 이슈란 그 해결책에 관해서 사회적 의견의 불일치가

---

1) Roger Cobb, Jennie-Keith Ross, & Marc Howard Ross, "Agenda Building as a Comparative Political Process," *American Political Science Review*, March 1976, p. 126.

2) Robert Eyestone, *From Social Issues to Public Policy*(New York: Wiley, 1978), pp. 69-78.

있는 사회 문제이다. 사회적 이슈는 단순히 의견의 불일치가 있을 뿐만 아니라 해결책을 조속히 강구해야 하겠다는 긴급성을 아울러 지녀야 한다.

(3) 공중의제로의 전환

공중의제란 문서화된 것도 아니고 공식화된 것도 아니므로 그 존재를 확인할 길이 없다고 주장할지 모르나, 공중의제는 공중이 해결책이 강구되어야 한다고 믿는 일련의 이슈로서 그 존재가 확연하다는 것이 아이스턴의 주장이다.

(4) 공식의제로의 채택

공중의제의 경우보다 덜 하겠으나 공식의제도 모호한 경우가 있다. 특정한 이슈가 공식의제로 채택되었는지 아닌지를 확실히 알 수 없는 경우도 있다. 의원 발의 형태로 법안이 국회에 제출만 되면 공식의제로 채택되었다고 볼 수 있느냐 하는 문제가 좋은 예라 하겠다. 우리나라 제헌국회부터 제14대 국회에 이르는 동안에 의원 발의 안건은 37.8%만 가결되었던 것이다.[3] 미국 연방 상원에 관해 연구한 워커(Jack Walker)는 상원 본회의 심의 대상이 되는 의제만을 공식의제로 보는 것 같다.[4] 어떻든 일단 공식의제로 채택되면 해결책이 강구될 가능성이 높다고 하겠다.

4. 정책의제 설정 관련 요인

우리는 위에서 어떤 과정을 밟아서 사회 문제가 사회적 이슈와 공중의제를 거쳐 공식의제가 되는가를 살펴보았다. 그러나 이러한 전환이 자동적으로 이루어지는 것이 아니며 극히 한정된 의제만이 공식의제로 채택된다는 것을 유의할 필요가 있다. 이런 의미에서 정책의제 설정에 영향을 미치는 요인의 검토가 중요하다고 하겠다.

정책의제 설정에 영향을 미치는 요인에 관해서 많은 사람들이 여러 가지 요인을 제시하고 있는데, 이러한 요인들을 종합해 다음의 몇 가지를 들고자 한다.

(1) 사회적 유의성

콥(Roger Cobb)과 엘더(Charles D. Elder)가 들고 있는 요인으로서 극히 한정된

3) 이 책 제1편 제2장 "정책집행 참여자" 참조.
4) Jack Walker, "Setting the Agenda in the U.S. Senate: A Theory of Problem Selection," *British Journal of Political Science*, October 1977, pp. 424－425.

사람에게만 적용되는 특이한 문제냐 많은 사람과 관련이 있는 문제냐 하는 것이다. 같은 요인을 호그우드(Brian Hogwood)와 건(Lewis A. Gunn)은 '광범위한 임팩트(wide impact)'라고 부르고 있으며, 워커는 많은 사람에게 임팩트를 주는 문제라고 하고 있다.

(2) 심각한 문제

워커가 들고 있는 요인인데 문제가 심각할수록 공식의제로 채택될 가능성이 높다는 것이다. 호그우드와 건은 '위기'라는 표현을 사용하고 있으며, 앤더슨은 '위기 또는 극적인 사건'이라고 하고 있다.5)

(3) 구체성

주도집단에 의해 문제가 얼마나 구체적으로 제기되었느냐 하는 것이다. 어떤 지방자치단체에서는 외설적인 간행물의 판매를 금지해야 한다고 주장하나 구체적으로 어떠한 간행물이 외설적인가를 제시하지 않고 있다. 이에 반해, 어떤 지방자치단체에서는 이러이러한 잡지는 판매 금지되어야 한다고 주장한다면 구체성이 높은 후자의 경우가 정책의제로 채택될 가능성이 높은 것은 더 말할 나위도 없다.

(4) 해결책의 존재 여부

위에서 언급한 구체성과도 관련이 있는 요인인데 제기된 문제가 쉽게 이해할 수 있는 해결책을 지니고 있을 때에는 정책의제로 채택될 가능성이 높다. 이에 반해, 긴 역사를 지니고 있는 사회 문제로서 많은 사람들이 해결되기를 원하나 쉽사리 해결책을 찾을 수 없는 문제는 정책의제로 채택되기 어려울 것이다.

(5) 감정적 측면

제기된 문제가 감정적 측면(emotive aspect)을 지니고 있어서 대중매체의 관심을 끄는 것일 때에는 정책의제로 채택될 가능성이 높다는 것이다. 진정제·수면제로 사용되었던 탈리도마이드(Thalidomide)가 불구아의 출생을 가져온다는 문제가 제기되어 의약품에 대한 통제가 더욱 강화된 사건이 좋은 예라 하겠다.

5) James E. Anderson, *Public Policymaking*, fifth edition(Boston: Houghton Mifflin, 2003), p. 92.

(6) 유행성

다른 국가에서 제기되어 해결책이 강구된 문제나 다른 지방자치단체에서 정책의제로 채택된 문제 등은 쉽게 정책의제로 채택될 가능성이 높다. 일본・대만・미국 등의 경향이 우리나라 정책의제 설정에 영향을 미치는 것이 좋은 예이다.

(7) 주도집단

위에서 언급한 요인들은 주로 문제의 성격에 관한 것이지만, 이러한 요인 외에도 주도집단의 크기나 정치적 자원이 정책의제 설정에 많은 영향을 미친다는 것을 여러 사람이 지적하고 있다.[6]

Ⅲ 정책개발 단계

정책의제가 설정되면 다음에는 정책개발 단계(또는 협의의 정책형성 단계)가 시작된다. 정책목표를 설정하고 여러 가지 정책대안을 개발하는 과정이 시작되는 것이다.

1. 정책목표의 설정

정책개발 단계에서는 첫째로 정책목표의 설정이 이루어져야 한다. 정책목표란 에치오니(Amitai Etzioni)의 표현을 빌린다면 정책을 통해서 달성하고자 하는 소망스러운 상태라고 할 수 있겠다.[7] 워너(W. Kein Warner)의 표현을 빌린다면 현재는 존재하지 않으나 정책을 통해서 미래에 발생케 하고자 하는 상태라고 할 수 있겠다.[8]

목표 설정을 위한 첫 단계는 현상을 파악하는 것이다. 다음에는 현상과 바람직한 상황 간의 갭(gap)을 파악하는 차이분석(gap analysis)이 필요하다. 일단 이러한 갭이 파악되면 그 원인을 분석하고 갭을 메우기 위한 새로운 정책이나 개선된 정

6) 김신복, "정책개발의 과정과 방법," 유훈 외, 정책학: 과정과 분석[개정증보판](서울: 법문사, 1993), p. 31.

7) Amitai Etzioni, *Modern Organizations*(Englewood Cliffs: Prentice Hall, 1964), p. 6.

8) W. Kein Warner, "Problems in Measuring the Goal Attainment of Voluntary Organizations," *Journal of Adult Education*, Fall 1967, p. 5.

책을 모색하게 된다. 위의 단계에서 도착하기를 원하는 목적지는 파악이 되었는데, 그러면 목적지까지의 도달을 저해하는 요인이 무엇인가를 규명해야 한다. 제약 요인의 분석은 목표설정 과정의 중요한 단계의 하나이다.

다음에는 다른 기관이나 환경에서 받을 수 있는 지원이 어떤 것인가를 밝혀야 한다. 만일에 지원을 기대할 수 없으면 목표를 수정 또는 하향 조정해야 한다. 다음 단계는 목표의 달성을 위해 어떤 행동이 요구되며 이의 업무 분담은 어떻게 해야 하느냐가 결정되어야 한다.9)

2. 대안의 모색

(1) 대안의 확인과 창출

우리가 흔히 말하는 대안의 모색은 대안의 확인(identifying)과 대안의 창출(generation)을 포함하는 개념이다. 대안의 확인은 비교적 소극적인 과정으로서 쉽게 이용 가능한 대안이나 조직 내부나 외부의 '후원자'들이 제시한 대안을 평가·비교를 위해 수집하는 과정이다. 대안의 창출은 기존의 후원자가 없거나 조직이 알지 못하는 대안을 적극적으로 추구하고 발견하는 과정이라 하겠다. 대안의 확인 및 창출 과정은 가장 연구가 부족한 누락된 연결고리(missing link)에 속한다. 후술하는 바와 같이 대안의 평가를 위한 기법은 많이 발전되었으나, 대안의 모색에 관해서는 별로 연구가 이루어진 것이 없다.10)

(2) 대안의 범위

일반적으로 정책결정자에 의해서 검토되는 대안의 범위는 비교적 좁다고 생각되고 있다. 정책의제 설정 과정을 통해서 정책의제로서 채택된 의제는 대안의 범위가 지극히 한정되는 경우가 많다. 그렇지 않은 경우에도 전통적인 기준에 따라 배제되는 대안이 많은가 하면 조직 내부나 외부의 집단들이 그들의 이익을 옹호하기 위해서 배제하는 대안도 있다. 마지막으로 대안의 모색 담당자들이 알지 못하는 대안도 많다. 그러나 이러한 현실에 지나치게 비관할 필요는 없다. 모든 대안을 다 검토해야 한다는 합리모형의 주장은 지나치게 비현실적인 것이라 하지 않을 수 없

9) Brian W. Hogwood & Lewis A. Gunn, *Policy Analysis for the Real World*(Oxford: Oxford University Press, 1984), pp. 159-162.
10) *Ibid.*, pp. 171-172.

다. 다만, 드로어(Yehezkel Dror)가 지적하고 있는 바와 같이 '무사안일한 정책(policy of no effort)'에 안주해서는 안되겠으며, 정책결정의 합리성의 제고를 위해 대안의 창출을 위한 노력이 있어야 하겠다.[11)]

(3) 대안의 창출을 위한 노력

사이먼(Herbert A. Simon)이 지적하고 있는 바와 같이 대안의 창출은 '기계적인 합리적 사고(mechanically rational thinking)'로 해결될 수 있는 것이 아니라 독창성을 요하는 활동이다.[12)] 드로어도 새로운 대안의 창출을 위해서는 합리성이 중요하기는 하나 한정된 기능밖에 수행할 수 없다고 하고 있다.[13)] 따라서 대안의 창출을 위한 최선의 방안은 독창성을 지닌 인재를 채용하고 독창적인 사고를 조장하는 조직의 풍토를 조성하는 것이 무엇보다 필요하다고 하겠다.

기존의 인재를 가지고도 적절한 절차를 활용하면 새로운 대안을 창출하는 데 도움이 될 수 있다. 여기에 활용될 수 있는 방안의 하나가 이른바 브레인스토밍(brainstorming)이다.[14)] 브레인스토밍의 첫 단계는 5명 내지 12명 정도로 구성되는 소규모 집단에서 짧은 시간 동안에 많은 아이디어를 창출하도록 한다. 이 단계에서는 그러한 안들의 실현 가능성에 관한 평가나 지적이 있어서는 안된다. 이러한 독창적인 단계가 일단 끝나면 그 다음에 제시된 안들을 실현 가능성 등의 관점에서 평가하게 되는 것이다.

이 방법은 문제가 대단히 중요하고 새로운 대안의 여지가 있으며 여러 전문 분야, 여러 사람들로부터의 투입(inputs)이 필요한 경우에 실효를 거둘 수 있다. 그러나 우리가 여기서 유의해야 할 것은 이것은 그야말로 절차에 불과하며, 브레인스토밍에 의해 제시된 아이디어들이 독창적이며 유용하다는 보장은 없다는 사실이다.[15)]

11) Yehezkel Dror, "Muddling Through – 'Science' or Inertia," *Public Administration Review*, September 1964, p. 155.
12) Herbert A. Simon, *Administrative Behavior*, third edition(New York: Free Press, 1976), pp. 263–265.
13) Yehezkel Dror, *Public Policymaking Reexamined*(San Fracisco: Chandler Publishing Co., 1968), p. 179.
14) 김신복 교수는 '브레인스토밍' 외에 분임토의(syndicate), 델파이(delphi) 기법 등을 들고 있다(김신복, 앞의 논문, p. 33).
15) Hogwood & Gunn, *op. cit.*, pp. 137, 172–173.

민간 부문의 사기업의 경험이나 외국의 선례에서 도움을 받을 수 있다. 우리나라의 경우 지나치게 외국의 경험이나 선례에 의존하려는 경향이 있기는 하나 도움이 될 수 있는 방안이다. 드로어도 대안의 모색을 위한 방안으로서 비교문헌조사를 들고 있다.[16]

끝으로, 과학·기술의 발달이 새로운 대안의 창출에 이바지할 수 있다. 원자력에 관한 기술의 발달이 에너지정책을 수립할 때 새로운 대안을 제시해 준 것이 좋은 예라 하겠다.

Ⅳ 정책채택 단계

1. 정책채택 단계의 특징

사람에 따라서 의사결정(decision－making) 단계라고도 하는 정책채택 단계는 다음과 같은 특징을 지닌다고 하겠다.[17]

첫째로 정책채택 단계는 자족적인 단계가 아니며 정책결정 과정(public policy－making process)과 동의어도 아니다. 그것은 정책순기의 전 단계와 밀접한 관계가 있는 단계라 하겠다. 그것은 정책개발 단계에서 만들어진 비교적 한정된 몇 개의 정책대안 중에서 어느 하나를 선택하는 단계이다.

둘째로 정책채택 단계 여하에 따라서 현상(status quo)을 변경하는 적극적 결정이 이루어지는가 하면 현상을 답습하는 소극적 결정이 이루어지기도 한다.

셋째로 정책채택 단계는 후술하는 바와 같이 기술적인 과정이 아니라 본질적으로 정치적인 과정이 될 수밖에 없다는 사실에 유념해야 한다.

2. 대안의 평가와 비교

대안들을 평가하고 비교하는 방법에는 여러 가지가 있다. 정치적 관점에서 평가하고 표결이나 투표에 의해 최종안을 선택하는 경우도 있다. 국회의 상임위원회

---

16) Dror, "Muddling Through－'Science' or Inertia," *Public Administration Review*, p. 156.

17) Michael Howlett & M. Ramesh, *Studying Public Policy*, second edition(New York: Oxford University Press, 2003) p. 162.

나 본회의에서 표결로써 결정될 수 있으며 국민투표로써 결정될 수도 있다. 이러한 정치적인 결정도 분석을 통해서 정보를 입수할 수 있으며 사전분석의 영향을 받을 수 있다. 때로는 전문가나 공무원에 의해 순전히 기술적인 관점에서 결정이 이루어질 수도 있으며, 정치인에 대한 영향력 행사에 의해 간접적으로 전문가나 공무원이 결정할 수도 있다.

이러한 과정에서의 분석가의 기능은 최종적인 결정을 내리는 데 있는 것이 아니라, 정치인이나 그들의 참모들에게 다음과 같은 도움을 주는 데 있다. i) 충분한 대안을 모색하고, ii) 각 대안들의 정의를 가능한 한 정밀하게 내리며, iii) 각 대안의 장점과 단점을 분명히 제시하고, iv) 결정에 이용될 수 있는 최선의 기법을 활용하는 것이다.

3. 비교평가에 사용되는 기법

대안의 비교평가를 위해 사용하는 기법에는 여러 가지가 있으나 대표적인 것 몇 가지만 살펴보기로 한다.

(1) 비용편익분석

한 마디로 말해서, 정부 부문의 비용편익분석(cost-benefit analysis)은 시장경제에 적용되는 가격이론을 정부 부문에 적용하는 기법이라 하겠다.[18)]

비용편익분석은 먼저 비용과 편익을 화폐 단위로 환산하고 여기에 할인율을 적용해 전 기간에 걸친 비용과 편익의 현재가치를 산출한다. 다음에는 편익에서 비용을 공제해 순편익을 계산하고 편익을 비용으로 나누어 BC 비율(편익비용 비율)을 산출한다.

비용편익분석의 활용 방법은 <표 1-1>과 같이 결정의 유형에 따라 조금씩 달라진다. 첫째, 어떤 사업을 할 것이냐, 안 할 것이냐를 결정하는 경우에는 순편익이 정수이면 그 사업은 해도 좋다는 원칙이 적용된다. 둘째, 서로 배타적인 수개의 대안 중에서 하나만을 선택할 때에는 순편익이 가장 큰 대안을 선택해야 한다. 셋째, 상호 배타적인 관계에 있지 않는 수개의 대안 중에서 예산이 허용하는 한도까

18) R. Haveman & B. Weisbrod, "The Concept of Benefits in Cost-Benefit Analysis," in H. Peskin & E. Seskin(eds.), *Cost-Benefit Analysis and Water Pollution Policy*(Washingon: Urban Institute, 1973), p. 39.

지 몇 개라도 사업을 선택하는 경우에는 편익비용 비율이 가장 높은 것부터 비용누적액이 예산한도액에 이르기까지 선택하면 된다.[19]

표 1-1 결정의 유형에 따른 결정의 원칙

결정의 유형	결정의 원칙
가부의 결정	순편익이 정수이면 그 사업은 해도 좋다.
상호 배타적인 수개의 대안 중에서 하나를 선택	순편익이 가장 큰 것을 선택한다.
상호 배타적이 아닌 수개의 대안 중에서 예산이 허용하는 한도까지 선택	BC 비율이 가장 높은 것부터 비용누적액이 예산한도액에 이르기까지 선택한다.

(2) 비용효과분석

정부 부문의 정책결정에서는 모든 편익을 화폐 단위로 환산할 수 없는 경우가 있다. 여러 가지 무기 체계 중에서 어느 하나를 선택하는 경우가 좋은 예라 하겠다. 이러한 경우에는 비용편익분석이라 할 수 없으므로 비용효과분석이라 한다.

비용효과분석은 일반적으로 두 가지 경우에 사용된다. 첫째는 일정액의 예산을 가지고 산출(output)을 극대화하기 위한 경우이며, 둘째는 주어진 목표의 달성을 위해 최소한의 비용을 투입하기 위한 경우이다.

첫째 경우로서 미항공우주국(NASA)이 5억 달러의 예산을 가지고 2인승 인공위성을 제작하는 경우를 생각할 수 있다. 이러한 경우 항공우주국은 2인의 우주인을 태울 수 있는 여러 가지 인공위성의 대안을 놓고 어느 것이 가장 바람직한가를 결정하게 된다.

둘째 경우에는 어떤 조직에 목표가 부여되고 그 목표를 달성하는 데 가장 비용이 저렴하게 소요되는 방안이 무엇인가를 모색하게 된다. <표 1-2>의 예시와 같이 적군의 전차 한 대를 격파하는 데 두 가지 방법이 있다. 대안 A는 전차를 제작하는 방안이며, 대안 B는 대전차 미사일을 제조하는 방법이다. 대안 B가 대안 A보다 단위 비용 대 효과성이 높다는 것을 알 수 있다.[20]

---

19) William A. Kelso, "Benefit-Cost Analysis and Program Evaluation," in Lloyd Nigro(ed.), *Decision Making in the Public Sector*(New York: Dekker, 1984), pp. 13-16.
20) *Ibid.*, pp. 16-18.

표 1-2 비용효과분석의 예시

	공격 대상인 적군의 무기	성공할 확률	비 용	비용효과 비율
대안 A (전차)	전차 1대	1.0	25백만 달러	(1×1.0) / 25백만 달러
대안 B (대전차 미사일)	전차 1대	0.5	0.5백만 달러	(1× 0.5) / 0.5백만 달러

(3) 정책실험

사회실험이라고도 하는 정책실험은 실험을 통해서 특정한 정책의 효과를 측정하는 방법이다. 정정길 교수가 들고 있는 예를 가지고 간단히 살펴보기로 한다. 먼저 실험집단과 통제집단을 선정한다. 이 경우에는 초등학교 5학년 어린이들로서 실험집단이나 통제집단의 평균 체중이 각각 40kg이 되도록 선정한다. 다음에 실험집단에 대해서는 1년 동안 점심 시간에 우유를 급식하되 통제집단에 대해서는 우유를 급식하지 않는다. 1년 후에 실험집단과 통제집단의 평균 체중을 측정해 보았더니 우유 급식을 받은 실험집단의 평균 체중은 45kg인데, 우유 급식을 받지 못한 통제집단의 평균 체중이 43kg이라면 우유 급식이 어린이들의 체위 향상을 위해 효과가 있는 방안이라는 결론을 얻게 된다.[21)]

정책실험은 비용편익분석 등이 지니는 단점을 보완하는 장점을 보유한 확실한 기법임에는 틀림이 없으나 몇 가지 문제점이 있다. 첫째는 시간이 많이 소요된다는 것이다. 전술한 우유 급식의 예에서는 1년이라는 세월이 소요된다. 둘째는 통제의 문제이다. 통제집단에 대한 통제가 제대로 이루어져야 정책실험이 소기의 성과를 거둘 수 있는데, 산 속에서 실험을 하면 몰라도 어린이들이 집에 가서 우유를 마시는 것까지 통제하기는 어려울 것이다. 셋째는 윤리 문제이다. 우유 급식의 경우에는 별로 문제가 없으나 경우에 따라서 인간을 실험 대상으로 삼는 데에서 오는 윤리 문제가 제기될 수도 있다.

21) 정정길, "정책평가를 위한 사회실험," 유훈 외, 정책학: 과정과 분석[개정증보판](서울: 법문사, 1993), pp. 374-376.

4. 합법화 단계

마지막은 합법화 단계이다. 국무회의나 국회와 같이 최종안을 결정할 권한이 부여된 기관이 결정을 내리는 단계이다. 우리는 앞에서 비교평가에 사용되는 기법에 관해서 언급했을 뿐만 아니라 분석가의 기능도 살펴보았다.

그러나 최종안의 결정이 반드시 합리적인 기법의 결과 최선의 안이라고 판명된 것이나 분석가들이 건의한 대로 결정되는 것은 아니다. 정치적인 고려에 의해서 최종안이 결정되는 경우가 많다는 것은 긴 설명을 요하지 않는다.

또한 정책결정자들이 무엇을 어떻게 해야 할지 모를 때나 정책결정자들 상호간에 해결하려는 문제가 무엇이냐에 관해서 합의할 수 없을 때에도 합리적인 결정이 이루어질 수 없다는 것은 후술하는 바와 같다.

제 2 절 정책형성과 정책집행

정책과정 중 정책집행과 가장 관계가 밀접한 것이 정책형성이라 할 수 있다. 먼저 정책형성이 정책집행에 미치는 영향을 살펴본 다음 정책집행이 정책형성에 미치는 영향을 고찰하고자 한다.

I 정책형성이 정책집행에 미치는 영향

정책집행이란 정책형성 과정을 통해서 결정된 정책을 실천에 옮기는 과정을 말한다. 따라서 정책형성 과정에서 정책이 어떻게 결정되느냐가 정책집행에 지대한 영향을 미친다는 것은 긴 설명을 요하지 않는다. 그러므로 정책형성 과정 전반이 정책집행에 영향을 미친다고 하겠으나 다음의 몇 가지만을 고찰하고자 한다.

1. 정책목표의 명확성

효율적인 정책집행을 위한 전제 조건으로서 정책목표의 명확성을 들 수 있다. 명확성이란 무엇을 달성해야 할 것이냐에 관해서 구체적이어야 할 뿐만 아니라 어떻게 달성할 것이냐에 관해서도 명확해야 한다. 다시 말해서, 정책의 목표들과 이러한 목표를 달성하기 위한 수단이 정확하게 제시됨으로써 집행자가 무엇을 해야 할 것인가를 알아야 한다.

따라서 정책형성 과정에서 정책목표의 명확성을 기하도록 해야 하나 i) 정책결정자가 무엇을 어떻게 해야할지 모르거나, ii) 정책결정자들 상호 간에 해결하려는 문제가 무엇이냐에 관해서 합의할 수 없거나, iii) 추상적인 원칙이 구체적인 정책의 제시보다 합의에 도달하기에 용이하다는 정치적 고려 등 때문에 정책형성 과정에서 명확한 정책목표를 제시하지 못하는 경우가 많다는 것이다.

이리하여 집행 과정에서 발생할 수 있는 해석상의 충돌의 소지가 정책형성 과정에서 마련되는데, 정책결정자들은 그들의 이러한 행동이 어떠한 결과를 초래할지를 의식하지도 못하고 정책형성에만 급급한 경우가 많은 것이다.[22]

2. 인과이론의 타당성

효율적인 정책집행을 위해서는 정책형성 과정에서 결정되는 정책이 목표의 명확성을 지녀야 할 뿐만 아니라 인과이론의 타당성을 지녀야 한다. 적절한 인과이론은 다음의 두 가지를 충족시켜야 한다. i) 정부의 조치와 정책목표의 달성 간에 인과 관계가 존재해야 하며, ii) 정책집행 담당자들이 목표 달성과 밀접한 관련이 있는 상당수의 요인에 대해 관할권을 지니고 있어야 한다. 1980년대의 일이기는 하나 승용차생산을 현대로 일원화한다는 '자동차 합리화정책'이 실패로 돌아간 이유가 현대와 GM이 합의를 보지 못한 데 있었다는 것은 널리 알려진 사실인데,[23] 이것은 우리나라 정책집행 담당기관이 GM의 재산권 행사에 대해 관할권을 지니지 않았다는 것을 의미하기도 한다.

---

22) Robert T. Nakamura & Frank Smallwood, *The Politics of Policy Implementation*(New York: St. Martin's Press, 1980), pp. 38-39.

23) 서울대학교 행정대학원, 정책집행 사례연구(서울: 서울대학교 행정대학원, 1983), pp. 122-127.

3. 집행기관의 규정

법률 제정과 같은 정책형성 과정에서 집행기관의 규정을 어떻게 결정하느냐 하는 것이 정책집행에 큰 영향을 줄 수 있다. 예를 들면, 허가나 인가를 담당하는 집행기관의 경우 거증 책임을 누가 지느냐에 따라서 허가나 인가를 위한 심사를 얼마나 엄격하게 하느냐가 결정되는 것이다. 거증 책임을 집행기관이 지는 경우에는 그 반대의 경우보다 집행에 어려움이 따를 것이다.

또한 규제 등을 담당하는 합의제기관의 경우 의결을 단순 과반수로 하느냐, 3분의 2의 다수로 하느냐에 따라서 이 위원회가 법률이 규정한 정책목표를 얼마나 충실하게 집행할 수 있느냐가 결정되는 것이다.[24] 예를 들어, 공무원고충처리규정의 경우를 본다면 각종 공무원고충심사위원회의 심사 결정은 재적 위원 과반수의 합의에 의하도록 되어 있다.[25] 3분의 2의 다수를 요하는 경우보다 공무원의 고충처리가 용이하다는 것을 알 수 있다

4. 외부 인사의 참여

정책결정을 할 때 외부 인사를 집행 과정에 얼마나 참여시키도록 하느냐 하는 것이 집행에 영향을 미칠 수 있다. 그 정책으로부터 혜택을 받을 수 있는 집단이나 입법·행정·사법부의 관계 기관이나 관계자들을 참여시키는 방안이 있다.

예를 들면, 공해방지정책의 경우 환경보존단체 등이 집행에 참여할 수 있는 방안을 강구하는 것은 그 정책의 집행에 도움이 될 수 있다. 또한 그 사업에 대한 주기적인 정책평가를 필수적으로 하는 조치나 그 사업에 대한 입법부의 통제권을 그 사업의 제안자인 특정 상임위원회 위원장에게 부여하는 방법 등은 정책집행을 효율화하는 데 도움이 될 수 있다. 이와 반대로 행정부에 의한 규제 활동에 입법부가 거부권을 행사하도록 하는 조치와 같은 것은 효율적인 정책집행을 저해할 수 있다.[26]

---

24) Daniel A. Mazmanian & Paul A. Sabatier, *Implementation and Public Policy*(Glenview: Scott, Foresman and Co., 1983), pp. 27－28.

25) 공무원고충처리규정 제10조.

26) Anderson, *op. cit.*, pp. 198－200.

5. 재 원

정책집행에 영향을 미치는 자원(resources)으로서 여러 가지를 들 수 있겠으나 우리는 여기에서 예산, 즉 재원(financial resources)만을 다루기로 한다.

몬트조이와 오툴은 미국회계검사원(GAO)이 발표한 정책집행에 관한 보고서 191개를 토대로 정책목표의 명확성과 신자원의 확보 여부를 가지고 매트릭스를 만들어 네 가지 경우를 가상해 검토하고 있다.[27]

첫째는 정책목표가 모호하나 목표 달성에 필요한 재원이 마련된 경우이며, 둘째는 목표가 구체적일 뿐만 아니라 재원도 확보된 경우이다. 셋째는 정책목표가 모호하며 재원도 마련되지 못한 경우이며, 넷째는 목표는 명확하며 구체적이나 신자원이 마련되지 못한 경우이다.

전술한 191개 사례 중에서 효율적인 정책집행을 위해서는 정책목표가 구체적일 뿐만 아니라 목표 수행에 필요한 신자원의 확보도 이루어진 둘째 상황이 최선이라고 결론을 내리고 있다. 최악의 경우는 목표가 구체적이나 재원이 없는 넷째의 상황으로서 정책집행의 거부, 불집행 등의 현상이 일어나고 있다.

다시 말하면, 앞에서 고찰한 목표의 명확성이 중요한 것은 사실이나 목표 달성을 위한 재원의 확보가 이루어지지 못할 때에는 도리어 재원이 없으며 목표가 모호한 셋째의 상황보다 결과가 나쁠 수 있다는 것이 몬트조이와 오툴의 결론이다.

Ⅱ 정책집행이 정책형성에 미치는 영향

정책형성이 정책집행에 영향을 미칠 뿐만 아니라 정책집행이 정책형성에 영향을 미친다는 것은 많은 사람들이 지적하고 있는 바이다. 여기에서는 정책집행이 정책형성에 미치는 영향 중에서 중요하다고 생각되는 것 몇 가지를 검토하고자 한다.

27) Robert S. Montjoy & Laurence J. O'Toole, "Toward a Theory of Policy Implementation: An Organizational Perspective," *Public Administration Review*, September–October 1979, pp. 465–476.

1. 상호작용론

정책과정의 순환성에 관한 나카무라와 스몰우드의 주장을 빌릴 것도 없이 정책집행과 정책형성은 서로 영향을 주고받는 상호 작용을 한다는 것은 널리 알려진 사실이다.

맥로린은 정책집행이 성공을 거두려면 집행자의 행태나 구조적 요인이 수정되어야 할 뿐만 아니라 정책의 설계 자체가 현지 실정에 맞도록 수정되어야 한다고 주장한다. 프레스먼과 윌다브스키도 그들의 저서 『집행』의 제2판과 제3판에서 정책집행과 정책형성의 상호 작용을 강조하고 있다. 권위 있게 채택된 정책이라 할지라도 행위 전에는 단어의 집합(a collection of words)에 지나지 않으며 집행자들 간의 협상의 출발점이라고 보고 있다.[28)]

2. 집행 과정에서의 정책의 수정

앞에서 고찰한 상호작용론에서도 언급했으나 정책이 집행 과정에서 수정이 불가피하다는 사실을 명시적으로 주장하는 사람들이 많다.

린드블롬은 "집행은 정도의 차이는 있으나 항상 정책을 결정하거나 정책을 수정한다"고 주장하고 있으며, '정책결정으로서의 집행'이라는 표현까지 사용하고 있다.[29)] 집행 과정에서의 정책의 수정을 강조하는 사람으로서 버먼을 들 수 있다. 그는 정책집행을 정형적 집행(programmed implementation)과 적응적 집행(adaptive implementation)으로 나누고, 변화의 범위가 점증적이며 기술과 이론이 확실하고 정책의 목표 및 수단을 둘러싼 갈등이 심하지 않고 환경이 안정적인 구조화 상황하에서 이루어지는 정형적 집행에서는 정책목표의 수정이 불필요하다. 그러나 비구조화 상황하에서 이루어지는 적응적 집행에서는 정형적 집행의 경우와는 달리 정책목표를 둘러싼 갈등이 심한 상황인 까닭에 당사자 간의 협상과 타협에 의해 정책이 수정될 수 있으며 수정되어야 한다는 것이 그의 주장이다.[30)]

---

28) Jeffrey L. Pressman & Aaron Wildavsky, *Implementation*, third edition(Berkeley: University of California Press, 1984), pp. 167－168.

29) Charles E. Lindblom, *The Policy－Making Process*, second edition(Englewood Cliffs: Prentice－Hall, 1980), p. 65.

30) Paul Berman, "Thinking about Programmed and Adaptive Implementation: Matching Strategies and Situations," in Helen Ingram & Dean Mann(eds.), *Why Policies Succeed or Fail*(Beverly Hills:

3. 집행자의 재량권 행사와 정책 수정

넓은 의미에서 집행 과정에서의 정책 수정에 포함될 수 있겠으나, 정책집행이 정책형성에 영향을 미치는 요인으로서 집행자의 재량권 행사를 들 수 있다.

행정 기능의 확대·강화에 따라 집행자의 재량도 증대할 수밖에 없는데 근래에 와서, 특히 사회복지정책, 규제정책 및 형사정책 분야에서의 재량의 증대가 많은 사람들의 관심을 모으고 있다.[31] 이와 같이 집행 과정에서의 재량의 증대는 오늘날의 추세라 할 수 있는데, 특히 정책목표가 명확성을 결여하거나 상황이 불확실할 때 집행자의 재량이 더욱 증대하기 마련이다.

그런데 이러한 집행자의 재량권 행사가 불가피하며 건설적인 경우도 있으나 그것이 정책의 수정을 초래하는 것도 사실이며, 이는 나가서 정책형성과 정책 디자인의 중요성을 격하시킬 우려가 있다는 것도 부인할 수 없는 사실이다.

다시 말해서, 재량권의 증대로 집행자들이 결정하고 주장하기까지는 구체적인 의미의 정책이 존재하지 않는다는 데까지 이르게 되면, 국민이 선출한 정책결정자들이 더 많은 정보를 보유하는 집행자들을 위해 정책결정에 관한 책임을 포기하거나 소홀히 하는 결과가 초래된다는 것이다.

4. 집행자의 불응에 의한 정책의 왜곡

정책집행에서의 불응에 관한 연구가 흔히 대상집단의 불응에 집중되고 있으나 소그(James D. Sorg)는 집행자로서의 일선관료들의 정책집행에서의 불응이 정책에 어떠한 영향을 미치는가에 관해서 연구하고 있다. 그는 비의도적 불응으로서 과잉과 부족을 들고 의도적 불응으로서 전환을 포함한 여섯 개를 들고 있는데, 일선관료들의 이러한 불응이 넓은 의미에서의 정책의 수정이라 할 수 있는 정책의 왜곡을 초래한다고 주장하고 있다.

상세한 것은 이 책 제2편 제6장에서 고찰했으므로 여기에서 반복하지 않겠으나 집행자에 의한 이러한 비의도적 불응과 의도적 불응이 정책의 수정 또는 왜곡을 초래한다는 사실에 주목할 필요가 있다.[32]

Sage, 1980), pp. 208－213.

31) William F. West, *Administrative Rulemaking: Politics and Process*(Westport: Greenwood Press, 1985), pp. 17－18.

5. 일선관료제이론

집행 과정에서의 정책의 수정을 부각시킨 또 하나의 주장으로서 일선관료제이론을 들 수 있겠다. 립스키는 정책전달자(policy deliverers)로서의 일선관료들은 정책의 사슬(policy chain)의 말단에 위치하는 존재가 아니라 정책과정에서의 주된 행위자(primary actors)로 보아야 한다고 주장한다.33)

다시 말해서, 일선관료들은 대상집단에 관해 가장 잘 알고 있는 까닭에 어떠한 정책이 실효를 거둘 수 있는지를 누구보다도 적절하게 판단할 수 있다는 것이다. 따라서 이들이 행사하는 재량은 현 실정에 맞도록 정책에 수정을 가하는 데 이바지할 수 있다는 것이다.34)

표현을 바꾸어서 말하면, 일선관료의 광범위한 재량이 불가피하다고 보며 일선관료의 정책결정을 강조하는 일선관료제이론은 정책의 최종적 결정(policy determination)을 위한 가장 중요한 활동은 조직의 하위 계층에서 이루어지며, 정책과정에서 가장 중요한 단계는 정책형성이 아니라 정책집행이라고 주장하는 것이다.35)

---

32) James D. Sorg, "A Typology of Implementation Behavior of Street-Level Bureaucrats," *Policy Studies Review*, February 1983, pp. 392-394.

33) Michael Lipsky, "Standing the Study of Public Policy Implementation on Its Head," in Walter D. Burnham & Martha W. Weinberg(eds.), *American Politics and Public Policy*(Cambridge: MIT Press, 1978), pp. 397-398.

34) Dennis Palumbo, *Public Policy in America*(San Diego: Harcourt, 1988), p. 100.

35) Stephen Linder & B. Guy Peters, "A Design Perspective on Policy Implementation: The Fallacies of Misplaced Prescription," *Policy Studies Review*, February 1987, p. 463.

제 2 장 정책평가와 정책집행

제 1 절 정책평가의 의의

I 정책평가의 개념

다른 많은 개념의 경우와 같이 정책평가에 관해서도 여러 사람이 여러 가지로 정의하고 있으며 모든 사람들이 합의에 도달할 수 있는 정의가 없는 것 같다. 이리하여 정책평가에 관한 많은 문헌들이 정책평가의 정의는 회피하고 정책평가의 과정이나 절차 문제에 언급하고 있는 실정이다.

정책평가를 가장 좁게 이해하는 사람들은 정책평가를 성과(outcomes)의 평가에 한정하고 있다. 시알로(James Ciarlo)는 평가의 대상을 정책목표의 달성과 관련이 있는 산출(outputs)에 한정시켜야 한다고 주장하고 있다.[1)]

그러나 대부분의 사람들은 서치맨(Edward A. Suchman)의 뒤를 따라 시알로보다는 정책평가를 넓게 이해하고 있다. 이들은 정책평가가 성과뿐만 아니라 노력

1) Jack L. Franklin & Jean H. Thrasher, *An Introduction to Program Evaluation*(New York: Wiley, 1976), p. 21.

(effort), 즉 입력(inputs)의 분석까지도 포함해야 한다고 주장한다.[2] 그러나 이들은 과정평가(process evaluation)는 정책평가에서 제외하고 있다.

이보다 좀 넓게 보는 사람들은 정책평가를 목표의 달성도뿐만 아니라 정책이 직면하고 있는 문제점과 정책이 조성하고 있는 부작용까지도 포함하는 개념으로 이해하고 있다.[3]

정책평가를 가장 광범위하게 이해하는 사람들은 정책평가를 어떤 정책의 과정이나 결과를 이해하고 그 값어치를 판단하는 사회적인 과정이라고 하고 있다.[4] 정책평가와 정책평가 연구를 같은 뜻으로 이해하고 정책평가 연구를 사회적 인터벤션 프로그램(intervention program)의 개념화와 설계, 집행 및 효용을 사정하는 데 사회 · 과학적 연구 절차를 체계적으로 응용하는 것이라고 하고 있는 로시(Peter H. Rossi)와 프리먼(Howard E. Freeman)의 정의도 이에 속한다고 하겠다.[5] 한 마디로 말해서, 이들은 정책평가에 성과(효과)평가뿐만 아니라 과정평가까지 포함시켜야 한다고 주장하는 것이다.

우리는 여기에서 정책평가를 어떤 정책의 결과(성과와 임팩트 포함)를 이해하고 그 값어치를 판단하는 것이라고 정의함으로써, 정책평가에서 과정평가를 제외하는 견해를 택하고자 한다. 그렇게 함으로써 후술하는 바와 같이 정책평가와 정책분석의 구분도 확연해질 수 있다고 생각한다.

Ⅱ 유사 개념

1. 정책평가 연구

로시와 프리먼과 같이 정책평가와 정책평가 연구를 같은 뜻으로 이해하는 사람도 있으나 많은 학자들이 양자를 구별하고 있는 것 같다. 정책평가 연구란 평가를 위해 과학적인 연구 방법이나 기법을 활용하는 것을 말한다. 다시 말해서, 정책평

2) Edward A. Suchman, *Evaluation Research*(New York: Russell Sage Foundation, 1967), pp. 31−32.
3) Franklin & Thrasher, *op. cit.*, p. 22.
4) 노화준, 정책평가론[제2전정판](서울: 법문사, 1997), p. 26.
5) Peter H. Rossi & Howard E. Freeman, *Evaluation: A Systematic Approach*, second edition(Beverly Hills: Sage Publications, 1982), p. 20.

가 연구는 정책평가를 위한 과학적인 연구 방법이나 기법의 활용에 역점을 두는 것이라 하겠다.[6)]

2. 정책분석

합리적 의사결정자가 목적을 설정하고 이것을 달성하기 위해서 최선의 방법을 탐색하는 이론적 과정이라고 하는 사람이 있는가 하면,[7)] 퀘이드(E. S. Quade)는 정책분석을 사회·기술적 문제를 좀 더 잘 이해하고 더 나은 해결책을 제시하기 위해 수행되는 응용 연구의 한 형태라고 보고 있다.[8)] 한 마디로 말해서, 정책분석은 정책결정 과정에서 정책목표의 달성을 위한 최선의 대안을 모색해 정책을 제안하는 하나의 접근 방법이라 할 수 있는 데 대해, 정책평가는 정책의 성과를 판단하는 것이다. 정책평가를 광의로 이해하여 성과평가뿐만 아니라 과정평가까지 포함하는 것으로 생각한다면 정책평가와 정책분석이 다소 중첩된다고 하겠으나, 정책평가에 과정평가를 포함시키지 않는다면 양자의 구분은 확연해지리라 생각된다.

제 2 절 정책평가의 유형

I 사전평가·사후평가·계속적 평가

정책평가는 여러 가지 관점에서 여러 가지로 분류할 수 있으나, 우선 사전평가·사후평가·계속적 평가로 분류할 수 있다.

1. 사전평가

사전평가란 정책집행이 이루어지기 전에 하는 평가를 말한다. 평가의 대상이 될 결과가 발생하기 전에 이루어지는 프로그램의 분석을 평가라고 부를 수 있겠느

6) Suchman, *op. cit.*, pp. 7－8.
7) Edith Stokey & Richard Zeckhauser, *A Primer for Policy Analysis*(New York: Norton, 1978), p. 3.
8) E. S. Quade, *Analysis for Public Decisions*(New York: North Holland, 1982), p. 5.

냐는 의문을 제기하는 사람도 있으나, 후술하는 바와 같이 전략평가나 과정평가도 평가의 개념 속에 포함시키는 사람이 많다.

2. 사후평가

집행이 이루어진 후에 실시되는 평가를 말한다. 브라운과 윌다브스키는 사후평가만이 진정한 의미의 평가라고 하고 있다.[9]

3. 계속적 평가

계속적 평가란 사전에 프로그램의 개선을 위해 평가를 실시할 뿐만 아니라 사후에 그 프로그램이 가치 있는 것이었는가를 평가하는 것을 말한다. 다시 말해서, 한 번의 평가로 끝내는 것이 아니라 계속적으로 전술한 사전평가와 사후평가를 실시하는 것을 말한다.

Ⅱ 전략평가 · 실적평가 · 결과평가

전술한 사전평가 · 사후평가와 관련 있는 분류이나 다소 관점을 달리한 분류로서 전략평가 · 실적평가 · 결과평가가 있다.

1. 전략평가

설정된 목표를 최소의 비용으로 달성하기 위해 어떤 전략을 채택할 것인가를 결정하는 데 사용되는 것이다. 전략평가는 목표 달성에 이바지할 수 있는 여러 가지 전략의 비용편익분석을 비롯해 프로그램 설계의 검토, 인력 소요, 재원 배정 등을 포함해 가장 소망스러운 전략을 선정하는 데 필요한 모든 요소를 검토하는 것이다.

9) Angela Browne & Aaron Wildavsky, "What Should Evaluation Mean to Implementation?," in Jeffrey L. Pressman & Aaron Wildavsky, *Implementation*, third edition(Berkely: University of California Press, 1984), p. 186.

2. 실적평가

실적평가(performance evaluation)란 계획과 실적을 자원 활용 측면과 생산 측면에서 대비해 보는 것이다. 회계검사에서 말하는 능률검사와 효과검사에 해당하는 것이라 할 수 있다. 실적평가는 사업 진행 노력이나 자원의 방향 전환이나 사업 구조의 설계 변경에 도움을 줄 수 있다.

3. 결과평가

결과평가(outcome evaluation)란 정책집행의 결과를 평가하는 것이다. 이러한 평가에서 얻어지는 정보에 의해 정책을 종결하지 않고 계속할 필요성이 존속하고 있는지를 결정할 수 있을 뿐만 아니라, 정책집행의 결과 발생하는 부작용을 줄이고 바람직한 임팩트(impact)를 늘릴 수 있는 방안은 무엇인가를 결정하고, 미래의 정책 디자인의 변경이 필요한가를 결정하는 데 도움을 줄 수 있다.[10)]

Ⅲ 과정평가 · 효과평가

나크미아스(David Nachimias) 등과 같이 정책평가를 넓게 해석하는 사람들이 사용하는 분류 방법으로서[11)] 많은 추종자를 지니고 있다.

1. 과정평가

이는 집행 과정에서 정책을 평가한다는 의미와 정책의 집행 과정에 관해 평가한다는 뜻을 포함하고 있다. 과정평가는 다시 i) 형성적 평가, ii) 평가성 사정(evaluability assessment), iii) 빠른 피드백 평가(rapid feedback evaluation), iv) 모니터링(monitoring)으로 세분된다.

---

10) G. Ronald Gilbert & Patrick J. Conklin, "Evaluation Management: A Conceptual Overview," in G. Ronald Gilbert & Patrick J. Conklin(eds.), *Evaluation Management: A Selection of Readings* (Charlottsville: Federal Executive Institute, 1979), p. 8.

11) David Nachmias, *Public Policy Evaluation: Approaches and Methods*(New York: St. Martin's Press, 1979), pp. 5–6.

2. 효과평가

정책평가를 좁은 의미로 해석하는 사람들은 정책평가는 효과의 평가만을 초점으로 삼아야 한다고 주장하고 있다는 사실은 전술한 바와 같다. 효과의 평가를 i) 임팩트평가, ii) 프로그램 전략평가, iii) 능률성평가로 세분하는 사람이 있으나,[12] 후술하는 바와 같이 효과의 평가는 여러 가지로 세분될 수 있다고 하겠다.

Ⅳ 산출평가 · 성과평가 · 임팩트평가

효과의 평가를 세분하면 산출평가 · 성과평가 · 임팩트평가로 나눌 수 있겠다. 이것은 정부 프로그램의 효과를 산출(outputs), 성과(outcomes), 임팩트(impacts)로 나눌 수 있다고 보는 까닭이다.[13]

1. 산출평가

산출이란 세 가지 효가 중에서 가장 계량적으로 측정하기가 용이하며 가장 단기간에 나타나는 효과이다. 교육의 경우를 예로 든다면 산출이란 교육을 받은 인원과 같은 것을 말한다. 따라서 세 가지 평가 중 산출평가가 가장 용이한 평가 방법이라 하겠다.

2. 성과평가

성과는 산출보다는 다소 계량화하기가 어려운 효과이며 좀 더 장기적인 효과라고 하겠다. 다시 교육의 경우를 예로 든다면 성과는 아동들의 독해력, 변형된 공부하는 습관 등을 말한다.

3. 임팩트평가

임팩트는 성과보다 더 오랜 후에 나타나는 효과이다. 교육의 임팩트로서 교양

12) 노화준, 앞의 책, pp. 44–51.

13) F. S. Levy, Arnold Meltsner, & Aaron Wildavsky, *Urban Outcomes*(Berkely: University of California Press, 1974), pp. 4–8.

있는 국민의 양성이나 일국의 생산성의 증대 등을 들 수 있겠다. 일반적으로 정책의 집행과 임팩트 간에는 많은 시차가 있을 뿐만 아니라 양자 간의 인과 관계의 규명에도 많은 어려움이 있으므로, 세 가지 평가 중에서 가장 난관이 많은 평가 방법이라 하겠다.[14)]

V 목표확정평가 · 목표중립평가 · 다목표평가

정책평가를 수행할 때 정책의 목표가 어떤 기능을 하느냐 하는 관점에서 평가의 유형을 나눈다면 목표확정평가(goal-fixed evaluation), 목표중립평가(goal-free evaluation)와 다목표평가(multiple-goal evaluation)로 분류할 수 있다.

1. 목표확정평가

이는 공식적으로 표명된 목표에 의거해 평가하는 것이다. 이 방법을 채택하는 경우에는 후술하는 정책평가 기준에서 말하는 효과성이나 목표 달성은 공식적 목표를 얼마나 달성했느냐를 의미하게 된다. 목표확정평가를 준평가 또는 형식적 평가라고 부르는 사람들이 있다는 것은 전술한 바와 같다. 브라운과 윌다브스키는 또한 목표확정평가가 인과적 평가가 되기 어려우며 기술적(記述的) 평가로 흐르기 쉽다고 말하고 있다.[15)]

2. 목표중립평가

이것은 스크리븐(Michael Scriven)이 제창한 것으로서 정책목표를 염두에 둘 필요가 없다고 하고 있다. 정책목표는 불필요한 존재이며 평가 결과를 오염시킨다는 것이 그의 주장이다.[16)] 정책평가를 실시해 보면 공식적인 목표나 당초에 설정한 목표와 관련이 없는 결과를 많이 발견하게 된다는 것이다.

---

14) Robert T. Nakamura & Frank Smallwood, *The Politics of Policy Implementation*(New York: St. Martin's Press, 1980), p. 76.

15) Browne & Wildavsky, *op. cit.*, pp. 190-191.

16) Michael Scriven, "Pros and Cons About Goal-Free Evaluation," *Evaluation Comment: The Journal of Education Evaluation*, December 1972, pp. 1-2.

목표중립평가에 대해서도 비판이 없는 것은 아니다. 이 방법은 창의적이기는 하나 공식적인 목표나 확정된 목표 대신에 평가자의 관점이나 선호가 작용할 우려가 있고, 목표가 없는 경우 특정한 정책과 관련이 있는 많은 사실 중에서 어떤 것을 평가의 대상으로 삼아야 할는지 알 수 없다는 것이다.[17]

3. 다목표평가

목표확정평가와 목표중립평가를 절충한 것이 다목표평가이다. 목표확정평가가 공식적인 목표에만 집착함으로써 정책평가의 범위를 지나치게 한정시키는 폐단이 있는 데 대해, 목표중립평가는 목표에 구애받지 않으므로 무엇을 평가의 대상으로 삼아야 할지 모르는 혼란을 초래할 우려가 있다. 다목표평가는 목표확정평가와 목표중립평가가 지니는 이러한 문제점을 동시에 극복하고자 하는 것이다.

특정한 정책에서 발생할 수 있는 모든 성과를 감안해 공식적인 목표뿐만 아니라 여러 가지 목표를 상정해 이에 의거해 평가한다는 것이다. 이를 위해서는 평가자가 특정한 정책에서 발생할 수 있는 광범위한 임팩트의 발견에 이바지할 수 있는 이론적 모형을 개발해야 한다는 것이다. 그러나 다목표평가도 정책집행의 개선에 이바지할 수 있는 더 많은 실질적인 정보를 제공하지 못하는 한 더 나은 정책집행을 위해 아무런 도움도 줄 수 없다는 것이 브라운과 윌다브스키의 주장이다.[18]

Ⅵ 활용 중심적 평가와 상호 작용적 평가

정책평가의 문제점의 하나로서 평가의 결과가 제대로 활용되지 않고 있다는 사실을 들 수 있다는 것은 전술한 바와 같은데, 평가 결과의 활용이라는 관점에서 활용 중심적 평가(utilization-focused evaluation)와 상호 작용적 평가(interactive evaluation)로 분류할 수 있겠다.

17) Browne & Wildavsky, *op. cit.*, pp. 193-194.
18) *Ibid.*, p. 195.

1. 활용 중심적 평가

한 마디로 말해서, 결과의 활용에 초점을 둔 평가 방법으로서 평가에 앞서 정책결정자와 정보의 활용자가 누구인가를 규명하고 그들의 요구를 염두에 두고 평가해야 한다는 것이다. 이 정보가 어떤 영향을 미칠 것인가 하는 것과 이 정보가 어떻게 사용될 것이며, 어떻게 도움을 줄 수 있는가를 염두에 두고 평가를 수행하는 것이 가장 기본적인 문제라고 패튼(Michael Q. Patton)은 주장하고 있다.[19)]

2. 상호 작용적 평가

정책평가자와 정책집행자가 합동으로 수행하는 평가를 말한다. 이러한 평가에서는 집행자가 평가자를 위협적인 존재로 보지 않게 된다는 것이다. 필스버리(Jolie B. Pillsbury)와 낸스(Kathy N. Nance)는 상호 작용적 평가는 정책집행자와 정책평가자 간에서만 가능한 것이 아니라, 정책결정자와 정책평가자 간에도 가능하다고 보고 있다.[20)]

제 3 절 정책평가의 기준

I 평가 기준의 개관

비교적 단순한 정책의 경우에도 성과나 효과가 수적으로 많을 뿐만 아니라 다양성을 지니고 있다. 따라서 어떤 정책의 성과나 효과를 단일적인 기준에 의해 평가할 수 없을 것이다.[21)]

---

19) Michael Quinn Patton, *Utilization-Focused Evaluation*(Beverly Hills: Sage Publications, 1978), p. 20.

20) Jolie B. Pillsbury & Kathy N. Nance, "An Evaluation Framework for Public Welfare Agencies," *Public Welfare*, Winter 1976, pp. 47-51.

21) Gary D. Brewer & Peter deLeon, *The Foundations of Policy Analysis*(Homewood: Dorsey Press, 1983), p. 331.

그동안 평가 기준에 관해서 여러 가지 견해가 제시된 바 있다. 1967년 서치맨은 그의 『평가연구(*Evluative Research*)』라는 저서에서 평가 기준으로서 i) 노력(effort), ii) 성취량(performance), iii) 성취한 일의 적정성(adequacy of performance), iv) 능률성(efficiency), v) 과정(process)을 들었으며,[22] 폴란드(Orvill F. Poland)는 1974년 『미국행정학회보(*Public Administration Review*)』에 게재된 「프로그램 평가에 관한 심포지엄(Symposium on Program Evaluation)」의 논문에서 평가 기준으로서 i) 능률성, ii) 효과성, iii) 필요성(appropriateness)을 제시한 바 있다.[23] 브루워(Gary A. Brewer)와 드레온(Peter deLeon)도 1983년의 그들의 저서에서 i) 능률성, ii) 형평성, iii) 추분성(adequacy), iv) 효과성을 정책평가의 기준으로 들고 있다.[24]

여기에서는 이들의 평가 기준보다 다소 세련된 나카무라와 스몰우드의 기준과 던(William Dunn)의 기준을 살펴보기로 한다.

Ⅱ 나카무라와 스몰우드의 기준

나카무라와 스몰우드는 1980년의 그들의 저서에서 정책평가의 기준으로서 i) 목표 달성, ii) 능률성, iii) 주민의 만족(constituency satisfaction), iv) 수혜자 대응성(clientele responsiveness), v) 체제 유지(system maintenance)를 들고 있다.

1. 목표 달성

다른 사람들이 효과성이라고 하는 기준으로서 정책이 설정하고 있는 목표를 얼마나 달성했느냐를 측정하는 기준이다. 현재 이 기준은 많은 정책평가 연구가 초점으로 삼고 있는 것이라 할 수 있는데, 정책의 산출(outputs)을 측정하는 데 도움이 될 좀 더 세련된 기법의 개발을 위해 많은 노력이 경주되고 있다.

전술한 바와 같이 광의의 정책의 효과는 산출(outputs), 성과(outcomes), 임팩트(impacts)로 나뉠 수 있는데, 많은 경우 목표 달성이라는 기준이 측정하고자 하는

22) Suchman, *op. cit.*, p. 61.
23) Orvill F. Poland, "Program Evaluation and Administrative Theory," *Public Administration Review*, July–August 1974, p. 355.
24) Brewer & deLeon, *op. cit.*, pp. 335–339.

것은 산출이다. 산출은 정책집행이 이루어지면 곧 나타나는 데 대해, 성과나 임팩트는 장기간이 걸리는 경우가 많을 뿐만 아니라 그 측정시에 방법상의 어려움이 많다. 이리하여 많은 정책평가에서 산출의 측정이 강조되는 것이다.

2. 능률성

목표 달성도와 함께 가장 많이 사용되는 평가 기준이다. 나카무라와 스몰우드뿐만 아니라 전술한 서치맨이나 폴란드도 이 기준을 들고 있으며, 브루워와 드레온도 예외는 아니다.

이것은 특정 정책의 산출량을 측정하는 것이 아니라 비용과 대비해 본 실적의 질에 초점을 맞추고 있으나, 계량적인 지표에 의존하고 있다는 점에서 목표 달성도라는 기준과 유사하다고 하겠다. 그러나 이 기준은 목표를 달성하는 데 가장 능률적인 수단이 무엇이냐에 초점을 두고 있다는 점에서 목표 달성 기준과는 다르다고 하겠다.

3. 주민의 만족

위에서 지적한 두 기준이 계량지표를 사용하는 것인데 대해, 이 기준과 다음 기준은 비계량적인 지표를 사용하는 것이라 할 수 있다. 이 기준으로서는 평가자는 정책결정자의 관점에 서서 주민(유권자)들이 얼마나 특정 정책에 대해 만족하고 있는가를 측정하는 것이다. 따라서 정책목표의 달성에만 집착하는 것이 아니라, 시간이 흐름에 따라 변하는 유권자의 요구에 얼마나 적응하고 있는가에 초점을 두게 된다. 이 기준에 의하면 성공의 척도는 정책결정자들이 그들이 제창한 정책에 관해서 유권자들의 광범위한 지지를 받고 있느냐 하는 것이다.

4. 수혜자 대응성

이것은 정책의 수혜자들이 얼마나 만족하고 있는가를 측정하고자 하는 것이다. 페로(Charles Perrow)가 지적하고 있는 바와 같이 조직이란 의도적인 존재일지 모르나 공식적 목표의 영향만을 받는 합리적인 체계라고 할 수는 없을지 모른다. 이러한 문제는 병원, 교도소, 학교, 사회사업기관과 같은 봉사기관에서 더욱 중요성을 지닌다고 하겠다. 다시 말해서, 이러한 조직에서 목표 달성도가 높다고 해서 수혜자들의 만족도도 반드시 높다고 할 수는 없을 것이다. 따라서 목표 달성도도 중요하지만 이와 병행해서 수혜자의 만족도도 중요시되어야 한다는 것이다.

5. 체제 유지

특정한 정책이 체제 유지에 얼마나 이바지하고 있는가를 측정하고자 하는 기준이다. 체제 유지는 거시적 수준과 미시적 수준에서 논할 수 있다. 거시적 수준에서는 특정한 정책의 집행이 국가나 국제 사회의 안정에 얼마나 공헌했느냐 하는 것이며, 미시적으로는 개별적인 집행 담당기관의 활력의 유지에 얼마나 이바지했느냐 하는 것이다.

표 2-1 정책평가 기준

평가 기준	초 점	주요 특징	방법론
목표 달성	결과(목표의 달성)	목표의 정확성	기술적 · 계량적
능률성	성과(수단의 극대화)	생산비용	기술적 · 계량적
주민의 만족	정치적 조정(유권자)	타협과 목표 조정	비계량적 환류
수혜자 대응성	정치적 조정(소비자)	프로그램의 적응성과 신축성	비계량적 환류
체제 유지	기관의 활력	안전성과 계속성	혼합적

여러 가지 관점에서 이 체제 유지 기준은 앞에서 설명한 네 가지 기준보다 넓은 의미를 지니는 것으로 능률성, 대응성, 적응성 등이 지니는 요소들을 모두 포함한 넓은 개념이라 할 수 있다는 것이 나카무라와 스몰우드의 주장이다.25)

Ⅲ 던의 기준

던(William Dunn)은 그의 『정책분석 서설』에서 정책평가의 기준으로서 i) 효과성, ii) 능률성, iii) 충분성(adequacy), iv) 형평성, v) 대응성(responsiveness), vi) 필요성(appropriateness)을 들고 있다.26)

25) Nakamura & Smallwood, *op. cit.*, pp. 145–151.

26) William Dunn, *Public Policy Analysis: Introduction*, second edition(Englewood Cliffs: Prentice Hall, 1994), pp. 282–289.

1. 효과성

가치 있는 성과를 얼마나 달성했느냐 하는 것이다. 던은 공식적으로 표명된 목표에 의거한 평가를 '형식적 평가'라고 부르고, 이를 바람직하지 못하다고 보는 사람이므로 목표달성도라는 표현을 피하고 있다.

2. 능률성

가치 있는 성과를 달성하기 위해 어느 정도의 노력이 필요했는가를 측정하는 것이라고 하고 있다. 능률성의 측정을 위해 흔히 사용되는 지표로서 단위원가(unit cost), 순편익(net benefits), 비용편익 비율(cost benefit ratio) 등이 있다.

3. 충분성

가치 있는 성과의 달성이 문제 해결에 얼마나 이바지했는가를 측정하는 기준이 충분성이다. 충분성이라는 기준은 던뿐만 아니라 브루워와 드레온도 들고 있으며 서치맨의 경우에도 찾아볼 수 있다. 보건·사회학자인 서치맨은 "성취한 일의 적정성(adequacy of performance)"이라는 제목으로 이 기준에 관해 길게 설명하고 있다.[27)]

4. 형평성

특정한 정책의 비용과 편익이 여러 집단에 형평성 있게 배분되었느냐 하는 것이다. 이를 측정하기 위해 파레토(Pareto) 기준, 칼도－힉스(Kaldor－Hicks) 기준, 롤스(Rawls) 기준 등이 사용된다.

5. 대응성

정책의 성과가 특정한 집단의 필요, 선호나 가치를 충족시켰느냐 하는 것이다. 나카무라와 스몰우드가 말하는 수혜자 대응성과 동일한 기준이라 할 수 있겠다.

---

27) Suchman, *op. cit.*, pp. 63－64.

6. 필요성

정책의 목표가 과연 바람직한 것이며 가치 있는 것이냐 하는 것이다. 폴란드도 필요성을 정책평가 기준의 하나로 들고 있다. 그가 지적하고 있는 바와 같이 이 기준은 평가자로 하여금 정책 자체에 직접 개입하게 만든다. 법률에 의해 확정된 정책에 대해서도 그 필요성 여부를 검토하는 일은 흔히 볼 수 있는 현상이다. 제2차 후버위원회(Hoover Commisson)는 어떤 사업을 정부가 계속할 것인가 하는 문제까지 다루었던 것이다.[28] 근래에 와서 'ZBB'나 '일몰법' 등도 정부사업의 필요성을 다루는 기법 또는 관리 도구라 할 수 있다.

제 4 절 정책평가의 활용

I 정책평가의 활용 실태

1. 두 개의 사례

정책평가의 결과는 정책형성과 정책집행을 위하여 많이 활용되어야 하는 데 제대로 활용되지 못하고 있다는 비판이 그동안 많이 제기되어 왔다. 여기에서는 정책평가의 결과가 실제로 얼마나 활용되고 있는가를 검토하기 전에 먼저 평가 결과의 활용에 관한 사례 두 가지를 살펴보기로 한다.

국방교육법(National Defense Education Act)은 안보 문제를 전공하여 이 분야의 강의를 담당하기를 희망하는 학생들에게 융자를 해주기로 되어 있었는데, 평가의 결과 이 사업은 학생들에게 큰 인센티브(incentive)가 되지 못하므로 폐지되어야 한다는 결론이 나왔다. 평가의 결론이 명확했을 뿐만 아니라 이 사업의 종결이 논란의 대상이 될 우려도 없었으므로 이 사업은 쉽게 종결되었다.

그러나 평가의 결과가 항상 이렇게 적극적으로 활용된다고 할 수는 없다. 뉴저

28) Poland, *op. cit.*, p. 336.

지(New Jersey) 주의 소득유지실험은 평가의 결과가 활용되지 않은 좋은 예라 할 수 있다. 1968년 경제기회처(OED)의 위촉을 받은 평가팀은 논란이 많은 네가티브 소득세(negative income tax)의 채택이 근로의욕에 어떠한 영향을 미치는가를 평가하였다. 당초의 평가 연구기간은 5년이었으나 연구가 시작된지 1년이 지난 후에 정책결정자들로부터 이 문제에 관한 연구 결과가 급히 필요하다는 요청이 있었다. 경제기회처측의 요구에 따라 평가팀은 1년 간의 연구 결과를 중간보고의 형태로 제출했다. 네가티브 소득세를 받는 사람들의 근로의욕이 증대되고 있다는 것이 결론이었으나, 네가티브 소득세제도는 연방의회에 의하여 채택되지 않았다. 결론이 잠정적이며 불명확하다는 것이 이유였다.[29)]

2. 평가 결과의 활용

정책평가의 결과가 얼마나 활용되고 있는가를 검토한 연구가 많이 있다. 패톤(M. Q. Patton) 등이 1975년에 20개 보건사업의 평가를 조사한 바에 의하면 평가결과가 정책결정자들에 의하여 활용되기는 했으나 그렇게 만족스러운 수준은 아니라는 것이 결론이었다.[30)]

알킨(M. C. Alkin) 등이 1974년에 42개 교육사업의 평가를 검토한 결과 프로젝트 책임자들이 평가의 결과를 국지적인 프로그램 결정에 활용하고 있다는 결론을 내리고 있다.[31)] 카프란(M. Caplan), 모리손(M. Morrison), 스탬보(R. J. Stambaugh)가 백악관, 연방정부 각 부처, 연구기관에 근무하는 204명의 정책형성 · 정책집행 관련자들을 면접한 결과 정책평가에서 얻어진 정보들이 활용된 사례가 450건에 달하고 있다는 것을 알았다.[32)]

이와 같이 살펴볼 때 일부 문헌이 지적하고 있는 것처럼 정책평가의 결과가 전혀 활용되지 않고 있는 것이 아니라, 만족스러울 정도는 아니지만 어느 정도 활용되고 있다는 것을 알 수 있다.

---

29) David Nachmias, "The Role of Evaluation in Public Policy," in D. J. Palumbo, S. B. Fawcett, & Paula Wright(eds.), *Evaluating and Optimizing Public Policy*(Lexington: Heath, 1981), p. 158.

30) M. Q. Patton, *et al.*, *In Search of Impact: An Analysis of Utilization of Federal Health Evaluation Research*(Minneapolis: University of Minnestoa, 1975), p. 119.

31) M. C. Alkin, Daillack, & P. White, *Using Evaluation*(Beverly Hills: Sage, 1979), p. 224.

32) N. Caplan, A. Morrison, & R. J. Stambaugh, *The Use of Social Science Knowledge in Policy Decisions of the National Level*(Ann Arbor: Institute for Social Research, 1975), p. 4.

Ⅱ 활용이 부진한 이유

정책평가 결과의 활용이 부진한 이유로서 브라운(Angela Browne)과 윌다브스키(Aaron Wildavsky)는 i) 방법론의 취약(weak methodology), ii) 적실성 결여(irrelevance), iii) 활용하려는 노력의 부족을 들고 있으며,[33] 바이스(Carol H. Weiss)는 i) 평가자의 비현실적인 태도, ii) 조직의 저항, iii) 보급의 불충분, iv) 적실성의 결여, v) 부정적인 평가를 들고 있으나,[34] 우리는 여기에서 홀리(Wholey) 등의 주장에 따라 다음과 같은 네 가지를 들고자 한다.[35]

1. 조직의 저항

평가의 결과는 많은 경우 변화를 요구하는데 조직이 이러한 변화를 받아들이기 어려운 경우가 많다.[36] 변화에 대한 저항에 관해서는 조직론에서 많이 논의되고 있으므로 여기에서는 생략하기로 한다.

2. 방법론의 취약

연구 결과 중에는 필요한 절차를 밟지 않아 타당성이나 신뢰성이 부족한 것이 많아 정책결정자들은 이러한 평가 연구의 결과보다는 자신들의 경험이나 직관에 의존하려는 경향이 많다는 것이다.[37]

연방정부 각 기관이 위촉한 382건의 평가 연구를 검토한 번스타인(I. L. Bernstein)과 프리먼(H. E. Freeman)은 이 중 3분의 2 정도만이 임팩트(impact)를 측정했으며, 약 반수가 설계, 샘플링, 타당성 등에 결함이 있다는 결론을 내리고 있다.[38]

---

33) Browne & Wildavsky, *op. cit.*, p. 184.
34) Carol H. Weiss, *Evaluation Research*(Englewood Cliffs: Prentice-Hall, 1972), p. 110.
35) Wholey, *et al.*, *op. cit.*, pp. 50-51.
36) Weiss, *op. cit.*, pp. 113-121.
37) Wholey, *et al.*, *op. cit.*, p. 50.
38) I. L. Bernstein & H. E. Freeman, *Academic and Entrepreneurial Research*(New York: Russell Sage Foundation, 1975), p. 97.

3. 적실성의 부족

많은 평가자들이 대학이나 연구기관에 몸담고 있으며 연구위촉자의 부당한 간섭을 원치 않을 뿐만 아니라, 일단 연구가 끝난 다음에는 위촉기관의 복잡한 의사결정 과정의 갈등에 말려들기를 원치 않는다.

평가자들은 연구 결과를 학술지에 발표하고 동료들로부터 인정받는 데 관심을 가지고 있으며, 위촉기관의 실무자들이 원하는 실제적인 문제에 대한 해답의 제시에는 별로 관심이 없다. 평가자들의 이러한 배경 때문에 평가 연구에 대한 단정적인 결론을 내리기를 주저하는 경우도 많다. 많은 평가자들이 자기들의 임무는 연구를 수행하고 자료를 분석하는 일이지 행동방안을 제시하는 일이 아니라고 생각하고 있는 것이다.[39] 뿐만 아니라 많은 연구가 시기적으로 정책결정자나 집행자들이 원할 때에 결과를 제시하지 못하고 있다는 것이다.

4. 배포와 보급의 부족

정책평가 연구의 결과가 정책결정자나 집행자들에게 제대로 제시되지 않아 활용되지 못하는 경우가 많다. 그 기관의 사업이나 업무와 관련이 있는 평가 연구의 결과를 수집하고 시간에 쫓기는 정책결정자나 집행자들이 평가의 결과를 단시일 내에 이해하고 소화할 수 있도록 연구 결과를 요약하는 작업도 필요하다고 하겠다.[40]

---

39) Weiss, *op. cit.*, p. 111.

40) Wholey, *et al.*, *op. cit*, p. 51.

제 5 절 정책평가와 정책집행

I 정책평가가 정책집행에 미치는 영향

1. 정책평가의 집행에의 직접적 영향

정책평가의 결과는 정책형성에 반영되어서 정책이 수정되고 이것이 정책집행에 영향을 미치는 경우가 많다. 그러나 경우에 따라서는 정책평가의 결과가 정책형성을 거치지 않고 직접 정책집행에 영향을 미치기도 한다. 예를 들면, 감사원의 회계검사 또는 직무감찰 과정에서 감사관들의 세부적인 지적 사항이 예산집행의 행태나 절차에 영향을 미쳐 수정되는 경우를 많이 볼 수 있다.

또한 어떤 평가 방법을 택하느냐 하는 것도 정책평가가 정책집행에 미치는 영향을 결정한다. 정책평가자와 정책집행자가 합동으로 수행하는 평가를 말하는 상호작용평가(interactive evaluation)의 경우 정책평가자와 정책집행자가 서로 영향을 주고받게 되는 것이다.[41)]

2. 정책평가의 방법 · 기준이 정책집행에 미치는 영향

위에서 살펴본 바와 같이 정책평가는 정책형성을 거치지 않고 직접 정책집행에 영향을 미칠 뿐만 아니라, 어떠한 평가 방법 또는 평가 기준 · 지표를 사용하느냐에 따라서 정책집행에 미치는 영향이 달라진다.

예를 들면, 정책의 효과를 평가하는 경우 산출(outputs), 성과(outcomes), 임팩트(impacts) 중에서 어느 하나를 지표로 선정할 것이냐, 둘이나 셋을 다 선정할 것이냐에 따라서 집행에 미치는 영향이 달라진다.

각도를 달리해서 평가의 기준 중 효과성, 능률성과 같은 계량적 기준에 역점을 두는 경우와 주민의 만족, 수혜자 대응성, 형평성, 체제 유지와 같은 비계량적 기준에 역점을 두는 경우는 정책집행의 양상이 달라질 수 있다는 사실에 유의할 필요

41) Pillsbury & Nance, *op. cit.*, pp. 47–51.

가 있다.

한국의 정부투자기관에 대한 경영 실적 평가의 경우 계량지표와 비계량지표의 비중이 7대 3으로 계량지표의 비중이 무거웠던 1980년대의 정부투자기관의 운영과 비계량지표의 비중이 무거워진 1990년대 이후의 정부투자기관의 운영이 달라졌다는 사실은 평가 기준이 정책집행에 미치는 영향을 극명하게 나타내는 좋은 예라 하겠다.[42]

Ⅱ 정책집행이 정책평가에 미치는 영향

1. 정책평가 대상의 제공

정책집행은 정책평가에 대상 또는 소재를 제공한다고 하겠다. 정책집행이 이루어지기 전에 실시하는 사전평가도 정책평가의 개념 속에 포함시키는 경우이면 몰라도 브라운과 윌다브스키와 같이 사후평가만이 진정한 의미의 평가라고 하는 경우에는[43] 정책집행만이 정책평가에 대상 또는 소재를 제공한다고 하겠다.

2. 정책집행이 평가의 기준 결정

정책집행 과정에서 수행하는 사업의 성격에 따라서 정책평가의 기준이 결정된다. 우리는 앞에서 평가의 기준이나 지표가 정책집행의 성격에 영향을 미친다는 사실에 언급했으나, 사업의 성격이 평가의 기준이나 지표를 결정하는 경우가 더 많을 것이다.

건설사업과 같이 계량화가 용이한 집행의 경우에는 효과성, 능률성과 같은 계량지표의 사용이 가능하겠으나, 사회복지사업이나 외교와 같은 분야에서는 계량지표의 사용에 제한이 있기 마련이다.

전술한 한국 정부투자기관 경영 실적 평가의 경우 계량지표의 비중이 7대 3으로 비계량지표의 비중보다 높았던 1983년의 경우에도 대한무역투자진흥공사와 한국관광진흥공사에 대한 경영 실적 평가에서는 예외적으로 비계량지표의 비중이 높

42) 유훈, 공기업론[제5정증보판](서울: 법문사, 2005), pp. 439-441.
43) Browne & Wildavsky, *op. cit.*, p. 136.

았던 것이다.

3. 상호작용평가

정책평가에서 정책집행자는 피동적인 존재이며 평가자를 위협적인 존재로 보는 것이 일반적인 현상이다. 그러나 상호작용평가에서는 정책평가자와 정책집행자가 합동으로 평가를 수행한다. 다시 말해서, 정책평가와 정책집행이 서로 영향을 교환하는 것이다.

제 3 장 정책변동과 정책집행

제 1 절 정책변동의 의의와 유형

I 정책변동의 의의

1. 정책변동의 개념

정책변동(policy change)의 개념을 명확하게 정의한 사람이 별로 없으나, 여기에서는 정책변동을 특정한 정책을 수정하거나 종식 또는 중지시키는 것이라고 정의하고자 한다.

2. 정책변동에 대한 관심의 제고

종전에는 정책의 종결을 포함하는 정책의 변동에 관해서 정책연구에 종사하는 사람들이 관심이 적었던 것 같다. 정책과정으로서 i) 정책의제 설정 단계, ii) 정책형성 단계, iii) 정책채택 단계, iv) 정책집행 단계, v) 정책평가 단계를 들고 있는 앤더슨은 더 말할 것도 없고,[1] 존스도 그의 저서의 초판에서는 종결 단계에 관해서 제대로 언급하지 않다가 재판에 와서야 종결 단계에 관해서 관심을 표명하게 되었다.[2] 유독 라스웰만은 이미 1950년대에 정책의 수정 또는 폐기를 의미하는 종결 단계를 정책과정의 한 단계로서 제시했던 것이다.[3]

정책집행이 성공을 거두려면 집행자들이 새로운 정책에 적응해야 할 뿐만 아니라 정책 자체가 현지 실정에 맞도록 수정되어야 한다고 주장한 맥로린이나,[4] 정책형성이 정책집행과 영향을 주고받을 뿐만 아니라 정책평가와도 상호 작용을 한다는 나카무라와 스몰우드도 정책의 변동을 상정하고 있다고 할 수 있다.[5] 이런 의미에서 "집행은 정도의 차이는 있으나 항상 정책을 결정하거나 정책을 수정한다"고 주장한 린드블롬도 정책의 변동이 보편적인 현상이라고 본 것 같다.[6] 그러나 유감스럽게도 이들이 다 정책의 변동이라는 문제를 크게 부각시키지 않았다.

근래에 와서 정책의 종결을 포함하는 정책의 변동에 관해서 관심을 표명하는 사람들이 나타나기 시작했다. 이러한 정책의 변동에 관한 연구는 조직론에서의 조직의 변동(organizational change)에 관한 연구와 일맥상통한다고 할 수 있을 것이다.[7]

Ⅱ 정책변동의 유형

정책변동의 유형은 여러 가지 관점에서 여러 가지로 분류할 수 있겠으나 다음

1) James E. Anderson, *Public Policy-Making*, fifth edition(Boston: Houghton Mifflin, 2003), pp. 27-29.
2) Charles O. Jones, *An Introduction to the Study of Public Policy*, second edition(North Scituate, Massachusetts: Duxbury Press, 1977), pp. 11-12.
3) Harold D. Lasswell, *The Decision Process: Seven Categories of Functional Analysis*(College Park: University of Maryland, 1956), p. 2.
4) Milbery McLaughlin, "Implementation as Mutual Adaptation: Change in Class Room Organization," Walter William & Richard Elmore(eds.), *Social Program Implementation*(New York: Academic Press, 1976), pp. 167-168.
5) Robert T. Nakamura & Frank P. Smallwood, *The Politics of Policy Implementation*(New York: St. Martin's Press, 1980), p. 27.
6) Charles E. Lindblom, *The Policy-Making Process*, second edition(Englewood Cliffs: Prentice-Hall, 1980), p. 65.
7) 유훈, "정책의 종결," 행정논총, 제22권 제1호(1984), pp. 56-57.

과 같이 세 가지 관점에서 고찰하고자 한다.

1. 폭발형 · 점증형 · 혼합형

바다크가 정책종결에 소요되는 시간이라는 관점에서 사용한 분류인데, 정책종결뿐만 아니라 정책변동 전반에 적용될 수 있는 분류 방법이라 하겠다.[8)]

(1) 폭발형

가장 일반적인 정책변동의 유형으로서 특정한 정책이 일시에 수정되거나 종식 · 중지되는 것을 말한다. 이 유형의 정책변동은 단일적인 권위 있는 결정에 의해 이루어지는데, 이러한 결정이 내려지기까지는 일반적으로 장기간에 걸친 정치적 투쟁이 선행된다고 볼 수 있다.

(2) 점증형

이 유형의 정책변동은 단일의 정책적 수준의 결정에서 오는 것이 아니라 장기간에 걸친 소요자원의 증감에 의해 이루어지는 것이다. 미국의 베트남전의 종결이 그 대표적인 예라 할 수 있다.

(3) 혼합형

비교적 단기간에 걸친 의도적으로 집행된 단계적인 정책변동을 말하는 이 혼합형은 흔히 볼 수 있는 정책변동의 유형은 아니나, 폭발형이나 점증형에 비해 좋은 성과를 거둘 수 있다는 것이 바다크의 견해이다.

2. 호렐과 라메쉬의 유형

호렐(M. Howlett)과 라메쉬(M. Ramesh)는 변동의 양식(mode of change)과 변동의 속도를 조합해 네 가지 유형의 정책변동을 제시하고 있다.[9)]

---

8) Eugene Bardach, "Policy Termination as a Political Process," *Policy Sciences*, June 1976, pp. 124–126.

9) Michael Howlett & M. Ramesh, "Policy Subsystem Configurations and Policy Change," *Policy Studies Journal*, No. 3, 1998, pp. 471–472; Michael Howlett & M. Ramesh, *Studying Public Policy*, second edition(New York: Oxford University Press, 2003), pp. 237–239.

표 3-1 호렐과 라메쉬의 변동의 유형

변동의 양식	변동의 속도	
	급 속	완 만
패러다임적	급속한 패러다임적 변동	완만한 패러다임적 변동
정상적	급속한 점증적 변동	완만한 점증적 변동

(1) 급속한 패러다임적 변동

이념의 변동이 있으면서 변동의 속도도 빠른 경우에 급속한 패러다임적 변동이 일어나는 것이다. 케인스주의(Keynesianism)에 의거한 노동당 정부의 경제정책이 10년 동안에 통화주의(monetarism)에 의해 대체되는 영국의 경제정책의 변동이 대표적인 예라 하겠다.[10)]

(2) 완만한 패러다임적 변동

이념의 변동을 수반하는 패러다임적 변동이나 변동이 장기간을 소요로 하는 경우에 완만한 패러다임적 변동이 일어난다. 캐나다의 원주민 정책이 60여 년의 세월에 걸쳐 동화정책에서 평화·공존정책으로 이행한 것이 대표적인 예라고 하겠다.[11)]

(3) 급속한 점증적 변동

이념의 변동이 없는 점증적 변동이나 단시일 내에 변동이 일어나는 경우에 급속한 점증적 변동이라 한다.

(4) 완만한 점증적 변동

이념의 변동이 없는 점증적 변동이 장기간에 걸쳐서 서서히 일어나는 경우를 완만한 점증적 변동이라 한다.

10) Peter Hall, "Policy Paradigms, Social Learning, and the State," *Comparative Politics*, April 1993, pp. 284–287.

11) Michael Howlett, "Policy Paradigms and Policy Change: Lessons from the Old and New Canadian Policies Towards Aboriginal Peoples," *Policy Studies Journal*, No. 4, 1994, p. 640.

3. 정책의 쇄신 · 승계 · 유지 · 종결

넓은 의미의 정책의 변동은 i) 정책의 쇄신(policy innovation), ii) 정책의 승계(policy succession), iii) 정책의 유지(policy maintenance), iv) 정책의 종결(policy termination)로도 분류할 수 있다. 우리는 먼저 이 네 가지 정책변동을 하나씩 검토한 다음 이들을 비교하고자 한다.

(1) 정책의 쇄신

정책의 쇄신이란 정부가 종전에 관여하지 않았던 분야에 진출해 새로운 정책을 수립하는 것을 말한다. 정부가 새 분야에 진출하는 까닭에 기존의 조직 · 법률이나 예산이 있을 수가 없다. 이 모든 것들이 무(無)에서부터 창출되어야 한다.

이런 의미에서 순수한 형태의 정책의 쇄신이란 20세기 후반이나 21세기에 비교적 희귀하다는 것이 호그우드와 피터스의 주장이다. 20세기 전반의 영국의 복지정책도 엘리자베스여왕 시대의 구빈법(救貧法)에서 그 기원을 찾을 수 있다는 것이다.[12]

우리나라의 경우를 보더라도 환경처(후에 환경청으로 승격)의 설립을 계기로 한 공해방지정책이나 동력자원부(현 산업통상자원부)의 설립을 계기로 한 동력자원정책의 경우도 정책의 쇄신이라고 보기는 어려울 것이다. 환경청(후에 환경부로 승격)은 1975년에 발족한 보건사회부(현 보건복지부)의 환경위생국을 토대로 한 것이며, 동력자원부는 상공부의 동력개발국과 광무국을 모체로 한 조직이라는 것은 잘 알려진 사실이다.

(2) 정책의 승계

정책의 승계란 동일한 분야에서 기존의 정책이 새로운 정책에 의해 대체되는 것을 말한다. 낡은 정책이 폐지되고 새로운 정책이 등장했다는 점에서 새로운 요소를 지니는 것은 사실이나 전술한 정책의 쇄신의 경우와는 달리 정부가 새로운 분야에 처음으로 진출하는 것은 아니다. 후술하는 바와 같이 정책의 승계와 관련된 변동은 복잡하고 많은 문제를 내포하고 있으나 새로운 분야를 개척하는 것이 아니라, 기존의 정책을 수정하고 기존의 조직 · 법률 등을 개편 · 개정하는 것이다. 우리

12) Brian Hogwood & B. Guy Peters, *Policy Dynamics*(New York: St. Martin's Press, 1983), p. 26.

는 제3절에서 정책의 승계에 관해서 상세히 고찰하고자 한다.

(3) 정책의 유지

정책의 유지도 넓은 의미의 정책의 변동에 포함시킬 수 있다. 인플레이션이나 생활 수준의 향상에 따라 정책은 적용 대상을 확대해야 하며 급여 수준을 조정해야 하는 경우가 많다.

이것은 기존 정책을 새로운 정책으로 대체하는 것이 아니라 본래의 정책목표를 달성하기 위해 프로그램의 산출(outputs)을 조정하는 데 지나지 않는다.

이러한 정책의 유지는 환경의 변화에 대한 정부의 수동적인 적응이라고 말할 수는 없을 것이다. 경우에 따라서는 정부는 관계 법령을 개정해야 하며 예산액도 조정해야 한다. 정책의 유지는 공장의 생산라인의 유지 보수에 비유할 수 있다. 만일에 생산시설에 대한 유지 보수를 적극적으로 하지 않으면 생산이 저하되거나 중단되고 제품의 질도 저하될 것이다. 또한 공장의 생산라인의 유지 보수는 제품의 수요 변동에 맞추어 이루어져야 한다. 이와 마찬가지로 기존 정책을 장기적으로 유지만 하려는 정부의 경우에도 인구의 변동이나 경제 상황의 변동에 따라 정책을 조정할 필요가 있다.

정책의 유지는 전술한 정책의 쇄신이나 정책의 승계에 비해 변동의 질적 중요성은 덜할지 모르나, 경우에 따라서 정책의 유지가 필요로 하는 적응적인 변동의 폭이 정책의 쇄신이나 승계의 경우보다 더 클 수 있다는 사실을 유의할 필요가 있다. 영국에서 실업보험제도에 아무런 변동이 없었음에도 불구하고 실업수당이 1979~1980년도의 6억 5,300만 파운드에서 1980~1981년도에는 10억 700만 파운드로 증액했던 것이다.13)

(4) 정책의 종결

정책의 종결이란 특정한 정책을 의도적으로 종결시키거나 중지시키는 것을 말한다.14) 순수한 의미의 정책의 쇄신이 희귀한 것과 같이 정책의 종결도 많지 않다. 코프먼(Herbert Kaufman)이 미 연방정부의 421개 기관을 연구한 결과 1923년부터 1970년대 중반에 이르는 기간 중 소멸한 기관은 27개에 불과했다.15) 우리는 제3절

13) *Ibid.*, pp. 27－28.
14) 유훈, 앞의 논문, pp. 57－58.

에서 정책의 종결에 관해서도 상세하게 고찰하고자 한다.

(5) 상호 비교

첫째, 네 가지 정책변동의 기본적인 성격을 살펴본다면 정책의 쇄신, 승계, 종결이 의도적(purposive)인 성격을 지닌 데 대해, 정책의 유지는 적응적인 정책변동이라 할 수 있겠다.

둘째, 조직적인 측면에서 본다면 정책쇄신의 경우 기존 조직이 없으므로 새로운 정책을 담당할 조직을 신설한다든지 다른 정책을 담당하고 있는 조직으로 하여금 정책을 담당하게 해야 한다. 정책의 승계의 경우에는 기존 조직의 개편이 필요하겠으나 정책의 유지의 경우에는 일반적으로 조직의 개편이 불필요할 것이다. 끝으로, 정책의 종결은 기존 조직의 폐지를 수반하는 경우가 많다고 하겠다.

셋째, 법률적 측면에서 본다면 정책쇄신에서는 기존 법률이 없으므로 새로운 법률의 제정이 필요한 경우가 많을 것이다. 정책의 승계에서는 기존 법률의 개정이 필요한 경우가 있는가 하면 기존 법률을 폐지하고 새로운 법률을 제정하는 경우도 있을 것이다. 일반적으로 정책의 유지는 법률의 개정이 불필요하며 정책의 종결에서는 관련 법률이 폐지되는 경우가 많을 것이다.

넷째, 예산적 측면에서 본다면 정책쇄신에서는 기존 예산이 없으므로 새로 예산을 확보해야 할 것이다. 정책의 승계에서는 기존 예산이 있으므로 새로 예산을

표 3-2 정책의 쇄신 · 승계 · 유지 · 종결의 비교

	정책의 쇄신	정책의 승계	정책의 유지	정책의 종결
기본 성격	의도적	의도적	적응적	의도적
조직적 측면	기존 조직 없음.	기존 조직의 개편이 필요함.	일반적으로 조직의 개편이 불필요함.	기존 조직이 폐지되는 경우 많음.
법률적 측면	기존 법률 없음.	기존 법률의 개정, 신법률의 제정이 필요함.	일반적으로 법률의 개정이 불필요함.	모든 관련 법률이 폐지됨.
예산적 측면	기존 예산 없음.	기존 예산이 있음.	예산 과목에는 변동 없음.	모든 예산 소멸

15) Herbert Kaufman, *Are Government Organization Immortal?*(Washington: Brookings Institution, 1976), p. 34.

확보할 필요는 없겠으나, 예산의 이체 등의 조치가 필요한 경우가 있을 것이다. 정책의 유지에서는 예산 과목에는 변동이 없으나, 경우에 따라서는 예산의 증액이나 예비비의 사용이 필요하게 될 것이다.

정책의 종결에서는 일반적으로 당해 연도의 관련 예산이 소멸되거나 불용액으로 처리될 것이며, 다음 연도부터는 관련 예산이 전액 소멸될 것이다.[16)]

제 2 절 정책변동의 저해 요인

I 정책변동의 어려움

우리는 위에서 정책변동의 유형을 살펴보았는데 정책변동이란 쉽사리 일어나는 것이 아니다. 불필요하고 시대착오적인 정책이 수정되거나 종결되지 않고 지속되는 예를 우리는 많이 보고 있다. 다음에 정책변동의 저해 요인을 정책종결에 역점을 두어 고찰하고자 한다.[17)]

II 정책변동의 저해 요인

1. 심리적인 저항

사업, 조직, 정책을 새로 시작하기는 쉬워도 이들을 종결하거나 감축하기는 심리적으로 어려운 것이 인간이다. 이러한 까닭에 환경의 변화로 인해서 사업이나 정책을 끝내야 함에도 불구하고 끝내지 못하는 경우가 많은 것이다. 심리적인 저항감으로 인해서 마땅히 끝내야 할 사업이나 정책을 끝내지 못한 예로서 제1차 세계대

16) Hogwood & Peters, *op. cit.*, p. 27.

17) Peter deLeon, "Public Policy Termination: An End and Beginning," *Policy Analysis*, Summer 1979, pp. 379–386.

전 이전의 기병대의 경우를 들 수 있다. 기관총과 고성능 대포 등의 보급으로 기병대의 효용이 격감되었음에도 불구하고 많은 국가의 군사 전문가들이 기병대에 대한 애착을 버리지 못했으며, 미 육군에서는 제2차 세계대전 중에도 기병대가 존속했던 것이다.

1930년대 프랑스에서는 마지노선(Maginot Line)에 대한 대안이란 있을 수 없었다. 프랑스인들에게는 마지노선이 독일군의 공격을 저지하지 못한다는 것은 상상할 수도 없었던 것이다.

2. 정책 · 조직의 항구성

정책이나 조직은 변동과 종식에 대한 저항력을 지니고 있다. 정책이나 조직은 환경에 대한 적응력을 지니고 있는 까닭에 쉽사리 소멸하지 않는다. 굴드너(Alvin Gouldner)의 표현을 빌린다면, 조직은 모든 사회집단의 경우와 같이 '생존'이라는 지상 과제를 안고 있다. 이 지상 과제 때문에 조직은 때때로 조직 목표를 등한히 하는가 하면 목표를 왜곡하기도 한다는 것이다.[18] 전술한 바와 같이 코프먼이 미 연방정부의 421개 기관을 연구한 결과 1923년부터 1970년 중반에 이르는 기간 중 소멸한 기관은 27개에 불과했다.

3. 동태적 보수주의

정책이나 조직은 동태적인 실체이다. 정책이나 조직의 목표가 달성되었거나 환경적인 요인으로 달성이 불가능한 경우 정책이나 조직은 새로운 목표를 발견하거나 환경의 개조를 시도한다. 우리는 이러한 현상을 '동태적 보수주의(dynamic conservatism)'라고 부르기도 한다.

소아마비재단은 국민들의 지지를 얻어 소아마비 예방약의 연구를 지원하고 소아마비 희생자들에게 도움을 주는 것을 그 목표로 했다. 이 재단은 약 20년 간 이 목표를 달성하기 위해 성실히 노력한 결과 유명한 소크 백신(Salk Vaccine), 세이빈 백신(Sabin Vaccine)의 발명에 크게 이바지하게 되었으며, 소아마비의 위협을 완전하게 제거할 수 있게 되었다.

---

18) Alvin Gouldner, "Organizational Analysis," in Robert K. Merton, *et al.*(eds.), *Sociology Today*(New York: Basic Books, 1959), p. 405.

이와 같이 그 목표를 달성한 후 소아마비재단은 해체할 수도 있었으나 해체하지 않고 관절염과 불구아 출생의 예방 및 치료라는 새로운 목표를 수립하고 이를 달성하기 위해 노력하게 되었다.[19]

UN군의 한국 전쟁 참전의 목표는 공산군을 남한으로부터 축출하는 데 있었다. 이러한 목표가 달성되자 당시의 UN군 사령관 맥아더 장군은 공산군을 한반도에서 몰아낸다는 새로운 목표를 수립하게 되었으며, 이러한 목표에 따라 UN군이 38선을 넘어 북한으로 진격했다는 것은 우리가 다 잘 아는 사실이다.

4. 변동의 반대를 위한 정치적 연합

변동의 저해 요인으로서 변동을 반대하는 세력의 정치적 연합을 들지 않을 수 없다. 어떤 조직이나 그 조직이 담당하는 사업·정책이 변동의 위협에 직면하면 조직 내부나 외부의 집단들이 그들의 힘과 전술을 동원해 변동을 반대하는 것이 일반적인 현상인데, 조직 내부의 세력과 외부의 세력이 연합전선을 형성할 때 그 힘은 막강해진다. 미 해군은 기지 폐쇄의 위협에 직면하면 그 지방의 노동조합, 관련 기업, 그 지방 출신 국회의원 등을 동원해 기지 폐쇄를 반대하는 경우가 많다고 한다.

변동을 반대하기 위해 형성하는 연합전선의 동조자는 경우에 따라서 다른 정부 부처, 국회의 상임위원회, 외국 정부일 수도 있다. 스카이볼트(Skybolt) 미사일 개발사업을 동결하려는 미 국방부의 결정에 대해서 국무부와 영국 정부가 연합해 맹렬히 반대했던 것이다.

5. 법적인 제약

조직·사업·정책의 변동은 법적 제약으로 인해 저해를 받는 경우가 많다. 우리나라에서 행정개혁위원회나 기획조정실 등의 폐지가 어려웠던 것은 정부조직법을 개정해야 한다는 데에도 그 이유가 있었다. 1972년까지만 하더라도 정부 각 부처의 국(局)을 폐지하는 일은 정부조직법을 개정해야 했기 때문에 어려운 작업이었다.

미국에서는 법원의 개입이 변동을 어렵게 만드는 경우가 많다. 닉슨 대통령이

19) Amitai Etzioni, *Modern Organization*(Englewood Cliffs: Prentice Hall, 1964), p. 13.

대통령령으로 경제기회처(Office of Economic Opportunity)의 폐지를 결정하자 이 기관 소속 공무원들은 법원에 제소해 대통령령의 취소 결정을 얻어냈다.

6. 높은 비용

조직이나 정책의 변동·감축은 많은 비용(cost)을 필요로 한다. 경제적 비용뿐만 아니라 정치적 희생을 요구하는 경우가 많다. 정책결정자들이 정책의 실패를 인정해야 하는 데 실패를 자인하기를 원하는 정책결정자들이 많지 않다. 정책·사업을 종결하거나 감축하기 위해서는 대안을 제시해야 하는 경우가 많은데, 대안의 제시가 어렵거나 비용을 유발하는 경우가 많다. 원자력 발전의 비판자들이 원자력 발전을 적극적으로 반대하지 못한 것은 원자력을 대신할 공해가 없는 에너지 자원을 제시하지 못했던 까닭이다. 감축이나 종결이 사기의 저하를 비롯해 많은 부작용을 낳는다는 것도 잊어서는 안되겠다.

제 3 절 정책의 승계와 종결

I 정책의 승계

1. 정책승계의 의의

정책의 승계란 동일한 분야에서 기존의 정책이 새로운 정책에 의해 대체되는 것을 말한다. '정책의 수정'이라고도 할 수 있겠으나, 여기에서는 호그우드와 피터스의 용례에 따라 '정책의 승계(policy succession)'라는 용어를 사용하기로 한다.

전술한 바와 같이 정책의 변동 중에서 가장 중요한 것이 정책의 승계와 종결인 까닭에 우리는 이 장에서 정책의 승계와 정책의 종결을 별도의 절로 만들어 고찰하는 것이다. 정책의 쇄신은 새로운 정책을 수립하는 것이므로 이 책 제3편 제1장에서 이미 다룬 문제이며, 정책의 유지는 적응적이며 피동적인 과정이므로 깊이 있게 고찰할 필요가 없다고 하겠다.

2. 정책승계의 유형

정책의 승계도 여러 가지로 분류할 수 있으나 호그우드와 피터스의 분류에 따라 다음의 여섯 가지로 나누어 고찰하고자 한다.

(1) 선형적 승계

정책의 승계의 여러 형태 중 가장 순수한 형태의 것으로 선형적 승계(linear succession)를 들 수 있으나 비교적 희귀한 형태라 하겠다. 선형적 승계란 기존 정책이 전적으로 폐지되고 동일한 목표를 지닌 새로운 정책이 수립되거나 동일 분야에서 다소 다른 목표를 추구하는 새로운 정책이 수립되는 경우를 말한다.

우리나라의 선형적 승계의 예로서 여러 가지를 들 수 있으나, 정부투자기관관리기본법(2007년에 폐지)의 제정에 의해 이루어진 정부투자기관의 책임경영제의 도입을 들 수 있다. 책임경영제란 공기업의 자율적 운영을 보장한 다음 경영 실적을 평가하고 그 결과에 따라 책임을 묻는 것을 말한다. 최근 '공공기관의 운영에 관한 법률'에 의해 폐지되었으나, 정부투자기관관리기본법이 제정됨에 따라서 정부투자기관에 대한 정책에 일대 전환이 이루어졌기 때문에 우리는 책임경영제의 도입을 선형적 승계로 보고자 하는 것이다.

선형적 승계에서는 여러 가지 문제가 있으나 새로운 정책에 의해 수익자의 편익이 확대되느냐, 감소되느냐 하는 문제와 기존의 정책을 담당하던 조직이 새로운 정책도 담당하느냐 하는 문제가 비교적 많은 관심을 모으는 문제라 하겠다. 새로운 정책이 기존의 정책보다 수익자들에게 더 많은 편익을 제공하고 동일한 조직이 기존 정책뿐만 아니라 새로운 정책도 담당하는 경우에는 비교적 정책의 승계에 대한 저항이 약하다고 하겠다.

정책의 선형적 승계를 다시 여러 가지 형태로 세분할 수 있으나, 첫째로 전달체계의 수정으로 인한 선형적 승계를 들 수 있다. 예를 들면, 주택 건축에 대한 지원 사업이 보조금 형태에서 세제상의 혜택 형태로 전환되거나 민간 부문의 임차료에 대한 통제가 임차인에 대한 정부 보조의 형태로 전환될 때 선형적 승계가 발생하게 된다.[20)]

둘째 형태의 선형적 승계는 정책의 환원의 경우에도 일어날 수 있다. 1982년에

---

20) Hogwood & Peters, *op. cit.*, pp. 63-64.

실시된 중고생 교복자율화 시책이 1986년 2학기부터 다시 교복 제도로 환원된 경우가 그 좋은 예라 하겠다. 이러한 정책의 환원은 영국 같은 국가에서 많이 찾아볼 수 있다. 노동당 정부에 의해 국유화된 철강산업이 보수당 정부에 의해 민영화되었다가 1967년에 다시 국유화된 경우가 대표적인 예이다.[21)]

다른 어떤 유형의 정책의 선형적 승계보다 정책의 환원이 가장 극적이고 충격적이라고 하겠으며, 동일한 조직이 정책의 환원을 강력히 집행한다는 것은 지극히 어려울 것이다. 기존 정책에 수익자가 있는 경우에는 정책의 환원이 심한 저항에 직면할 수 있을 것이다. 영국 철강산업의 민영화의 경우에는 전 주주들이 혜택을 보았으나 국유화 조치는 민간 주주들의 많은 반발을 샀다.

셋째 형태의 선형적 정책승계는 정책의 중절(hiatus)이다. 어떤 정책이 잠시 중단되었다가 재도입되는 경우를 말한다. 영국 같은 국가의 소득정책(income policy)이 좋은 예이다. 소득정책이 시행되다가 잠시 중단되어 임금과 물가를 시장 기능에 일임하다가 다시 소득정책이 도입되곤 했던 것이다. 또 하나의 예는 미국의 음란규제정책(anti-pornography policy)에서 찾아볼 수 있다. 법원의 판시로 특정한 음란 정책의 기준이 무효화되었다가 다시 새로운 정책이 도입되고 있다.

(2) 정책의 통합

정책의 통합이란 두 개 이상의 정책이 완전이 또는 부분적으로 폐지되고 이를 대신하는 새로운 정책이 도입되는 것을 말한다. 새로운 프로그램은 기존의 프로그램보다 영역이 확대되거나 축소될 수도 있다.

얼핏 보기에는 정책의 통합이 간단할 것같이 보이나 실제로는 간단하지 않은 경우가 많다. 정책의 수혜자들이나 담당 행정기관들이 정책의 통합에 찬성할 수도 있겠으나 심하게 저항하는 경우도 많이 있다. 특히, 정책의 통합이 담당 행정기관의 업무의 조정이나 개편에 큰 영향을 미치는 경우에는 심한 저항에 직면할 수 있다. 종전에 두 개의 기관이 각각 담당하던 두 개의 정책이 통합되어 어느 한 기관이 담당하게 되는 경우에는 통합된 정책을 담당하게 되는 기관은 불만이 없을 것이나 업무를 상실하게 되는 기관은 불만이 있을 것이다. 상실하게 되는 업무가 그 기관의 여러 업무 중 과히 중요하지 않은 업무일 때에는 저항이 크지 않을 것이나

21) 유훈, 공기업론[제5정증보판](서울: 법문사, 2005), pp. 195-199 참조.

핵심적인 업무일 때에는 심한 저항을 나타낼 것이다.

정책의 통합이 두 개의 기구의 통합을 초래하는 경우에도 복잡한 문제를 야기할 수 있다.[22] 특히, 두 개의 기구가 서로 유사한 분야에 종사하고 있으나, 그 성격이 판이할 때에는 두 기구의 통합이 많은 문제를 제기할 수 있는 것이다.

우리나라의 정책의 통합의 예로서 여러 가지를 들 수 있겠으나, 건설부와 교통부의 통합에 의한 건설교통부(현 국토교통부)의 신설을 들고자 한다. 정부기구 개편이 있을 때마다 교통부와 체신부(현 산업통상자원부)의 통합이 논의되었으나 다른 한편 건설부와 교통부의 통합도 논의의 대상이 되어 왔다. 같은 교통 수단 중에서 철도·해운·항공은 교통부가 담당해 왔으나 도로는 건설부가 담당했기 때문에 교통 문제에 관한 종합적인 대책이 불가능한 실정이었다. 이리하여 교통정책과 건설정책의 통합이 일찍부터 논의되어 왔다. 드디어 1994년 12월에 단행된 정부조직 개편의 일환으로 건설교통부가 등장했는데, 이는 경제기획원과 재무부의 통합에 의한 재정경제부(현 기획재정부)의 신설 못지않은 중요한 의미를 지니는 것이라 할 수 있다. 건설부와 교통부의 통합은 조직의 통합에 그치는 것이 아니라 정책적 측면에서도 큰 변화를 초래했다. 국토종합계획이 변모했을 뿐만 아니라 토지 소유에 관한 정책과 토지이용정책의 통합이 용이해졌다는 것을 들 수 있다.

(3) 정책의 분할

위에서 고찰한 정책의 통합과 반대되는 개념으로서 한 정책이나 조직이 두 개 이상의 정책이나 조직으로 나뉘는 경우를 '정책의 분할(policy splitting)'이라고 한다. 정책의 분할은 한 조직이 두 개 이상의 조직으로 분할되는 경우에 흔히 볼 수 있다. 1973년 말 영국의 에너지부가 상공부(Department of Trade and Industry)에서 분리되어 나온 경우라든가 1980년 미국의 교육부가 보건·교육·복지부(HEW)에서 분리되어 나온 경우가 대표적인 예이다.

우리나라에서는 동력자원부(현 산업통상자원부)의 상공부에서의 분리가 대표적인 예라고 하겠다. 1973년 제1차 석유 파동 이후 석유를 포함한 에너지 문제는 우리나라 경제의 지속적 고도 성장을 가로막는 요인으로 생각되기에 이르렀다. 다른 한편 수출 증대라는 정책적 과제의 수행을 위해 상공부의 기구가 폭발적으로

22) Brian Hogwood & Lewis A. Gunn, *Policy Analysis for the Real World*(Oxford: Oxford University Press, 1984), p. 244.

늘어나기 시작해 1972년만 하더라도 2인의 차관보 밑에 7개 국을 보유하고 있던 상공부가 1973년 1월의 기구 개편에 의해 5인의 차관보 산하에 11개 국을 거느리는 기구가 되었으며, 1977년 7월과 10월에는 공업단지국과 방위산업국이 신설되어 13개 국으로 늘어났다. 이러한 상황하에서 1977년 12월 상공부의 2개 국이 분리되어 나와 동력자원부가 신설되기에 이르렀다. 한 마디로 말해서, 제1차 석유 파동 이후 우리나라 에너지 자원의 주종을 이루는 원유의 원활한 수급을 도모하기 위해 업무량이 급속히 팽창한 상공부에서 에너지정책을 분리시켜 설립한 것이 동력자원부라 할 수 있다.

조직의 분할이 정책분할의 좋은 지표라 할 수 있겠으나 때로는 좀 더 근본적인 정책의 변동이 발생할 수 있다. 1974년 미국의 원자력위원회가 핵규제위원회(Nuclear Regulatory Commission)와 에너지연구개발처(Energy Research and Development Administration)로 분할되었다. 이것은 원자력의 규제와 생산을 담당하던 조직이 규제정책을 담당하는 조직과 생산정책을 담당하는 조직으로 분할되었을 뿐만 아니라 규제정책의 강화를 초래했다. 과거에는 원자력 활용에 호의적인 조직이 생산과 규제를 동시에 담당했으나 신설된 핵규제위원회는 반드시 원자력의 활용에 호의적이라 할 수 없다는 것이다.

정책의 분할과 조직의 분할은 강도 높은 정책의 승계를 초래하는 경우가 많다. 새로운 조직의 설립이 정책형성의 초점에 변동을 가져와 정책의 승계를 초래할 수 있다는 것이다. HEW(보건 · 교육 · 후생부)에서 분리되어 나온 교육부는 과거보다 교육정책의 개혁을 강력하게 추진하게 되었다. 그뿐만 아니라 교육부가 독립하기 전에는 HEW의 예산이 삭감의 위기에 직면할 때마다 보건 부문이나 복지 부문의 예산보다는 교육 부문의 예산을 삭감하는 경향이 있었으나 교육부의 독립으로 이러한 폐단이 많이 시정되었다고 한다.

정책의 분할과 조직의 분할은 경우에 따라 수익집단에 의한 조직의 포획(capture)을 초래할 수 있으며, 이는 나아가서 수익집단에 더욱 유리한 정책을 가져올 수도 있다. 정책의 분할은 또한 입법부의 소관 상임위원회의 변경을 가져올 수도 있다. 특정한 상임위원회에서 별로 호의적인 대접을 받지 못했던 사업이 다른 상임위원회의 소관으로 넘어가 입법부로부터 좀 더 호의적인 대접을 받게 되는 경우도 있다.

경우에 따라서는 조직의 분할에 의한 정책의 승계가 소기의 성과를 거두지 못하고 원상 복귀되기도 한다. 1964년 정권을 잡은 영국의 노동당 정부는 경제 문제에 관한 조정, 5개년계획의 수립, 산업정책의 수립 등을 담당할 경제부(Department of Economic Affairs)를 신설했다. 종전에 재무부가 담당하던 중기 경제정책을 신설된 경제부가 담당하고 재무부는 단기 경제정책을 관장하도록 했다. 그러나 재무부와 경제부 간의 분업은 용이한 문제가 아니었으며, 재정을 장악하고 있는 재무부의 승리로 돌아갔다. 1969년 9월 경제부는 폐지되고 말았다.[23] 우리나라에서도 상공부에서 분할되었던 동력자원부가 상공부와 통합해 산업자원부(현 산업통상자원부)가 되었다는 것은 잘 알려진 사실이다.

(4) 부분적 종결

정책의 일부는 지속하되 일부를 종결하는 부분적 종결(partial termination)은 단순한 정책의 감축과는 구별되어야 한다. 한 마디로 말해서, 부분적 종결은 정책의 양적 변동뿐만 아니라 질적 변동까지 포함하는 것이라 하겠다.

화학비료 생산과 화학비료 생산회사에 대한 출자 및 관리 등을 통해서 화학비료의 안정적 공급을 담당하던 한국종합화학비료주식회사가 비료 생산시설의 과잉과 수출 물량의 감소 등으로 인해, 3개의 직영공장은 처분하고 자회사(子會社)의 관리만을 담당하는 지주관리회사로 전환된 것은 부분적 종결의 좋은 예라 하겠다.[24] 3개 직영공장의 처분으로 종합화학의 업무가 양적으로 감소되었을 뿐만 아니라 질적으로도 변화되어 종전의 사업지주회사에서 주식 소유를 주된 사업으로 하는 순수지주회사로 전환된 것이다.[25]

부분적 종결은 여러 가지 이유로 인해 발생한다. 정책의 완전한 종결이 저항에 직면해 부분적 종결로 끝나는 경우가 있는가 하면, 완전한 종결의 전 단계로서 부분적 종결이 이루어지는 경우도 있다. 정책의 종결은 폭발형, 점감형 및 혼합형으로 나눌 수 있는데, 정책이 일시에 종결되는 폭발형의 경우에는 그 전 단계로서의 부분적 종결이 있을 수 없겠으나, 점감형이나 혼합형의 경우에는 완전한 종결의 전

23) W. Thornhill(ed.). *The Modernization of British Government*(London: Pitman, 1975), p. 70.
24) 정부투자기관평가단, 1983년도 정부투자기관 경영실적평가보고서(서울: 경제기획원, 1984), p. 71.
25) 순수지주회사와 사업지주회사에 관해서는 유훈, 앞의 책, p. 365 참조.

단계로서 부분적 종결이 발생한다. 미국항공우주국(NASA)의 대학연구지원사업이 3년 간에 걸쳐 단계적으로 종결되었는데 최종적으로 종결되기 전의 단계가 여기서 말하는 부분적 종결에 해당된다고 하겠다.[26]

부분적 종결은 중앙정부의 지방자치단체에 대한 특정 사업 보조금의 감소의 결과로도 발생할 수 있다. 영국의 보수당 정부가 집권하자 각급 학교의 급식사업에 대한 중앙정부 보조금을 감액하기로 결정했다. 중앙정부는 각 교육위원회에 지급되는 급식보조금의 금액만 삭감했으며 삭감된 보조금을 가지고 급식사업을 어떻게 운영하느냐는 교육위원회에 일임되었다. 교육위원회에 따라서는 피급식자의 부담을 인상하는 경우가 있었는가 하면 급식의 질이나 양을 줄이는 교육위원회도 있었다고 한다.

전술한 바와 같이 부분적 종결이 완전한 종결의 전(前) 단계로서 발생하는 경우가 있으나, 반대로 부분적 종결이 예기치 않은 완전한 종결을 초래하는 경우도 있을 수 있다. 영국 급식사업의 경우 중앙정부의 보조금 삭감으로 인해 일부 교육위원회에서 피급식자 부담을 인상한 결과 급식을 원하는 어린이들이 격감해 인상된 부담으로 급식을 원하는 어린이 1인당 부담이 너무 높아져 급식사업의 지속이 불가능하게 되는 현상이 발생했다는 것이다.[27]

(5) 비선형적 승계

전술한 선형적 승계가 기존의 정책이 전적으로 폐지되고 동일한 목표를 지닌 새로운 정책이 수립되거나 동일 분야에서 다소 다른 목표를 추구하는 새로운 정책이 수립되는 경우를 말하는데 대해, 비선형적 승계의 경우에는 새로 수립되는 정책이나 프로그램이 기존의 정책과는 목표 · 특징 · 조직 형태 등이 크게 다르다는 데 그 특색이 있다.

비선형적 승계의 대표적인 예를 미국의 주택정책에서 찾아볼 수 있다. 애런슨(Henry J. Aronson)에 의하면, 미국 주택정책이 걸어온 발자취를 살펴볼 때 여덟 개의 목표를 찾아볼 수 있다.[28] 1954년 법과 1961년 법은 과거의 정책을 계승하면서

---

26) Bardach, *op. cit.*, p. 125.

27) Hogwood & Peters, *op. cit.*, pp. 73–76.

28) Henry J. Aronson, "Policy Implication: Progress Report," in K. L. Bradbury & Anthony Downs (eds.), *Do Housing Allowances Work*(Washinton: Brookings Institution, 1981), p. 70.

새로운 규정을 추가했는데, 1956년 법과 1959년 법은 과거의 일부 규정을 존치하면서 일부는 폐지하고 새로운 규정으로 대치했다.

(6) 우발적 승계

예기치 않았던 원인 또는 계기로 인해 발생하는 정책승계를 호그우드와 피터스는 '우발적 정책승계'라고 부른다. 중요하지 않은 원인으로 발생한 정책승계가 정책의 수정을 제창한 사람들의 관점에서 볼 때에는 과히 중요하지 않을 것이나, 정책변동의 성공적인 집행을 원한다면 우발적 정책승계를 무시하는 것은 바람직하지 못하다고 하겠다.

우발적 정책승계의 대표적인 예를 영국 상수도사업의 광역화정책에서 찾아볼 수 있다. 종전에 지방자치단체들이 담당하고 있던 영국의 상수도사업이 1974년 4월 1일을 기해 10개의 수도공사(Water Authority)로 통합되었다. 지방자치단체가 관장하던 상수도사업이었으므로 주무관서인 환경부(Department of Environment)가 주도권을 쥐고 개편안을 마련했다. 그러나 정책수립 과정에서 농민단체들이 하수도사업과 하천관리사업에 대해 관심을 표명함에 따라 예기치 않게 농수산식량부(Ministry of Agriculture and Fisheries and Food)가 정책형성에 참여하게 되었으며, 정책의 수정이 이루어지고 환경부뿐만 아니라 농수산식량부도 수도공사에 대한 중앙정부의 통제에 관여하게 되었다.[29)]

Ⅱ 정책의 종결

1. 정책종결의 개념

(1) 정책종결의 정의

정책종결에 관해서는 여러 사람이 여러 가지로 정의하고 있다. 브루워(Gray A. Brewer)는 "역기능적이거나 중복되거나 낡았거나 불필요한 정책과 프로그램을 정비하는 것"이라고 정의하고 있으며,[30)] 드레온(Peter deLeon)은 "특정한 정부 기

29) Hogwood & Peters, *op. cit.*, pp. 79−80.
30) Gary A. Brewer, "Termination: Hard Choices−Harder Questions," *Public Administration Review*,

능 · 프로그램 · 정책 · 조직을 의도적으로 종식시키거나 중지하는 것"이라고 정의하고 있다.[31] "기존하는 정책의 의도적인 종식을 결정 · 집행하는 것"이라고 정의하는 사람도 있으나[32] 우리는 드레온의 정의에 다소 수정을 가해서 "특정한 정책을 의도적으로 종식시키거나 중지시키는 것"이라고 정의하고자 한다.

(2) 유사 개념

정책종결의 개념을 분명히 하기 위해서 이와 유사한 개념 두 가지를 살펴보려고 한다.

① **감축관리(減縮管理)**: 감축관리를 "역기능적이거나 중복 · 과다하거나 불필요한 기능 · 기구 · 인력 · 정책, 그리고 사업 등을 의식적으로 정비하는 결정과 집행을 의미한다"고 정의하는 사람이 있으나,[33] 우리는 감축관리를 "자원소비를 낮추고 조직 활동을 줄이는 방향으로 조직의 변혁을 유도하는 것"이라고 정의한 바 있다.[34]

감축관리와 정책종결을 동일한 개념으로 보는 사람도 있으나 개념상 양자는 구별되어야 할 것으로 생각된다.

첫째, 드레온과 같이 정책의 종결을 기능, 조직, 정책, 사업의 종결을 포함하는 넓은 뜻으로 해석할 때에는 양자의 개념이 많이 접근하나,[35] 일반적으로 정책을 기능, 조직, 사업까지 포함하는 넓은 개념으로 보기는 어려우므로 양자를 동일한 개념이라고 하기에는 문제가 있다.

둘째, 정책종결은 정책을 종식시키거나 중지시키는 것을 의미하는 데 대해, 감축관리는 기능, 기구, 인력, 정책 등을 종식시키거나 폐지하는 것뿐만 아니라 규모를 줄이는 것까지 포함한다고 하겠다.

한 마디로 말해서, 감축관리는 정책종결보다 넓은 개념이라고 할 수 있다. 따라서 개념상 양자는 구별되어야 하나 감축관리에 적용되는 이론이 일반적으로 그대

July–August 1978, p. 338.

31) DeLeon, *op. cit.*, p. 370.

32) 허범, "정책종결의 본질과 전략," 사회과학(성대 사회과학연구소), 제17집(1979), p. 91.

33) 허범, "기본정책의 관점에서 본 한국 행정의 감축관리," 김운태 편, 한국정치행정의 체계(서울: 박영사, 1982), p. 282.

34) 유훈, "감축관리와 예산 절감," 지방재정, 1983년 5월호, p. 17.

35) Peter deLeon, "A Theory of Policy Termination," in Judith May & Aaron Wildavsky(eds.), *The Policy Cycle*(Beverly Hills: Sage Publications, 1978), p. 283.

로 정책종결에도 적용될 수 있다고 하겠다.

② **조직의 쇠퇴**: 조직론에서 말하는 조직의 쇠퇴(organizational decline)란 조직의 인력, 이윤, 예산, 고객 등의 규모를 감축하거나 조직이 침체하는 것을 말한다.36) 한 마디로 말해서, 조직의 쇠퇴는 조직의 감축(cutback)과 침체(stagnation)를 포함하는 개념이라 할 수 있는데, 조직의 침체는 반드시 수입의 감소를 수반하는 것이 아닌 데 대해, 조직의 감축은 항상 수입의 감소를 초래한다.

이와 같이 조직의 쇠퇴를 볼 때 이는 정책의 종결보다 넓은 개념일 뿐만 아니라 감축관리보다도 광범위한 개념이라 할 수 있다. 위에서 말한 조직의 감축은 감축관리와 유사한 개념으로서 의도적으로 조직의 인력, 이윤, 예산, 고객 등을 줄이는 것인 데 대해, 조직의 침체는 비의도적인 현상이라 할 수 있겠다.

2. 정책종결의 특징

정책종결의 이론 정립을 시도한 벤(Robert Behn)이나 드레온의 뒤를 이어서 최근에 다니엘스(Mark R. Daniels)도 많은 사례 연구의 결과를 토대로 정책종결의 특징으로서 다음의 몇 가지를 제시했다.37)

(1) 예산 외의 요인

경제적·재정적 요인으로 종결되는 정책이 있기는 하나 많은 경우 정책은 다른 요인으로 인해 종결된다는 것이 다니엘스의 주장이다. 많은 경우 정책의 종결은 예산의 절감을 가져오는 것이 아니며 적어도 단기적으로는 예산의 팽창을 가져온다는 것이다.

설령 예산의 절감이 정책종결의 동기라 하더라도 그것만으로는 정책의 종결이 이루어지기가 어려운 경우가 많다는 것이다.

(2) 종결에 대한 정치적 저항

다니엘스는 정책종결이 반대 세력의 저항으로 이루어지기가 어려우며 정치적 요인의 영향을 크게 받는다고 주장한다. 미국 공군 당국이 B-1폭격기의 성능에

36) David Whetten, "Sources, Responses, and Effects of Organizational Decline," in John R. Kimberly, Robert H. Miles & Associates, *The Organizational Life Cycle*(San Francisco: Jossey-Bass, 1980), pp. 345-346.

37) Mark R. Daniels, *Terminating Public Program*(Armonk: M.E. Sharpe, 1997), pp. 69-80.

대해서 회의를 표명한 후에도 B-1폭격기의 제조가 종결되지 않은 것은 하청업자들과 그들을 옹호하는 국회의원들의 저항에 그 원인이 있다고 하겠다. 미 해군은 기지 폐쇄의 위협에 직면하면 그 지방의 노동조합, 관련 기업, 그 지방 출신의 국회의원 등을 동원해서 기지 폐쇄를 반대하는 경우가 많다고 한다.[38]

(3) 반대 세력 무마의 필요성

정책종결을 이룩하기 위해서는 반대 세력의 무마가 필요한 경우가 많은데 흔히 사용하는 방법은 코옵테이션(co-optation)이다. 매사추세츠 주의 주립직업훈련학교를 폐교하려는 노력이 직원들의 거센 반대에 직면하자 학교는 폐쇄하되 직원들은 해임하지 않았다고 한다.[39] 우리나라 야간통행 금지 폐지의 경우 국방상 이유로 국방 당국의 저항이 있자 전방 접적 지역과 해안지대는 통금 해제에서 제외함으로써 반대 세력을 무마했다고 할 수 있다.

(4) 이념적 요인의 주요성

정책종결의 실현 또는 좌절에서 이념적 요인이 중요한 역할을 한다. 1970년대 후반에 시작된 공기업의 민영화는 영국 보수당의 집권과 미국의 레이건 행정부의 등장으로 인한 정치의 보수화 회귀에 그 원인이 있다고 하겠다. 우리나라 제1공화국의 북진통일정책과 같은 비현실적인 정책이 10여 년 이상 종결되지 않고 지속된 이유도 이념적인 요인에서 찾을 수 있다.

후술하는 바와 같이 이스라엘의 키부츠(Kibbutz)는 1980년대 후반부터 적자 운영을 면치 못했으며, 경제적인 관점에서 볼 때 더 이상 유지할 이유가 없었으나 이념적인 요인으로 폐지되지 않고 연명하고 있다는 것이 해리스(Michael Harris)의 주장이다.[40]

(5) 부활의 가능성

정책종결의 실현이나 좌절이 정치적 요인이나 이념적 요인의 영향을 많이 받는 까닭에 한 번 종결되었던 정책이 부활하는 경우가 있다.

---

38) DeLeon, "Public Policy Termination," p. 384.

39) Robert D. Behn, "Closing the Massachusetts Public Training Schools," *Policy Sciences*, June 1976, pp. 151-171.

40) Michael Harris, "Policy Termination: Uncovering the Ideological Dimension," *International Journal of Public Administration*, No. 12, 1997, p. 2170.

미국의 B-1폭격기가 좋은 예인데 그 유효성이 문제되어 한때 제조가 중단되었던 B-1폭격기가 다시 살아나 규모는 줄어들었으나 다시 제조를 시작했다. 종결된 정책이 되살아난 사례는 그린우드(Justin Greenwood),[41] 설스키(Abran N. Schulsky),[42] 왈러스타인(Michel B. Wallerstein) 등의 글에서도 찾아볼 수 있다.[43] 우리나라의 토지공개념 정책의 경우 1998년에 종결되었으나 토지 투기가 되살아나고 지가가 다시 앙등하는 경우 부활할 가능성이 있다고 하겠다.

(6) 예측의 곤란

정책의 종결은 이루어지기가 어려울 뿐만 아니라 종결 여부나 종결의 시기를 예측하기가 어렵다는 것이 다니엘스의 주장이다. 베스트(Samuel Best) 등은 미연방정부 독립규제위원회 중 가장 긴 역사를 자랑하는 주간상업위원회(Interstate Commerce Commission)가 폐지될 것이 예측되나 언제 폐지될 것인지 단언하기가 어렵다고 주장하고 있다.

이것은 어느 국가에서나 찾아볼 수 있는 현상이나 특히 다수의 거부권 행사기관(veto points)을 보유하는 미국과 같은 국가에서 더욱 두드러지게 나타나는 현상이다.

3. 정책종결의 요인

정책의 종결을 가져오는 원인으로서 여러 가지를 들 수 있다. 저자는 다른 곳에서 휘튼(David Whetten)의 조직 쇠퇴의 원인을 원용해 정책종결의 원인을 검토한 바 있으나,[44] 여기에서는 드레온과 다니엘스의 견해를 빌어 정책종결의 요인을 살펴보고자 한다.[45]

---

41) Justin Greenwood, "The Succession of Policy Termination," *International Journal of Public Administration*, No. 12, 1997, pp. 2121-2158.

42) Abram N. Shulsky, "Abolishing the District of Columbia Motor Cycle Squad," *Policy Sciences*, June 1976, pp. 183-197.

43) Mitchel B. Wallerstein, "Terminating Entitlements: Veterans' Disability Benefits in the Depression," *Policy Sciences*, June 1976, pp. 173-182.

44) 유훈, "정책의 종결," pp. 56-70.

45) DeLeon, "Policy Evaluation and Program Termination," pp. 634-635; Daniels, "Introduction," pp. 2046-2047.

(1) 경제적 · 재정적 요인

정책종결을 가져오는 첫째 요인으로서 경제적 · 재정적 요인을 들 수 있다. 다니엘스는 정치적 요인의 중요성을 강조하고 경제적 · 재정적 요인을 덜 중요시하나, 근래에 와서 정책종결이 다시 많은 사람들의 관심을 모은 이유를 경제적 · 재정적 요인에서 찾아야 할 것 같다.

후술하는 바와 같이 우리나라에서 통일벼 장려정책이 종결될 수밖에 없었던 것은 국민의 양질미 선호 성향으로 통일벼의 재고가 늘어나고 양곡관리기금의 결손이 연간(1993년의 경우) 1조 8,389억 원에 달한 데 그 원인이 있다고 하겠다.

(2) 능률성의 제고

능률성을 제고하기 위해 정책이 종결되는 경우를 많이 찾아볼 수 있다. 맥나마라 국방장관이 스카이볼트 미사일 프로그램을 종결한 것은 이보다 더 능률적인 대안이 있다고 확신한 까닭이다.[46)]

최근 각국에서 일몰법이나 일몰 규정에 의해 조직이나 정책이 폐지되는 이유는 대부분 능률성의 제고에서 찾을 수 있다.[47)]

(3) 정치적 및 이데올로기적 요인

정치적 요인과 이데올로기적인 요인으로 정책이 종결되거나 종결되어야 할 정책이 종결되지 않는 경우를 흔히 볼 수 있다. 닉슨 대통령이 경제기회청(Office of Economic Opportunity)을 폐지한 이유는 정치적 이데올로기에서 찾을 수 있으며,[48)] 경제적 관점에서 볼 때 마땅히 폐지되어야 할 이스라엘의 키부츠(Kibbutz)가 폐지되지 않은 이유도 이데올로기적인 측면에서 찾을 수 있다.[49)] 후술하는 바와 같이 우리나라에서 야간통행 금지가 폐지된 이유는 다른 무엇보다도 정치적인 요인에서 찾을 수 있다.

(4) 행태이론의 변화

드레온이 제시한 상술한 세 가지 요인 외에 다니엘스는 정책종결의 또 하나의

46) A. C. Enthoven & K. W. Smith, *How Much is Enough?*(New York: Harper and Row, 1971).
47) Richard C. Kearney, "Sunset: A Survey and Analysis of State Experience," *Public Administration Review*, January–February 1990, pp. 49–57.
48) Daniels, "Introduction," p. 2046.
49) Harris, *op. cit.*, p. 2170.

요인으로 행태이론의 변화를 들고 있다.

과거에는 정신병 환자는 정신병원에 격리시켜 치료하는 것이 정상적이라고 생각했으나, 1950년대에 행태이론에 의해 격리 수용 치료보다는 지역사회에 기초를 둔 치료 방법(Community-Based Treatment)이 바람직하다는 것이 정설로 등장했다. 이리하여 미국의 많은 주에서는 다수의 정신병원이 폐쇄되기에 이르렀다는 것이다.[50)]

(5) 실현 가능성

실험적인 성격(trial-type)의 정책에서 볼 수 있는 현상인데, 사회 문제의 성격상 정책집행 과정에서 예기치 않았던 난관에 봉착하게 되어 정책의 실현 가능성에 의문이 제기되었을 때 정책의 종결이 일어나게 된다.

실험적인 정책이 많은 것은 아니나 1960년대 미국의 존슨 대통령이 추진한 빈곤, 소년범죄, 실업, 도시 문제, 인종차별, 남녀차별 등에 관련된 정책 중에는 이러한 성격의 정책들이 있었다.

우리나라의 토지공개념 정책도 이 유형에 속한다고 볼 수 있다. 사람에 따라 견해가 다르겠으나 토지공개념 정책의 종결을 이러한 관점에서 볼 수도 있을 것이다.

제 4 절 정책변동모형

I 초기의 정책변동모형

1. 정책변동에 관한 제모형

정책변동의 요인이나 과정에 관해서는 그동안 많은 모형이 제시되어 왔다. 이러한 모형 중에는 처음부터 정책변동을 설명하기 위하여 제시된 모형도 있고, 정책

50) Valerie J. Bradley, "Policy Termination in Mental Health: The Hidden Agenda," *Policy Sciences*, June 1976, pp. 215-224.

의제 설정을 설명하기 위한 모형이 있는가 하면 정책산출에 관한 모형도 있다.

콥(Roger Cobb), 로스(Jennie-Keith Ross) 및 로스(Marc Howard Ross)는 정책의제 설정을 누가 주도하느냐에 따라서 i) 외부주도모형, ii) 동원모형, iii) 내부주도모형으로 나누고 있는데,[51] 사람에 따라서 이 모형을 정책변동을 설명하는 모형으로 사용하기도 한다.

전술한 바와 같이 정책변동에 관해서 비교적 포괄적인 분석을 시도한 호그우드(Brian Hogwood)와 피터스(B. Guy Peters)는 정책변동을 크게 네 가지로 대별하고 그중 정책승계에 관해서 구체적으로 검토하고 있다.

우리는 여기에서 정책변동에 관한 이러한 모형 중에서 주로 정책변동의 요인과 과정을 분석하는 데 사용하는 모형을 검토하고자 하는데, 이 항에서는 초기의 정책변동모형으로서 호파버트(Richard Hofferbert)의 모형을 살펴보고, 다음 항에서 최근의 모형으로서 사바티어(Paul Sabatier)의 모형을 포함해 네 가지 모형을 고찰하고자 한다.

2. 호파버트의 모형

호파버트의 모형은 정책변동에 관한 모형이라기보다는 정책산출에 관한 모형이나 정책변동을 설명하는 데 활용되고 있다.

호파버트는 정책산출에 영향을 미치는 요인으로서 i) 역사적 · 지리적 조건, ii) 사회 · 경제적 구성, iii) 대중정치행태, iv) 정부기구, v) 엘리트행태를 들고 있다. 이러한 요인들이 직접 또는 간접으로 정책산출에 영향을 미친다는 것이 호파버트의 주장이다.[52]

이 모형을 가지고 정책변동을 설명한다면 역사적 · 지리적 조건은 쉽사리 변하지 않겠지만 그 국가의 사회 · 경제적 구성이 변하고 대중정치형태나 정부기구, 엘리트행태가 달라짐에 따라 정책이 변한다는 것이다. 예를 들면, 경제발전이 이루어지고 교육수준이 향상되고 노령화가 진행됨에 따라 정책의 변동이 일어날 수 있다는 것이다. 대중정치행태의 경우에도 야도여촌이라는 대중정치행태가 변함에 따라

51) Roger Cobb, Jennie-Keith Ross & Marc Howard Ross, "Agenda Building as a Comparative Political Process," *American Political Science Review*, March 1976, pp. 127-128, 137-138.

52) Richard Hofferbert, *The Study of Public Policy*(Indianapolis: Bobbs-Merrill, 1974), pp. 225-232.

정책이 변할 수 있으며, 정부기구의 경우 환경청이 환경처를 거쳐 환경부로 승격함에 따라 환경정책의 변동이 일어날 수 있는 것이다.

Ⅱ 최근의 정책변동모형

1. 사바티어의 지지연합모형

호파버트의 모형이 본래 정책산출을 위한 모형인 데 대해, 사바티어의 지지연합모형(advocacy coalition model)은 처음부터 정책변동을 설명하기 위한 모형이라는 사실에 유의할 필요가 있다.

(1) 외부적 요인

[그림 3-1]과 같이 정책하위체제에 영향을 미치는 외부적 요인으로 크게 두 가지를 들 수 있는데 첫째는 비교적 안정된 체제파라미터(system parameter)이며, 둘째는 다소 역동적인 외부적 요인이다. 비교적 안정된 체제파라미터에 속하는 것으로서는 i) 정책문제의 특성, ii) 천연자원의 배분, iii) 사회·문화적 가치 및 사회구조, iv) 기본적 헌법구조를 들 수 있다. 사바티어가 '외부적 사건(external event)'이라고 부르는 다소 역동적인 요인으로서는 i) 사회·경제적 여건의 변화, ii) 통치집단의 변화, iii) 다른 하위체제로부터의 영향 및 정책결정을 들 수 있다.[53)]

후술하는 바와 같이 홀(Peter A. Hall)이 외부의 경제적·사회적·정치적 위기가 정책변동을 초래한다고 함으로써 구체성이 결여되어 있다는 비판을 받고 있는데 대해, 사바티어는 정책체제에 영향을 미치는 외부적 요인을 비교적 안정적인 요인과 다소 역동적인 요인으로 대별하고 이를 다시 세분하고 있는 것이다.

---

53) Paul A. Sabatier, "An Advocacy Coalition Framework of Policy Change and the Role of Policy-Oriented Learning Therein," *Policy Sciences*, No. 2-3, 1988, pp. 134-137.

그림 3-1 사바티어의 정책변동모형

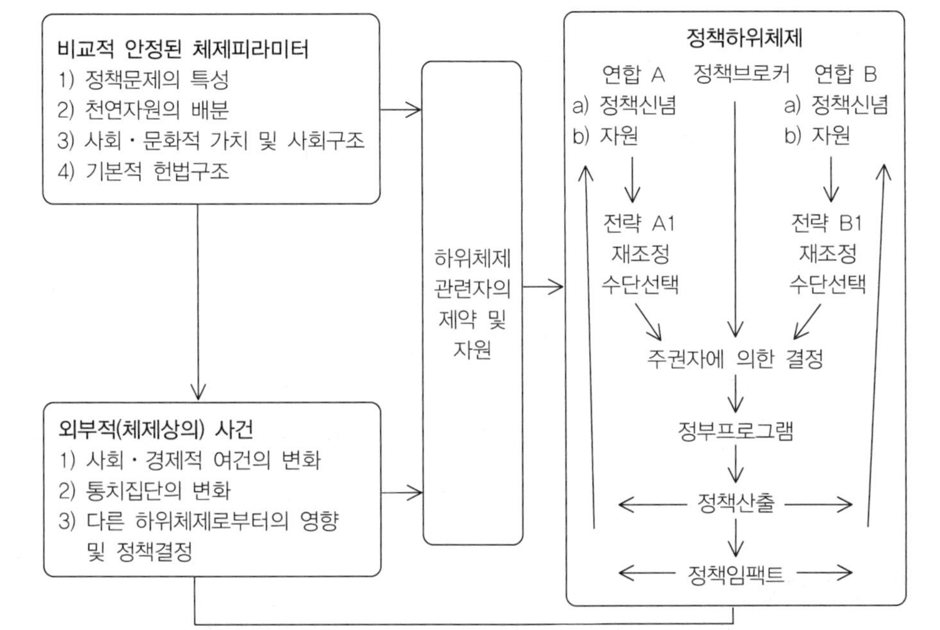

(2) 정책체제

다음에 정책체제 내부를 살펴본다면 관련자(actors)는 몇 개의 지지연합(advocacy coalition)을 구성하는데, 이들은 정책에 관한 신념과 자원을 공유하여 각각 그들 나름대로의 전략을 지니고 있다. 이러한 지지연합들 간의 대립과 갈등을 중재하는 제3자를 사바티어는 '정책브로커(policy broker)'라고 부른다. 이러한 과정을 통하여 정부프로그램이 나오며 거기에서 정책산출이 나오고 정책임팩트(impact)를 가져온다.[54)]

(3) 정책변동의 요인

위의 설명에서 어느 정도 자명해졌으나 사바티어가 들고 있는 정책변동의 요인을 다시 한번 정리하면 다음과 같다.

54) *Ibid.*, pp. 137－141.

① **외부적 요인**

외부적 요인의 변동이 정책변동을 초래한다. i) 정책문제의 특성, ii) 천연자원의 배분, iii) 사회·문화적 가치 및 사회구조, iv) 기본적 헌법구조와 같은 요인은 비교적 안정적이나 다소 가변적이며 역동적인 외부적 요인으로서 i) 사회·경제적 여건의 변화, ii) 통치집단의 변화, iii) 다른 하위체제로부터의 영향 등을 들 수 있다. 이러한 요인들의 변동이 정책의 변동을 초래한다는 것이다.

② **내부적 요인**

정책변동의 요인으로서 외부적 요인과 함께 내부적 요인도 들 수 있다. 사바티어가 지적하고 있는 바와 같이 특정한 정책을 둘러싼 지지연합들은 비교적 안정적이다. 그러나 이러한 지지연합이 외부적 요인의 영향을 받거나 그 밖의 이유로 재편성될 수 있으며 다수파였던 지지연합이 소수파로 전락할 수 있다는 것이다. 지지연합의 재편성으로 소수파가 다수파가 될 때 정책의 변동이 일어남은 더 말할 필요가 없다.

③ **정책 학습**

정책변동에 영향을 미치는 요인으로서 사바티어는 정책지향적 학습(policy-oriented learning)을 강조하고 있는데, 이는 위에 지적한 두 가지 요인 중에서 내부적 요인에 속한다고 할 수 있겠다. 정책학습은 지지연합 내에서도 이루어질 수 있겠으나 다른 지지연합으로부터의 학습도 가능하다.[55]

최근에 와서 로즈(Richard Rose)는 정책변동에 영향을 주는 요인으로서 다른 무엇보다 정책학습을 강조하고 있다.[56] 정책학습은 외국의 전례나 경험으로부터 가능할 뿐만 아니라 과거의 경험,[57] 역사로부터도 가능하다는 주장이 제기되고 있다.[58]

55) *Ibid*., pp. 149-151.

56) Richard Rose, "What is Lesson-Drawing?," *Journal of Public Policy*, January-March 1991, pp. 3-30.

57) Colin J. Bennett, "How States Utilize Foreign Evidence," Journal of Public Policy, January-March 1991, pp. 31-54: Peter J. May, "Policy Learning and Failure," *Journal of Public Policy*, October-December 1992, pp. 331-354: Colin J. Bennett & Michael Howlett, "The Lessons of Learning: Reconciling Theories of Policy Learning and Policy Change," *Policy Sciences*, August 1992, pp. 275-294.

58) Richard E. Neustadt & Ernest R. May, *Thinking in Time: The Use of History for Decision Makers* (New York: Free Press, 1986).

2. 킹돈의 모형

킹돈(John Kingdon)의 정책흐름모형은 원래 정책의제 설정을 위한 모형으로 제시된 것이나 근래에 와서 이 모형을 정책형성·정책집행·정책평가에 적용하는 사람이 있는가 하면,[59] 정책변동을 설명하는 데 활용하는 사람도 있다.

킹돈에 의하면 지표의 변동, 위기 또는 재난, 환류 등으로 이루어지는 정책문제의 흐름과 정권의 교체, 국회의석 수의 변화, 국민적인 분위기, 이익집단의 압력 등으로 구성되는 정치의 흐름과 정책제제의 분화 정도, 정책활동가의 활동, 이익집단의 개입 등으로 이루어지는 정책(정책대안)의 흐름이 결합하여 정책의제 설정이 이루어진다고 보나,[60] 우리는 이 세 가지 흐름 중 2개 또는 3개가 결합할 때 변동의 창(window)이 열리고 정책변동이 이루어진다고 보고자 한다.

킹돈의 모형에 있어서 가장 핵심적인 문제의 하나가 언제 창(window)이 열리느냐 하는 문제라고 하겠다. 킹돈은 전술한 바와 같이 세 가지 흐름 중 2개 또는 3개가 결합하면 창이 열린다고 했지 창의 종류를 분류하지는 않았으나 호렐(Michael Howlett)과 라메쉬(M. Ramesh)는 킹돈의 견해를 토대로 하여 <표 3-3>과 같이 제도화 또는 예측 가능성이라는 관점에서 창을 네 가지로 분류하고 있다.

표 3-3 킹돈의 창의 종류

예측 가능성	창의 종류	내용
높다 ↑	정기적·반복적 창 (routine windows)	제도화된 절차적 사건이 창을 열게 한다.
	스필오버 창 (spillover windows)	이미 창이 열려진 이슈와 관련이 있는 이슈가 끌려 들어가는 경우
	재량적 창 (discretionary windows)	개별적 정치활동가의 행태가 창을 열게 한다.
낮다 ↓	무작위적 창 (random windows)	우연적이며 무작위적인 사건이나 위기가 창을 열게 한다.

59) James E. Skok, "Policy Issue Networks and the Public Policy Cycle: A Structural-Functional Framework for Public Administration," *Public Administration Review*, Juely-August 1995, pp. 325-331.

60) John W. Kingdon, Agendas, *Alternatives and Public Policies*(Boston: Little, Brown and Co., 1984), pp. 95-172.

위의 네 가지 창 중에서 정기적·반복적 창이 열리는 것이 가장 예측가능성이 높으며 무작위적 창이 열리는 것이 가장 예측 가능성이 낮다고 하겠다.61)

그림 3-2 킹돈의 모형을 토대로 한 정책변동모형

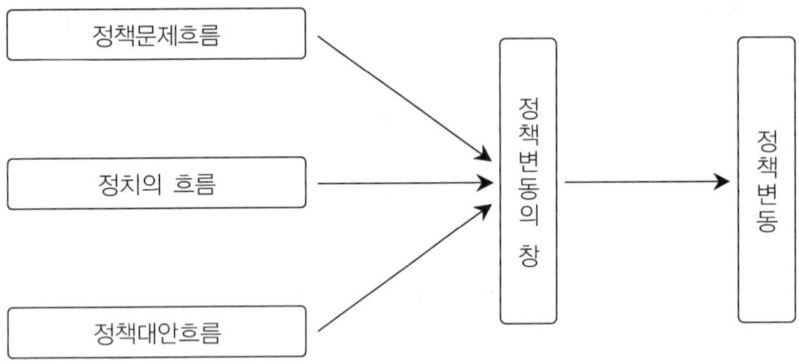

3. 홀의 모형

사바티어는 핵심적인 신념의 변동으로 인한 근본적인 정책변동이 쉽지 않다는 것을 암시하고 있는 데 대하여 영국 경제정책의 변동을 연구한 홀(Peter A. Hall)은 패러다임변동(paradigm shift)에 의거한 근본적인 정책변동이 가능하다고 보고 있다.62)

홀은 패러다임변동이 한꺼번에 일어나는 것이 아니라 i) 패러다임안정기에서, ii) 변이의 축적기, iii) 실험기, iv) 권위의 손상기, v) 경합기를 거쳐서, vi) 새로운 패러다임의 정착기로 이행한다고 주장한다. 이어서 홀은 구체적으로 영국의 경제정책이 어떻게 케인스주의에서 통화주의로 전환했는지를 살펴보고 있다.

여기서 한 가지 특기할 것은 홀도 사바티어와 같이 정책변동 과정에 있어서의 정책학습의 중요성을 강조하고 있으며, 사회적 학습으로서 정치와 권력투쟁으로서의 정치가 서로 얽혀 있다는 사실을 강조하고 있다는 점에서63) 킹돈의 정책흐름모

61) Michael Howlett & M. Ramesh, *Studying Public Policy: Policy Cycles and Policy Subsystems*, second edition(Oxford: Oxford University Press, 2003), pp. 137－138.

62) Peter A. Hall, "Policy Paradigms, Social Learning, and the State: The Case of Economic Policy-making in Britain," *Comparative Politics*, April 1993, pp. 279－280.

63) *Ibid.*, p. 292.

형과도 일맥상통한 점이 있다는 것을 알 수 있다.

4. 머치아로니의 모형

(1) 이익집단위상 변동모형

머치아로니(Gary Mucciaroni)는 1995년에 발간된 그의 『위상의 반전: 공공정책과 이익집단』이라는 저서에서 이익집단의 위상이 어떻게 기복을 거듭하는가를 4개의 사례 연구를 통하여 고찰하고 있다.[64]

머치아로니는 이익집단의 위상의 기복을 설명하는데 i) 이슈맥락(issue context)과, ii) 제도적 맥락(institutional context)이라는 두 가지 변수를 사용하고 있는데, 후술하는 바와 같이 그는 이슈맥락보다 제도적 맥락을 더 중요시한다.

머치아로니는 정책의 변동에 따라 이익집단의 위상이 어떻게 부침을 거듭했는가를 고찰하고 있으나, 후술하는 바와 같이 그의 모형은 정책변동을 설명하는 모형으로서 활용할 수 있다고 생각한다.

① 이슈맥락

머치아로니가 말하는 이슈맥락이란 이념적인 것이건, 경험적인 것이건, 환경적인 것이건 간에 정책의 유지 또는 변동에 영향을 미치는 요인을 망라한 것이라 하겠다.[65] 이렇게 볼 때 머치아로니의 이슈맥락은 킹돈의 정책문제의 흐름과 정책대안의 흐름을 통합한 것이라 할 수 있을지 모른다.

후술하는 바와 같이 이슈맥락과 제도적 맥락이 함께 특정한 이익집단에게 유리할 때에는 그 이익집단에게 유리한 정책이 계속 유지되거나 불리한 정책이 유리하게 변동한다는 것이다. 그러나 이슈맥락이 특정한 이익집단에게 유리하더라도 제도적 맥락이 불리할 때에는 정책이 불리하게 돌아간다는 것이 머치아로니의 주장이다. 다시 말해서, 정책이나 이익집단의 위상에 미치는 영향이 제도적 맥락이 이슈맥락보다 강하다는 것이다.

② 제도적 맥락

머치아로니는 제도적 맥락을 광의로 해석하여 입법부와 행정부의 구성원들의

---

64) Gary Mucciaroni, *Reversals of Fortune: Public Policy and Private Interests*(Washington, D.C.: Brookings Institution, 1995).

65) *Ibid*., pp. 10−13.

특정한 정책이나 산업에 대하여 지니고 있는 선호나 행태를 포괄적으로 지칭하는 것으로 해석된다.

그는 특히 의회의 상임위원회의 위상과 정치적 리더십에 대하여 많은 관심을 표명하고 있다. 1980년대까지 소득보상적 농업정책이 상승세를 탔을 뿐만 아니라, 1990년대에 들어와서 시장지향적 농업자립정책으로 전환해야 한다는 주장이 강하게 제기되었음에도 불구하고 소득보상적 농업정책의 현상유지가 가능했던 것은 의회 상·하양원의 농업위원회의 강력한 뒷받침이 있었던 까닭이라고 보고 있다.

반대로 의회의 다수의원이 소극적이었음에도 불구하고 제도개혁과 규제완화가 가능했던 것은 포드, 카터 및 레이건 등의 역대 대통령과 하원세입위원회 로스텐코스키 위원장의 강력한 리더십 덕택이었다는 것이 머치아로니의 주장이다.66)

(2) 정책변동모형으로서의 활용

① 집단위상 변동모형의 변형

머치아로니의 궁극적인 목적은 집단위상의 변동을 이슈맥락과 제도적 맥락으로 설명하는데 있으나, 집단위상의 변동이 정책의 변동을 매개변수로 하여 이루어진다는 것은 그도 인정하고 있는 바이며, 실제로 '정책변동(policy change)'이라는 용어 자체를 빈번히 사용하고 있다.67) 따라서 그의 집단위상 변동모형을 정책변동의 관점에서 [그림 3-3]과 같이 변형시킬 수 있다고 생각한다.

그림 3-3 머치아로니의 모형

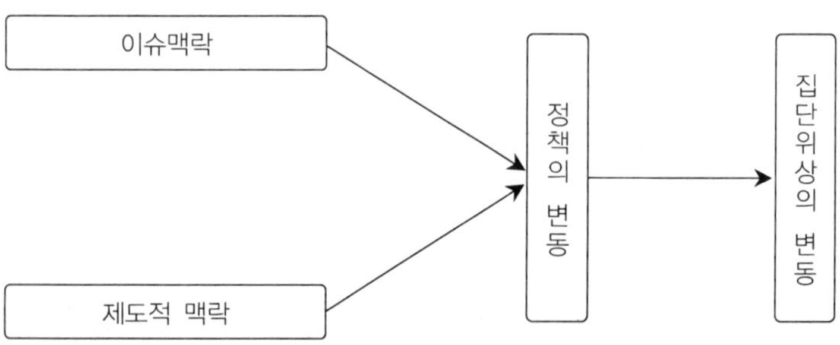

66) *Ibid.*, pp. 18-23.
67) *Ibid.*, p. 176.

② 제도적 맥락과 신제도론

머치아로니의 모형을 정책변동모형으로서 활용함에 있어서 유의해야 할 점이 있다. 제도적 맥락의 중요성을 강조하는 그의 주장이 신제도론에 입각하고 있다는 오해를 받을 우려가 있다는 사실이다.

우리는 정치학의 최근 경향의 하나로서 '제도의 재발견' 또는 '신제도론'을 든다.[68] 신제도론은 한 마디로 말해서, '제도'의 역할에 주목하고 제도가 행위자로서의 이익집단이나 정치인·관료의 행동을 제약하고 촉구함으로써 정책과정의 산출로서의 정책에 중요한 영향을 미친다고 보는 것이다.[69]

머치아로니는 제도적 맥락의 중요성을 강조하기는 하나 제도의 구조적 측면(structural aspects)을 강조하는 신제도론관는 달리 그의 제도적 맥락은 정책결정자들의 선호나 행태까지도 포함하는 것으로 해석하며 제도가 정책을 결정한다는 제도적 결정론(institutional determinism)을 경계한다.[70] 그는 제도가 정책에 미치는 영향은 자동적인 것이 아니라 여러 가지 상황에 달려 있다는 것을 강조하고 정책변동과 제도의 변혁은 상호 작용적 과정이라는 말로써 결론을 맺고 있다.[71]

5. 바움가트너와 존스의 중단적 균형이론

진화적 생물학이론에서 빌려 와 미국 정책의 결정과정을 설명하는 중단적 균형(punctuated equilibrium)이론은 정책변동 요인에 역점을 두는 이론이라기보다는 정책은 안정을 원칙으로 하다가 급격한 변동기를 경험하나 다시 안정으로 복귀하는 현상을 기술한 것이라 하겠다. 그러나 이들이 정책변동 요인에 관한 분석을 소홀히 한 것은 아니다.

(1) 정책독점

정책이 안정을 지속하는 원인은 정책독점(policy monopoly)에 있다는 것이다. 정책독점은 하위정부(sub-government)이론과 일맥상통하는 것으로서 특정한 정

68) James G. March & John P. Olsen, *Rediscovering Institutions: The Organization Basis of Politics* (New York: Free Press, 1989).

69) James G. March & Johan P. Olsen, "The New Institutionalism: Organizational Factors in Political Life," *American Political Science Review*, September 1984, pp. 734-749.

70) Mucciaroni, *op. cit.*, p. 175.

71) *Ibid.*, p. 292.

책분야에 있어서 정책결정자들이 정책결정을 독점한다는 주장이다.[72)]

(2) 독점붕괴의 요인

그러나 이러한 정책독점이 무한정 계속되는 것은 아니며 언젠가는 붕괴하기 마련인데, 바움가트너(Frank A. Baumgartner)와 존스(Bryan D. Jones)는 그 요인으로서 다음의 세 가지를 들고 있다.

첫째로 대중매체의 관심의 집중이 정책독점의 붕괴를 가져올 수 있다는 것이다. 제2차 세계대전 직후 미국 원자력에 관한 정책은 원자력위원회(Atomic Energy Commission), 원자력발전회사, 민간 및 군 원자력관계기관, 의회의 원자력합동위원회(Joint Committee on Atomic Energy) 등이 독점하였다. 그러나 원자력에 대한 관심이 낮았던 이익집단과 국민대중이 점차 원자력의 안전성과 소요경비에 관심을 가지게 되었다. 이리하여 1970년대 중반에는 의회의 원자력합동위원회가 해체되고 원자력위원회도 폐지되었으며, 새로이 핵규제위원회(Nuclear Regulatory Commission)가 탄생하게 되었다. 이 모든 것이 1970년대 초에 대중매체가 원자력에 관해서 대대적으로 보도하고 국민들의 원자력에 관한 관심이 증대된 데 그 원인이 있다고 하겠다.

둘째는 첫째와 밀접한 관련이 있는 것인데 관심의 증대란 부정적 관심의 증대를 의미한다. 전술한 원자력의 경우를 예로 든다면 '싸고 안전한 에너지'로서의 원자력에 관한 이미지(image)가 '위험하고 고가의 에너지'로 바뀌었다는 것이다. 이러한 부정적 이미지는 1979년의 스리마일 섬(Three Mile Island) 원자력발전소 사고와 1982년 워싱턴(Washington) 주 원자력발전소의 수십억 달러에 달하는 회사채 채무불이행사건으로 더욱 심화되었다고 하겠다.

셋째로 정책결정 과정에 변동을 초래하려는 집단들이 그들의 주장을 관철시키기 위하여 새로운 통로(venue)를 모색한다는 것이다. 대중매체나 사법부도 새로운 통로가 될 수 있으며 주정부나 지방자치단체 등도 통로가 될 수 있다는 것이다. 이 통로의 모색이 의회의 상임위원회나 분과위원회 제도의 개혁으로 나타날 수도 있다는 것이다.[73)]

---

72) 유훈, "정책네트웍의 유형과 변동," 행정논총, 제36권 제1호(1998) 참조.

73) Frank A. Baumgartner & Bryan D. Jones, *Agendas and Stability in Americal Politics*(Chicago: University of Chicago Press, 1993), pp. 6–9; Thomas A. Birkland, *An Introduction to the Policy*

제 5 절 정책변동과 정책집행

I 정책변동이 정책집행에 미치는 영향

전술한 바와 같이 넓은 의미의 정책변동은 정책의 쇄신, 정책의 승계, 정책의 유지 및 정책의 종결을 포함하나 이 중 핵심적인 것은 정책의 승계와 종결이므로, 여기에서는 이 두 가지가 정책집행에 미치는 영향을 중점적으로 고찰하고자 한다.

1. 정책승계가 정책집행에 미치는 영향

정책승계의 일종인 정책 통합의 예로서 우리나라의 건설부와 교통부를 통합해서 설립된 건설교통부(현 국토교통부)의 경우를 살펴본다면 정책의 승계가 정책집행에 어떠한 영향을 미쳤는지 알 수 있다. 조직적 측면, 법률적 측면, 예산적 측면에서의 변동은 생략하고 정책적 측면에서 정책 통합이 정책집행에 미치는 영향만 검토하기로 한다.

건설교통부의 신설은 건설부와 교통부의 조직의 통합에 그치는 것이 아니라 정책적 측면에서의 변화도 초래했다.

첫째, 국토종합계획의 변모를 들 수 있다. 과거에는 건설부가 성안하는 국토종합계획에 건설부 소관 사항만 제대로 반영되고, 교통부 소관인 철도·해운·항공 등의 문제는 제대로 반영되지 못했다. 그러나 통합 후에는 국토종합계획이 철도·해운·항공까지 포함하는 그야말로 종합계획이 되었다.

둘째, 토지 소유에 관한 정책과 토지이용정책의 통합이 용이해졌다는 것을 들 수 있다. 과거에는 건설부 소관이었던 토지소유에 관한 정책과 교통부 소관이었던 토지이용에 관한 정책이 제대로 조정되지 않아 문제가 많았으나, 건설교통부의 신설로 두 정책의 통합이 용이해졌다. 이리하여 과거에는 일산 고속철도 차량기지의 건설이 건설부 측의 반대로 어려움이 있었으나, 건설교통부의 신설 후에는 이 문제

Process, second deition(Aromonk: A. E. Sharpe, 2005), pp. 112－113.

가 해결되었다.

2. 정책종결이 정책집행에 미치는 영향

정책종결이 정책집행에 많은 영향을 미친다는 것은 긴 설명을 요하지 않는데, 여기에서는 우리나라의 통일벼 장려정책 종결의 경우를 가지고 정책의 종결이 정책집행에 어떠한 영향을 미쳤는가를 살펴보고자 한다.

미국 잉여농산물의 도입 감소와 흉작 등으로 1970년대에 들어와서 식량난이 어려운 문제로 등장하게 되어 정부는 통일벼의 보급·장려정책을 펴게 되었는데, 그 정책수단으로서 정부 수매를 활용하게 되었다. 1974년만 하더라도 정부 수매량 중 일반벼가 22.5%, 통일벼가 77.5%를 차지했으나, 통일벼의 비중이 더욱 높아지기 시작해 1977년에는 통일벼의 비중이 98.2%에 달하게 되었으며, 1978년에는 99.9%에 이르렀다. 한 마디로 말해서, 1988년까지 정부는 통일벼에 한해서 농가의 출하 희망 전량을 수매했던 것이다. 이리하여 전체 미곡 생산량에서 통일벼가 차지하는 비율이 1974년의 19.4%에서 1977년에는 61.2%에 달하게 되었으며 쌀의 자급을 달성하게 되었다.[74]

그러나 국민의 소득 수준이 크게 향상되고 식생활 패턴에 변화가 일어난 데다가 가계에서 쌀 구입비가 차지하는 비중이 크게 감소하자 대부분의 소비자가 값이 다소 비싸도 양질미를 선호하게 되었다. 이리하여 통일벼의 판매가 부진해 재고가 늘어나게 되었으며, 국고에 주는 부담이 늘어나게 되었다. 1994년 말 현재 통일벼의 재고는 4,877천 석에 달하게 되었으며, 양곡관리기금의 결손은 1993년에 1조 8,389억 원에 달하게 되었다. 정부는 통일벼 장려정책을 더 이상 지속할 수 없게 되었다. 이리하여 한때 31,363천 석에 달했던 통일벼 생산량이 1992년에는 29천 석으로 감소했으며 1993년에는 완전히 그 생산이 중단되었다.

이러한 통일벼 장려정책의 종결은 여러 가지 면에서 정책집행에 많은 영향을 주었다. 조직적 측면에서 본다면 농촌진흥청의 통일벼 관련 조직의 감축을 초래했으며, 인력면에서도 통일벼 연구에 종사했던 연구 인력이 감축되지는 않았을지 모르나 다른 분야로 전출되었을 것이다. 예산 측면에서도 통일벼의 생산이 중단됨으로써 통일벼 재고가 감소되고, 종국에 가서는 통일벼 재고가 바닥나게 되었으며 양

74) 농림수산부, 통일벼 보급 및 수매 중단 배경(서울: 농림수산부, 1994), pp. 4-5.

곡관리기금의 결손이 많이 감축되었다.

Ⅱ 정책집행이 정책변동에 미치는 영향

정책집행이 끝나고 그에 대한 정책평가가 이루어진 후에 그 필요성이 제기되어 정책변동이 일어나는 경우가 많으나, 정책평가 단계까지 가지 않고 정책집행 과정에서 변동의 필요성이 제기되어 정책의 승계나 종결이 발생하는 경우도 허다할 것이다.

1. 집행 과정에서의 정책승계 사유의 발견

위에서 지적한 바와 같이 정책집행 과정에서 정책 수정의 필요성이 제기되어 정책승계가 일어나는 경우가 있다.

정책 대상집단이 그들에게 요구하고 있는 행태가 무엇인지를 알고 있으나, 정책이 요구하는 바에 순응하는 데 필요한 자원을 보유하지 못하는 까닭에 발생하는 '자원의 결핍으로 인한 불응'의 경우를 검토하기로 한다. 이 경우의 자원이란 단순한 재정적 자원뿐만 아니라 기술이나 정신적 능력까지를 포함하는 넓은 개념으로 이해해야 한다.

자원의 결핍으로 인한 불응의 예는 입법부가 새로운 조치를 필요로 하는 법률을 제정하고 이에 필요한 예산의 뒷받침을 하지 않는 경우, 중앙정부가 지방자치단체에 대해서 책임만 부여하고 필요한 재원을 마련해 주지 않는 경우, 정부가 사기업에 대해서 막대한 설치비와 운영비가 소요되는 공해방지사업을 요구하는 경우 등에서 흔히 찾아볼 수 있다.

이러한 자원의 결핍으로 인한 불응을 방지하기 위해서는 필요한 자원을 제공하면 된다. 예산의 뒷받침이 충분하지 못한 경우에는 예산의 증액이 요청되며, 특수한 기술이나 행태 변화가 필요한 경우에는 훈련을 실시해야 한다.

그러나 필요한 예산이나 훈련의 실시로 순응이 확보될 수 없는 경우에는 실정을 감안한 정책의 수정이 필요하다.[75] 다시 말해서, 정책의 변동이 요청되는 것이다.

75) Fred S. Coombs, "The Bases of Noncompliance with a Policy," in John G. Grumm & Stephen L.

2. 집행 과정에서의 정책종결 사유의 발견

정책집행 과정에서 그 정책을 더 이상 계속할 수 없다는 것이 발견되어 정책이 종결되는 경우도 있다. 정책집행 결과에 대한 평가가 이루어지고 이에 의거해 정책의 종결이 발생할 수도 있겠으나, 정책집행 과정에서 종결의 필요성이 너무나 자명하게 제기되어 정책이 종결되는 경우도 없지 않다.

전술한 통일벼 장려정책의 예를 검토하고자 한다. 앞에서 살펴본 바와 같이 통일벼 장려정책으로 전체 미곡 생산량에서 통일벼가 차지하는 비율이 1977년에 61.2%에 달하게 되어 쌀의 자급을 달성한 것은 좋으나, 국민의 생활 수준 향상과 식생활 패턴의 변화로 통일벼의 재고가 늘어나 1994년 4월 말 현재 통일미의 재고가 4,877천 석에 달했으며, 양곡관리기금의 결손이 1993년에 1조 8,389억 원에 달하게 되었다.

정책평가까지 가지 않더라도 통일벼 장려정책을 더 이상 계속할 수 없다는 것이 너무나 자명했으므로, 정부는 통일벼 장려정책의 종결을 결정하고 1992년부터 통일벼의 수매 중단을 예시했던 것이다.

Wasby(eds.), *The Analysis of Policy Impact*(Lexington: Heath, 1981). p. 55.

참고문헌

국내 문헌

[저 서]
구병삭, 신헌법원론[제3정판], 서울: 박영사, 1996.
김운태 외, 한국 정치행정의 체계, 서울: 박영사, 1982.
김철수, 한국헌법사, 서울: 대학출판사, 1996.
———, 헌법학신론[제15전정신판], 서울: 박영사, 2005.
노화준, 정책평가론[제2전정판], 서울: 법문사, 1997.
———, 정책분석론, 서울: 박영사, 1995.
농림수산부, 통일벼 보급 및 수매 중단 배경, 서울: 농림수산부, 1994.
서울대학교 행정대학원, 정책집행 사례, 서울: 서울대학교 행정대학원, 1982.
서울대학교 행정대학원 행정조사연구소, 한국행정사례집, 서울: 법문사, 1974.
안병만, 한국정부론[제3판], 서울: 도산출판사, 1993.
유 훈, 행정학원론[제7정판], 서울: 법문사, 2000.
———, 정책학원론[제3정증보판], 서울: 법문사, 2002.
———, 공기업론[제5정증보판], 서울: 법문사, 2005.
———, 정책변동론, 서울: 대영문화사, 2009.
유 훈 외, 정책학개론, 서울: 법문사, 1976.
———, 정책학: 과정과 분석[개정증보판], 서울: 법문사, 1993.
정정길, 정책학원론[개정판]. 서울: 대명문화사, 1997.
포항제철사사편찬위원회, 포항제철 20년사, 포항: 포항제철주식회사, 1989.
———, 영일만에서 광양만까지: 포항제철 25년사, 서울: 포항제철주식회사, 1993.

[논 문]
김광웅, "정책평가의 기준과 실제," 유훈 외, 정책학: 과정과 분석[개정증보판], 서울: 법문사, 1993.
김신복, "정책개발의 과정과 방법," 유훈 외, 정책학: 과정과 분석[개정증보판], 서울: 법문사, 1993.
노화준, "위기발생의 의사결정경로와 위기관리," 행정논총, 제29권 제1호(1991).
유 훈, "정책의 종결," 행정논총, 제22권 제1호(1984).
———, "한국의 정책형성 유형에 관한 연구," 행정논총, 제23권 제1호(1985).
———, "정책평가의 고찰," 동국대 행정논집, 제15집(1986).
———, "정책수단에 관한 고찰," 행정논총, 제30권 제2호(1992).
———, "참여자 정책과정의 특징," 행정논총, 제31권 제2호(1993).
———, "정책변동 요인에 관한 연구," 행정논총, 제35권 제1호(1997).
———, "정책네트웍의 유형과 변동," 행정논총, 제36권 제1호(1998).
정정길, "정책평가를 위한 사회실험," 유훈 외, 정책학: 과정과 분석[개정증보판], 서울: 법문사, 1993.
허 범, "정책종결의 본질과 전략," 사회과학(성대 사회과학연구소), 제17집(1979).
———, "기본정책의 관점에서 본 한국행정의 감축관리," 김운태 외, 한국 정치행정의 체계, 서울: 박영사, 1982.

국외 문헌

[Books]
Aaker, David A. & George S. Day, *Consumerism: Search for Consumer Interest*, fourth edition, New York: Free Press, 1982.
Abt, Clark C.(ed.), *The Evaluation of Social Programs*, Beverly Hills: Sage Publications, 1976.
Adler, Clark C. & Stewart Asquith(eds.), *Discretion and Welfare*, London: Heineman, 1981.
Alkin, M. C., Dailack & P. White, *Using Evaluation*, Beverly Hills: Sage, 1979.
Almond, Gabriel A. & G. Bingham Powell, Jr., *Comparative Politics: A Developmental Approach*, Boston: Little, Brown and Co., 1966.
Anderson, James E., *Public Policymaking*, 7th edition, Boston: Wadworth, 2011.
Baggott, Rob, *Pressure Groups Today*, Manchester: University of Manchester Press, 1955.
Bailey, S. K. & E. K. Mosher, *ESEA: The Office of Education Administers a Law*, Syracuse: Syracuse University Press, 1965.
Bardach, Eugene, *The Implementation Game*, Cambridge: MIT Press, 1977.

Baumgartner, Frank A. & Bryan D. Jones, *Agendas and Stability in American Politics*, Chicago: University of Chicago Press, 1993.

Bennis, Warren G., *Changing Organizations*, New York: McGraw-Hill, 1966.

Bernstein, L. L. & H. E. Freeman, *Academic and Entrepreneurial Research*, New York: Russel Sage Foundation, 1975.

Birkland, Thomas A., *An Introduction to the Policy Process*, second edition, Armonk: Sharpe, 2005.

Blondel, J., *Comparative Legislatures*, Englewood Cliffs: Prentice Hall, 1973.

———, *Comparative Government: An Introduction*, second edition, London: Harvester Wheatsheaf, 1995.

Boulding, Kenneth, *Principles of Economic Policy*, Englewood Cliffs: Prentice Hall, 1958.

Brewer, Gary D. & Peter deLeon, *The Foundation of Policy Analysis*, Homewood: Dorsey, 1983.

Brigham, John A. & Don W. Brown(eds.), *Policy Implementation: Penalties or Incentives?* Beverly Hills: Sage Publications, 1980.

Bullock Ⅲ, Charles S. & Charles M. Lamb, *Implementation of Civil Rights Policy*, Montrey: Brooks, 1984.

Caplan, N., A. Morrison & R. J. Stambaugh, *The Use of Social Science Knowledge in Policy Decision of the National Level*, Ann Arbor: Institute for Social Research, 1975.

Dahl, Robert A. & Charles Lindblom, *Politics, Economic and Welfare*, New York: Harper, 1953.

Daniels, Mark R., *Terminating Public Programs*, Armonk: M. E. Sharpe, 1997.

Davis, Kenneth C., *Discretionary Justice*, Baton Rouge: Lousiana State University Press, 1969.

Derthick, Martha, *New Towns In Town*, Washington, D.C., Urban Institute, 1972.

Downs, Anthony, *Inside Bureaucracy*, Boston: Little, Brown and Co., 1967.

Dye, Thomas R., *Top Down Policymaking*, New York: Chatham House Publishers, 2001.

Edwards III, George C., *Implementing Public Policy*, Washington, D.C.: Congressional Quarterly Press, 1980.

Edwards III, George C. & Ira Sharkansky, *The Policy Predicament: Making and Implementing Public Policy*, San Francisco: Freeman, 1978.

Eldersveld, Samuel J., *Political Parties in American Society*, New York: Basic Books, 1982.

Enthoven, A. C. & K. W. *Smith, How Much is Enough?*, New York: Harper and Row, 1971.

Etzioni, Amitai, *Modern Organizations*, Englewood Cliffs: Prentice Hall, 1964.

Eyestone, Robert, *From Social Issues to Public Policy*, New York: Wiley, 1978.

Franklin, Jack L. & Jean H. Thrasher, *An Introduction to Program Evaluation*, New York: Wiley, 1976.

Gerth, H. M. & C. Wright Mills, *From Max Weber: Essays in Sociology*, New York: Oxford University Press, 1958.

Gilbert, G. Ronald & Patrick J. Conklin(eds.), *Evaluation Management: A Selection of Readings*, Charlottsville: Federal Executive Institute, 1979.

Greenwald, Carol S., *Group Power: Lobbying and Policy*, New York: Praeger, 1977.

Ham, Christopher & Michael Hill, *The Policy Process in the Modern Capitalist State*, Brighton, Sussex: Wheatsheaf Books, 1984.

Hayes, Michael T., *The Limits of Policy Change*, Washington, D.C.: Georgetown University Press, 2001.

Hill, Michael, *The Policy Process in the Modern State*, third edition, London: Harvester Wheatsheaf, 1997.

Hirschman, Albert O., *Exit, Voice and Loyalty: Responses to Decline in Firms, Organizations, and State*, Cambridge: Harvard University Press, 1970.

Hofferbert, Richard, *The Study of Public Policy*, Indianapolis: Bobbs–Merril, 1974.

Hogwood, Brian & B. Guy Peters, *Policy Dynamics*, New York: St. Martin's Press, 1983.

Hogwood, Brian & Lewis A. Gunn, *Policy Analysis for the Real World*, Oxford: Oxford University Press, 1984.

Hood, Christopher, *The Tools of Government*, London: Macmillan, 1973.

Howlett, Michael & M. Ramesh, *Studying Public Policy*, second edition, New York: Oxford University Press, 2003.

Ingram, Helen & Dean E. Mann(eds.), *Why Policies Succeed or Fail*, Beverly Hills: Sage Publications, 1980.

John, Peter, *Analysing Public Policy*, London: Pinter, 1998.

Jones, Charles O., *An Introduction to the Study of Public Policy*, second edition, North Scituate, Duxbury Press, 1977.

Jowell, Jeffrey L., *Law and Bureaucracy: Administrative Discretion and the Limits of Legal Action*, Port Washington: Dunnellen Publishing Co., 1975.

Kaufman, Herbert, *Are Government Organizations Immortal?* Washington, D.C.: Brookings Institution, 1976.

Larson, James S., *Why Government Program Fail: Improving Policy Implementation*, New York: Praeger, 1980.

Lasswell, Harold D., *The Decision Process: Seven Categories of Functional Analysis*, College Park: University of Maryland, 1956.

———, *A Preview of Policy Sciences*, New York: Elsevier, 1971.

Levy, F. S., Arnold Meltsner & Aaron Wildavsky, *Urban Outcomes*, Berkeley: University of California Press, 1974.

Light, Paul, *Artful Work: The Politics of Social Security*, New York: Random House, 1985.

Lindblom. Charles E. & Edward J. Woodhouse, *The Policy-Making Process*, third edition, Englewood Cliffs: Prentice Hall, 1993.

Lipsky, Michael, *Street-Level Bureaucracy: Dilemmas of the Individual in Public Service*, New York: Russell Sage Foundation, 1980.

Luethy, Herbert, *France Against Herself*, New York: Meridian Books, 1955.

March, James & John P. Olson, *Rediscovering Institutions: The Organizational Basis of Politics*, New York: Free Press, 1989.

Mazmanian, Daniel A. & Paul A. Sabatier, *Implementation and Public Policy*, Glenview: Scott, 1983.

———(eds.), *Effective Policy Implementation*, Lexington: Heath, 1981.

Mintrom, Michael A., "Policy Entrepreneurship in Theory and Practice: A Comparative State Analysis of the Rise of School Choice as a Policy Idea," unpublished Ph.D. dissertation, State University of New York at Stony Brook, 1994.

Mosher, Frederick C., *The GAO: The Quest for Accountability in American Government*, Boulder: Westview, 1979.

Mucciaroni, Gary, *Reversals of Fortune: Public Policy and Private Interests*, Washington, D.C.: Brookings Institution, 1995.

Nachmias, David, *Public Policy Evaluation: Approaches and Methods*, New York: St. Martin's Press, 1979.

Nakamura, Robert T. & Frank Smallwood, *The Politics of Policy Implementation*, New York: St. Martin's Press, 1980.

Neustadt, Richard E., *Presidential Power*, New York: Wiley, 1960.

Neustadt, Richard E. & Ernest R. May. *Thinking in Time: The Use of History for Decision Makers*, New York: Free Press, 1986.

Olson, David M., *The Legislative Process: A Comparative Approach*, New York: Harper, 1980.

Palumbo, Dennis J., *Public Policy in America*, San Diego: Harcourt, 1988.

Patton, Michael Quinn, *Utilization-Focused Evaluation*, Beverly Hills: Sage Publications, 1978.

Patton, M. Q., et al., *In Search of Impact: An Analysis of Utilization of Federal Health Evaluation Research*, Minneapolis: University of Minnesota, 1975.

Petersen, H. Craig, *Business and Government*, fourth edition, New York: Harper, 1993.

Pinkele, Carl F. & William C. Louthan(eds.), *Discretion, Justice and Democracy*, Ames: Iowa State University Press, 1985.

Pressman, Jeffrey L. & Aaron Wildavsky, *Implementation*, third edition, Berkeley: University

of California Press, 1984.
Prottas, Jeffrey M., *People-Processing: The Street-Level Bureaucrat in Public Service Bureaucracies*, Lexington: Heath, 1979.
Quade, E. S., *Analysis for Public Decision*, second edition, New York: North Holland, 1982.
Radin, Beryl A., *Implementation, Change and the Federal Bureaucracy*, New York: Teachers College Press, Columbia University, 1977.
Ranney, Austin(ed.), *Political Science and Public Policy*, Chicago: Markham, 1970.
Richardson, Jeremy(ed.), *Policy Style in Western Europe*, London: George Allen and Unwin, 1982.
Ripley, Randall B. & Grace A. Franklin, *Policy Implementation and Bureaucracy*, second edition, Chicago: Dorsey, 1986.
———, *Congress, the Bureaucracy, and Public Policy*, fifth edition, Pacific Grove: Brooks/Cole, 1991.
Rourke, Francis E., *Bureaucracy, Politics, and Public Policy*, third edition, Boston: Little, Brown and Co., 1984.
Sabatier, Paul A.(ed.), *Theories of the Policy Process*, Boulder: Westview, 1999.
Salamon, Lester(ed.), *Beyond Privatization: The Tools of Government Action*, Washington, D.C.: Urban Institute Press, 1989.
Sapolsky, H. M., *The Polaris System Development: Bureaucratic and Progrmmatic Success in Government*, Cambridge: Harvard University Press, 1972.
Simon, Herbert A., *Administrative Behavior*, third edition, New York: Free Press, 1976.
Smith, Martin, J., *Pressure, Power and Policy*, Pittsburgh: University of Pittsburgh Press, 1993.
Sorauf, Frank J., *Party Politics in America*, Boston: Little, Brown and Co., 1984.
Sorensen, Theodore C., *Decision-Making in the White House*, New York: Columbia University Press, 1963.
Stokey, Edith & Richard Reckhouser, *A Primer for Policy Analysis*, New York: Norton, 1978.
Suchman, Edward A., *Evaluative Research*, New York: Russell Sage Foundation, 1967.
Thornhill, W.(ed.), *The Modernization of British Government*, London: Pitman, 1975.
Trebilcock, M. J., D. G. Hartle, R. S. Richard & D. N. Dewees, *The Choice of Governing Instruments*, Ottawa: Economic Council of Canada, 1982.
Van Horn, Carl E., *Policy Implementation in the Federal System*, Lexington: Heath, 1979.
Vergari, Sandra M., "Policy Crises and Policy Change: Toward a Theory of Crisis Policy Making," unpublished Ph.D. dissertation, Michigan State University, 1996.
Wade, Larry L., *The Elements of Public Policy*, Columbus: Merrill Publishing Co., 1970.
Weidenbaum, Murray L., Business, *Government and the Public*, Englewood Cliffs: Prentice

Hall, 1981.
Weiss, Carol H., *Evaluation Research*, Englewood Cliffs: Prentice-Hall, 1972.
West, William F., *Administrative Rulemaking: Politics and Process*, Westport: Greenwood Press, 1985.
Wiener, A. J. & H. Kahn, *Crisis and Arms Control*, Indianapolis: Hudson Institute, 1962.
Williamson, Peter J., *Corporatism in Perspective*, London: Sage Publications, 1989.
Wilson, James Q., *Varieties of Police Behavior*, New York: Atheneum, 1968.
———, *Political Organization*, New York: Basic Books, 1973.
———(ed.), *The Politics of Regulation*, New York: Basic Books, 1980.

[Articles]

Alexander, Ernest R., "From Idea to Action: Note for a Contingency Theory of Policy Implementation Process," *Administration and Society*, February 1985.
Bachrach, Peter & Morton S. Baratz, "Two Faces of Power," *American Political Science Review*, December 1962.
Balch, George L., "The Sticks, the Carrot, and Other Strategies," in John A. Brigham & Don W. Brown(eds.), *Policy Implementation: Penalties or Incentives?* Beverly Hills: Sage Publications, 1980.
Bankowski, Zenon & David Nelken, "Discretion as a Social Problem," in Michael Adler & Stewart Asquith(eds.), *Discretion and Welfare*, London: Heinemann, 1981.
Bardach, Eugene, "Policy Termination as a Political Process," *Policy Sciences*, June 1976.
Barrett, Susan, "Implementation Studies: Time for a Revival? Personal Reflections on 20 Years of Implementation Studies," Public Administration, No. 2, 2004.
Baum, Laurence, "Comparing the Implementation of Legislative and Judicial Policies," in Daniel Mazmanian & Paul Sabatier(eds.), *Effective Policy Implementation*, Lexington: Heath, 1981.
Behn, Robert D., "Closing the Massachusetts Public Training Schools," *Policy Sciences*, June 1976.
Bennett, Colin J., "How States Utilize Foreign Evidence," *Journal of Public Policy*, January-March 1991.
Bennett, Colin & Michael Howlett, "The Lesson of Learning: Reconciling Theories of Policy Learning and Policy Change," *Policy Sciences*, August 1992.
Berman, Paul, "The Study of Macro- and Micro-Implementation," *Public Policy*, Spring 1978.
———, "Thinking about Programmed and Adaptive Implementation," in Helen Ingram & Dean Mann(eds.), *Why Policies Succeed or Fail*, Beverly Hills: Sage Publications,

1980.

Birkland, Thomas A., "Focusing Events, Mobilization, and Agenda Setting," *Journal of Public Policy*, January-April 1998.

Birkland, Thomas A. & Radhika Nath, "Busienss and Political Dimnensions in Disaster Management," *Journal of Public Policy*, September-December 2000.

Bradley, Valerie, "Policy Termination in Mental Health: The Hidden Agenda," *Policy Sciences*, June 1976.

Brewer, Gary A., "Termination: Hard Choices-Harder Questions," *Public Administration Review*, July-August 1978.

Brown, Angela & Aaron Wildavsky, "What Should Evaluation Mean to Implementation?," in Jeffrey L. Pressman & Aaron Wildavsky, *Implementation*, third edition, Berkely: University of California Press, 1984.

Browning, Rufus P., Dale R. Marshall, & David H. Tabb, "Implementation and Political Change: Sources of Political Variations in Federal Social Program," *Policy Studies Journal*, No. 4, 1980.

Bullock Ⅲ, Charles S., "Implementation of Equal Education Opportunity Program: A Comparative Analysis," in Daniel A. Mazmanian & Paul A. Sabatier(eds.), *Effective Policy Implementation*, Lexington: Heath, 1981.

Burke, John P., "A Prescrptive View of the Implementation Process: When Should Exercise Discretion?," *Policy Studies Review*, Autumn 1987.

Cobb, Roger, Jennie-Keith Ross, & Marc Ross, "Agenda Building as a Comparative Political Process," *American Political Science Review*, March 1976.

Coombs, Fred S., "The Bases of Noncompliance with a Policy," in John G. Grumm & Stephen L. Wasby(eds.), *The Analysis of Policy Impact*, Lexington: Heath, 1981.

deLeon, Peter, "A Theory of Policy Termination," in Judith May and Aaron Wildavsky(eds.), *The Policy Cycle*, Beverly Hills: Sage Publications, 1978.

———, "Public Policy Termination: An End and a Beginning," *Policy Analysis*, Summer 1979.

———, "Policy Evaluation and Program Termination," *Policy Studies Review*, May 1983.

Derthick, Martha, "Defeat at Ft. Lincoln," *Public Interest*, 1970.

Dror, Yehezkel, "Muddling Through-'Science' or Inertia?," *Public Administration Review*, September 1964.

Elmore, Richard F., "Organizational Models of Social Program Implementation," *Public Policy*, Spring 1978.

———, "Backward Mapping: Implementation Research and Policy Design," *Political Science Quarterly*, Winter 1979~1980.

———, "Foward and Backward Mapping: Reversible Logic in the Analysis of Public Policy," in K. Hanf & T. A. J. Toonen(eds.), *Policy Implementation in Federal and Unitary Systems*, Dordrecht: Martinus Nijhoff, 1985.

Greenwood, Justin, "The Succession of Policy Termination," *International Journal of Public Administration*, No. 12, 1997.

Hall, Peter, "Policy Paradigms, Social Learning, and the State," *Comparative Politics*, April 1993.

Handberg, Roger, "Law, Coercion, and Incentives," in John A. Brigham & Don W. Brown (eds.), Policy Implementation: Penalties or Incentives? Beverly Hills: Sage Publications, 1980.

Harris, Michael, "Policy Termination: Uncovering the Ideological Dimension," *International Journal of Public Administration*, No 12, 1997.

Haveman, R. & B. Weisbrod, "The Concept of Benefit in Cost–Benefit Analysis," in H. Peskin & E. Seskin(eds.), *Cost–Benefit Analysis and Water Pollution Policy*, Washington, D.C.: Urban Institute, 1973.

Heclo. H., "Policy Analysis," *British Journal of Political Science*, January 1972.

———, "Issue Networks and the Executive Establishment," in Anthony King(ed.), *The New American Political System*, Washington, D.C.: American Enterprise Institute, 1978.

Howlett, Michael, "Policy Instruments, Policy Styles, and Policy Implementation: National Approaches to Theories of Instrument Choice," *Policy Studies Journal*, Spring 1991.

———, "Policy Paradigms & Policy Change: Lessons from the Old and New Canadian Policies Towards Aboriginal Peoples," *Policy Studies Journal*, No. 4, 1994.

Howlett, Michael & M. Ramesh, "Policy Subsystem Configurations and Policy Change," *Policy Studies Journal*, No. 3., 1998.

Jacob, Herbert, "Different Effects of Formal and Informal Sanctions," in John A. Brigham & Don W. Brown(eds.), *Policy Implementation: Penalties or Incentives?* Beverly Hills: Sage Publications, 1980.

Jones, George W., "The Prime Minister's Power," in Richard Rose(ed.), *Policy Making in Britain*, London: Macmillan, 1969.

Jordan, Grant, "Sub–Governments, Policy Communities and Networks: Refilling the Old Bottles?" *Journal of Theoretical Politics*, 1990.

Jordan, Grant & William A. Maloney, "Accounting for Subgovernments: Explaining the Persistence of Policy Communities," *Administration and Society*, November 1997.

Jordan, Grant & Klaus Schubert, "A Preliminary Ordering of Policy Networks Labels," *European Journal of Political Research*, 1992.

Kearney, Richard C., "Sunset: A Survey and Analysis of the State Experience," *Public*

Administration Review, January–February 1990.

Kelso, William A., "Benefit–Cost Analysis and Program Evaluation," in Lloyd Nigro(ed.), *Decision Making in the Public Sector*, New York: Dekker, 1984.

Lasswell, Harold D., "Research in Policy Analysis: The Intelligence and Appraisal Function," in Fred J. Greenstein & Nelson W. Polsby(eds.), *Handbook of Political Science*, Vol 6., Montrey: Addison–Wesley, 1975.

Lester, James P., Ann Brown, Malcolm Goggin, & Laurence O'Toole, Jr., "Public Policy Implementation: Evaluation of the Field and Agenda for Future Research," *Policy Studies Review*, Autumn 1987.

Lester, James & Malcolm Goggin, "Back to the Future: The Rediscovery of Implementation Studies," *Policy Currents*, September 1998.

Linder, Stephen H. & B. Guy Peters, "A Design Perspectrive on Policy Implementation: The Fallacies of Misplaced Prescription," *Policy Studies Review*, February 1987.

———, "Relativism, Contingency and the Definition of Success in Implementation Research," *Policy Studies Review*, August 1987.

Lipsky, Michael, "Toward a Theory of Street–Level Bureaucracy," in Willis D. Hawley & Others(eds.), *Theoretical Perspectives on Urban Politics*, Englewood Cliffs: Prentice Hall, 1976.

———, "Standing the Study of Public Policy Implementation on Its Head," in Walter Burnham & Martha Weinberg(eds.), *American Politics and Public Policy*, Cambridge: MIT Press, 1978.

Louthan, William C., "The Politics of Discretionary Justice among Criminal Justice Agencies," in Carl F. Pinkle & William C. Louthan(eds.), *Discretion, Justice and Democracy*, Ames: Iowa State University Press, 1985.

Lowi, Theodore J., "American Business, Public Policy, Case–Studies, and Political Theory," *World Politics*, July 1964.

———, "Four Systems of Policy, Politics, and Choice," *Public Administration Review*, July–August 1972.

March, James & John P. Olson, "The New Institutionalism: Organizational Factors in Political Life," *American Political Science Review*, September 1984.

Marsh, David & R. A. W. Rhodes, "Policy Communities and Issue Networks," in David Marsh & R. A. W. Rhodes(eds.), *Policy Networks in British Government*, Oxford: Clarendon Press, 1992.

Matland, Richard E., "Synthesizing the Implementation Literature: The Ambiguity–Conflict Medel of Policy Implementation," *Journal of Public Administration Research and Theory*, April 1995.

May, Peter J., "FEMA's Role in Emergency Management: Examining Recent Experience," *Public Administration Review*, January 1985.

———, "Political Learning and Failure," *Journal of Public Policy*, October–December 1992.

McCool, Daniel, "Subgovernment as Determinants of Political Viability," *Political Science Quarterly*, 1990.

McFarland, Andrew S., "Interest Groups and Theories of Power in America," *British Journal of Political Science*, April 1987.

McLaughlin, Milbery, "Implementation as Mutual Adaptation: Change in Classroom Organization," in Walter Williams & Richard Elmore(eds.), *Social Program Implementation*, New York: Academic Press, 1976.

Miller, E. & I. Iscoe, "The Concept of Crisis: Current Status and Mental Health Implications," *Human Organization*, Fall 1963.

Mintrom, Michael & Sandra Vergari, "Advocacy Coalition, Policy Entrepreneurs, and Policy Change," *Policy Studies Journal*, Autumn 1996.

Montjoy, Robert S. & Laurence J. O'Toole, Jr., "Toward a Theory of Policy Implementation: An Organizational Perspective," Public Administration Review, September–October 1979.

Moore, Scott T., "The Theory of Street–Level Bureaucracy: A Positive Critique," Administration and Society, May 1987.

Morgan, Douglas F., "Varieties of Administrative Abuse: Some Reflections on Ethics and Discretion," Administration and Society, November 1987.

Petak, William J.(ed), "Emergency Management: A Challenge for Public Administration," *Public Administration Review*, January 1985 Special Issue.

Peter, B. Guy, John Doughtie, & Kathleen McCulloch, "Types of Decmocratic System and Types of Public Policy," *Comparative Politics*, April 1977.

Pillsbury, Jolie & Kathy N. Nance, "An Evaluation Framework for Public Welfare Agencies," *Public Welfare*, Winter 1976.

Poland, Orville F., "Program Evaluation and Administrative Theory," *Public Administration Review*, July–August 1974.

Rhodes, R. A. W., "Policy Networks: A British Perspective," *Journal of Theoretical Politics*, 1990.

Rhodes, R. A. W. & David Marsh, "Policy Networks in British Politics," in David Marsh & R. A. W. Rhodes(eds.), *Policy Networks in British Government*, Oxford: Clarendon Press, 1992.

Rose, Richard, "What is Lesson–Drawing?," *Journal of Public Policy*, January–March 1991.

Sabatier, Paul, "Top–Down and Bottom–Up Approaches to Implementation Research,"

Journal of Public Policy, 1986.
———, "An Advocacy Coalition Framework of Policy Change and the Role of Policy-Oriented Learning Therein," *Policy Sciences*, No. 2-3, 1988.
———, "Political Science and Public Policy: An Assessment," in W. N. Dunn & R. M. Kelly (eds.) *Advances in Policy Studies Since 1950*, New Brunswick: Transaction, 1992.
Sabatier, Paul & Daniel Mazmanian, "Policy Implementation: A Framework of Analysis," *Policy Studies Journal*, Special Issue 1980.
———, "The Implementation of Public Policy: A Framework of Analysis," in Daniel Mazmanian & Paul Sabatier(eds.), *Effective Policy Implementation*, Lexington: Heath, 1981.
Salamon, Lester M., "Rethinking Public Management: Third Party Government and the Changing Forms of Government Action," *Public Policy*, Summer 1981.
———, "The Changing Tools of Government Action: An Overview," in Lester Salamon(ed.), *Beyond Privatization: The Tools of Government Action*, Washington, D.C.: Urban Institute Press, 1989.
Salisbury, Robert H., "The Analysis of Public Policy: A Search for Theories and Roles," in Austin Ranney(ed.), *Political Science and Public Policy*, Chicago: Markham, 1968.
Salibury, Robert H. & John Heinz, "A Theory of Policy Analysis and Some Preliminary Application," in Ira Sharkansky(ed.), *Policy Analysis in Political Science*, Chicago: Markham, 1970.
Schlesinger, James, "System Analysis and the Political Process," *Journal of Law and Economics*, 1966.
Schneider, Anne & Helen Ingram, "Behavioral Assumption of Policy Tools," *Journal of Politcs*, May 1990.
Schneider, Mark & Paul Teske, "Toward a Theroty of the Political Entrepreneur: Evidence from Local Government," *American Political Science Review*, September 1992.
Schofield, Jill, "A Model of Learned Implementation," *Public Administration*, No. 2., 2004.
Scriven, Michael, "Pros and Cons About Goal-Free Evaluation," *Evaluation Comment: The Journal of Education Evaluation*, December 1972.
Shulsky, Abram N., "Abolishing the Disrict of Columbia Motor Cycle Squad," *Policy Sciences*, June 1976.
Skok, James E., "Policy Issue Networks and the Public Policy Cycle: A Structural-Functional Framework for Public Administration," *Public Administration Review*, July-August 1996.
Smith, Thomas B., "Policy Implementation Process," *Policy Sciences*, June 1973.
Sorg, James D., "A Typology of Implementation Behavior of Street-Level Bureaucrats,"

Policy Studies Review, February 1983.

Thomas, Gerald B., "External Shocks, Conflict and Learning as Interactive Sources of Change in U.S. Security Policy," *Journal of Public Policy*, May–August 1999.

Van Meter, Donald S. & Carl E. Van Horn, "The Policy Implementation Process: A Conceptual Framework," *Administration and Society*, February 1975.

Waarden, Frans van, "Dimensions and Types of Policy Networks," *European Journal of Political Research*, 1992.

Walker, Jack, "Setting the Agenda in the U. S. Senate: A Theory of Problem Selection," *British Journal of Political Science*, October 1977.

Wallerstein, Mitchel B., "Terminating Entitlements: Veteran's Disability Benefits in the Depression," *Policy Sciences*, June 1976.

Warner, W. Keith, "Problems in Measuring the Goal Attainment of Voluntary Organizations," *Journal of Adult Education*, Fall 1967.

Whetten, David, "Sources, Responses, and Effects of Organizational Decline," in John Kimberly, Robert H. Miles & Associates, *The Organizational Life Cycle*, San Francisco: Jossey–Bass, 1980.

Williams, Gregory H., "The Politics of Police Discretion," in C. F. Pinkele & W. C. Louthan(eds.), *Discretion, Justice and Democracy*, Ames: Iowa State University Press, 1985.

Wolfenstein, E. W., "Some Psychological Aspects of Crisis Leaders," L. J. Edinger(ed.), *Political Leadership in Industrial Societies*, New York: Wiley, 1967.

Wright, Maurice, "Policy Community, Policy Network and Comparative Industrial Policies," *Political Studies*, 1988.

Young, Ken, "Discretion as an Implementation Problem: A Framework for Interpretation," in Michael Adler & Stewart Asquith(eds.), *Discretion and Welfare*, London: Heinemann, 1981.

찾아보기

ㄱ

ㅅ

ㅊ

유 훈

〈약 력〉

서울대학교 법과대학 졸업
고등고시 행정과 합격
서울대학교 대학원에서 법학석사
미네소타대학교 대학원에서 행정학석사
미네소타대학교 대학원에서 정치학박사
서울대학교 행정대학원 원장
예산회계제도심의회 위원장
정부투자기관경영평가위원회 위원
한국개발연구원 초청연구원
한국행정학회 회장
한국공기업학회 회장
현 서울대학교 명예교수

〈저 서〉

행정학원론
재무행정론
공기업론
예산제도론
정책학원론
행정권과 경제
재정법
지방재정론
행정학강의(공저)
정책학(공저)
행정학대의(공저)
행정학(공저)
행정학연습(공저)
정책학개론(공저)
한국행정의 역사적 분석(공편 저)
전환기의 정책과 재정관리(공편 저)

개정판

정책집행론

펴낸날 제1판 제1쇄 2007년 7월 10일
제1판 제2쇄 2008년 2월 5일
제2판 제1쇄 2016년 1월 20일
지은이 유 훈
펴낸이 임춘환
펴낸곳 도서출판 대영문화사
주소 서울특별시 용산구 청파로 61길 5(청파동 1가) 제일빌딩 2층
등록 1975년 12월 26일 제3-16호
전화 (02)716-3883, (02)714-3062
팩스 (02)703-3839
홈페이지 http://www.dymbook.co.kr

ISBN 978-89-7644-542-1
값 20,000원